该书出版得到萃英文化发展（天津）有限公司资助

| 孔 子 研 究 院 文 库 |

易学与儒道哲学

杨庆中　著

人 民 出 版 社

总　序

张立文

　　"沧海万仞，众流成也"。无边无际的大海，由众流汇聚而成。1955 年中国人民大学成立哲学史教研室（包括中国哲学与外国哲学），教研室教员来自五湖四海和各大学，既有中外哲学史的专家，也有新进者，他们会聚一起，互帮互学，切磋琢磨，切问近思，终日乾乾；他们都有一种"文江学海思济航"的理想，尽管中外哲学史资料浩如烟海，哲思深奥，但都思奋力航行，为发扬中外哲学精华，以登更高境界。

　　1956 年中国人民大学哲学系正式招收本科生，系主任是著名的何思敬教授。1960 年我提前毕业留校，分配到哲学史教研室，室主任是石峻副教授，党支部书记是尹明同志。他（她）们分配我重点研究宋元明清哲学思想，通讲中国哲学史。系主任吴江同志要求哲学史教研室全体教员编写《中国现代哲学史》，为了便于相互学习、交流、探讨，在中国人民大学附属中学借了一个教室，集体办公，分配我撰写"梁漱溟乡村建设理论"，各人写就草稿，互相传看，并进行讨论，提出修改意见。教研室资料员江涛则配合搜集现代哲学家的思想资料，分册印刷。1961 年开始教学检查运动（检查讲稿、文章、课堂笔记中是否有修正主义观点），《中国现代哲学史》的编写就停了下来，接着中宣部要编写社会科学各学科的教材，哲学史教研室按各教员的专业分别参加中国哲学史与外国哲学史的编写，再也无空顾及《中国现代哲学史》编写了。

　　1969 年中国人民大学全体教职工分批下放到"千村薜荔人遗失，万户萧疏鬼唱歌"的江西余江五七干校进行脱胎换骨的劳动改造，1972 年回到北京，中国人民大学解散，哲学系、经济系等分到北京师范大学，北师大成立哲学系和经济系。1977 年恢复大学招生，哲学系招收本科生，1978 年中国人民大学复校。中国哲学史教研室即开始编写《中国哲学通史》，原计划有先秦、汉唐、宋元明清、近代、现代五卷，并携程前四卷稿件，由杨宪邦、方立天、张立文各统先秦、汉唐和宋元明清卷出版。

当前，由中国哲学教研室主任罗安宪教授提议、组织为每位教研室教授出版专著，得到教授们的赞同和支持，以展示教授们中国哲学科学研究成果，并得到人民出版社哲学编辑室主任方国根编审帮助，而呈现于读者座前。

回顾中国哲学教研室经知天命之年而到耳顺之年的艰苦、曲折、奋斗、日新的历程，有诸多值得我们继续传承和发扬的精神。

一是自强自立精神。中国人民大学哲学系哲学教研室成立之初，除个别原从事中国哲学教学与研究的教师外，绝大部分教员都是新进的同志，对中国哲学均需重新学习研究，总体力量比之北京大学哲学系中国哲学教研室和中国科学院哲学研究所中国哲学教研室要薄弱。1952 年院系调整，全国各个大学院校的哲学系统统合并到北京大学哲学系，中国哲学教研力量大大增强，如冯友兰、汤用彤、任继愈、张岱年、朱谦之等。中国科学院哲学所中国哲学史研究室集中了一批老专家如梁启雄、容肇祖、王维诚、王维庭、吴则虞、王范之、王明、陈孟麟等。这对于中国人民大学哲学系中国哲学教研室的教员来说是很大的压力，同时更激起了中国哲学史教员的"天行健，君子以自强不息"的热情和信心。他们一方面兼顾学习，积极求教，虚心吸收，努力参与；另一方面认真撰写论文，展开学术讨论，如 1957 年中国哲学史方法论、谭嗣同思想以及后来的老子思想、庄子哲学、孔子思想、《周易》思想等的学术讨论。在学术交流中开阔视域，在学术讨论中提升认知，他们深知"跬步而不休，跛鳖千里，累土而不辍，丘山崇成"。腿有毛病的鳖，不断地迈着半步也能至千里之遥的目的地；不停累土，便能使小丘陵终于变成高高的山岭。经此自强不息、自立不止的终日乾乾奋进，最终成长为与北京大学中国哲学教研室、中国社会科学院哲学研究所中国哲学教研室鼎足而三。

二是勤劳坚毅精神。知己知彼，既知自己之不足，补救之方就在于"人生在勤，勤则不匮"。因而中国哲学教研室的教员都有"千淘万漉虽辛苦，吹尽狂沙始见金"的自觉意识。他们一方面为夯实理论功底，认真领会马克思著作原著和外国哲学知识以及文字音韵训诂功底，如听魏建功教授的课和请吴则宾研究员讲文字训诂课，又派人到佛学院进修佛学；另一方面，他们以"人生世上，寸阴可惜，岂可晷刻偷安"的观念要求自己，无星期天、无日夜，不偷安一刻地刻苦钻研中国哲学，真可谓一寸光阴一寸金地珍惜时间。他们作卡片，记心得，撰文章。即使在三年困难时期、饥肠辘辘之际，或认真备课，挑灯著文；在劳动之息，会议之隙，或捧书以读，或思考问题。他们胸怀"天将降大任于斯人也，必先苦其心志，劳其筋骨，饿其体肤，空乏其身"的坚毅意志，顽强地克服种种困难，而无怨无悔地献身于中国哲学。即使遭受个人主义、名利思想、资产思想为改造好等等的批评，也无碍他们为弘扬中华哲学而努力的激情。特别在"文化大革命"以后，更加激起了中国哲学教研室教授们为传承与创新中国哲学的勤思考、勤著书、勤立言、勤交流的行动，即以学问思辨及笃行的实践，来实现宏愿，为中国人民大学中国哲学教研室的发展作出贡献。

三是诚实正直精神。荀子云："君子养心，莫善于诚。"思诚为修身之本，亦是为人之道。自教研室成立以降，经历不断的政治运动，由于个人认知的差分，不免产生意见、观点的分歧，但都能以坦诚的态度相待，而无害人之心，亦无为争自己的利益而斗争不止的行为。尽管20世纪60年代初曾被认为是全校21个"疙瘩"之一，但迅速化解，和好如初。教研室的教师都能以真诚的态度教书育人，为人师表，诲人不倦，而受到表彰；教师之间，直道而行，周而不比，互学互帮，和而不同。"文化大革命"以后，教研室的教授们以极高的热情投入中国哲学的教学和研究，撰写了一批高质量的论文和专著，获得众多各种奖赏，也获得国内外学界很高评价。其诚实正直为人，其严谨深思为学，成为教研室教授们自觉的行为准则。

四是包容谦虚精神。中国哲学教研室教授之所以能以诚实正直的精神待人、待学，以客观同情的态度待古人、待史事，就在于心存"君子以厚德载物"的意志，这样才能"志量恢弘纳百川"。自古以来，由于时势的变迁、观念的转换、体认的差分、道德的转变，对各个哲学家哲学思想的评价、理解、诠释各说齐陈，以至对经典著作中某句某字的解释亦针锋相对，此种情况，可谓屡见不鲜。如何能够获得一种比较贴近历史实际的理解，教研室教授们都有一种谦虚的学风，体会其为什么有如此不同的理解，其理论前提和根据是否有理；又以一种包容的态度，寻求其理论前提和根据有否可吸收之处？唯有如此，才能有一种"大海从鱼跃，长空任鸟飞"的学术诠释空间，做到"学古人在得其神理，不可袭其面目"；才能为文"有我"，提出自己独立见解，以供中国哲学史界参考。

五是无私奉献精神。做到诚实正直、包容谦虚，是由于心灵无私，无私而能公正，不存私人偏见，按实品评；无私而能虚怀若谷，不存个人成见、前见，而能包容吸收。荀子说："公道达而私门塞，公义明而私事息。"如此，为学，对中国哲学史上的人物、事件能作出比较公正的理解和评价，能控制自己对某一研究对象的偏好，而不有失公允；在学术互相探讨交流中，能无私奉献自己独到见解，使他人的观点得到完善，而绝不保守。为人，教研室教授们一致发挥正能量，2002 年中国人民大学孔子研究院率先成立，在国内外引起很大反响，社会上以此为风向标。孔子研究院在无钱无人的情况下，积极开展学术交流活动，每年召开 150 人左右的"国际儒学论坛"，在韩国高等教育财团及众多国内外专家的支持下，已成为国内外影响深远的儒学学术品牌，并在每年孔子诞生日 9 月 28 日至 10 月 28 日举办"孔子文化月"活动，举行系列学术报告、经典诵读及礼乐道德教育等。每次"孔子文化月"都有明确主题，如 2004 年是"尊吾师道，传吾文化"；2005年为"明礼诚信，修身立德"；2006 年为"明德贵和，读经新民"；2007 年是"弘扬乐教，广博易良"；2008 年为"立足本义，和而不同"；2009 年是"志道据德，依人游艺"；2010 年是"明体达用，修身养性"；2011 年是"博学审问，慎思明辨"；2012 年为"博学于文，以友辅仁"等。这些都要付出中国哲学教研室教授们的大量精力和宝贵时间，而教授们在无任何报酬的情况下，无私奉献。

这种无私奉献的精神动力，来源于为道。中国人民大学孔子研究院的院训是"继承优秀传统文化，弘扬孔子思想精华，提高国民人文素质，建设人类美好未来。"这个院训既是中国哲学教研室教授们愿望的寄托，也是他们使命的实践。他们以无私崇敬的心情绍弘孔子思想和传统文化，以庄严弘道的精神传承道德精髓和振兴中华。为学、为人、为道，中国哲学教研室的教授们竭尽精力，尽职尽责。

六是开拓创新精神。为人、为学、为道落实到学术开拓创新上，中国哲学教研室的教授在中国哲学的多个领域都能与时因革，心随世转，新裁屡出。他们都胸怀"意匠如神变化生，笔端有力任纵横"的意向，精心思量"阐前人所已发，扩前人所未发"。无论在《周易》思想、先秦儒、道、墨、阴阳、名、法研究，魏晋玄学、隋唐佛学研究，还是在宋元明清理学、近现代新儒学研究中均提出了诸多创新的诠释和观点，在国内外学术界产生深刻影响。特别是儒教研究和《国际儒藏》的编纂，也在国内外产生很大反响。这都是由于"别出心裁，不依旧样"所获得的效果。即使由中国哲学教研室编著中国哲学众多教材，无论在编写的体例上、问题的概括上、观点的诠释上，还是言辞的叙述上、思想的发展上、逻辑的结构上，都与以往的教科书有所区别，并有所超越。这是教授们长期认真刻苦学习、体认的结晶。若统计一下教研室教授们的专著和在国内外发表的论文，乃是十分可观的、领先的。

中国哲学教研室成立 60 年来所塑造的精神，难能可贵，应为珍惜和发扬，以达更完美境界。

黾勉成此，是为序。

于中国人民大学哲学院
2014 年 8 月 28 日（甲午年）

目 录

前诸子时代思想研究

易学研究

儒学研究

道家哲学研究

出土文献与中国哲学史

石峻先生与中国哲学

自　序

本书收入的论文，是笔者近三十多年来发表的一些有关中国哲学的学术文章，主体部分主要集中在《周易》和儒、道两家，所以名之曰《易学与儒道哲学》。

三十余篇论文，大致可以分为六个部分，第一部分"前诸子时代思想研究"有4篇文章，即《殷商"帝"崇拜之哲学省思》《论周人何以称至上神为"天"》《论西周初期的"德"观念》以及《传统"忠"观念研究》，其中的前三篇主要是谈殷周之际的宗教思想变革的，笔者认为，殷周之际的宗教思想变革对于中国思想文化发展方向的影响是十分巨大的。梳理这一思想变革的脉络及内容，对于我们理解先秦诸子，乃至整个中国思想文化史都是很有意义的，甚至可以说，这一段不清楚，后面的很多问题都无法说清楚。

第二部分"易学研究"有16篇论文，主要集中在《周易》经、传、学及其应用四个方面。《周易》自春秋末期至今，一直被公认为哲学名著，中国哲学的发展在很大程度上是在不断地诠释《周易》的过程中完成的。收入本书的相关文章，其中《易、龙、日神崇拜及其它》《〈周易〉中的神鬼信仰与德性意识——兼及〈周易〉成书的年代》《〈周易〉古经中的象辞关系及其解释空间》《〈周易〉经传论"谦"德》《〈周易〉诚信观析义》《论〈易传〉诠经的向度》《论〈易传〉中的道》7篇论文，主要是讨论《周易》本经及《易传》中的一些思想。《20世纪易学研究中的"经传分观"与"以传解经"》《论古史辩派的易学研究》《20世纪中国易学研究的宏观审视》《现代易学研究的困境与出路》4篇论文主要是讨论20世纪的易学研究。《中国易学研究在21世纪》《〈周易〉的阴阳说对21世纪人类文明走向之可能的启示》，主要讨论了易学的未来发展及其意义。《八字与命运》《算命术是科学预测学吗》2 篇论文，主要是讨论筮占的，其目的是为了正本清源，消除人们对《周易》以及对《周易》研究者的误解。

第三部分"儒学研究"有 10 篇论文，主要讨论了中国哲学起源、儒家的创始人孔子的思想与儒学的发展，《天人问题溯源》主要是讨论中国哲学的起源问题。提到哲学的起源，人们可能马上会想到亚里士多德的"好奇说"，但那只是针对古希腊哲学而言的，对于理解中国哲学的起源，虽然有启发，但并不适用。笔者考察的结论是，中国哲学源于对三代政治、宗教思想的反思。《论孔子与春秋时期的礼学》《论孔子仁学的内在逻辑》《知命与知己——孔子天命论探微》，主要讨论了孔子的礼学思想、仁学思想和"知命"说。礼、仁、命，每一思想的内部都有一个内在的逻辑，三者之间也有一个内在的发展逻辑。《论孔子"中庸"思想的内在逻辑》主要讨论了孔子的方法学。不过，孔子从来没有建构过纯粹的方法，其"中庸"学说是一种集方法论与宇宙论为一体的学问。《论孔子诠〈易〉的向度》主要讨论了孔子的易学观及易学思想。孔子早年和晚年对《周易》有不同的态度，本文对此进行了考察。《先秦儒学的开展与中国文化的历史命运》涉及的内容跨度较大，主要透过"祖"与"帝""德"与"天""仁"与"礼""性"与"命"四对范畴的展开，讨论了儒学与中国文化的关系。《儒学的时代化历程》与《儒学复兴与西学的充分中国化》主要是讨论儒学发展问题的，笔者相信儒学的复兴终将会成为现实。但笔者认为儒学复兴的时机远未到来，原因之一是儒学复兴的资源还远远不够，为此笔者特别提出了"西学的充分中国化"这一命题。《国学视阈中的"现代经学"研究》对经学研究的现状及发展方向进行了探讨。

第四部分"道家哲学研究"有两篇论文，《老子道论与中国轴心时代之哲学的突破》主要探讨了老子是如何在反思三代宗教思想的基础上，透过"道"概念的诠释来实现哲学的突破的。《读〈太一生水〉与〈恒先〉》是一篇未刊的读后感，主要从哲学的视角对两篇出土文献进行了解读。

第五部分"出土文献与中国哲学史"有两篇论文，主要讨论了中国哲学史料学问题。《近年来的出土文献与中国哲学史研究》集中讨论了 20 世纪 70 年代以来出土文献中的哲学史料。《出土文献、〈易〉与中国哲学史料》主要针对 20 世纪初中国哲学史学科建设过程中存在的史料方面的问题提出一些看法。

第六部分"石峻先生与中国哲学"有两篇论文，主要讨论了我的老师石峻先生的学术成就。

自 1990 年笔者在《哲学研究》第 5 期发表第一篇学术论文《论〈易经〉与〈易传〉思维方式的异同》以来，已经过去近三十年，在近三十年里，笔者的学术研究和发表的学术成果始终集中在中国哲学的领域。中国哲学的研究不仅成为笔者的职业，也成为笔者的最大的学术兴趣之所在。兴趣与职业的统一是人生莫大的幸福，笔者将珍惜上天的这一恩赐，继续努力！

前诸子时代
思想研究

殷商"帝"崇拜之哲学思想

由甲骨卜辞看，在殷人的宗教信仰中，上帝信仰是一种十分流行的观念，殷人崇拜上帝，敬畏上帝，赋予上帝极大的权能。已故著名学者胡厚宣先生（1911—1995）指出："在殷人心目中，这个至神上帝，主宰着大自然的风云雷雨，水涝干旱，决定着禾苗的生长，农产的收成。他处在天上，能降入城邑，作为灾害，因而辟建城邑，必先祈求上帝的许可。邻族来侵，殷人以为是帝令所为。出师征伐，必先卜帝是否授佑。帝虽在天上，但能降人间以福祥灾疾，能直接护佑或作孽于殷王。帝甚至可以降下命令，指挥人间的一切。殷王举凡祀典政令，必须揣测着帝的意志而为之。""由于帝的权能极大，所以帝又称帝宗，帝宗即经籍上所说的天宗。帝的下面有帝使、帝臣。日月星辰风云雷雨等都供帝驱使，所以称为帝使。其所从来的五方，各有专神主之，则被称为帝五臣或帝五工臣。""殷人以为帝有全能，尊严至上，同他接近，只有人王才有可能。商代主要的先王，象高祖太乙、太宗太甲、中宗祖乙等死后都能升天，可以配帝。因而上帝称帝，人王死后也可以称帝。从武丁到帝乙，殷王对于死了的生父都以帝称。"① 可见，在殷人的观念中，帝神的权威是多么的巨大。但有趣的是，这样一个威力无比的至上神，却得不到人们的祭祀。据研究，"在殷周的甲金文中，确实找不到祭享上帝的记录"②。"譬如殷人以为凡是雨量的多少、年成的丰歉，都是上帝所为……但求雨求年，就要祷告先祖，求先祖在帝左右从旁再转请上帝，而绝

---

① 胡厚宣：《殷卜辞中的上帝和王帝》（下），载《历史研究》1959 年第 10 期。
② 张桂光：《殷周"帝""天"观念考索》，载《华南师范大学学报》1984 年第 2 期。

不直接向上帝行之。"①"卜辞并无明显的祭祀上帝的记录。"②"殷人对于帝却没有些许表示。卜辞中没有献祭品于帝的记载。"③ 这是为什么？这种现像是如何产生的？很值得研究。本文即从思想发展史的视角对此略抒己见，以就教于专家学者。

一、祭祀活动的内化与"帝"观念

"帝"是一个历史的范畴，有其产生发展的过程。从历史上看，商族大量向外征伐而见于记载者，是从上甲微假师于河伯以伐有易开始的。《山海经》曰：

> 殷王子亥，宾于有易而淫焉。有易之君绵臣杀而放之。是故殷主甲微，假师于河伯以伐有易，灭之，遂杀其君绵臣也。(《大荒东经》)

由于这种战功，在卜辞中上甲微被作为殷高祖，备受尊敬，殷人常常对他施以人祭。如"自上甲用羌"。但是，还没有记载表明上甲微是受上帝之命而去征战的。可是到了成汤革夏之命建立商朝时，就有了"古帝命武汤""予畏上帝，不敢不正"(《尚书·汤誓》)的说法了。足见在先商时期，"帝"的观念还不明显。就凿凿可据的卜辞而言，至迟在武丁时期就已经有了高高在上、主宰着自然和人类一切命运的统一神"帝"了。那么，这个至上神"帝"是如何形成的呢？分析丰富的卜辞可知，殷人的宗教信仰，其内容十分丰富，有祖先崇拜、自然神崇拜等。其中的自然神崇拜又包括对四方、山岳、河川、风雨诸神的崇拜等。如殷人经常对它们施以祭祀，而犹以禘祭、燎祭两种形式最为常见，这一点很值得注意。④

甲骨文之"帝"字，《说文解字诂林》引清代金石学家吴大澂（1835—

---

① 胡厚宣：《殷卜辞中的上帝和王帝》，载《历史研究》1959 年第 10 期。
② 陈梦家：《殷墟卜辞综述》，科学出版社 1956 年版，第 577 页。
③ 晁福林：《天玄地黄——中国上古文化溯源》，巴蜀书社 1990 年版，第 236 页。
④ 杨按：为了排版的方便，所引甲古文材料从略。

1902)《字说》认为，此字"象华蒂之形……蒂落而成果，即草木之所由生，枝叶之所由发，生物之始，与天合德，故帝足以配天……"此说影响很大，已故著名历史学家郭沫若先生（1892—1978）就认同此说法，并据以发挥成生殖崇拜说①。但也有不同的意见，如徐中舒先生（1898—1991）认为，"帝"字"像架木或束木燔以祭天之形，为禘之初文，后由祭天引申为天帝之帝及商王称号。"又释"禘"曰："卜辞禘不从示，像架木或束木以燔，并于其上加"－"或"＝"以表示祭天。禘祭初为殷人祭天及自然神，四方之祭，其后亦禘祭先公先王。禘由祭天而引申为天帝之帝，又引申为帝王之称号。帝字多从 ⊓，作釆，禘则多从 ⊔ 作釆，但亦通用。"②叶玉森（1880—1933）释"帝"与徐说颇为相近③。本人认为，就字形而言，徐、叶等人的说法似较为平实可信。

尞（燎）字的甲古文形式是：米、㳀。徐中舒先生释之曰："米像木柴交积之形，旁加小点像火焰上腾之状，下或从火，会燔柴而祭之意，作㳀者或省小点作米，致与米（即甲文木字——引者注）字形混。"④

总结二字的共同之处，约有三点：

1. 均可用于对自然神祇的祭祀。

2. 造字均从木形。

3. 均指燔柴而祭。

这是一个很值得引起注意的现象，从中我们可以得到一种启示，即就字形而言，帝字的产生可能与束柴以祭的祭祀活动有关。据此，我们推测，帝观念的形成可能是以祭祀活动的内化和观念化为前提的。丁山（1901—1952）释甲古文"示"字（甲古文字形作 丁）曰："设杆祭天。"⑤胡光炜（1888—1962）认为："示像木表，所以代神，与帝同意。"⑥有人据此释

---

①　参见郭沫若：《甲骨文字研究》，人民出版社 1952 年版，第 48—50 页。

②　参见徐中舒：《甲骨文字典》，四川辞书出版社 1989 年版，第 22—23 页。

③　叶玉森：《殷契钩沉》，载《学衡》1923 年第 24 期。

④　徐中舒：《甲骨文字典》，四川辞书出版社 1989 年版，第 1110 页。

⑤　丁山：《甲骨文所见氏族及其制度》，科学出版社 1956 年版，第 3 页。

⑥　转引自徐山：《雷神崇拜》，上海三联书店 1992 年版，第 22 页。

"示"为像"燎柱"之形,认为"该字的主要部分是一竖,表示燎柱,而示字上方的一短横为指示符号,和帝字中捆绑的树枝上方的一短横同义,表示祭祀的对象在天上。"① 徐中舒先生指出:"丁象以木表或石柱为神主之形,丁之上或其左右之点划为增饰符号。卜辞祭祀占卜中,示为天神,地祇、先公、先王之通称。"② 我们不知道禘、燎等字中的"木"(木)是否就是"示"那样的木表,但可以想象并可以肯定的是,二字所从之木都是用来束柴以燔,以祭上面的神灵的。就此意义而言,它与"示"是有相通之处的。这至少可以给人们这样一些印象:

1. 对于不同的神灵可以用同样的方法祭祀;

2. 对于不同的祭祀可以用同样的道具来完成。

这些不同之中的相同,是最容易给人以启发的东西。当这些祭祀活动(人神沟通的特殊方式)不断内化到人们的观念中去,并促使人们借助于不同之中的相同而进行从个别到一般、从具体到抽象的思维活动时,一种新的观念便会产生,一种凌驾于诸神之上的统一神便会形成。徐中舒说:"卜辞祭祀占卜中,示为天神、地祇、先公、先王之通称。""通称"二字很说明问题,对殷人而言,自然诸神,地祇、先公、先王是各自不同的神灵,但它们却都可以用一个"木表"或"石柱"来表示,说明殷人已经发现了不同诸神之中所存在的同一性。当人们企图用一个有代表性的符号(如木杆)来表达这种同一性时,人们同时也就为新的观念进行了命名。"帝"的范畴就是这样形成的。它是具体诸神的抽象,是对诸神之同一性的把握,是哲学意义上的共相和一般。因为它不具备具体的神性,所以,在殷卜辞中才见不到对它的祭享。《礼记·礼运》有云:"夫礼之初,始诸饮食。其燔黍捭豚,污尊杯饮,蒉桴而土鼓,犹可以致敬于鬼神。"意思是说,祭祀起源于向神灵献饮食,大约只要燔烧黍稷和用手撕下猪肉供神享食,凿地为穴当作水壶,用手掬水献神,敲鼓作乐,这样就可以把人的愿望和敬意传达给神了。由于"帝"仅仅是一种观念中的共相,不需要饮食,所以也就不必要对它敬献饮食了。

---

① 转引自徐山:《雷神崇拜》,上海三联书店1992年版,第23页。

② 徐中舒:《甲骨文字典》,四川辞书出版社1989年版,第11页。

二、地上王权的折射与"帝"观念

但是，对同一性的认识，对共相的体知，仅仅为"帝"观念的形成提供了思维方面的依据，如果没有殷商社会的现实基础，至上神帝还是不会产生的。因而，"帝"观念的形成还与地上王权的折射有关。可以说，地上王权的式样为殷人充实思维形式得到的共相提供了经验的材料，从而使这种共相由观念的抽象变成了观念的具体——宗教意义上的至上神。诚如恩格斯（Friedrich Von Engels，1820—1895）所说：

> 一个上帝，如果没有一个君主，永不会出现。支配许多自然现象，并结合各种互相冲突的自然力的上帝的统一，只是外表上或实际上结合着各个因利害冲突互相抗争的个人的东洋专制君主的反映。①

商汤灭夏，建立商朝，确立了商族在方国联盟中的领导权。殷商最高统治者称"王"，且权力很大，王者常常自称"一人"或"余一人"，据胡厚宣先生考证，在早期卜辞中，殷王常常自称"一人"，如盘庚（约公元1395—前1382）或小辛（约公元前1381—前1361）时期的卜辞中常有这样的记载。到了殷王祖庚（约公元前1280—前1274）或祖甲（约公元前1273—前1241）时期的卜辞，殷王就自称"余一人"。

> 乙巳卜，王曰，贞余一人亡灾。
> 乙巳卜，王曰，贞余一人具又灾。

"亡"即无，"又"通有。意思是，"乙巳日占卜，殷王说，贞问我一个人没有什么灾祸吧，又问我一个人会有什么灾祸吧？"②

---

① 《马克思恩格斯通信集》第一卷，三联书店 1957 年版，第 53 页。
② 参见胡厚宣：《重论"余一人"问题》，载《古文字研究》第六辑，中华书局 1981 年版。

"余一人"的称呼同样见于文献记载：

> 在《汤誓》中曰，余一人有罪，无以万夫。万夫有罪，在余一人。
> （《国语·周语》）
> 尔尚辅予一人，致天之罚。（《尚书·汤誓》）
> 明听予一人之告。
> 俾予一人辑尔家邦。
> 其尔万方有罪，在予一人，予一人有罪，无以尔万方。（古文《尚书·汤诰》）

汤为殷商开国之君，从他开始，就把自己看成是老子天下第一了。商代后期，死去的王在甲骨卜辞与古文献中有时又被称为帝、王帝。王与上帝相对应，又称为下帝。上帝与王同为帝，于是王与一切人都对立起来，成了人上之人。

在这里，再让我们透过《尚书·盘庚》篇，看看统治者对自己权力的认识：

> 勉出乃力，听予一人之作猷。

"猷"，止。意思是，你们要付出全部力量，是作是止，听我一人的。

> 暨予一人猷同心。

"暨"，与。"猷"，谋。意谓与我的谋划要同心。据此，殷王强调任何人不许背离王的决定，另有他念他行。

> 明听朕言，无荒失朕命。

"荒"，废。"失"，当读为"佚"，轻忽之意。即一切听我的，不可违反我的旨意，离开了我的旨意，都属错误之列。

> 尔惟自鞠自若，若乘舟，汝弗济，臭厥载。

"惟"只。"鞠"，究。"臭"，朽。意思是说，不听我的就是你们自找苦吃，如同乘舟，上了船，过不去坐船待毙。不仅如此，殷王还宣布，不听命于我就要受惩罚，直至把一切违抗者杀死。"我乃劓殄灭之，无遗盲"，"劓"，割鼻子。"殄"，灭绝。"盲"读为胄，指后代。即我要把你们统统杀死，使你们灭种，断子绝孙。可见殷王是操有生杀大权的。

殷人的上帝观念，就是对这种地上王权的观念化和神化。这犹如古希腊哲学家色诺芬（Xenophon，约公元前 430—354）所嘲弄的，"假如牛、马、狮子有手，并且能够像人一样用手做画和塑像的话，它们就会各自照着自己的模样，马画出和塑出马形的神像，狮子画出或塑出狮子形的神像了。"① 殷代统治者利用自己的抽象能力，按照自己的需要和自己的样式制造了上帝的权威和形象，然后又把它当作整个人世间的主宰。但由于统治者不仅拥有对它的创造权，同时还拥有对它的解释权和沟通权，所以所谓上帝对俗世的主宰，不过是王者变相地对自我的神化，而使自己具有了神的性质，成为"余一人"，承天继祖罢了。

三、方国联盟的政体与"帝"观念

德国哲学家卡西尔（Enst Cassirer，1874—1945）曾经指出，人类在把自己的目光从地上转向天上的时候，"不可能就忘记了其在地上的需要和利益。如果人首先把他的目光指向天上，那并不是为了满足单纯的理智好奇心。人在天上所真正寻找的，乃是他自己的倒影和他那人的世界的秩序。"② 殷商统治者把自己的影子折射到天上，也"并不是为了满足单纯的

---

① 北京大学外国哲学教研室：《古希腊罗马哲学》，商务印书馆 1961 年版，第 46 页。
② 卡西尔：《人论》，上海译文出版社 1985 年版，第 62 页。

好奇心"，其目的在于维系其在方国联盟中的统治地位。殷商王朝，并不像后来的秦汉一统的大帝国，而是由许多方国组成的联盟，商族是公认的盟主。这种体制可能源于原始社会的部落联盟，从文献中看，夏朝就属于这种联盟体制。《吕氏春秋·用民》曰："当禹之时，至于汤而三千余国。"《逸周书·世俘解》曰：武王克商，"遂征四方，凡憝国九十有九国，凡服国六百五十有二。"由甲骨卜辞可知，商代确实存在着众多的"方"，或称"丰"（邦）。田野考古发现，湖北黄陂县滠口公社叶店大队的盘龙城，已查明是一座商代古城。北京大学历史系考古教研室商周组编著的《商周考古》认为，这个遗存就是一个方国的城池。据专家研究，这种联盟的形成与战争有关。摩尔根（L.H. Lewis Henry Morgan，1818—1881）在论阿兹忒克军事联盟时指出："这一联合可说是他们从前互相争斗的结果。"[1] 商代方国联盟的形成也大体如此，如鬼方（商时的方国）和商的结盟，就有可能是武丁和鬼方三年作战的结果[2]。

方国联盟不仅是前一时期方国间相互斗争的结果，又随着斗争形势的发展而变化。所以它只是在某段时间内保持相对稳定的共同体。商汤灭夏，代夏而为盟主，建立了以商的统治为核心的方国联盟。在这种新的形势下，如果仍一味地高扬本氏族的祖先神地位，把它作为联盟政治的上层建筑，恐怕是不合时宜的。每一个方国，都曾经是一个家族统治集团，都有自己光荣的奋斗史，都有自己值得夸耀的祖先神。而且，这些祖先神灵与殷之祖先神都建立了密切的联系。如《尚书·盘庚》云：

> 古我先后，既劳乃祖乃父，汝共作我畜民。汝有戕则在乃心，我先后绥乃祖乃父；乃祖乃父断弃汝，不救乃死。兹予有乱政同位，具乃贝玉。乃祖先父，丕乃告我高后，曰："作丕刑于朕孙。"迪高后丕乃崇降弗祥。

---

[1] 摩尔根：《古代社会》，商务印书馆 1977 年版，第 214 页。

[2] 参见林沄：《甲骨文中的商代方国联盟》，载《古文字研究》第六辑，中华书局 1981 年版。

这是商王盘庚在迁殷时告诫王族以外的诸族民众的话，大意是说，从前我们的先王和你们的祖辈父辈共同辛劳，你们现在都是我的善良的民众。如果你们有作恶的念头在心中出现，我们先王就会告诉你们的祖辈父辈，你们的祖辈父辈就会抛弃你们，不挽救你们于死亡之灾。现在那些乱政的大臣，执掌权柄，只知道聚敛财货，他们的先祖先父便竭力要求我们的先王说："快些用严厉的刑法给我的子孙吧！"从而引导先王，大大地把不祥降给他们。

这里有三点值得注意：

1. 殷先祖与诸族之先祖曾经共同辛劳。

2. 如果有谁违背殷统治者，其先祖知道后就会抛弃他们。

3. 如果有谁受到惩罚，也是其先祖请求殷先王降下的。

可见诸族之先祖与殷先王一样，同是神灵世界中的祖神，它们共同隐摄着世间的政治，操纵着世间子孙的命运。因此盘庚说："兹予大享于先王，尔祖其从与享之。"意即我大祭先王，你们的祖先也会一同跟着受祭的。

其实，从殷商王朝的政治结构中也不难发现，殷人意识形态中的这种秩序，不过是现实政治秩序的观念化罢了。只是在它观念化之后，又反过来成了支配现实政治秩序的依据。据今人晁福林考证，在殷商统治阶层曾经十分活跃的"贞人"（进行占卜活动的人），实际上就是诸方国部族势力在王朝中的代表。他们多数为各自部族的首领，有自己的属地和经济力量。如卜辞中有不少贞人的人名同时又是地名、部族名。[1] 由卜辞可知，殷代前期，这些贞人并不是殷王所属的唯命是从的官吏，他们的地位往往很高，可以通过占卜表达自己的意志。

在这样的政治结构中，要想维护殷人的盟主地位，单靠把祖先崇拜作为社会意识形态的核心内容，显然是行不通的，必须有一个与统治者有特殊关系，而又凌驾于祖先神之上的神灵来作为人间统治的天上依据，才能更好地维系方国联盟式的政治统治，"帝"或"上帝"就是很好的神选。于是它便被建构成了世界的操纵者，人间社会政治生活的隐摄者。可见，"帝"观

---

① 晁福林：《试论殷代王权与神权》，载《社会科学战线》1984 年第 4 期。

念的建构，也实在是殷商方国联盟体制的需要。

　　总之，殷商时期的至上神"帝"，是殷人的思维抽象能力借助于人间王权的摹本，以及方国联盟的政治需要建构出来的。由于它的共相本质，它被赋予了极大的权能；但由于它的非具体性，它几乎得不到人们的祭祀。上帝观念的形成，是人类认识史上的一大进步，为人们重新认识这个世界建立了新的思维依据。虽然它被层层神秘的面纱包裹着，充满了恶魔般的力量，但透过其所固有的高度概括性，极大地丰富了人们的抽象思维能力，使人们在风、雨、雷、电、山、河、大地，乃至社会生活等具体的自然现象与社会现象之中发现了一致和同一。这是人类对自然规律和宇宙本质的最早体知方式，是人类建构意义世界的重大收获。中国古代哲学的基本问题——天人关系问题，即或滥觞于此。[①]

（选自《先秦儒家哲学探源》，中国人民大学博士学位论文，1995 年。
载于《中孚大有集——黄庆萱教授八秩嵩寿文集》，
（台北）里仁书局 2011 年版）

---

① 　参见杨庆中：《中国古代的天人之论真能解决当前人类面临的危机吗?》，载《河北学刊》
2004 年第 5 期。

论周人何以称至上神为"天"

　　殷人的至上神称"帝",周人的至上神称"天"。

　　天字,甲骨文中已出现。罗振玉、王国维根据《说文》,释天为"颠顶"①。甲古文中的天字,还没有至上神的意义。陈梦家先生说:"卜辞的天没有作上天之义的,天之观念是周人提出来的。"② 郭沫若先生甚至认为,"凡是殷代的旧有的典籍,如果有对至上神称天的地方,都是不能信任的东西。"③ 于是,就出现了这样一个问题:周人为什么要提出"天"来,以替代殷人的至上神帝呢?

　　殷商时期,岐周作为殷商的重要的属国,他的领导人是很受商王朝重视的,他们常常参与殷商王朝的一些宗教活动,并对殷商的至上神帝乃至祖先神十分信仰,周原甲骨文中,就有周人祭祀殷人祖先,祈求保佑的卜辞。可以说,那个时期周人的宗教习惯与殷人是没有什么区别的。武王伐纣和周公分封之后,这种习惯也并没有完全被抛弃,这从《周书》中帝字约 33 见的事实中可以略见一斑。

　　但是,岐周偏居西方,有着悠久的民族历史和独特的文化传统,因而,在宗教活动方面也有着区别于殷人的地方。这具体表现在对龟卜和筮占的不同态度上。

　　卜筮是殷商文化的特色之一。《尚书·洪范》中记有殷商遗臣箕子对卜

---

① 王国维:《观堂集林》卷六,载《王国维遗书》第一册,上海古籍出版社 1983 年版,第 11 页。
② 陈梦家:《殷墟卜辞综述》,科学出版社 1965 年版,第 581 页。
③ 郭沫若:《青铜时代》,人民出版社 1954 年版,第 5 页。

筮的论述:"择建立卜筮人,乃命卜筮……"卜筮即龟卜与筮占,说明殷商时期卜筮是同时存在的,这在殷商考古中已得到证明。这种宗教习惯在岐周社会中也同样存在,但由于生活背景的不同,殷、周对卜与筮的重视程度也不一样。殷人作为邦国盟主,地域广阔,财物丰足,又有各国的进贡,所以有条件较多地运用比较贵重的甲骨进行占卜。据今人李学勤先生研究,殷墟的卜甲大多来自贡纳,有的龟种产于南方,甚至还有个别来自于南洋地区。这是偏居西方的周人所无法享受到的,因而,他们更多地利用筮占,"文王的演《易》或即由于此故。"①

筮占,虽然以筮草为道具,但实际上是用"数"来推衍。这个"数",很可能与古代的天文观测有关。《易传》中有一段论筮占的文字,是对东周筮法的总结,但未必没有保存着西周乃至更早的史影。其曰:

> 大衍之数五十,其用四十有九,分而为二以象两,挂一以象三,揲之以四以象四时,归奇于以象闰,五岁再闰,故再而后卦。

据已故著名易学家杨柳桥先生研究,"大衍之数"即天地自然圆方钩股互为因果之数,《周易》与《周脾》皆托于庖牺,并非偶然,"皆我国古代文化之硕果,实有密切联系者也"②。"以象四时""以象闰""再闰",显然是指天文说的。这表明《周易》是与古老的星占术有关系的,这是很有意思的现象。现代研究表明,卜者在上古时代的地位很高,他们不仅为帝王占卜,还是当时最有学问的宗教学家和科学家,掌握着最先进的科学技术,如天文、历算、数学等。先周时期的历代君王都精通卜筮,如文王演易,倘若没有精湛的天文、历算及数学方面的知识作基础,是很难想象的。

周人对天文学的重视,还与他们重视农业生产的传统有关。据史书记载,周先人是搞农业的专家,世代在尧、舜、禹的部落联盟中担任农官,部落联盟解体后,在夏后氏的排挤下,丢掉了农官之职,逃难于戎、狄(西

---

① 李学勤:《周易经传溯源》,长春出版社 1992 年版,第 152 页。

② 杨柳桥:《周易绎传》上卷,天津社会科学出版社 1993 年版,第 56 页。

北少数民族聚居地）之间，但仍谨守着祖先的事业，勤于耕种，发展农业（《国语·周语》）。可以说，重视农业生产是周人始终保持和发扬着的优良传统。先周时代的农业生产，一是仰赖天时，二是依靠人力。前者是人力所不能左右的，但却可以认识，先周天文学的发展就是在农业生产中仰观天象的结果。后者主要靠人的自觉和理性的自我约束，周人对祖先道德榜样作用的提倡，正是这种自觉地自我约束的优良传统的具体体现。

重视筮占的传统与重视农业的传统，共同养成了周人对天观察、思考、认识和崇拜的传统，它同时又塑造了周人浓厚的理性精神。筮与卜不同，"其一，钻龟取象，其裂痕是自然成文，而卦象是手数筮草之数，按规定的变易法则推衍而成。前者出于自然，后者靠人为的推算。其二，龟象形成后，便不可改易，卜者即其纹，便可断其吉凶。但卦象形成后，要经过对卦象的种种分析，甚至逻辑上的推衍，方能引出吉凶的判断。"① 因此，与龟卜相比，筮占更具理性色彩。同时，农业生产对天的依赖性，造就了周人对自然界有规律的季节性变化的认识，加强了他们对天的理性把握。把这种思维方式推之于宗教，所以周人的宗教也便体现了较强的理性色彩。

当然，我们这样说，似毫不意味着殷人没有筮占或不重视农业。如前所述，筮源于殷。但作为邦国盟主，殷统治者拥有自己的卜筮集团，君王除在极重要的事情上亲予占卜外，很少拿出时间来像文王演《易》那样地钻研卜筮，殷末的君王尤其如此。所以，殷商时期，真正精通并掌握着与先进的星占天文学有关的卜占知识的，恐怕是贞人集团，而不是殷商的君主本身。换句话说，殷王作为最高统治者，是靠一个庞大的宗教机构去运作自己的旨意的，他自己并不或很少亲自参与知识的学习与创造。因此，他们不可能提出任何有悖于自己的宗教传统的东西。与此相反，周族统治者不仅亲自精研筮算，还保持着重视农业的传统，对天有着比殷统治者多得多的直接体认。因此，他们在接受殷人至上神信仰的同时，再加以适合于自己的认知结构、思想传统、宗教习惯的改造，是完全有可能的。

其实，就文字本身而言，帝与天的关系也是很明显的。王国维释卜辞

---

① 朱伯崑：《易学哲学史》上卷，北京大学出版社 1986 年版，第 5 页。

中的天谓象人形，即上字。上字在甲骨文中有时用作上帝的省称。殷人认为，与地上的君王（下帝）不同，上帝是住在天上的神灵，故而对诸神的祭祀多用燔火使烟上腾之法。天字从人从上，本指人头顶的上边，人头顶的上边就是天。因此，帝、上、天就空间的意义而言是相通的。而且帝在上边，实在是以天为它的栖居之所的，周人以天言帝，不仅没有辱没帝的神明，且连帝的老巢也一并崇拜了。

当然，周人在建构自己的至上神"天"的过程中，也是下了一番苦功夫的，主要表现在以下几个方面：

第一，抛弃了殷人至上神观念中上帝作用的广泛性，把天的权威重点局限在"命哲、命吉凶、命历年"三个方面（《尚书·召诰》），突出了至上神在社会人事方面的特殊作用。天的这三大权能，殷人的上帝也都有。但周人把这三个方面特别突出出来，说明他们对至上神的认识和把握是紧紧围绕着社会政治这个中心进行的。这就不同程度地摆脱了殷人帝观念中表现出来的对自然崇拜的特征，为进一步赋予至上神以道德的内涵打下了基础。

第二，抛弃了殷人至上神观念中的非理性因素，赋予天以道德的意义，以作为"命哲、命吉凶、命历年"的客观依据。殷人的至上神作用很大，无所不能，但却没有什么规律，人们不知道它降祸降福的标准是什么，依据是什么。因而，在它面前，除了小心翼翼地占卜，以体察其神秘的旨意以外，人是一无所为、十分被动的。周人与之不同，他们赋予天以至善的特性，使天成为世间王权的监察者。《周书》中有"天德"一词，《吕刑》说："惟克天德。""天德"指上天立下的道德准则。上天监察世间统治的好坏，就是拿这个标准去衡量的，衡量过关的，就可以配天。周人认为文王是一个"明德"的君王，所以上帝把大命降给他（《尚书·康诰》）。不仅如此，在他们看来，文王之前，夏、殷先哲王的受命，也是因为他们在道德方面很符合天的意志的缘故（《诗经·生民》）。

第三，改变了殷人至上神观念中的祖、帝二元性，在周先祖与天神之间建立亲情关系，进而建立时王与天的亲情关系。殷人的祖神与上帝是二元的，两者之间没有血缘关系。殷后裔所作史诗《商颂》中说："天命玄鸟，降而生商"，说明殷始祖只与玄鸟有血缘关系，天帝不过是起一种命令作用罢了。周人不是这样，他们认为周族人是由始祖姜原祈祷祭祀神灵后，踩了上帝的拇指印，从而怀孕，生下后稷的（《尚书·多士》）。如《鲁颂》也说："赫赫姜原，其德不回，上帝是依，无灾无害，弥月不达，是生后稷。"既然祖先神与上帝有直接的血缘关系，祖先的后代的子孙，当然也就是上帝之子，即天子。康王时代的《大盂鼎》《麦尊》等铭文中，已经出现"天子"一词，表明西周初期或稍晚，"天子"观念已开始形成。由于周王是天之子，所以他死后，灵魂也会回到天上去，在帝左右。《诗·文王》云："文王在上，于昭于天……文王降陟，在帝左右。"

第四，抛弃了殷人帝神信仰中的盲从性，以理性的态度，提出"天不可信""惟人"的观点。如周公说，殷王由于做了坏事，所以才被天灭掉，让我们周族继之接受了大命。但我不敢说这份基业会永远沿着好的方向发展，虽然上天是诚心地辅助我们，但我不敢说我们的事业会长久。我们千万不可安于上天的命令而忽视它的威罚，民众是不会无缘无故地产生不满情绪的，一切都在人为（《尚书·君奭》）。可见，周公认为周族基业能否长久，在人不在天。因此，他一再强调"天难谌""天不可信"。

总之，周初的统治阶级在损益殷人的至上神观念的过程中，建构了"以德为本，以天为宗"的宗教思想，使天与人靠着德统一起来。这就使至上神的天威在社会政治领域得到了充分的发挥，人的力量也在德教的自我约束中参与了天命的运动。天作为有理性的人格神，由殷人猜度（卜）的对象变成了可以认识、可以理解的对象；人作为天命的执行者，也从对天的盲目信从中解脱出来，靠着自我的主观能动性，努力主宰着自我（"惟人"），以企与天命的永远合一。这一思维方式的变革，其影响是十分深远的，孔子讲"为仁由己"就是顺着这个思路发展而来的。

（原载于《中南民族学院学报》1997 年第 1 期）

论西周初期的"德"观念

孔子曰："周因于殷礼，所损益可知也。"周到底"因"了"殷礼"中的哪些东西？《周书》中有一篇《大诰》，是记载周公诱劝诸侯支持并参与东征之事的①，其中透露了不少周人的传统观念，从中可以窥知殷周思想的连续性。在这篇诰文中，周公为了说服诸侯，搬出了三张王牌，一张是天帝，一张是文王，一张是龟卜。

三监反叛，周公很害怕，认为这是"天降割于我家"（《周书·大诰》），"割"，《尔雅·释诂》"害也"，即上帝把大祸降给了我们的国家。于是用"文王遗我大宝龟"进行占卜，问征讨叛乱的事，结果"朕卜并吉"，即得到的都是吉利的兆象。周公指出：

> 已，予惟小子，不敢替上帝命，天休于宁王，兴我小邦周。宁王惟卜，用克绥受兹命。今天其相民，矧亦惟卜用。呜呼！天明畏，弼我丕丕基。（《周书·大诰》）

"宁王"即文王。"替"，废。"用"，因而。"绥"，绥之假借字，继承。"矧"，又。"弼"，说明。意思是说，我是文王的儿子，不敢废弃上帝的命令，上天嘉奖文王，使我们小小的周国兴盛起来。文王又通过占卜，继承了上帝授给的大命。现在上帝命令臣民帮助我，我用占卜了解了上帝的这番用意。你们

---

① 武王伐纣后，余年即死。太子成王年幼，武王弟周公旦"屏成王而及武王，……履天子之籍"（《荀子·儒效》），三监（被武王派去监视纣王之子武庚的人）"乃流言于国，曰：公将不利于孺子。"（《尚书·金滕》），并联合武庚进行反叛。周公率兵东征，三年乃克。

应该敬畏，帮助我把统治加强起来。

从周公的劝诱中可以发现，在当时的"多邦""御事"中至少流行着这样的信仰：天帝崇拜、祖先（如文王）崇拜和龟卜迷信。这也就是上面所说的"三张王牌"。而它又恰恰是殷商社会所盛行的。可见，周公东征之前，殷、周在思想观念方面是比较一致的。这就是孔子所谓的"因"，周公的"损益"便是在此基础上进行的。

周公对"殷礼"的"损益"，有其现实政治的原因，如总结殷商灭亡的教训，巩固业已获得的胜利果实等，这是不必说的。此外还有其社会历史的基础和思想历史的渊源。在《大诰》一文中记载了反对东征者的两点理由：

其一，"艰大，民不静"。

其二，"亦惟在王宫，邦君室，越予小子考翼，不可征"。

"越"，语中助词。"考"，长辈。"翼"，敬。意思是说东征困难太大，劳民伤财，民心会受惊扰。这固然是反对东征的一个理由，但恐怕不是最根本的理由。根本的理由乃是第二条：即那些发动叛乱的人有的就出自王宫里面和邦君的家中，并且还有不少是邦君的长辈，所以不该去征讨。这的确是一个难题，三监都是文王之子，周公之弟，武王派出的大员。现在，提倡"元恶大憝，矧惟不孝不友"（《周书·康诰》）的周公又要诛灭他们，许多诸侯在思想上是想不通的。他们反问周公"王害不违卜？""违卜"就是违背上帝的命令，这在有着浓厚天帝信仰的时代是不可思议的。它表明，在周人的传统观念中，家族血缘关系有着超乎寻常的重要性。固然，殷人也并非不重视家族血缘关系，但相对而言，他们似乎更迷信占卜。《尚书·洪范》载殷遗臣箕子向武王传授的治国大法"稽疑"中，谈到了"龟筮共违于人"时的情况及应对办法，但没有谈到"违卜"，说明殷人是不"违卜"的。可见殷、周作为两个发源于不同文化圈的集团（考古学已证明了这一点），其社会结构及与之相应的传统观念又是有所不同的。这是周公损益"殷礼"的社会历史前提。

就思想传统而言，周族历史上曾多次辗转迁徙，或"自窜于戎狄之间"

（《国语·周语》），或"避夏桀于戎狄"（《吴越春秋·吴太伯传》），或"去豳、度漆、沮，逾梁山"（《史记·周本纪》），为求生存，历尽艰辛。因而养成了一种忧患意识。传说文王拘羑里而演《周易》，《易·系辞传》云："作《易》者其有忧患乎？当殷之末世与周之盛德邪？"周公在平叛定国的过程中，继承了这种思想传统，为图周祚的"永终"（《周书·金縢》），积极主动地反思历史，对殷人思想进行了一系列的"损益"。

那么，周公是如何"损益"殷礼的呢？《庄子·天下篇》有句话叫"以德为本，以天为宗"，我们认为可以借来概括周初的思想特征。本文只就其中的"德"观念作一陈述。

一、释"德"

"德"的观念产生于何时，学界说法不一。有人认为它是周人的发明，有人说商已有之。我认为，周公提出德的问题，目的无非有二：一是总结殷商灭亡的教训，警戒周族统治者；二是论证周人代殷而为天下宗主的合理性。前者是讲给统治者自己听的，后者是讲给被统治者和被征服者听的。要想让这两种人都能接受，如果只拿周人固有的或临时发明的东西进行说教，对周族内部尚可，对被统治者和被征服者，特别是殷商旧族，显然是不合适的。因此，周公所大力提倡的"德"，一定是在殷周之际诸邦国均已认可的某一具有政治含义的概念的基础上创造而成的。

甲骨文中有"徝"字，从彳（亍）从𥄂（直），有不少专家把它厘定为德字。如徐中舒先生说："甲骨文徝字又应为德之初文。"[1] 徝字在甲骨文中主要用作"循行察视"之意。察周金文，德字初文也写作徝，后增加一个"心"符作𢜖形。金文中有民字，作𥄷、𥄸形，恰似德字中"直"的倒写。郭沫若先生认为金文民字"横目而带刺，盖盲其一目以为奴征。"[2] 因而释民为奴隶。今人王德培不同意郭氏的说法，他认为：

---

① 徐中舒：《甲骨文字典》，四川辞书出版社 1989 年版，第 168—169 页。
② 郭沫若：《古代研究的自我批判》，见《十批判书》，东方出版社 1996 年版，第 40 页。

"甲"字作目下一竖，当有视物之意。如果考之文献，则孟子所引古《泰誓》"天视自我民视"可以相合了。天在上，民在下，所以目在上，竖在下，略似直字倒置。由此我们知道民字不可解为"盲其一目以为奴征"。《吕刑》："王曰，呜呼！敬哉，官伯族姓，朕言多惧，朕敬于刑，有德惟刑。今天相民，作配在下。"《尔雅·释诂》："相，视也。""今天相民"，即今天视民也。民字之所以为民，取意"天之所视"也。①

按王说较为可信。与民字相关，"直"字目上一竖，有上视之意，上视，视上帝及祖先神也。殷统治者无事不卜而求诸神命，出行当然也要问卜。在甲骨文中有循行察视之意，实为依帝命而出行巡视也。依帝命出行，表明出行是必要的和合理的。考诸甲骨文，殷王的出行多与征伐有关，如：

庚申卜，殷贞，今春王值伐土方。（甲 1、27、21）

"土方"为殷之方国，"值伐土方"就是依照上帝的命令讨伐"土方"。诚如现任南开大学历史系教授的刘泽华先生所说："殷代德的观念受敬上帝、遵祖思想的支配，所以，德首先是一个宗教观念，当然也包含人事。"② 周公正是在这种概念的基础上损益"殷礼"，丰富德的内涵的。他大讲"以德配天"，同时又讲"天之元德"，仍然包含了遵从天帝之命的意思。只不过周公侧重的是"遵从"（人的行为），殷主侧重的是"帝命"罢了。然而，这个侧重点的转移，却是一个不小的变革，它使人们的努力方向由猜度一个没有理性的天帝之命转而成为对自身行为的认识和把握。金文中德字从心便表明了这一点。

德有遵从之意，那么这种遵从的行为有没有道德的意义呢？据某些专家研究，这种意义似乎是不存在的。如王德培认为：

① 王德培：《书传求是札记》（上），《天津师范大学学报》1983 年第 4 期。
② 刘泽华：《先秦政治思想史》（上），天津人民出版社 2019 年版，第 38—39 页。

酒德、凶德、暴德、桀德、受德、逸德均无道德义。桀纣之行而称德，表明周初德字只当作一种"行为"或"作为"的意思来使用。单一个德字，既可表示善行，也可表示恶行。所以《周书》里德字前面往往加上各种修饰词，以便知道是什么行为。如除上引者，还有明德、敏德、容德、义德等，各表示一种有一定含义的行为。凡单用一个德字，多数即只作"行为"解。如"敬德"，不是崇敬道德，而是警惕行为。①

王先生的说法很有道理，但只表达了问题的一个方面。我们认为，要想搞清楚这个问题，必须把"德"这种"行为"与行为施于的对象合起来一并考察，才能全面地了解其实质。即如殷代，德是指遵从上帝的命令。如果上帝是一个具有道德属性的至上神，则对它的遵从必然也包含道德的意义，反之亦然。上章我们曾证明过上帝如同一个没有理性的魔王，喜怒无常，降祸降福，没有什么规律。因而也就无法说清它究竟是善还是恶。但是，对于一个至上神来说，当人们怀着复杂的心情去贞问它，或去顺应它的命令时，一定又会带着一种美好的期望。当人们不断地把这种美好的期望与至上神联系起来，并一点一点地赋予至上神时，它的道德的意义便会渐渐地产生出来。后来的周公在重塑德观念时，便是以至上神（天）为参照物的。

其实，在周初的一些典籍中，我们也不难发现一些例子，证明德字具有道德的意义。成书于殷周之际或周初的《周易》一书中有几段爻辞，如：

《讼》六三："食旧德，贞厉，终吉。"

高亨先生注曰："《说文》：'蚀，败创也。'食旧德，谓亏损其故日之德行也。食旧德则危难至，危难至则知惕惧，知惕惧则可无败。故曰，食旧德、贞厉、终吉。"② 这里的德字如果只有行为的意思，就无法解释"亏损旧日的行

① 王德培：《书传求是札记》，《天津师范大学学报》1983 年第 4 期。
② 高亨：《周易古经今注》，中华书局 1984 年版，第 178 页。

为"何以会"贞厉、终吉"了。又如：

> 《恒》九三曰："不恒其德，或承之羞，贞吝。"

这句话曾被孔子引用过。如果德只作没有道德意义的行为解释，那么"不恒其德"就不能必然得出"或承之羞"即招致羞耻的结论。因此，德字并非仅仅如王培德所说"只当作一种行为或作为的意思来使用"，它同时还含有道德的意义。

二、周公对"德"的新认识

那么，周公是如何"损益""殷礼"，重塑德观念的呢？首先，"损"是殷人对祖先神的盲目依赖性，"益"是对祖先神的效法，使祖先神由权威型守护神变为具有道德榜样作用的守护神。与殷人一样，周人也盛行祖先崇拜，也十分重视祭祀先公、先王，《诗经·周颂》有云：

> 于穆清庙，肃雍显相。济济多士，秉文之德。对越在天，骏奔走在庙。不显不承，无射于人斯。

这是周初统治者祭文王于宗庙的诗。从中不难发现周人对祖先的崇拜同样是严肃而热烈的。但与殷人不同的是，周人在崇拜自己的先祖时，彰显的是祖先的道德榜样作用。如：

> 惟乃丕显考文王克明德慎罚。(《周书·康诰》)

"惟"，只。"乃"，你。"丕"，大。这是周公说给他的弟弟康叔封的话，意思是说，只有你英明的父亲文王，能够崇尚德教，而谨慎地使用刑罚。

> 厥亦惟我周太王、王季，克自抑畏。文王卑服，即康功田功。徽

柔懿恭，怀保小民，惠鲜鳏寡。(《周书·无逸》)

"太王"，即古公亶父，文王的祖父。"王季"，即古公亶父的儿子，文王的父亲。"抑畏"，谦虚小心。"康功"，平整道路。"徽"，善良。这是说，我们周族的太王、王季做起事来能够谦逊谨慎。文王也曾从事过卑贱的劳作，如整修道路，耕种田地等。他心地仁慈，态度和蔼恭慎，使老百姓安居乐业，并把他的恩惠施及于那些鳏寡孤独、无依无靠的人。

维此王季，因心则友。则友其兄，则笃其庆，载锡之光……维此王季，帝度其心，貊其德音。其德克明，克明克类，克长克君……(《诗经·周颂》)

"因"，姻。"姻心"，亲热之心。"庆"，福。"锡"，赐。"貊"，通漠，广大。这是赞扬文王的父亲王季的诗，说他是一个对朋友热心，对兄长敬爱的人。他使周邦福禄广厚，享受着上天的恩赐。他甚合天帝的心意，美名四播，能分明是非，能区别好坏，能为人楷模，能为民君王。

可见，在周公和以他为首的周族统治者心目中，他们的先公、先王不像殷先祖那样，具有神威，令风令雨，降福降佑。相反，是靠着自己的德行和楷模作用来怀远柔近、成就王业的。因此，周族的先公、先王是道德的化身，统治者效法的样板。与"殷礼"相比，这是一个很大的转变，它使祖神的权威转化为价值判断的标准，行为准则的样式。既美化了祖先，又为统治者确立了统治依据。

周公的这一"损益"，是政治思想的一种变革，一方面它是对祖先崇拜这一原始宗教形式的利用；另一方面又是对这一原始宗教形式的改造。就"利用"而言，周公依然采取了祖先崇拜这一宗教形式，把具有血缘关系、具有民族凝聚力的先公先王的政治、社会作用突出出来，既符合现实的政治需要，又能满足人们的习惯心理。就"改造"而言，周公采取了较为理性的态度，对祖先崇拜这一宗教形式中较为神秘的东西进行了必要的削弱，改变殷人在祖先神面前一味被动地祷告和乞求祖先神的积极效法，加强了人的主观能动性。同时由于效法对象的道德化，也使"效法"祖先神的行为本身道德化了。

其次，"损"殷统治者之"诞淫厥泆"，"益"之以"明德慎罚"，使祖先神的榜样作用与统治者的统治行为统一起来。周初统治者都经历了殷周之际的历史巨变，深知殷朝灭亡的教训，也极想总结这一历史教训。他们一再强调要以殷为鉴。如周公曾对他的弟弟说：

> 封，予不惟若兹多诰。古人有言曰："人，无于水监，当于民监。"今惟殷坠命，我其可不大监，抚于时。（《周书·酒诰》）

"监"，视、戒，与鉴义通。这是叫康叔封把臣民当作镜子，吸取殷商灭亡的历史教训。周公因此提出了"明德慎罚"的政治主张。

> 惟乃丕显考文王，克明德慎罚，不敢侮鳏寡，庸庸、祗祗、威威显民。（《周书·康诰》）

这是说，只有我们的文王能够崇尚德教，慎用刑罚，不欺侮那些无依无靠的人，任用那些应当受到任用的人，尊敬那些应当受到尊敬的人，镇压那些应当受到镇压的人。并让庶民了解他的治国之道。文王是这样地伟大，作为他的子孙，也要效仿他崇高的行为，"绍闻衣德言，往敷求于殷先哲王，用保乂民"。"绍"，继。"衣"，同依、依照。"敷"，普遍。"乂"，治。意即继承文王的传统，依据他的德教，广泛寻求殷商先哲的统治之术，来畜养治理臣民。周公还特意提到用刑的问题：

> 敬明乃罚。人有小罪，非眚，乃惟终，自作不典，式尔；有厥罪小，乃不可不杀。乃有大罪，非终，乃惟眚灾，适尔，即道极厥辜，时乃不可杀。（《周书·康诰》）

"眚"，省，悔过的意思。"式尔"，故意那样做。"灾"，通哉。"适"，偶尔。

"辜"，罪。周公的意思是说，执行刑罚也是体现德政的重要方面，千万要慎重，人犯有小罪，如果不是偶然的过失，而又怙恶不悛，明知故犯，他的罪虽小，却不可不杀。相反，人有大罪，如果是出于无心的过失，而偶然犯法，又不是惯犯，并且又能主动交代自己的罪行，这样的人就不可杀。

　　除此之外，周公还认为，作为一个君主，自觉履行应尽的职责，也是必备的德行之一。《尚书·无逸》说："周公曰：'呜呼！继自今嗣王，则其无淫于观，于逸，于游，于田，以万民惟正之供。无皇曰，今日耽乐。乃非民攸训，非天攸若，时人丕则有愆。'""嗣王"，指成王。"皇"，汉石经作"兄"，即况。"攸"，所。"训"，典式、榜样。"时"，是、这。"愆"，过错。意思是说，继承先王的君主，不可沉迷于台榭、安逸、游玩、田猎之乐。要认真从事治理人民的政务。万不可认为"今天先享受享受再说"，这样就不是万民的榜样，就不是顺从天意了，这样的人就是犯了大错误。祖先神是统治者的道德榜样，统治者就应该是"率土之宾"的道德表率。《周书·召诰》载曰："其惟王位在德元，小民乃惟刑，用于天下，越王显。上下勤恤，其曰我受天命，丕若有夏历年，式勿替有殷历年，欲王以小民受天永命。""越"，发扬光大。"恤"，忧意。国王作为一国之主，应该成为道德上的表率，让人民有所效法，这样才能光大君主的德行。君臣上下勤劳忧恤，共同关心国家大事，才能使国运长久。

　　周公反复强调统治者要"明德"，并不是他同情被统治阶级的命运，其目的无非是为了周朝统治的"受天永命"，即永保统治权。刘泽华指出："周人把德看作君主个人品行，既含有对王的意志行为的某种规范意义，同时又认可了王对德的垄断特权。唯王可以'以德配天'，使神权和王权在周天子身上得到了统一。这种朴素的理论假设和逻辑演绎，恰恰表明，这一时期人们关于德的认识尚未能从天命的神秘权威中解脱出来。"① 其实，我们倒不如说这正是周公的用心所在，即自觉地把德与天命挂上钩，以便加强德的神学依据和政治作用。

　　第三，"损"殷人上帝崇拜中的非理性因素，"益"之以"天若德元"，

① 刘泽华：《中国传统政治思维》，吉林教育出版社1991年版，第72页。

使天成为人们道德行为的终极标准。(这方面的讨论,可参见拙文《周人何以称至上神为天》,《中南民族学院学报》1997年第1期。兹不重述)

三、"德"的内涵

以上三点,是周公"损益""殷礼"、重塑德观念时重点思考的三个方面,也是构成德之内涵的重要组成部分。这三个方面都与政治有关,因此有人称周初的"德"是一个政治概念,这是正确的。但由于这一概念与对统治者的自我行为约束有关,所以又含有伦理的成分。

从《诗》《书》等周初文献看,德的内容是相当广泛的,刘泽华从十个方面对此进行了总结。他说:

> 周公所说的"德"内容极广,当时一切美好的东西都可包括在德之中。归纳起来有如下十项:(1)敬天;(2)敬祖,继承祖业;(3)尊王命;(4)虚心接受先哲之遗教,包括商王先哲的成功经验;(5)怜小民;(6)慎行政,尽心治民;(7)无逸;(8)行教化,"惠不惠,懋不懋"(《周书·康诰》),"惠",爱,"懋",勉,大意是,用爱的办法引导教育那些不驯服的人,勉励那些不勤快的人使之勤勉;(9)"作新民",重新改造殷民,使之改邪归正;(10)慎刑罚。①

这十个方面几乎都与政治有关。《周书·洛诰》中载有成王的一段话,我们不妨把它看作是周初统治者对德的内容的概括。据《史记·周本纪》记载,《周书·洛诰》作于周公还政成王之后,从内容看,此说可从。新都洛邑建成后,周公曾要求成王到新都洛邑举行祭祀和继位大典,然后主持政务。成王在回答周公的请求时说:

> 公,明保予冲子。公称丕显德,以予小子扬文武烈,奉答天命,

---

① 刘泽华:《先秦政治思想史》(上),天津人民出版社2019年版,第48页。

和恒四方民，居师，惇宗将礼，称秩元祀，咸秩无文。惟公德明光于上下……（《周书·浩诰》）

"明"，勉励。"冲子"，幼子，成王谦称。"烈"，事业。"答"，配。"惇"，厚。"元祀"，大祀，指祭祀文王。意思是说，公啊，你努力辅佐我这个年幼无知的人，要我发扬光大文王和武王的事业，遵奉上天的命令，很好地治理四方小民，并驻于新都洛邑，厚待宗族，礼遇诸侯，按照一定的规矩大祀文王。虽然礼节繁杂，但都要进行得有条不紊。你的大德可以与日月相比……这段文字，可以看作是成王对周公平时对自己进行"政治思想教育"的内容所做的归纳和总结。即：

1."扬文武烈"；2."奉答天命"；3."和恒四方"；4."居师"；5.惇宗将礼；6.称秩元祀。

其中需要特别说明的是"居师"和"惇宗将礼"。从周初的政治形势看，"居师"可能与宗法制及对殷遗民的统治有关。居师即在洛邑居住。周、召二公对营建洛邑非常重视，亲自占卜、勘察、指挥、监工。建成后又力劝成王在那里举行大典。周公在受命留守洛邑后又拜手稽首曰："王命予来承保乃文祖受命民，越乃光烈考武王弘朕恭。孺子来相宅，其大惇典殷献民，乱为四方新辟、作周恭先。曰其自时中乂，万邦咸休，惟王有成绩。"（《周书·洛诰》）"惇典"，镇守。"献民"，即众民。"乱"，率。"辟"，君。这是说，"王命我承担治理你祖父文王从天那里接受下来的小民的任务，和光大你尊严的父亲的遗训大法。你来洛邑视察宫室宗庙的基地，很好地镇守殷的民众，为四方的新君谨慎地处理政务，作后代国君的先导。我曾说，如果能够居住在这国中洛邑治理天下，诸侯国也就能够治理好了。这样王的大功便告成了。"可见，首都作为国家的中心、民众的信仰、诸侯的依归，它的意义是十分重大的。周公一再强调成王居洛的重要性，也正是出于这些原因。同时，这也是统治殷商遗民的需要，《周书·多士》载周公代成王向殷民发表的演说中说："今朕作大邑于兹洛，予惟四方罔攸宾，亦惟尔多士攸服奔走，臣我多逊。"意思是说现在我在这洛的地方建造一座大城，是因为四方诸侯无处朝贡，也是为了你们服务王事、奔走效劳的方便，你们要顺从地臣服我们。

"惇宗将礼"即厚待宗族，礼遇诸侯。这是讲德与宗法的关系。东征胜利之后，周公曾实行分封诸侯的政策。荀子所谓"立七十一国，姬姓独居五十三人"。这种分封是建立在完善的宗法制基础之上的。宗法制即嫡长子继承制，在这种制度中，周王既是全国的共主，又是宗族的天下大宗。诸侯对周王来说是小宗，但在所封国内居于大宗的地位，因而具有在封国内作共主的权威。大宗与小宗之间，既是一种隶属关系，又是一种宗族关系，小宗反对大宗是犯上，大宗压制小宗是不敬德。因此周公十分强调"惇宗将礼"。在《周书·康诰》中他提出孝与友，可以看作是对这个问题的具体化。其曰：

> 元恶大憝，矧惟不孝不友。子弗祇服厥父事，大伤厥考心；于父不能字厥子，乃疾厥子。于弟弗念天显，乃弗克恭厥兄；兄亦不念鞠子哀，大不友于弟。惟吊兹，不于我政人得罪，无惟与我民彝大泯乱。曰：乃其速由文王作罚，刑兹无赦。

"憝"，奸恶。"祇"，敬。"字"，爱。"鞠子"，稚子。"吊"，至。大意是说，那种罪大恶极的人，也是不孝顺、不友爱的人。做儿子的不恭敬地按照他父亲的要求做事，就会使他的父亲大为伤心；于是做父亲的就不会疼爱他的儿子，反而会讨厌他的儿子。做弟弟的不思虑上帝的权威，这样的人就不会恭敬地对待他的兄长；做兄长的不为他幼小的弟弟缺乏教养而哀痛，对他弟弟的态度就会很不友好。民众到了这种不孝不恭不慈不友的地步，若还不到我们这里来认罪，上帝赐给我们的统治民众的大法，便会遭到严重的破坏。周公认为，对这样的人就应该按照文王制定的刑法，严加惩罚，不要手软。

然而，我们不知道周公在讲这段话时心情是否轻松，因为在他率兵东征时，被剪除者中就有他的骨肉兄弟。也许正是受了这样的刺激，周公才十分郑重地把孝友问题大大地突出来。《诗经》中有不少歌颂兄友弟恭的诗，《常棣》据说为周公所作：

常棣之华，鄂不韡韡，凡今之人，莫如兄弟……

今译的意思是："常棣树的花儿竞相开放，花萼与花蒂同系在一条根上，看这世间的众人，有谁比兄弟的情义深长，……"《诗》的后几节哀婉动人，不知周公在写作时是否想起了被自己流放的兄弟。但就思想、政治及社会结构三者的统一而言，周公提倡孝友和"惇宗将礼"，的确是高明的做法。

总结以上论述，我们可以把德的内容大致概括为四个方面：

1. 对天的态度，同化殷人的天神信仰，抛弃殷人观念中天帝的非理性特征，赋予它以至善的特性，以作为德的宗教依据。

2. 对祖先的态度，同化殷人的祖神信仰，抛弃殷人观念中祖神的神秘性特征，赋予祖神以道德榜样的形象，以作为统治者效仿的楷模。

3. 对民的态度，反思夏殷先哲圣王建国立业的成功经验，借鉴殷纣"诞淫厥泆"的失败教训，强调明德慎罚，宽民保民。

4. 对自己的态度，追怀周先祖艰苦卓绝的创业历程，强调敬德、无逸、孝友。

从德的这几方面内容可以看出，这个时期对人的认识较殷商时期已有了很大的进步，人们正不断地一点一点地摆脱神灵世界对人的世界的束缚。虽然他们的每一种行为都还有来自神界的证据，但证据不等于支配力，它只不过是以曲折的形式，或者说以更符合当时人心态的形式肯定了人的道德行为的合理性。这是对殷人与祖神一体化思维方式的改造。在周人这里，人与祖神的统一不完全是靠着祖神所具有的神秘力量和它对氏族集团的积极守护，以及人们对它的祈求祷告来完成的；而是靠着人的道德行为来完成的。这就把人生命运的主动权部分地转移到了自己的手中，为春秋时期理性的觉醒准备了前提。

（选自《先秦儒家哲学探源》，中国人民大学博士学位论文，1995年）

传统"忠"观念研究

中国传统道德中的不少范畴，在经过分析批判后，可以作为当代道德建设中的文化资源而被继承。"忠"自然也不例外。但由于几千年来，"忠"字频繁地与"君"字联系在一起，成为封建政治伦理的核心观念；而"文化大革命"时期，在个人崇拜骤然升温之际，"忠"字又曾给人们留下了一段颇为尴尬的记忆。所以，直到今天，当人们再次提到这一范畴时，仍不免有点忌讳。本文拟对传统"忠"观念进行全面考察，以企打消顾虑，为重建"忠德"做些努力。

一、"忠"观念的起源

传统"忠"观念产生于何时，因为什么而产生，包含什么意义？这是我们首先需要解决的问题。据有的学者说，现已解读开的甲骨文中没有"忠"字，现已断定为西周及其以前的、并解读开的金石铭文中也没有"忠"字，今文《尚书》《周易》卦爻辞、《诗经》中均没有"忠"字①。所以，保守一点推断，"忠"的观念当形成于春秋战国时期②。

从文献学的立场说，这种观点当然是没有问题的。但从文化发生学的立场说，观念的产生总要比文字的出现早一些，"忠"字虽然出现于春秋时期，但"忠"的观念应该是在此之前早就萌芽了。可以列举两个例子，一个

---

① 魏良弢：《忠节的历史考察：先秦时期》，《南京大学学报》1994 年第 1 期。
② 范正宇：《"忠"观念溯源》，《社会科学辑刊》1992 年第 5 期。

是西周金文中的例子；一个是《诗经》中的例子。先说金文中的例子：

> 邢侯簋克奔走上帝无终令于有周追考（《三代吉金文存》6·54）
> 麦尊用龔义宁侯觌考于井（邢）（《西清古鉴》8·33）

"考"通"孝"，"追考"就是"追孝"。"觌"可能与"追"意义相近①，"觌考"亦即"追孝"。邢侯是周公的儿子，他表示要追孝于周。麦是邢侯的下属官僚，他表示要追孝于邢。这是要求诸侯对天子孝，诸侯的官僚对诸侯孝。有学者据此认为，西周早期的"孝"是包含后世所谓"忠"的内容的②。这种理解应该是不成问题的。它表明，在"忠"字出现之前，后来意义上的"忠"的部分含义是包含在孝观念之中的。

再看《诗经》中的例子。《诗经》中虽然没有出现"忠"字，但据《左传·隐公三年》说："《风》有《采蘩》、《采蘩》，《雅》有《行苇》、《洞酌》，昭忠信也。"我们不妨引一段《诗经》原文，看看《左传》所谓的"昭忠信"指的是什么意思。以《采蘩》为例：

> 于以采蘩？于沼于沚。于以用之？公侯之事。
> 于以采蘩？于涧之中。于以用之？公侯之宫。
> 被之僮僮，夙夜在公。被之祁祁，薄言还归。

这是一首描写蚕妇为公侯养蚕的诗。据《毛诗序》："采蘩，夫人不失职也。"《笺》云："不失职者，夙夜在公也。"可见，在产生《诗经》的时代，虽然没有出现"忠"字，但后来的"忠"之所谓"克尽职守"的意义还是存在的，只是没有明确把它称为"忠"而已。从这个意义上说，《诗经》的时代应该是有"忠"观念的萌芽的。

但问题是，为什么到了春秋战国时期，"忠"字，或者说成熟的"忠"

---

① 李裕民：《殷周金文中的"孝"和孔丘"孝道"的反动本质》，《考古学报》1974年第2期。
② 李裕民：《殷周金文中的"孝"和孔丘"孝道"的反动本质》，《考古学报》1974年第2期。

观念才出现了呢？我们认为，这与西周典型宗法制在春秋战国时期遭到破坏有关，可以说，"忠"是西周典型宗法制遭破坏后，新的社会关系形成过程中出现的一个新概念。

在血缘宗法体制下，孝观念中的很大一部分内容是属于政治层面的东西的，如我们前面列举的两条金文的例子就很说明问题。在这样的情况下，有没有"忠"的范畴，都不影响人们在血缘宗法关系中找准自己的位置，尽到自己的责任。可以说，一个孝字，把家族的、政治的等各方面的伦理要求都包括了。但是，这种体制遭到破坏之后，社会关系发生了一系列变化，其中最明显者，是脱离了固有血缘关系的官僚阶层的出现和脱离了宗法依附关系的士阶层的出现。而由于他们均游离于传统宗法血缘关系之外，所以，传统孝伦理对他们也就越来越显得不适合了。那么，他们应该用什么样的道德品格来约束自己，才能合乎新型社会存在的需要，并因而得到社会的信任呢？"忠"，恰恰是一个非常合适的"字眼"。

先说官僚阶层与"忠"。关于这个问题，我们可以以建立县制较早的楚国为例。据有的学者研究，楚国是当时最早建立县制并且是置县数量最多的国家。政治体制的这种变化，对人们的观念造成了很大的影响。这是因为，县制的产生，标志着官僚制度的诞生。"首先，县是国君直接控制的土地，不同于世袭领地，县尹由国君直接派遣，不能世袭。这些是县制呈现出来的官僚制因素。另外，楚国朝廷也出现了一些官僚制特点。其一，一些重要官职如令尹、司马由楚王任免；楚王还制定了一些刑法威慑他们。其二，春秋中期，楚国可能试行了谷禄制。……其三，楚国还实行了一套比较完备的官制，这表明职权分工已经很细致了。官僚制产生之后，君臣开始形成一种新的关系。费孝通先生对官僚制和贵族制进行过精当的比较，他说：'官僚主义是皇帝的工具，工具只能行使政权而没有政权；贵族是统治者的家门，官僚是统治者的臣仆。'臣仆只为君王办事，对君王负责。因此官僚制度是忠君观念产生的重要原因。"[①]

再说士阶层与"忠"。据有的学者研究，在西周典型的宗法体制中，士

---

① 刘自斌：《先秦时期楚与诸夏忠的观念之比较》，《湖北大学学报》1991 年第 2 期。

本属于最低一级的贵族，但在春秋时期的社会大变动中，不少庶民因军功而上升为士，不少贵族则因世袭制的破坏而沦为士。这使士这一阶层迅速膨胀，性质也相应地发生了变化，其中最显著的变化是他们从固定的宗法封建关系中游离出来，进入到一种"士无定主"的状态①。这个时期，社会上出现了大批有学问有知识的士人，他们以"仕"为专业，成为官僚阶层的强大后备军。而他们要想成为官僚阶层的一员，则不得不首先具备该阶层所必需的道德要求。因而，他们便很自觉地把"忠德"作为自己的必修科目之一，以便"学而优则仕"。

可见，"忠君"或"忠"的观念的产生，是与西周典型宗法制遭破坏后，新型政治体制的形成有着密切的关系的，它是新体制下官僚阶层所必备的道德品质之一。

然而，就当时的社会现实而言，并没有固定的职位等着那么多的士去应聘。因此，有不少士人不得不下岗待业②。但应该看到，士之所以为士，并不在于他原本做过最低级的贵族，也不在于他现在成为下岗待业的自由身，而在于他们所具备的知识能力和道德精神。当时的士，有很大一部分属于后来意义上的知识分子。中国古代的知识分子大都抱有忧患意识，当他们从原来的宗法关系中游离出来之后，他们不仅忧患再就业（施展自己的才能）问题，还忧患社会的变动和社会的未来问题，更忧患自己的进德修业问题。所以，他们求仕（想做官），并不单纯是为了吃饭，还是为了实现自己的抱负。既要做官，又要实现自己的抱负，则决定了他们不仅要具备做官的道德素质——"忠君"；还要具备忠于自己理想的主体精神——"忠道"。所以，孔子一方面强调为人要谋忠；另一方面强调"士志于道"。以战国时期的儒家学者孟子与纵横家周霄的讨论为例：

周霄问曰："古之君子仕乎？"孟子曰："仕。《传》曰：'孔子三月无君，则皇皇如也，出疆必载质。'公明仪曰：'古之人三月无君，则

---

① 余英时：《士与中国文化》，上海人民出版社 1987 年版，第 20 页。
② 余英时：《士与中国文化》，上海人民出版社 1987 年版，第 20 页。

吊。'""三月无君则吊，不以急乎?"曰："士之失位，犹诸侯之失国家也。《礼》曰：'诸侯耕助，以供粢盛；夫人蚕缲，以为衣服。牺牲不成，粢盛不洁，衣服不备，不敢以祭。惟士无田，则亦不祭。'牲杀、器皿、衣服不备，不敢以祭，则不敢以宴，亦不足吊乎?""出疆必载质，何也?"曰："士之仕也，犹农夫之耕也；农夫岂为出疆舍其耒耜哉?"曰："晋国亦仕国也，未尝闻仕如此其急。仕如此其急也，君子之难仕，何也?"曰："丈夫生而愿为之有室，女子生而愿为之有家；父母之心，人皆有之。不待父母之命、媒妁之言，钻穴隙相窥，逾墙相从，则父母国人皆贱之。古之人未尝不欲仕也，又恶不由其道。不由其道而往者，与钻穴隙之类也。"(《孟子·滕文公下》)

在这里，孟子特别强调士之求仕（即做官），应当遵循一定的"道"。这个"道"，从客观的层面说，是指合理的社会环境；从主观的层面说，是指士自身的政治（包括道德）素质和理想追求。孟子认为，古代的士虽然很想做官，但若不合乎道，也是不去做的。这种对"道"的执着，就是所谓的"忠于道"。但"忠君"与"忠道"这两个方面，做到前者易，做到后者难。因为前者有利益的驱使；后者则全凭自己的修养。所以，孔子才特别强调"士志于道"(《论语·里仁》)，"笃信好学，守死善道"(《论语·泰伯》)；"君子谋道不谋食，……忧道不忧贫"(《论语·卫灵公》)；"士不可以不弘毅，任重而道远"(《论语·泰伯》)。后来的孟子说："无恒产而有恒心者，唯士为能。"(《孟子·梁惠王上》)这个"恒心"也就是恒于守道之心，也就是忠于道。

总结以上讨论，可以看出，从士的角度说，"忠"是一个政治伦理范畴；从士之主体——士的角度说，"忠"又是一个关乎个人修养的道德范畴。但是，"忠君"与"忠道"二者是对立的吗？就某种意义而言，当时的官僚阶层主要也是由士来充当的。所以，本质上讲，二者之间不应该有矛盾，忠于君也好，忠于道也罢，都是士所必备的品格。可是有的时候，二者又是很不相同的，士可以为了自己的理想而放弃仕途。如孔子说："……天下有道则见，无道则隐。邦有道，贫且贱焉，耻也；邦无道，富且贵焉，耻也。"(《论语·泰伯》）可见，在孔子看来，在政治黑暗的时候，宁可过隐居的生活，也不去曲己奉君，这就是忠道不忠君。

总之，忠观念的产生及形成，是春秋战国时期典型宗法制遭破坏后的必然产物。虽然这种破坏并没有破坏掉一般意义上的等级制度，但却让一部分人——官僚阶层和士阶层——游离于血缘依附关系之外，成为自由择业者，"忠"的观念就是与这种新型社会存在相适应的社会意识。

二、"忠"观念的演变

春秋时期，礼坏乐崩，孔子所谓"礼乐征伐自诸侯出"。所以，人们特别强调忠君（包括忠于国家）。但从当时的有关材料看，"忠"不只是对臣民的片面道德要求，还是对君主行为的一种道德要求。如《左传》桓公六年载季梁的话说："上思利民，忠也。"这里的"上"，当然是指统治者。季梁认为，统治者想着老百姓的利益，这就是"忠"。可见，在当时人的观念中，忠德的适用面并不是十分狭隘的。孔子正是从这种"并不十分狭隘"的层面上论述了"忠"的普遍道德意义：

> 为人谋而不忠乎？（《论语·学而》）
> 居处恭，执事敬，与人忠。（《论语·子路》）
> 忠焉，能勿诲乎？（《论语·宪问》）
> 言思忠。（《论语·季氏》）
> 夫子之道，忠恕而已矣。（《论语·里仁》）

上面引述的这些话，也是我们平常经常挂在嘴边的话。这里所说的"忠"，基本上都是指在处理人与人之间的关系时，待人要真诚，能尽心竭力。这无疑反映了"忠"观念的普遍道德意义。另外，在春秋战国之时，"忠道"的观念也很受重视，以孟子为例，他的"大丈夫"说、"舍生取义"说和"天爵"说都体现了这一精神。在《孟子·滕文公下》中记载了孟子与纵横家景春关于大丈夫的一段讨论：

景春曰："公孙衍、张仪岂不诚大丈夫哉？一怒而诸侯惧，安居而天下熄。"孟子曰："是焉得为大丈夫乎？子未学礼乎？丈夫之冠也，父命之；女子之嫁也，母命之，往送之门，戒之曰：'往之女家，必敬必戒，无违夫子！'以顺为正者，妾妇之道也。居天下之广居，立天下之正位，行天下之大道；得志，与民由之；不得志，独行其道。富贵不能淫，贫贱不能移，威武不能屈，此之谓大丈夫。"

在这里，孟子把"以顺为正者"的公孙衍之流斥为守妾妇之道，而把坚持仁义礼、富贵不能淫、贫贱不能移、威武不能屈者称为大丈夫。显然表明，在"忠君"与"忠道"之间，孟子是更忠于道的。

但是，到了战国晚期，"忠君"的思想，也就是作为政治伦理概念的"忠"，开始受到统治阶级及统治阶级思想家的片面重视。这主要与这一时期的社会现实需要有关。首先，战国时期，群雄争霸，为了图强，增加竞争力，各国纷纷变法，这使得法家的思想备受关注。而法家学者向来主张君主权利的绝对性，强调君主高度集中权利。所以，他们提倡"忠君"也是势之必然。其次，战国时期，战争频繁，各国之间几乎天天都要打仗。处在战争状态下的国家和社会，客观上需要国民的高度凝聚力，需要各级官员对政府和军事首长的绝对服从。因此，客观上也需要提倡"忠君"（包括爱国）的思想。最后，自西周建国以来，"溥天之下，莫非王土；率土之滨，莫非王臣"的大一统思想一直得到社会各阶层思想家的认同。而这种大一统思想的一个首要前提，就是孔子所说的"天无二日，士无二王"（语见《礼记·曾子问》和《礼记·坊记》）。战国之时，随着兼并战争的进一步白热化，列国统一之势已经逐渐明朗。不少思想家为了迎接新时代的到来，也特别重视讨论君臣关系问题，并十分强调"忠君"。比如战国末期的著名儒家代表人物、以弘扬孔子之学为己任的荀子，就十分注意阐发"忠君"的思想。

荀子认为，"无君以制臣，无上以制下，天下害生纵欲。"（《荀子·富国》）。因此，他提倡"以礼待君，忠顺而不懈"。不过，荀子的"忠顺"说与后来的愚忠说还是有区别的。这从他的关于臣道的论述中可以略见一斑。在《荀子·臣道篇》中，他把"忠"分为三个层次，他说："有大忠者，有次忠者，有下忠者，有国贼者。以德复君而化之，大忠也；以德调君而补之，次忠矣；以是谏非而怒之，下忠也；不卹君之荣辱，国之臧否，偷合苟容，以之持禄养交而已耳，国贼也。若周公之于成王也，可谓大忠矣；若管仲之于桓公，可谓次忠矣；若子胥之于夫差，可谓下忠矣；若曹触龙之于纣者，可谓国贼矣。"（《荀子·臣道》）在这里，"大忠"和"次忠"都是强调臣的道德影响作用，说明在荀子的忠君观中还是包含有"忠道"思想的。可是，到了他的徒弟韩非子那里，情形就完全不同了。

在先秦诸子中，韩非子算是对"忠"论述最多的一位思想家。韩非子认为，人性本恶，趋利避害。"故君臣异心，君以计畜臣，臣以计事君，君臣之交，计也。害身而利国，臣弗为也；害国而利臣，君不为也。臣之情，害身无利；君之情，害国无亲。君臣也者，以计合者也。"（《韩非子·饰邪》）因此，韩非子特别强调"忠"的重要性，并撰写《忠孝篇》，专门讨论"忠"的问题。在他看来，"忠"是人臣的唯一政治责任，也是人臣的最高人生追求。为人臣者，只有专心于事主，才可称为"忠"。受荀子"忠顺"说的影响，韩非子提出"三顺"说，指出"臣事君，子事父，妻事夫，三者顺则天下治，三者逆则天下乱"。并认为"此天下之常道也"（《韩非子·忠孝》）。"三顺"说无疑是开了汉代"三纲"说的先河。

两汉时期，"天人感应"论盛行，不少思想家以它为理论武器，论证臣之忠君的合理性。比如汉武帝时期的大思想家董仲舒就指出："地出云为雨，起气为风。风雨者，地之所为。地不敢有其功名，必上之于天。命若从天气者，故曰：天风天雨也，莫曰地风地雨也。勤劳在地，名一归于天，非至有义，其孰能行此？故下事上，如地事天，可谓大忠矣。"（《春秋繁露·五行对》）从这种"天人感应"论出发，董仲舒还提出了"一而不二者，天之行也"的观点。他说"心止于一者，谓之忠；持二中者，谓之患。""患，人之中不一者也。不一者，故患之所由生也。是故君子贱二而贵一。"（《春秋繁露·天无二道》）这是把忠的专一性提升到哲学的高度来认识，其实质是要人臣"从一而忠"。以后，《白虎通·三纲六纪》中提出了"君为臣纲，父为子纲，夫为妻纲"的"三纲"说，进一步把君权绝对化了。除了在思想上论证忠君的合理性之外，统治者还命令要求举报对朝廷不忠的官员。如汉武帝说："乃其不正不直，不忠不极，枉于执事，书之不泄，兴于朕躬，毋悼后害。子大夫其尽心，朕将亲览焉。"(《汉书·董仲舒传》)要求各级官员对于公卿执事中之不忠不直而阿枉的人，要进行举报，并保证举报信和有关材料将由皇帝亲自掌握，不会泄漏，举报者不必担心将来会被报复而不去揭发。除了鼓励对不忠者进行举报外，皇帝对于自认为忠诚的官吏，也大加表彰和提拔。在当时，"以忠得进"的情形十分普遍，如一个名叫卜式的人就因为对皇帝忠心耿耿而被拜为齐王太傅（《史记·平准传》）。此外，两汉时期，封侯以"忠"为号，死后赐谥"忠"字的情况也颇为流行，甚至在人名用字方面，"忠"的使用频率也非常高。其他如在汉代碑铭、铜镜中，"忠"字的出现频率也颇高。在当时的壁画及文学作品中有关"忠"的故事的描述也很多①，可见，在当时"忠"的观念对整个社会的影响是十分之大的。

汉唐之际，出现了一本叫《忠经》的书，《忠经》是模仿《孝经》而成书的。与《孝经》一书相比，《忠经》的影响要小些。不过，由于《忠经》强调了忠德是人类最高的道德准则，是天地之间普遍存在的永恒法则；论述了忠德对各个不同阶级、不同阶层的道德要求；论述了恪行忠德所产生的国泰民安的政治意义、社会意义②。所以在历史上还是颇受统治阶级的重视的。

到了唐代，开国皇帝李世民更加重视"忠君"问题。他曾指出："君虽不君，臣不可以不臣"（《旧唐书·太宗本纪》）。而在他下令由宰相房玄龄主持编修的《晋书》中，特增《忠义传》，开中国史书编纂学之先河。从此以后，历代的正史都开辟了《忠义传》《忠臣传》等。

北宋时期，特别强调君臣父子的纲常伦理，如有人认为，"父子君臣，天下之定理，无所逃于天地之间"（《二程遗书》卷五）。司马光则主张"国败亡则竭节致死"。在《资治通鉴》中，他指出："臣之事君，有死无贰，此人道之大伦也。苟或废之，乱莫大焉。"（《资治通鉴·后周纪》）他还以"正女不从二夫，忠臣不事二君"为原则，否定了五代时期的"不倒翁"冯道的政治人格。他说："为臣不忠，虽复材智之多，治行之优，不足贵矣。何则？

---

① 参见王子今：《"忠"观念研究》，吉林教育出版社1999年版，第163页。
② 朱汉民：《忠孝道德与臣民精神——中国传统臣民文化论析》，河南人民出版社1994年版，第47页。

大节已亏故也。道之为相，历五朝八姓，若逆旅之视过客，朝为仇敌，暮为君臣，易面变辞，曾无愧怍，大节如此，虽有小善，庸足称乎！"（《资治通鉴·后周纪》）南宋时期的朱熹，则更从理学的高度论证了"忠君"的合理性。他说："忠是忠朴，君臣之间一味忠朴而已。"（《资治通鉴·后周纪》卷二四）又说："实理者，合当决定是如此，为子必孝，为臣必忠，决定是如此了。"（《资治通鉴·后周纪》卷六四）他甚至还认为，"臣子无说君父不是底道理，此便见是君臣之义处"（《资治通鉴·后周纪》卷十三）。可以说，在理学家那里，不管"忠"的含义有多少，是什么，"忠君"的思想则是绝对"没商量"的。

从汉代到宋代，忠君的思想发展到了极至，"君要臣死，臣不得不死"；"父要子亡，子不得不亡"；"天下无不是的父母"；"饿死事小，失节事大"等愚昧思想，都是这一时期的产物。明清时期，理学是社会意识的主流，在"忠"的理论方面没有什么突破。至清朝末年，反封建的革命运动风起云涌，"忠君"观念也就开始走上了末路。

需要指出的是，秦汉至宋明，虽然"忠君"的思想一直受到片面地强调，但"忠"所具有的普遍道德意义并没有被泯灭，特别是在民间，仍然受到人民大众的普遍重视。例如，历代以"忠"为题材的戏曲作品，都十分强调忠德。又如"关帝"崇拜，在民间，关羽作为典型的"忠义"之士，受到了历代中国老百姓的广泛尊崇，成为一种值得重视的文化现象。这些都说明，"忠"所具有的普遍道德意义在民间还是深入人心的，虽然不像"忠君"思想那样受到提倡。

总之，自秦始皇扫平六国，至汉武帝建立完备的君主专制政体，忠观念逐渐地被片面强化为一种政治伦理。但在民间，它作为普遍道德准则的价值仍能得到体现。另外，历朝历代，亦不乏特立独行的"忠道"之人。虽然，他们并不代表社会意识的主流，但在中国思想史的长河中，不时掀起了夺目的浪花。

三、忠观念的基本内涵

那么,"忠"的观念究竟包含什么内容呢?有学者把"忠"观念的内涵分为广、狭二义,认为广义之"忠"包括忠诚、忠实、忠厚、尽心、竭力、尽力、尽己、为人、无私、忠贞、忠义、忠节、忠勇等;狭义之"忠"即忠君①。我认为,这种理解基本可信。但如果分为"具有普遍道德意义的忠"和"具有政治伦理意义的忠",似乎更准确些。为了论述上的方便,我们仍采用广、狭二义来区分"忠"的含义。

1.广义的"忠"

广义的"忠",其内涵相当丰富,本文拟从"尽己"和"敬事"两个方面来概括。"尽己"就是尽心、竭诚。《增韵》释"忠"为"内尽其心而不欺也";《六书·精蕴》:"忠,竭诚也。""敬事"就是"至公无私"。《说文》:"忠,敬也。""敬"什么?我认为是"敬事"。这两个方面,"尽己"侧重于内在的道德修养;"敬事"则侧重于外在的道德实践。

关于"尽己"。

让我们先来看看宋代理学家对这一问题的论述:

> 尽己无歉为忠。(《河南程氏粹言》卷一)
>
> 忠自里面发出,……忠是要尽自家这个心。(《朱子语类》卷六)
>
> 在己无不尽之心为忠。(《朱子语类》卷八)
>
> 发于心而自尽,则为忠。(《朱子语类》卷二一)
>
> 主于内为忠。(《朱子语类》卷二七)

在上述引文中,理学家朱熹特别强调"忠"是一种内在的、从人心之中发显出来的东西。这说明,在朱子看来,"忠"的问题,是一个摆脱了外在功利

---

① 范阳等:《论儒家"忠道"的源流及其批判继承》,载《儒学国际学术研讨会论文集》,齐鲁书社1989年版,第31页。

目的的自我修养问题。其实，这一点，早在春秋时期，就已经被人们发现了。《论语》中"忠"字凡18见，其中的《述而篇》记载说，孔子用四种内容教育学生：即"文、行、忠、信"。可见，孔子对"忠"是何等的重视。在他的弟子中，曾子可以算是很好地实践了老师的思想。曾子说："吾日三省吾身——为人谋而不忠乎？与朋友交而不信乎？传不习乎"（《论语·学而》）。在这里，曾子把反思"忠"作为每天必修的功课之一，把"忠"当做一种反省自身、检讨自己在一天中所思所行的价值尺度，无疑是从自我道德修养的意义上来理解"忠"的。此外，我们还可以举出孟子的一段话：

> 孟子曰："君子所以异于人者，以其存心也。君子以仁存心，以礼存心。仁者爱人，有礼者敬人。爱人者人恒爱之，敬人者人恒敬之。有人于此，其待我以横逆，则君子必自反也：我必不仁也，必无礼也，此物奚宜至哉？其自反而仁矣，自反而有礼矣，其横逆由是也，君子必自反也；我必不忠。自反而忠矣，其横逆由是也，君子曰：'此亦妄人也已矣。如此则与禽兽奚择哉？于禽兽又何难焉？'是故君子有终身之忧，无一朝之患也。乃若所忧则有之：舜人也；我亦人也。舜为法于天下，可传于后世，我由未免为乡人也，是则可忧也。忧之如何？如舜而已矣。若夫君子所患则亡矣。非仁无为也，非礼无行也。如有一朝之患，则君子不患矣。"（《孟子·离娄下》）

在这里，孟子把"忠心"建立在人的主观自觉和不间断反省的基础之上，实际上就是一种"尽己"的工夫。《国语·周语》中有一句话："考中度衷，忠也。"似乎可以作为孟子"自反"说的注脚。庞朴先生解释说："所谓'考中度衷'，即考察自己的心以忖度别人的心。"[1]"忠的要求是尽己，是问心无愧，是把自己的心放正，简而言之，就是不要心存不道德的杂念"[2]。考察自己，忖度别人，就是推己及人，发显自己的忠心。

---

[1] 庞朴：《儒家辩证法研究》，中华书局1984年版，第48页。
[2] 庞朴：《儒家辩证法研究》，中华书局1984年版，第53页。

关于这一点，我们还可以从"忠厚"一词中得到启发。在郭店楚简《忠信之道》中，有这样一句话："至忠如土，为物而不发。"整理者的解释是："此句盖谓土地化生万物而不自伐其功，故为忠之至。"[①] 我由此想到了《象传》对《周易·坤卦》的解释："地势坤，君子以厚德载物。"用现在的白话说，就是要君子效仿大地宽广深厚、承载万物的伟大品格，胸怀宽厚，包容一切。从这个意义上说，"忠厚"一词可谓深得《坤》卦之旨。"厚德载物"的品格是一种（通过修养而）内在于人的伟大品格。正如庞朴先生所说："忠的要求遍及君民；忠的内容是与人为善，竭意而行。它是忘我的，只求自我满足，不计一己得失，因而是超功利主义的，纯道德的。"[②]

关于"敬事"。

"敬事"就是"至公无私"，它侧重于外在的道德实践。这方面的材料很多，像人们常说的忠于职守、忠于国家、忠于朋友等，都属于这方面的内容。兹列举若干材料如下：

> 公家之利，知无不为，忠也。（《左传·僖公九年》）
>
> 其为吾先举谋也，则忠。忠，社稷之固也。（《左传·成公二年》）
>
> 无私，忠也。（《左传·成公九年》）
>
> 妾不衣帛，马不食粟，可不为忠乎？（《左传·成公十六年》）
>
> 相三君矣，而无私积，可不谓忠乎？（《左传·襄公五年》）
>
> 临患不忘国，忠也。（《左传·昭公元年》）
>
> 孝慈则忠。（《论语·为政》）
>
> 居之无倦，行之以忠。（《论语·颜渊》）
>
> 忠告而善道之，不可则止。（《论语·颜渊》）
>
> 居处恭，执事敬，与人忠。（《论语·子路》）
>
> 忠焉能勿诲乎？（《论语·宪问》）
>
> 危身奉上曰忠。（《逸周书·谥法》）

---

① 转引自王子今：《"忠"观念研究》，吉林教育出版社 1999 年版，第 47 页。

② 庞朴：《儒家辩证法研究》，中华书局 1984 年版，第 61—62 页。

材料还很多，从中不难看出，"忠"的具体表现，就是敬事，就是公而忘私，就是为官廉洁，就是劝友以善，就是教之不倦，就是危身奉上，等等。

"尽己"与"敬事"，一内一外，"尽己"是"敬事"的内在动力，人只要"尽己"，就能把这种动力开拓出来。对此，我想借理学家朱熹对"忠信"一词的讨论来说明。

> 忠信只是一事，但是发于心而自尽，则为忠；验于理而不违，则为信。忠是信之本，信是忠之发。
> 忠信只是一事，而相为内外始终本末。有于己为忠，见于物为信。
> 忠是体，信是用。自发己自尽者言之，则名为忠，而无不信矣；自循物无违者言之，则名为信，而无不出于忠矣。（《朱子语类》卷二一）

朱子的"忠信"体用说、内外说等，都可以借来解释"尽己"与"敬事"的关系。另外，在先秦典籍中"忠信"二字连用之频率特别高，我估计在当时"忠信"一词可能代表了一种十分流行的看法。从有关材料看，忠和信，或者连用，或者对举，总之二者关系很是密切。连用者如"口不道忠信之言为嚚。"（《左传·僖公二十四年》）；对举者如"不忘旧，信也；无私，忠也。"（《左传·成公九年》）。孔子也经常将"忠信"连用，如"主忠信""言忠信"等。

总之，忠主内，信主外。有忠于内，必有信于外。忠是信的基础，信是忠的彰显。这也就是"尽己"与"敬事"的区别。

2. 狭义之"忠"

狭义之"忠"指"忠君"，从广义之"忠"的角度说，"忠君"本来也是可以包含在"敬事"之内的，但由于自战国后期始，忠君的思想一直受到片面强调，所以，我们不得不特别提出来加以讨论。"忠君"方面的材料也很丰富，但与广义之"忠"相较，意思比较单纯。不过，就"忠君"观念的形成与发展而言，不同的历史时期也有一些不同的变化。大体说来，春秋时期，君臣之间还比较强调彼此应尽的义务，臣之"忠君"还有一定的前提。从战国末期开始,"忠君"的观念就渐渐地变成了臣民对君主的绝对义务。而秦汉大一统之后,"忠君"思想便彻底成为专制主义和蒙昧主义的理论武器。

据有的学者考证,"忠臣"一词出现于战国时期,最先见于《墨子》一书①。《墨子》一书中记墨子与鲁阳文君的对话道:

> 鲁阳文君谓子墨子曰:"有语我以忠臣者,令之俯则俯,令之仰则仰,处则静,呼则应,可谓忠臣乎?"子墨子曰:"令之俯则俯,令之仰则仰,是似景也;处则静,呼则应,是似响也。君将何得于景与响哉?若以翟之所谓忠臣者,上有过,则微之以谏;己有善,则访之上,而无敢以告外;匡其邪,而入其善,尚同而无下比。是以美善在上,而怨雠在下;安乐在上,而忧戚在臣。此翟之所谓忠臣者也。"(《墨子·鲁问》)

这可以看作是墨子为"忠臣"所下的定义。到了韩非子,则强调"专心事主者为忠臣","所谓忠臣,不危其主"。汉代的董仲舒讲"君为臣纲","愚忠"之味道甚浓。唐朝的李世民讲"君虽不君,臣不可以不臣",宋儒讲"天下无不是的君",使臣之事君更成为一种片面而绝对的义务。

在这里,有必要对"忠君爱国"和"忠孝不能两全"作一简单的解释,中国古代是"家天下",在很多情况下,君主的利益与国家的利益往往相一致,比如历史上的反抗异族入侵等。这个时候,忠君与爱国的确关系密切。另外,由于忠君思想作祟,古人也确实认为君主就是国家的代表。至于"忠""孝"能不能两全,这在历史上还有不同的争论。从发生学的意义说,"忠"由"孝"出,二者之间确有密切关系。据有的学者研究,"忠"与"孝"的关系在历史上曾经历了一个正、反、合的过程。夏、商、周三代,"忠"的意义包含在"孝"中,这可以看作是"以孝为本"的忠孝合一。春秋时期,典型宗法制受到冲击,孝德所包含的政治意义渐渐淡薄,"忠"从

---

① 魏良弢:《忠节的历史考察:先秦时期》,《南京大学学报》1994年第1期。

"孝"中分化出来，于是形成"忠""孝"二元的局面。到秦汉大一统的政治体制确立以后，由于统治者对忠的强调，形成了"移孝作忠"的新型"忠孝观"①。这种说法基本可信。

传统"忠"观念的形成及含义，大致如上所述。站在今天的立场，我们究竟应该如何批判地继承传统意义中的"忠德"，以更好地为社会主义精神文明建设服务呢？关于这个问题，民主革命的先行者孙中山先生有一个说法："我们现在说到忠于君，固然是不可以，说忠于国是可不可以呢？忠于事又是可不可以呢？我们做一件事，总要始终不渝，做到成功，如果做不成功，就是把性命去牺牲，亦所不惜，这便是忠。"②孙中山先生的这一说法很中肯，也很积极，值得我们借鉴。我认为，广义的忠观念在今天是可以毫无保留地继承的；"忠君"的观念在今天可以经过一定的分析批判之后予以转换；而愚忠的思想在今天必须抛弃。这是我们对于传统忠观念之现代化的基本看法。当然，这个问题很复杂，要当专文讨论，在此就不多费笔墨了。

（原载于《东亚文化研究》第一辑，东方出版社 2001 年版）

① 朱汉民：《忠孝道德与臣民精神——中国传统臣民文化论析》，河南人民出版社 1994 年版，第 54—59 页。
② 孙中山：《三民主义》，岳麓书社 2000 年版，第 59 页。

易学研究

易、龙、日神崇拜及其他

　　《周易》是一部产生于殷周之际的筮占之书，有一定的迷信色彩。但如果我们揭开它上面的层层面纱，便不难发现其中所包含着的丰富的文化内涵。本文拟从诠释"易"字的本来意义入手，对《周易》与上古宗教信仰、上古天文学等之间的内在关系，作一简略的剖析。

一、"易"字探源

　　"易"字，在甲骨文、金文中已出现，字形如下：

　　甲骨文：扐　　金文：扐

对于此字的解释，文字学家的意见颇不一致，但有一点倒是共同的，那就是他们都认为"易"字在金文中作赏赐之"赐"用。董作宾曰："易，金文中皆用为赏赐之锡，锡有赐、与二义。"徐仲舒先生也说："易为锡或赐之本字"，"金文锡皆作易。"[①] 这个被用作赏赐之赐的"易"字，它与《周易》的"易"字有没有内在的关系呢？让我们先从《周易》中找些线索。《周易》首卦《乾》卦，《说卦传》云："乾为天。"《乾》是如何表征天的呢？爻辞曰：

　　初九，潜龙勿用。

---

① 均转引自《金文诂林》第十一册，香港中文大学出版社 1974 年版，第 5864—5870 页。

> 九二，见龙在田，利见大人。
>
> 九三，君子终日乾乾，夕惕若，厉无咎。
>
> 九四，或跃在渊，无咎。
>
> 九五，飞龙在天，利见大人。
>
> 上九，亢龙有悔。
>
> 用九，见群龙无首，吉。

对于这一卦中出现的"龙"字，已故著名易学家李镜池先生注引闻一多先生的观点，认为"龙"即龙星，"潜龙""飞龙"云者，实际上是对《说文》中所谓的"龙，春分而登天，秋分而潜渊"的具体描述①。龙字，在金文中已有。《说文》：

> 龙，鳞虫之长，能幽能明，能细能巨，能短能长，春分而登天，秋分而潜渊。

这当然是被神化之后的龙的形象。据有的专家考证，龙，实际上是神化了的"巴"。朱芳圃先生说：

> 龙，神化之巴也，头上戴"辛"者，初民视"巴"为神物，故以烛薪之辉煌象征其感灵也。②

"巴"字，《说文》云："巴，虫也。或曰食象蛇，象形。"《文选·吴都赋》李周翰注曰："巴蛇，大蛇也。能食象，故杀之出其骨也。"章炳麟《文始》云："《山海经》曰：'巴蛇食象，三岁而出其骨'，则巴蛇为本义。"可见，"巴"是一种食象的大蛇，龙则是"巴"的神秘化。

那么，"巴"与"易"有没有关系呢？《说文》释"易"，首列"易为蜥

---

① 李镜池：《周易通义》，中华书局 1981 年版，第 2 页。

② 转引自《金文诂林》第十二册，香港中文大学出版社 1974 年版，第 6486 页。

易"一说，许慎曰："易，蜥蜴，蝘蜓守宫，象形。"这里的"象形"一词十分重要，文字起源于原始绘画，"象形者，画成其物，随体诘诎"（《说文解字》序）。可以断定，在许慎看来，"易为蜥蜴"的说法是较为原始的。蜥蜴《汉书·东方朔传》载：

> （武帝）置守宫（虫名）于盂下，……朔曰："臣以为龙，又无角；谓之为蛇，又有足。……是非守宫，即蜥蜴也。"

蜥蜴虽然不是龙，也不是蛇，但形象酷似二者，区别仅在于少角或多足。其实，在古代人的观念中，蜥蜴与蛇是有极密切的关系的，有的地方甚至径呼之曰蛇。杨雄《方言》曰："蜥蜴，秦晋西夏谓之守宫，……南楚谓之蛇。"蜥蜴为蛇，"巴"亦为蛇，而"巴"又为龙，所以易与龙也有关系。另外，又有称蜥蜴为"龙子"者，《古今注》曰："蝘蜓，一名龙子。"（《古今注》卷中，"鱼虫第五"）也能证明易与龙的关系。所以，高田忠周先生说："愚谓古易字即龙也，龙原象形文，即明易字。"此说甚确。

二、龙与日神崇拜

在中国古代，龙是备受崇拜并极被神化的一种动物，这种文化现象可能与上古时期的日神崇拜有关。关于日神崇拜，《殷虚书契粹编考释》云："殷人于日之出入均有祭，盖朝夕礼拜之。"殷卜辞中有"易日""不易日"的记载。孙诒让认为，"易"与卜日有关。王国维指出："易日亦祭名。"王襄亦云："易，祭日之名也。"对于这种祭祀活动，《仪礼》中有一种说法，其曰：

> 天子乘龙载大旂，象日月升，龙降龙出，拜日于东门之外，反祀方明，礼日于南门外。

可见，在这种祭祀活动和崇拜仪式中，"龙"是绝对少不得的道具。但问题是，这种拜日活动为什么要"乘龙载大旗出""龙降龙出"呢？原来，龙在神话传说中，曾经有过为日神驾车的光荣历史。《离骚》有云："吾令羲和弭节兮，望崦嵫而勿迫。""崦嵫"，神话中太阳落山的地方。意思是说，我想令羲和停鞭慢走啊，切莫叫太阳迫近崦嵫。"羲和"，王逸注："日御也。"洪兴祖补注："日乘车驾以六龙，羲和御之。"《初学记》引《淮南子》云："爱止羲和，爱息六螭，是谓悬车。""六螭"就是六条龙。但是，在另一种神话传说中，羲和却是一位贤妻良母，她的丈夫即是著名的帝俊，她的儿子是照在天上的十日。《山海经·大荒南经》曰："东南海之外，有女子名曰羲和，方浴日于甘渊。羲和者，帝俊之妻，生十日。"据说她的这十个儿子很勤奋，轮流乘着妈妈赶的车子出去值班，从不间断（参见《山海经·海外东经》和《大荒东经》）。在这里，虽然说法不一样，但羲和与日神的特殊关系还是十分明显的。这种情况，在古代其他典籍中也不乏记载，如《尚书·尧典》载："乃命羲和，钦若昊天，历象日月星辰，敬授民时。"《史记·索引》引《世本》曰："黄帝使羲和占日……"综合上面的材料，并揭开它的层层面纱，我们似乎可以为羲和补写一份档案：

姓名　　　　羲和

职务　　　　天官

专业　　　　天文学

研究方向　　太阳运行及其观测

科研成果　　敬授民时

可见，羲和不愧是中国上古时代的一位大科学家，只是在日神崇拜的狂潮中，她被神化而做了御龙载日的车把式。明白了这一层关系，也就不难理解"龙"与"日"的关系了，它只不过是古人对太阳运动的直观而形象的描述——即日神乘六龙在天上出入值班罢了。而拜日活动中的"乘龙载大旗出"和"龙降龙出"也就不言而喻了。同时，由于龙字与易字的内在关系，"易"在金文中均用作赏赐之赐的问题也便涣然冰释，即它是日神崇拜的孑遗。这种现象在《周易》中仍有表现，《周易》乾卦六爻中有五爻（包括用爻）言及龙，所以《象传》说"时乘六龙以御天"。这里的"时"与"龙"的关系很像神话中"日"与"龙"的关系。

三、《易》与上古天文学

《周易》本是筮占之书，怎么会与日升日落、"时乘六龙以御天"瓜葛在一起呢？这得从古人认识世界的过程谈起。远古人类，为了得以生存，不得不了解大自然的习性，而生产力的低下，又迫使他们不得不切实地接近大自然。今天的文明人，由于科学的进步和生活手段的提高，不断地在人与自然之间设置森严壁垒：天阴了，马上带把雨伞；刮风了，马上躲进屋子里，关上门窗；眼睛近视了，马上配副眼镜……因之，大自然的信息在人们小心翼翼的躲闪中，也远远地离开了人们。而我们的祖先则不同，他们赤裸着肉身，在疾风暴雨中讨生活，在森林野谷中谋生计，……他们毫无掩饰地直面大自然，用整个肉身体会着大自然传递来的每一种信息，像泛舟海上的老渔民全神贯注地凝视着天海之际的变化一样，一朵浪花，一丝白云，都足以使他们喜悦或惊恐。他们贴近大自然，大自然也从不骗取他们的真诚而呈现假信息。所以，他们根据一畦碧草，一悉暖风，便可以辨知时节的变化。由对发生在身边的飞禽动植的观察，及对它的变化与时节变化的同步关系的追索，远古人的时间观念便不断地萌芽、长进起来。它又进而拓宽了古人的眼界，使之由平面而立体，把目光射向昼夜升降交递的日月和辽阔无垠的茫茫星海。神秘、恐惧和遐想的愉悦促使他们企图在这日复一日地发生、年复一年地循环流转着的银河里找到被覆在它下面的大地的变化的根据。于是，"观象授时"的观念便渐渐诞生了。如《尚书·尧典》所载：

> 日中星鸟，以殷仲春。
>
> 日永星火，以正仲夏。
>
> 宵中星虚，以殷仲秋。
>
> 日短星昴，以正仲冬。

"星鸟""星火""星虚"和"星昴"分别是二十八星宿中的鸟星、火星、虚星和昴星。古人根据它们见于南方正中的时间,确定一年四季的时节。这种知识,在古人的长期传授中,几乎变成了常识,诚如明清之际的大学者顾炎武所说:

> 三代以上,人人皆知天文。七月流火,农夫之辞也;三星之户,妇人之语也;月离于毕,戍卒之作也;龙尾伏辰,儿童之谣也。(《日知录》卷三十)

这些常识,包含着极深刻的哲学道理,它表明在天象和地理物候之间,存在着密切的内在联系。同时也表明古人已经发现、重视并努力认识、利用这种联系,这正是占星术产生的前提。殷卜辞中已出现利用太阳的变化现象预卜吉凶祸福的材料,如:

> 葵巳卜,凶、贞、日若兹敏,佳年祸。(《殷虚书契前编》)

"敏"训若晦,阴暗不明之意。这无疑是开了日占的先河,它的意义是十分重大的。因为"占星家不仅观察日月五星的运行,而且还计算它们的运行周期,决定年月日时,这样就为制定历法提供了数据。"(陈遵妫:《中国天文学史》,上海人民出版社 2006 年版,第 100 页)历法是对天象动变规律及其与地理物候之间同步相关的自然现象的描摹,以及在描摹基础上进行的类推预知。它不是在看到了杏树结果、青蛙鸣唱后才宣布四月的来临的(参见《夏小正》),而是在新年伊始,就把一年之中的季节变化农时安排都推算好了。这无疑具备了预测预知的功能,它是建立在对必然性认识和掌握基础之上的。

在中国古代,由于农业发展的需要,天文学十分发达,历法的形成十分之早,对季节、时令的推算也比较精确。从甲骨文看,阴历已经具有了完备系统的干支记日法,朔、望月有大小之分,并有了闰月的设置,叫十三月,亦即年终置闰。到后来,采用了年中置闰法,使之更加完善。把这种完善的厉法系统与星占结合起来，无疑将拓宽人们的预见领域。长期从事这一工作的太史官们，在总结科学经验的同时，再加以卓越的慧心证悟，便逐渐创制了一种脱离了直观天象占验的预测学，那就是筮占。从成书较早的解释《周易》的著作《易传》中可以发现，古人筮占，一是用"象"，即所谓的"观象系辞"；一是用数，即所谓的"大衍之数"。占日就属于用象的一种，如：

> 癸巳卜，今其㞢祸，甲午回。(《柏根氏旧藏甲骨文字》二七二 B31)

"㞢"，通又，"回"训为晕。晕，《说文新附》："旧月气也。"《释名·释天》谓："气在外卷结之也。"它是指日（或月）的光线经云层中的冰晶的折射或反射而形成的光圈，多发生在卷层云上。卜辞认为，这是一种不好的天象。又如：

> 庚辰贞、#，其告于河。《殷虚书契粹编》

"#"，或释为日斑。这在古人那里也被看做是一种凶险的兆头。总之，占日是对日象的一种观察和认识。《周易》很好地继承和发展了这一占法，并制定了一套以八卦为基础的"观物取象"模式。如《系辞传》云：

> 在天成象、在地成形变化见矣。
> 圣人设卦观象、系辞焉而明吉凶，刚柔相推而生变化。是故吉凶者，失得之象也；悔吝者，忧虞之象也；变化者，进退之象也；刚柔者，昼夜之象也。

与此不同的是，历法则是一种数的运算，如干支的配合，置闰的推算等。当然，这种推算是建立在观象基础之上的。其实，在《系辞传》中，筮占与古天文学的关系早已被明确地指出来了，如曰：

> 大衍之数五十，其用四十有九，分而为二以象两，挂一以象三，揲之以四以象四时，归奇于扐以象闰，五岁再闰，故再扐而后挂。

这里的"以象四时""以象闰"等，分明道出了筮占的本来面目，即它是脱胎于天文学和历算学的。《周易》卦爻辞中保存了大量的古天文材料，如《周易》中出现的"虎""龟""龙""鸟"等是否与古代天文学中的四象（朱雀、玄武、青龙、白虎）有关系呢？很值得研究。《周易》时代，四象之说也许还没有像后来那样的系统化，但与之有关的观念一定存在了。

四、关于《连山》《归藏》的一个假说

总之，《易经》与古代天文学的关系是十分特殊的。易—龙—日，三者之间的暧昧关系表明，《周易》在与古代天文学的瓜葛中，是以太阳的运行变化为核心依据的。由此，本文想提出一个大胆的假设，即《归藏》《连山》也都是与上古天文学有关的筮占著作，前者以月亮的运行为核心依据，后者依星辰（狭义）的运行为核心依据，《周易》吸收了二者的优点和长处。提出这种假设，并非毫无根据，《连山》的山字，在甲骨文、金文中已出现，马叙伦解释说：

> 伦按旧释"凶"为山，伦谓此亦火之异文。甲文火字异形最多，……此其类也。①

甲骨文中有火字，做#形，《甲骨文简明词典》谓："#本象火焰上升之形，卜辞用作火星之名，则为借音字。"（见该书190页）大火在我国古代是一颗很著名的星，早期典籍中多有对它的记载，如：

> 日永星火，以正中夏。（《尚书·尧典》）

---

① 转引自《金文诂林》第十一册，香港中文大学出版社1974年版，第5701页。

　　五月初昏，大火中。(《夏小正》)

　　九月内火。(《夏小正》)

　　七月流火。(《诗经·豳风》)

　　火中，寒暑乃退。(《左传》昭公三年)

　　火出，于夏为三月，于商为四月，于周为五月。(《左传》昭公十七年)

　　季春火星始见，出之以宣其气；季秋火星始伏，纳之以息其气。(《周礼·春官》)

　　有人可能会说，观察并祭祀大火本是商族的传统，这与"夏曰《连山》，殷曰《归藏》"的传说不一致。我认为这个传说未必十分可信。长期以来，人们一直认为夏、商、周是三个前后擅递兴起的王朝，就政治的意义而言，这是不错的；但就氏族的存在而言，这就大错特错了。实际上三个氏族很早就并列存在了，三者间的文化交流也很早就开始了。诚如旅美考古学家张光直先生所指出的："它们（即夏、商、周三族——引者注）之间横的关系，才是了解三代关系与三代发展的关键。"[①] 因此，对于像《连山》《归藏》和《周易》这样由"观象授时"及占星术参合而成的盆占之书，我们最好不要仅从线性的纵的角度去理解，而应注意从面的即横的角度去理解。三者很可能是来自不同的"观象授时"系统。远古时代，这种不同的系统确实是存在的，"在中国大地上，各个原始民族也都创造了自己的观象授时法，只是在互相交往、融合、渗透的过程中，才逐渐统一起来"[②]。在此，我们不妨引证一下古人的看法，贾公彦《周礼疏》云：

　　必以三者为首者（指《连山》首艮卦，《归藏》首坤卦，《周易》首乾卦——引者注），取"三正""三统"之义。故《律历志》云，黄钟为"天统"，黄钟子为"天正"，林钟为"地统"，未之冲丑，故为"地

---

① 张光直：《中国青铜时代》，生活·读书·新知三联书店 1990 年版，第 34 页。

② 郑文光：《中国天文学源流》，科学出版社 1979 年版，第 72 页。

正"；太簇为"人统"，寅为"人正"。周以十一月为正，"天统"，故以乾为首；殷以十二月为正，"地统"，故以坤为首；夏以十三月为正，"人统"，人无卦首之理，艮渐正月，故以艮为首也。

贾氏的这种说法未必可信，但它至少表明，古人也已经看到了"三易"与不同的"观象授时"系统及不同的律历系统的特殊关系。来自不同的观象系统，自然会形成不同的筮占之书。而由于同为筮占之书，自然又具有相通的一面。所以，古人总是把《连山》《归藏》和《周易》连起来称为"三易"，《周易》强调的"悬象著明莫大乎日月"，则是对前两者的发展。

总括上述，可以看出《周易》是脱胎于中国上古巫卜神学和自然科学的，正由于此，在中国历史上，它既是一切神秘主义之渊薮，又被作为自然科学的哲学基础。我们要善于清除前者，钩沉后者，以期易学研究的健康发展。

（原载于《河北大学学报》1996年第2期）

《周易》中的神鬼信仰与"德"性意识——兼及《易经》成书的年代

殷周之际，思想界发生大变革，周公根据政治需要和本民族的文化传统——"损益""殷礼"，建构了适合周初社会需要的"以德为本，以天为宗"的宗教思想①。《易经》虽为占筮典籍，但与殷商骨卜不同，它不仅重视"鬼谋"，更强调"人谋"，也恰恰体现了周初时代的思想特征。兹分别论述如下：

一、卦爻辞中的神鬼信仰

《易经》本为筮书，古人筮占，涉及方方面面，所以《易经》卦爻辞中保存了大量的有关上古时代的信息。就宗教信仰的层面而言，"天"（这里指至上神意义的天）"帝"各出现 1 例（《大有》上六、《益》六二)②，"鬼" 1 例（《睽》上九），"庙" 4 例（《家人》九五、《萃》《丰》《涣》），"禴祭" 3 例（《萃》六二、《升》九二、《既济》九五），西山（岐山）2 例（《随》上

---

① 在拙著《先秦儒家哲学探源》第二章中，笔者曾借用《庄子·天下》中的话，将周初的宗教思想概括为"以德为本，以天为宗"（中国人民大学博士论文，1995 年）。

② 著名学者谢维扬先生的研究：全部《易经》筮辞中"天"字出现七次，除少数是指天空或自然以外，全都具有指某种至高的秩序的含义。《乾·九五》爻辞："飞龙在天"，《明夷·上六》爻辞："初登于天"，《中孚·上九》爻辞："翰（高飞）音登于天"，这里的"天"，都是指君子位或最高境界。《大有·上九》爻辞："自天祐之，吉无不利"，则显然接受了以天指最高神秘权力的用法。谢说可供参考（见氏著：《至高的哲理》，生活·读书·新知三联书店 1997 年版，第 149 页）。

六、《升》六四），"享祀"1例（《困》九二），"祭祀"1次（《困》九五），"史""巫"各1例（《巽》九二），涉及祭祀而没有名目者5例（《大过》初六、《损》《萃》《震》《中孚》），与祭祀有关的器皿、牲牢有：盥、荐（《观》），白茅（《大过》初六），二簋（《损》），大牲（《萃》），匕、鬯（《震》），豚鱼（《中孚》），牛（《既济》）等。由此不难得出如下结论：

其一，天帝信仰十分明确。

《大有》上九曰："自天佑之，吉无不利。"意思是说，获得上天的佑助，非常吉利，没有不好。该卦的主旨，用张立文先生的话说，是通过大丰收来说明社会及人们的面貌："丰收总是吉祥的喜事。于是开始便亨通。天子为了庆祝丰收，将要宴享诸侯。……由于丰收，人们便'大车以载'，载着丰收的果实或喜庆的人们出门，都不会有灾患，因为仓廪实，衣食足，人们便知廉耻荣辱，无须去干那些不道德的事，所以'无交害'，人与人之间就不会互相残害，甚至在艰难之时，可互相帮助，而免去灾患。人与人的关系可得到改善，一些邪曲之事和不正派的人也受到社会的排斥，社会风尚便会得到改变。于是人们都'厥孚交如，威如'，人们诚信而明察，威严又可畏，社会安定，人民乐业。但是人们把大丰收不是看成自身的奋斗，而是看成天的保佑。"① 看来，《大有》卦的最后一爻——上六爻系以"自天佑之，吉无不利"之辞，颇有总结原因，理论归纳，把大丰收的原因归结为"自天佑之"之义。它一方面表示了对天神的敬畏，一方面也表示了对天神的感谢赞美，一方面还体现了筮者因得到"天助"而自信和自豪。

《益》六二："王用享于帝。""享"，"献物以祭之义"②。"王用享于帝"即王献物以祭帝神。此外，《随》上六的"王用享于西山"，升六四的"王用享于岐山"，也均是献物以祭之义。不过，《益》六二，《升》六四中的"王"，没有明指，不知何人。而《随》上六"拘系之，乃从维之，王用享于西山"中的"王"，学者多认为指文王。《左传》襄公三十一年："纣囚文王七年，诸侯皆从之囚，纣于是乎惧而归之。"今本《竹书纪年》："帝辛二十三年囚

_____

① 张立文：《白话帛书周易》，中州古籍出版社1992年版，第457页。
② 张立文：《白话帛书周易》，中州古籍出版社1992年版，第111页。

西伯于羑里，二十九年释西伯。"此事又见于《战国策·赵策》、《尸子》（《御览》四八六引）、《韩非子·难二篇》、《吕氏春秋·首时篇》、《淮南子·泛论篇》、《淮南子·道应篇》，以及《史记·殷本纪》《史记·周本纪》等。高亨先生据此认为"殆信有之事"，并指出："《周易》此文拘系之，谓纣囚文王于羑里也。从维之，谓放归于周也。亨即享字。王用享于西山，谓文王归周以为赖神之庇佑，得免于难，因享祭于西山以报之也。"①

又，《随》上六，《升》六四，只言享于"西山"（岐山），未言所"享"何神。而由享祭的地点"西山"（岐山）言，当是祭祀天帝。《礼记·祭法》："燔柴于泰坛，祭天也。"陈澔注："泰坛，即圆丘。"（《礼记集说》卷八）杨按：先民祭天，场所往往比较特殊，最主要的场所是高山。如五岳之一的泰山，就是上古帝王祭天的主要场所。据《史记·封禅书》记载，到泰山上祭天，始于伏羲氏之前的无怀氏。之后，伏羲氏、神农氏、黄帝、颛顼、帝喾、尧、舜、禹、商汤、周成王等都曾到泰山顶上祭天。"泰坛"可能即由此风俗演化而来。以此观之，"王用享于西山"，当是享祀天帝。天帝信仰，是殷周之际殷人和周人的共同信仰②。卦爻辞中将"丰年"归结为"自天佑之"，又数次言到"享于帝""享于西山"，表明卦爻辞中的天神信仰与殷周之际的宗教观念是十分一致的。

其二，人鬼信仰很受重视。

《睽》上九曰："睽孤，见豕负涂，载鬼一车。先张之弧，后说之弧，匪寇婚媾。往遇雨则吉。"《礼记·祭法》："万物死皆曰折，人死曰鬼。"《说文》："人所归为鬼。"《释言》："鬼之为言，归也。"又《礼记·祭义》载孔子与弟子论鬼神曰："宰我曰：'吾闻鬼神之名，不知其所谓。'子曰：'气也者，神之盛也。魄也者，鬼之盛也。合鬼与神，教之至也。众生必死，死必归土，此之谓鬼。骨肉毙于下，阴为野土。其气发扬于上，为昭明君蒿萋怆，此百物之精也，神之著也。"照孔子的解释，众生死后，其气发扬上升，

---

① 张立文：《白话帛书周易》，中州古籍出版社 1992 年版，第 213 页。杨按：张立文先生对此颇持异说，认为此"王"系泛指周王（《白话帛书周易》，第 432 页）。笔者以为，联系到整句爻辞，当以高说为是。

② 笔者认为，周公东征之前，其宗教思想与殷人并无大的区别。

活着的人往往看不到也听不到，但这些气常在人的左右，可以感动乎人，以显示其存在；也可以在祭祀时回到祭祀者的面前，享承祭祀。陈来先生认为，孔子重祭，其说法应反映了周人对鬼神的看法①。以此看来，通俗一点说，所谓"鬼"就是人死后的灵魂。《睽》上九爻辞"载鬼一车"，虽属错觉，但表明在当时，人鬼信仰是十分盛行的。这一点从四条"王假有庙"的卦辞或爻辞中可以得到进一步的证实：

> 王假有家，勿恤，吉。(《家人》九五)
> 亨，王假有庙，利见大人，亨，利贞，用大牲吉，利有攸往。(《萃》)
> 亨，王假之，勿忧，益日中。(《丰》)
> 王假有庙，利涉大川，利贞。(《涣》)

"庙"，《说文·广部》："庙，尊先祖儿也。"段玉裁注："古者庙以祭先祖，……"朱峻声《说文通训定声》："周制天子七庙，……诸侯五庙，大夫三庙，士一庙。……"可见，庙是祭祀先祖——人鬼——的主要场所。爻辞中多次出现"王假有庙"的记载，表明在《易经》的时代，人鬼信仰是十分流行并很受重视。证之以《诗经》，则其人鬼祭祀之隆重亦可跃然纸上：

> 于穆清庙，肃雍显相。济济多士，秉文之德。对越在天，骏奔走在庙。不显不承，无射于人斯。《诗经·周颂》

这是周初统治者祭文王于宗庙的诗。大意是说：在那庄严深沉的清庙中，助祭的人儿严肃恭敬。参祭的人群队列齐整，缅怀着文王的伟绩丰功。遥对着先王在天的神灵，人们在庙中狂热地疾行。沐浴着来自天上的灵光，仰望不已，永无止境。可见周人对祖神的崇拜是何等的严肃而热烈。《易经》之"王假有庙"，或许就是这样的情形吧！

---

① 陈来：《古代宗教与伦理》，生活·读书·新知三联书店1996年版，第131页。

其三，祭祀形式多种多样。

《易经》乃筮占专书，非祭祀之书，但其中涉及的祭祀形式，也颇具启发意义。除前述"享祭"外，如"禴祭"，《周易集解》引虞翻曰："禴，夏祭也。"《萃》六二"孚乃利用禴。"《释文》："殷春祭名，马、王肃同。郑云：夏祭名。"《尔雅·释诂》："禴，祭名。"《诗·天保》："禴祠烝尝。"《毛传》："夏曰禴。"《周礼·大司马》："献禽以享禴。"《尔雅·释天》："夏祭曰禴。"郑注："禴，宗庙之夏祭也。"《白虎通义·宗庙》："夏曰禴者，麦熟进之。"而王弼《周易注》："禴，殷春祭名也。"《周易集解》引崔憬："禴，殷春祭之名。"张立文先生据李道平的《周易集解纂疏》，认为殷历、周历有差，殷三月为周四月，故殷春祭为周之夏祭。并指出，此种祭祀可用麦菜，亦可用禽，也可用豕等牲①。其他如《观》卦之所谓"盥"（祭祀时洗手灌酒于地以迎神），《震》卦之所谓"匕鬯"（祭器），《大过》初六之"藉用白茅"，以及"西山""庙"等，都隐约表现出了当时的祭祀形式的复杂和祭祀活动的频繁。

其四，"德"性价值正在凸显。

在《易经》有关祭祀的卦爻辞中，一个值得注意的现象是，"德"性价值正在逐渐受到重视。如《损》："二簋可用享。""簋"内圆外方的盛黍稷的祭器。金景芳先生指出，享祀之礼，最多的用八簋，一般的用四簋，最少的用二簋。卦辞说"二簋可用享"，主要是为了强调诚敬乃享祀之礼的根本。"意谓享祀之礼不在供物多少，只要心存诚敬，即便最简约的二簋，也可用以享祀'上帝鬼神'。"②又如《中孚》："豚鱼吉，利涉大川，利贞。"张立文先生注引王引之曰："豚鱼者，士庶人之礼也。……豚鱼乃礼之薄者，然苟有忠信之德，则人感其诚而神降之福。故曰'豚鱼吉'，言虽豚鱼之荐亦吉也。"③又如《既济》九五："东邻杀牛，不如西邻之禴祭，实受其福。"王弼《周易注》："牛，祭之盛者也；禴，祭之薄者也。居既济之时，而处尊位，物既济矣。将何为焉？其所务者，祭祀而已。祭祀之盛，莫盛修德，故沼沚

---

① 张立文：《白话帛书周易》，中州古籍出版社 1992 年版，第 209—210 页。

② 金景芳、吕绍纲：《周易全解》，吉林大学出版社 1989 年版，第 285—286 页。

③ 张立文：《白话帛书周易》，中州古籍出版社 1992 年版，第 546 页。

之毛，频繁之菜，可羞于鬼神。故黍稷非馨，明德惟馨，是以东邻杀牛，不如西邻之禴祭，实受其福也。"《礼记·坊记》引《易》此文，郑注："东邻，谓纣国中也。西邻，谓文王国中也。"而金景芳先生认为，东邻西邻不过是用以指代两种不同的祭祀而已。一种是用大牲的盛祭，盛祭可以致福但不一定能致福；另一种是用黍稷沼毛的薄祭，薄祭也可以致福但不一定能致福。致福与否关键不在于祭之盛与薄，而在于主祭人是否心怀诚敬；……"总之不管"东邻""西邻"具体何指，目的都是强调祭祀中的"德"性地位。正如台湾学者戴琏璋先生所说："为什么杀牛用大牲的祭典反而不及禴祭呢？这是由于作者认为祭祀的效果取决于当事人品德的高低，不取决于祭品的厚薄。"[①] 由此不难看出，在《易经》有关祭祀的卦爻辞中，祭祀主体的"德"与祭祀对象的"福"是密切联系在一起的。这正反映了周初"以德配天"的宗教思想。

二、卦爻辞中的"德"性意识

《易经》不但在有关祭祀的卦爻辞中凸显了"德"性价值，在其他卦爻辞中也大量涉及主体修养、道德意识等问题。可以说，在《易经》中，靠反省自我，加强品德修养而转化祸福的观念是十分强烈的。而这一点正好与周公"天不可信"，"惟人"（《尚书·君奭》）的思想观念相表里。关于此问题，可从主体修养和政治理念两方面来分析。

其一，就主体修养的层面说，《易经》主张勤勉、敬惧、谨慎、谦卑、节制、恒之以德。如关于勤勉：

君子终日乾乾，夕惕若厉，无咎。（《乾》九三）

《乾》卦九三爻辞，是劝人勤勉不倦，因时而动之义。"乾乾"，《吕氏春秋》高诱注曰："乾乾，进不倦也。""惕"，《广雅·释诂》："惕，惧也。"

---

① 戴琏璋：《易传之形成及其思想》，（台北）文津出版社 1989 年版，第 27 页。

《说文》："惕，敬也。"传统以为，"夕惕若厉"是指到了傍晚仍敬慎惭惧，若有危厉。今人廖名春先生则认为，"惕"者"息"义，爻辞的意思是：君子日则乾勉，夕则安闲休息，虽处危境，亦可无咎。并指出这是强调因时而乾乾，因时而止息①。廖先生此解，与《文言传》中所谓"乾乾因其时而惕""'终日乾乾'，与时偕行"的解释贯通一气，深得其师兄吕绍纲先生的认可，认为"'惕'字训诂解决了，今本易传、帛本易传对乾九三爻辞的解释就一目了然了。"② 如此看来，《乾》卦九三爻辞是告诫人们要勤勉不倦，因时而动，如是则可转危为安。这种观念，无疑体现了其对主体的德性及能动性的重视。

关于敬惧，如：

> 入于穴，有不速之客三人来，敬之终吉。(《需》上六)
> 履虎尾，愬愬，终吉。(《履》九四)
> 履错然，敬之，无咎。(《离》初九)

《释文》："速，马云：召也。""不速之客"即不召而至之客。不召而至，事有突然。但《需》上六爻辞指出"敬之终吉"，即"含辱，忍让，敬而待之，不与之争"，则"可化险为夷，从困境中走出"③。这是强调对于突发事件，只要措施得当，亦能获得好的结果。"履"，踩。"愬愬"，《释文》："子夏传云：'恐惧貌。'"踩着老虎的尾巴，无疑是十分危险的事。但《履》九四认为，只要保持恐惧谨慎，仍可获得吉祥。"错然"，王弼《周易注》："敬慎之貌也。"孔疏曰："警惧之状，其心未宁，故错然也。"爻辞的意思是说，践行事务敬慎不苟，而又有所警惕，则无咎害。上述三条爻辞都强调敬惧谨慎，并认为如此行事可免灾获吉，说明吉凶悔吝并非全然听命于上帝的安排，与人的行为也有直接关系。

关于谨慎，如：

---

① 廖名春：《周易经传与易学史新论》，齐鲁书社 2002 年版，第 7、8 页。
② 廖名春：《周易经传与易学史新论》，齐鲁书社 2002 年版，"吕绍纲序"第 3 页。
③ 金景芳、吕绍纲：《周易全解》，吉林大学出版社 1989 年版，"序言"。

括囊，无咎无誉。（《坤》六四）

无交害，匪咎，艰则无咎。（《大有》初九）

介于石，不终日，贞吉。（《豫》六二）

不远复，无祗悔，元吉。（《复》初九）

晋如愁如，贞吉，受兹介福于王母。（《晋》六二）

《坤》六四："括囊，无咎无誉。"高亨先生注曰："括囊者，束结囊口也。束结囊口则内无所出，外无所入，人之与事不问不闻，有似于此。于事不问不闻，则无咎无誉。"① 此谨慎自守之义也。"无交害"，不交往惹祸。《大有》初九爻辞认为，不交往惹祸，就不会发生危害。亦谨慎以自处之义。"介于石"，"犹言坚于石也"②。"不终日"，孔子释之曰："知几者其神乎！……几者动之微，吉之先见者也。君子见几而作，不俟终日。"（《系辞传》）可见，此句爻辞亦是劝勉君子刚强知"几"之义。它如《复》初九："不远复，无祗悔，元吉。"王弼《周易注》："不远而复，几悔而反，以此修身，患难远矣。"也表明修身远患是卦爻辞所特别看重的。

关于谦卑、节制、恒之以德，如：

谦谦君子，用涉大川，吉。（《谦》初六）

鸣谦，贞吉。（《谦》六二）

劳谦，君子有终，吉。（《谦》九三）

无不利，捣谦。（《谦》六四）

亨，无咎，利贞，利有攸往。（《恒》）

不恒其德，或承之羞，贞吝。（《恒》九三）

不节若，则嗟若，无咎。（《节》六三）

安节，亨。（《节》六四）

甘节，吉，往有尚。（《节》九五）

_____

① 高亨：《周易古经今注》，中华书局1984年版，第168页。

② 高亨：《周易古经今注》，中华书局1984年版，第207页。

"谦谦",谦而又谦。《象传》曰:"'谦谦君子,卑以自牧也。'"意即用谦卑来制约自己。"鸣谦",高亨先生注曰:"鸣谦即名谦,谓有名而谦,即有令闻广誉,而自以为不克当也。"《谦》六三:"劳谦,君子有终,吉。"高亨先生注引《周礼·司农》:"事功曰劳。"认为"有功劳而不自伐,是为劳谦。"①《谦》六四:"无不利,㧑谦。"张立文先生注:"㧑为推举、施布,所到之处"之义。㧑谦则指"世人推举而又谦虚,布施于人而又谦虚或处处谦虚"②。上述《谦》卦诸爻辞,虽因爻位不同而表现形式各异,但中心只有一个,就是"谦卑"。与此不同,《节》卦六三、六四两爻主要提示节制的意义。如《节》六三:"不节若,则嗟若,无咎。""不节",不节制。"嗟",嗟叹伤悔③。爻辞认为,人能因嗟叹而知悔,自可免于灾患。《节》六四:"安节,亨。"金景芳先生说:"所谓安节,不是勉勉强强以为节,是循乎成法,制节谨度以为节。……故不但有节,且为安节。"④爻辞认为,安节则"贞吉"。此外节卦中还讲到了甘节、苦节等,均表明节制作为一种品德修养,对人十分重要。如《恒》卦九三"不恒其德,或承之羞,贞吝。"也分明体现了对德的重视。

以上所引卦爻辞,侧重于体现主体修养意识。这种意识与周公的思想十分吻合。如周公曾告诫他的侄子成王说:

> 呜呼!继自今嗣王,则其无淫于观,于逸,于游,于田,以万民惟正之供。无皇曰,今日耽乐。乃非民攸训,非天攸若,时人丕则有愆。(《周书·无逸》)

"嗣王",指成王。"皇",汉石经作"兄",即况。"攸",所。"训",典式、榜样。"时",是,这。"愆",过错。意思是说,继承先王的君主,不可沉迷于台榭、安逸、游玩、田猎之乐。要认真从事治理人民的政务。万不可认为

---

① 高亨:《周易古经今注》,中华书局1984年版,第205、206页。
② 张立文:《白话帛书周易》,中州古籍出版社1992年版,第328页。
③ 黄寿祺、张善文:《周易译注》,上海古籍出版社1989年版,第491页。
④ 金景芳、吕绍纲:《周易全解》,吉林大学出版社1989年版,第414页。

"今天先享受享受再说"，这样就不是万民的榜样，就不是顺从天意了，这样的人就是犯了大错误的。句中的"无淫于观，于逸，于游，于田"，与上举《易经》卦爻辞中体现出的品德修养意识如出一辙。

其二，就政治理念的层面说，《易经》主张诚信、忧患、明察、谦虚、任用君子、广泛和同、赏罚分明等。

> 有孚，窒惕，中吉，终凶。利见大人，不利涉大川。(《讼》)
> 有孚挛如，富以其邻。(《小畜》九五)
> 有孚惠心，勿问元吉，有孚惠我德。(《益》九五)
> 萃有位，无咎，匪孚；元永贞，悔亡。(《萃》九五)
> 休否，大人吉。其亡其亡，系于苞桑。(《否》九五)
> 同人于门，无咎。(《同人》初九)
> 同人于宗，吝。(《同人》六二)
> 公用享于天子，小人弗克。(《大有》九三)
> 鸣谦，利用行师，征邑国。(《谦》上六)
> 知临，大君之宜，吉。(《临》六五)
> 观国之光，利用宾于王。(《观》六四)
> 康侯用赐马蕃庶，昼日三接。(《晋》)
> 众允，悔亡。(《晋》六三)
> 王臣蹇蹇，匪躬之故。(《蹇》六二)
> 井喋不食，为我心恻。可用汲，王明，并受其福。(《井》九三)
> 悔亡，有孚改命，吉。(《革》九四)
> 高宗伐鬼方，三年克之，小人勿用。(《既济》九三)

如《讼》卦："有孚，窒惕，中吉，终凶。利见大人，不利涉大川。""讼"，《释文》："讼，争也。郑云：'辩财曰讼'。""孚"，《释文》："孚，信也。""窒惕"，张立文注："谓恐惧警惕。"[①]卦辞的意思是，讼既要心怀诚

---

① 张立文：《白话帛书周易》，中州古籍出版社 1992 年版，第 46 页。

信，亦要恐惧警惕；争讼过程之中虽有吉祥，但终是凶险。这是主张"打官司"要有诚信，要有惕惧，因为争讼毕竟不是什么好事（终凶）。可见，"卦名叫讼，不是鼓励人们争讼，而是希望人们息讼。息讼最好，迫不得已而讼，也以'有孚窒惕中'为吉"①。又如《小畜》九五："有孚挛如，富以其邻。""孚"，诚信。"挛如"，孔疏："挛如者，相牵系不绝之名也。""富以其邻"，《周易集解》引虞翻："以，及也。"《周易程氏传》："富者推其财力与邻比共之也。"这是主张诚信待邻，"共同富裕"。（《象传》："'有孚挛如'，不独富也。"）又如《益》九五："有孚惠心，勿问元吉，有孚惠我德。"金景芳："有孚，心存至诚而为人所信。惠心，惠民之心。惠我德，民惠我之德。"② 爻辞的意思是，诚信惠民，民亦诚心惠之；不用说是大吉大利的。这是主张以诚待民，民必爱之。又如《萃》九五："萃有位，无咎，匪孚；元永贞，悔亡。""萃"，会聚。"有位"，地位尊贵。"匪孚"，信誉度不高。"元永贞"，永远守正，以德服人。这是主张在人们对自己还不了解之时，要以诚得人。总之，上述材料，或讲以诚息讼，或讲以诚待邻，或讲以诚惠民，或讲以诚得民。体现了《易经》作者重"诚"的政治理念。

上举《否》九五："休否，大人吉。其亡其亡，系于苞桑。"体现了安而不忘危的忧患思想。对于这句爻辞，孔子有一个解释，其曰："危者，安其位者也；亡者，保其存者也；乱者，有其治者也。是故君子安而不忘危，存而不忘亡，治而不忘乱，是以身安而国家可保也。《易》曰：'其亡其亡，系于苞桑。'"（《系辞传》）意思是说，凡是倾危的，都曾经逸乐安居其位；凡是灭亡的，都曾经自以为长保生存；凡是败乱的，都曾经自恃万事整治。因此，君子安居而不忘倾危，生存而不忘灭亡，整治而不忘败乱。这样才可以自身安全而国运常新。所以《周易》中说："（心中时时自警）将要灭亡、将要灭亡，就能像系结于丛生的桑树一样安然无恙。"高亨先生说，孔子的解释"得其旨矣"。《易经》号称忧患之作，此爻所说，充分体现了《易经》作者居安思危的政治理念。

---

① 金景芳、吕绍纲：《周易全解》，吉林大学出版社 1989 年版，第 76 页。
② 金景芳、吕绍纲：《周易全解》，吉林大学出版社 1989 年版，第 289 页。

其他如《同人》初九："其他如同人于门，无咎。"《同人》六二："同人于宗，吝。"体现了作者广泛和同的政治理念；《师》上六："大君有命，开国承家，小人勿用。"《大有》九三："公用享于天子，小人弗克。"《既济》九三："高宗伐鬼方，三年克之，小人勿用。"体现了作者任人唯贤的政治理念等。

传统易学，向来视《周易》古经为出于文王、周公之手，近人则对此多所怀疑。就前面的论述说，卦爻辞中反映出的宗教伦理观念，确与周公或周初的政治理念颇为吻合。

总之，由这种思想上的对比不难发现，《易经》卦爻辞中所体现出来的宗教信仰、"德"性意识、政治理念等，与周初统治者的思想观念是比较一致的。而特别值得注意的是，《易经》卦爻辞虽然对人的品德修养十分注重，对于品德修养与吉凶转化的关系多有提示；但其对天神的信仰却坚定不移（"自天佑之，吉无不利"）[1]，这与周公的思想如出一辙[2]。据此推测，《易经》卦爻辞虽未必是周公亲手所作，但周公曾居"主编"之位，似不无可能。果然如此，则《易经》的成书，必然是在西周初年。

---

[1] 大畜上九："何天之衢，亨。"张立文先生译为："天有什么可怕的，（知此道理）便可通达。"（《白话帛书周易》，第 102 页。而高亨先生则认为，此句的意思是"筮遇此爻，实受上天之庇荫"（《周易古经今注》，第 236 页）。似以高说为是。

[2] 关于周公的思想，可参看陈来《古代宗教与伦理》第五章的相关内容。

《周易》古经中的象辞关系及其哲学诠释空间

　　《周易》古经，结构特殊，六十四卦三百八十四爻，卦有卦辞，爻有爻辞，一一对应，非常规整。那么，象辞之间有没有关系？如果有，是什么样的关系？有或没有关系，会有什么样的区别？这种特殊的结构形式，又有什么样的哲学意义？这些问题，是易学研究中的基本问题（甚至可以说是核心问题）。在目前所见最早的解《易》著作——《易传》中，就开始了对这些问题的探讨。两千多年的易学研究，也主要是在对这些问题的探讨中有所发展的。20 个世纪，一些学者基于新观念，对上述问题提出了新看法，影响颇大，但也有不同的认识。本文即讨论这些问题。

一

　　《易·系辞传》说："圣人设卦观象，系辞焉而明吉凶"；又说："齐小大者存乎卦，辨吉凶者存乎辞，……是故卦有小大，辞有险易"；还说："圣人有以见天下之赜，而拟诸其形容，象其物宜，是故谓之象。圣人有以见天下之动，而观其会通，以行其典礼，系辞焉以断其吉凶，是故谓之爻"；等等。这些话，都是象辞并举，并强调象和辞都是用来显明吉凶之理的。由此可见，在《易传》看来，象辞之间有其内在的逻辑关系。而《易传》解经，也正是要透过阐明此种逻辑关系，以揭示吉凶变化之理。

　　那么，《易传》是如何论证并阐明象辞之间的逻辑关系的呢？这可以从其解经的体例中获得启示。《易传》解经的体例，今人多有研究，综其大端，不外乎取象说、取义说和爻位说。三说之中，最能表现象辞关系的当属爻位说。爻位说是利用爻象在全卦象中的位次来说明一卦吉凶的。如当位说，是指一卦六爻之位置有固定属性，二、四、六属于偶数，为阴位；一、三、五属于奇数，为阳位。阳爻居阳位阴爻居阴位，即为当位；反之，则为不当位。一般而言，当位则吉，不当位则凶。如蹇六四爻辞为"往蹇，来连"，《象传》曰："'往蹇来连'，当位实也。"认为蹇卦之所以有此象，乃由于六四阴爻居阴位之故。又如临六四爻辞"至临，无咎"，《象传》曰："'至临无咎'，位当也。"认为临卦所以"无咎"，与六四爻居位当有关。可见，在《易传》看来，爻辞的好坏，与其居位是"当"还是"不当"颇有一定的关系。又如应位说。应位说是指一卦六爻，初与四、二与五、三与上，位置相应。应位之间，若一为阴一为阳，则为有应；反之，若同为阴或同为阳，则为无应。一般而言，有应则吉，无应则凶。如比卦《象传》曰："'不宁方来'，上下应也。"比卦下坤上坎，六二与九五相应，故谓之"上下应"。又如恒卦《象传》曰："雷风相与，巽而动，刚柔皆应，恒。"恒卦下巽上震，初六与九四、九二与六五、九三与上六，阴阳皆有应，故谓之"刚柔皆应"。此可见，在《易传》的理解中，卦爻辞的好坏，还与居位是否有应相关。

除上述两种体例外，《易传》爻位说还包括承乘说、中位说、往来说、趋时说等①，在此不再一一说明。总之，在《易传》看来，《易经》一书，其卦爻辞与卦爻象之间存在着内在逻辑关系，卦爻辞所谓吉、凶、悔、吝等，均是根据于卦爻象；而卦爻象中所蕴含的吉、凶、悔、吝之义，又是通过卦爻辞来彰显。此所谓："圣人设卦观象，系辞焉而明吉凶。"（《系辞传》）

从汉朝开始，儒家经学便得以确立，《周易》被列为五经之首。《易传》由于相传出于孔子之手，地位相当之高，与《周易》同居经典的位置。其解经的体例，被奉为圭臬，成为人们注解《周易》的范式。此所谓"以传解经"。但虽说是"以传解经"，也并非完全重复《易传》，而是依照《易传》的路子，探讨《周易》古经中的问题。所以，历代易学家，在《易传》的基础上再进一步，提出了诸多解经新体例，易学也因此形成了流派纷呈的局面，最著名的当推象数和义理两大解《易》流派。象数派着重从阴阳奇偶之

---

① 朱伯崑：《易学哲学史》第一卷，华夏出版社1994年版，第56—61页。

数和卦爻象以及八卦所象征的物象，解说《周易》古经（包括《易传》）的文义；义理学派则着重从卦名的意义和卦的性质，靠阐发卦爻象和卦爻辞中的义理来注解经文。两派学说各有侧重，但都承认象辞之间存在着逻辑关系，也都努力揭示二者之间的逻辑关系，并通过理解、诠释二者的关系来建立自己的哲学体系。

象数派解《易》，其体例五花八门，有卦气说、纳甲说、五行说、爻辰说、阴阳升降说、卦变说等。以三国时期著名象数易学家虞翻为例，其解《易》善用卦变说。如解蛊卦辞"先甲三日，后甲三日"及《彖传》"'先甲三日，后甲三日'，终则有始，天行也"时说：

> 谓初变成乾，乾为甲。至二成离，离为日。谓乾三爻在前，故先甲三日，贲时也。变三至四，体离，至五成乾。乾三爻在后，故后甲三日，无妄时也。易出震消息，历乾坤象，乾为始，坤为终，故终则有始。乾为天，震为行，故天行也。（《周易集解》引）

"初变成乾"，是说蛊卦初六变为阳爻，其下卦则为乾卦，按捺甲说，乾纳甲。九二变为阴爻，下卦乾则变为离卦，离为日。乾卦三爻在离卦之先，所以谓之"先甲三日"。而下卦乾变为离卦则成贲卦，所以说"贲时也"。蛊卦九三爻变为阴爻，六四爻变为阳爻，其上卦则成离卦，此即"变三至四，体离"。上卦六五爻变为阳爻，则成乾卦，此即"至五成乾"。但此乾三爻在离卦之后，所以谓之"后甲三日"。又"变三至四，体离"后，下卦则成震卦，下震上乾，乃无妄卦象，所以说"无妄时也"。下卦为震一阳生，即"易出震"。阴阳消息以乾坤为标志，乾为始，坤为终，往复循环。乾为天，震为动，为行，所以说"天行也"。不难看出，其解释虽繁杂支离，但万变不离其宗，目的是要揭示出卦爻辞与卦爻象之间的逻辑关系，以说通卦爻辞。

义理派解《易》，也很重视探讨象辞之间的逻辑关系。但与象数易学不同，其解《易》主取义说，主张透过象辞之间的逻辑关系，揭示象辞背后蕴含着的哲理。以北宋著名哲学家程颐为例，其解《易》主"随时取义说"。如注否卦初六爻辞"拔茅茹以其汇"时说：

泰与否皆取茅为象者，以群阳群阴同在下，有牵连之象也。泰之时，则以同征为吉；否之时，则以同贞为亨。始以内小人外君子，为否之义；复以初六否而在下，为君子之道。易随时取义，变动无常。否之时，在下者君子也。否之三阴，上皆有应，在否隔之时，隔绝不相通，故无应义。初六能与其类贞固其节，则处否之吉，而其道之亨也。（《程氏易传》卷一）

这是用"随时取义说"解释泰否卦初六爻辞。意思是说，泰否两卦初六爻辞皆为"拔茅茹以其汇"，但一为"征吉"，一为"贞吉亨"。所以如此取义，因为其时不同。就否卦说，《彖传》以其卦义谓"内小人而外君子，小人道长，君子道消"。可是其初六爻辞又说"贞吉亨"，其所以吉，因为否卦三阴，处于下卦，表示处否之时，君子受压，又不能与上卦三阳相应。然而初六与其同类能坚守其节操，所以为亨。按此说法，否卦三阴，有时指小人，有时指君子。这是因为"易随时取义，变动无常"。可见，在程颐看来，要想解读否卦初六爻辞之义，需就初六爻象爻位及否卦整个卦象卦位系统分析之。此表明义理派之解《易》，也是靠揭示象辞之间的逻辑关系来说通卦爻辞的。

传统易学中的象数易学和义理易学，对 20 世纪的易学研究仍有影响，如近人尚秉和著《周易尚氏学》，就很重视对易象的阐发。而已故著名史学家金景芳著《周易全解》，则恪遵易传，依循王（弼）程（颐），阐发义理[1]。总之，《易传》与传统易学，不但承认象辞之间的逻辑关系，而且以打通此种关系为己任。诚如朱伯崑先生所说："历代的易学家，从春秋的筮者，到清代学者，都努力寻求卦爻象和卦爻辞间的内在的联系，或者通过对卦象的各种解释，或者通过对卦爻辞的注释，将二者统一起来，以证明《周易》是神圣的典籍，具有完整的奥妙的思想体系，是圣人之书。"[2]

---

① 参见杨庆中：《二十世纪中国易学史》第一章、第五章，人民出版社 2000 年版。

② 朱伯崑：《易学哲学史》第一卷，华夏出版社 1994 年版，第 11 页。

二

《易传》与传统易学，《周易》象辞之间存在着内在的联系，这种观念在近代受到了冲击。20世纪以来，随着经学观念的破除，圣人设卦、观象、系辞之说遭到怀疑和否定。不少学者认为，《易传》解经的体例未必可信，因为二者的成书时代不同，历史观念不同，性质不同，所以，《易传》的解经，其思路是否有据，尚是一个值得探讨的问题。《易传》如此，以其为宗旨、范式的传统易学，其解经的思路也就更值得怀疑了。加之传统易学的解经体例确有其烦琐、穿凿之处。因此，有学者主张对此问题避而不谈；有学者则干脆认为《易经》象辞之间没有关联，即使有，也是后人推断出来的。

主张对此问题避而不谈的学者，可以高亨先生为例。高先生指出："卦爻辞与象数的关系，有显有晦，晦者不可强做解说。我们如果认为卦爻辞都是根据象数而写的，把找出卦爻辞与象数的关系看成研究《易经》必须坚持的一个原则，那就不免越钻研越碰壁，越摸索越扑空。碰壁而凿孔穿隙，扑空而增枝添叶矣！这样《易经》的巫术化就越来越深了。"看来，高先生并不完全否定卦爻辞与象数之间的关系，只是认为不可一以贯之，穿凿强解。高先生举例说："古人注《易经》都未能摆脱象数。《十翼》则讲本卦卦象及爻象爻数，而不讲之卦卦象。《左传》《国语》则讲本卦与之卦的卦象而不讲爻象爻数。自汉以来，有不少注家，既讲本卦卦象及爻象爻数，又讲之卦卦象，加上互体卦象。纷纭纠缠，使一些读者遍览众家之说，反坠入五里之雾，只好皱眉退步，望洋兴叹。"因此，高先生主张："我们今天并不把《易经》看作神秘宝塔，而是把《易经》看作上古史料，要从这部书里探求《易经》时代的社会生活及人们的思想意识、文学成就等"。高先生认为，"从这个目的出发来注解《易经》，基本上可以不问《易经》作者在某卦某爻写上某种辞句，有什么象数方面的根据，只考究卦爻辞的原意如何，以便进一步利用它来讲那个时代的历史，也就够了"①。

---

① 高亨：《周易古经今注》，中华书局1984年版，"重订自序"。

　　基于上述理解，高先生的《周易古经今注》从不关涉象数问题，更不谈及象辞关系。以泰卦六五爻辞"帝乙归妹以祉元吉"为例，高先生注曰：

　　《集解》引虞翻曰："帝乙，纣父。"按《左传》哀公九年解此爻，以帝乙为微子启父。启，纣兄也。盖即虞翻所本。是也。《集解》又引虞翻曰："归，嫁也。"《归妹》卦王注曰："妹，少女之称也。"其解甚是。……旧解"归妹"为姊妹之妹，非是。《归妹》初九云："归妹以娣。"既言妹，不得再言娣，可见妹非姊妹之妹，即其证。《诗·江有汜》："之子归，不我以。"郑笺："以犹与也。"祉疑当作姪，古音之误。《荀子·礼论篇》："社止于诸侯。"《史记·礼书》止作至。即止至古音相近而字相乱之证。或古无姪字，故《周易》以祉为姪也。《诗·韩弈》："韩侯娶妻，汾王之甥，蹶父之子。韩侯迎止，于蹶之里。诸娣从之，祁祁如云。"《公羊传》庄公十九年："诸侯娶一国，则二国往媵之，以姪娣从。诸侯一聘九女。"则此云归妹以姪，固其宜矣。《归妹》初九云："归妹以娣。"六三云："归妹以须。"可证此爻祉字当作姪也。元吉，大吉也。帝乙归妹者，嫁少女于文王也。……帝乙归妹，在当时本为大吉之事，故曰帝乙归妹以祉，元吉。①

　　此是高先生"只考究卦爻辞的原意如何"的指导思想，对泰卦六五爻辞所作的解释。与传统易学"帝乙归妹，以祉元吉"的断句不同，高先生认为该句应读为"帝乙归妹以祉，元吉"。祉字并非福祉之义，当作姪，全句的意思是讲"嫁少女于文王"之事。在这里，高先生既不讲象位，也不讲义理，只从文字上考究其原意，与传统注解相比，其分别判然明矣。

　　主张《周易》象辞之间没有关联的学者，可以李境池先生为例。李先生指出："卦的构成，汉儒以为包含了很大的道理，他们要把宇宙万象都装在里面。近人的意见，又以为是生殖器的记号。但我以为或许是用蓍草做占卜时偶然的发明。……这些图式构成，起初是没有意义的；就是在《周易》

---

① 高亨：《周易古经今注》，中华书局1984年版，第194—195页。

里也不见得有甚么意义。卦，不过是一种符号，它与卦、爻辞的内容是没有关系的。"① 既然卦画与卦爻辞没有关联，为什么二者会被联系在一起呢？李先生以他的《周易》编纂说为据，认为这个是编纂散漫的筮辞为整套的《周易》所用的一个方法。"编纂者大概发生一个'因往知来'的思想，所以想把以前所有的筮辞归聚起来；但是归聚起来而没有一个系统还是不成，所以他就用了这套图案来分配上去，仿佛后人编纂字典用子丑寅卯等干支字母一样。《易》之著筮，犹如后世之签占、筮辞等于签诗。签诗以数目字排列，数目字与签诗没有必然的次序，也没有意义的联系。"②

可见，在李先生看来，在《易经》中，卦爻象不过是为卦爻辞排序的一种符号，其与卦爻辞本身没有内在的联系。在后来的易学研究中，李先生的观点虽有改变，但关于象辞关系的看法则始终没有改变，如其在 20 世纪 60 年代发表的有关文章中指出，由八卦演成六十四卦，只是八卦的重叠，而没有意义的关联。说它有意义关联，甚至进一层说它有辩证思想，恐怕很难说得通。个别地谈，可以附会；全面地说，就有问题。八卦演为六十四卦，已经走向形式主义的道路，只在卦画上玩一套方案，作为符号标志，没有什么深意③。在 80 年代出版的《周易通义》一书中，李先生更明确指出："卦画其实没有什么实际意义，与卦爻辞也没有必然的联系，只是一些符号，和抽签的号码差不多，是为占筮时揲蓍数策而设的。"④ 以这样的理解为指导，李先生注《易》，从不讨论卦爻象位，而只就卦爻辞演绎《周易》时代的社会生活。如其释坤六三爻辞"含章可贞或从王事无成有终"说：

含章：指大地充满文彩，犹言山河秀丽，物产丰富。可贞：利贞。山河秀丽，当然很好。王事：指战争。王训大，王事即大事。古代国家以战争和祭祀为大事。这里说的大事就是指战争。无成：不会成功。有终：要使之终止。在讲农业的几个专卦都提到战争。看到大地的富

---

① 李境池：《周易探源》，中华书局 1978 年版，第 63 页。
② 李境池：《周易探源》，中华书局 1978 年版，第 64 页。
③ 李境池：《周易探源》，中华书局 1978 年版，第 167—168 页。
④ 李境池：《周易通义》，中华书局 1981 年版，"前言"。

美，就有人进行抢掠，发动战争。故在"含章，可贞"之下，即提废止战争。作者根据周人的农业生产的经验，得出"不利为寇，利御寇"（《蒙·上九》）的结论，反对侵略，主张防御。因此本爻也主张要终止这种战争①。

李先生认为坤卦是讲农业的专卦，所以，才有上述的解释。可以看出，李先生的解《易》思路，是透过对卦爻辞含义的说明，揭示其所反映的时代生活的。在这样的解释中，卦爻象毫无意义，甚至连参考价值也没有。

近人的这些新观点，对 20 世纪的易学研究影响颇大。如易学大家朱伯崑先生在有关论述中即对此种观点持肯定的态度。朱先生指出："近人有一种看法，认为《周易》起源于占筮之法，卦爻辞原本是筮辞，筮辞和卦象之间无逻辑的联系。因为某卦象，系之于某筮辞，是出于所占之事。所占之事是多方面的，筮得同一卦象，是揲蓍的结果。如果认为所占之事同其筮得的卦象存在着必然的联系，正是受了筮法的欺骗。就《周易》的结构说，某些卦爻辞的编排同其爻象可能有某种联系，如乾卦，但这种联系是出于编者的安排，在《周易》全书中是少见的。如果认为每一卦的卦爻辞同其卦爻象都存在着逻辑的联系，则无法说明爻辞重复的问题，也无法解释其中的矛盾现象。近人的这种看法，比较符合《周易》的实际情况。"② 朱先生的说法，较之李境池等人的看法，略微谨慎一些，但也基本上否定了象辞之间的逻辑关系。今人张立文作《白话帛书周易》，虽声明"《周易》原为筮书，本为占筮，后象数之学和义理之说并起，都为《周易》研究作出贡献，作为历史遗产，本书不排斥象数之学，或合理者，兼而录之"。但同时也指出："《周易》字义文意训释差异者，随处可见。对于重要的差异，涉及本书对文意的理解者，则尽量据卦爻辞自身求证，避免以传解经，或以传代经。传意符合经之原意者，则酌略而取。对有价值的训释，简略取其一二，录以备考。"③ 可见，张先生注《易》，十分重视分观经传，防止以传解经，或以传代经。这

① 李境池：《周易通义》，中华书局 1981 年版，第 6—7 页。
② 朱伯崑：《易学哲学史》第一卷，华夏出版社 1994 年版，第 11 页。
③ 张立文：《白话帛书周易》，中州古籍出版社 1992 年版，"注释说明"。

表明张先生的解易思路与传统易学也是很不相同的，而与上述近人的新思路大体一致。

总之，20 世纪以来，由于经学观念的破除，不少学者抛弃了传统易学的看法，《周易》古经系编纂成书，目的是为筮占服务，其中并无深意。其卦爻象也没有内在的结构，卦爻辞与卦爻象也没有内在的逻辑关系。如果一味追求其中的逻辑结构，必然会是向壁穿凿，其结果则只能使人如入五里之雾，不知所之。

三

对于《易传》，传统易学和近人的新观点，究竟谁更有道理，更符合事实呢？

从发生学的立场说，《周易》中的卦爻象和卦爻辞，本来都是特定问占活动中的特定产物：卦爻象是特定问占活动中，史、巫演算蓍草所得；卦爻辞则是特定问占活动中，筮者所问事项及问占结果的纪录。而一旦把它们系统化并编辑成书，作为筮占活动的解释范本，那么，卦爻象作为一种符号，其"特定问占活动"的境域就会丧失，其内在的——"特定的"——规定性也会因之减弱，其普遍适应性的功能也即随之加强。而卦爻辞，虽"特定的"角色或有所转变，然因其所具有的具体表述性特点，其"特定的"内容不会发生什么变化。这样《周易》的编纂者首先就会遇到一个问题：如何将一组特定问占活动的记录——内涵颇为确定的筮辞，与内在规定性逐渐被弱化普遍性功能不断增强的卦爻象配合在一起，以作为判断吉凶的根据？这就是卦爻象与卦爻辞之间的逻辑关系问题。

很显然，如果《周易》编纂者像后人编纂字典用子丑寅卯一样，罗列卦爻符号，以为卦爻辞排序，是解决不了上述问题的。因为对于筮占而言，求筮者提出的问题可以千千万万，形形色色；但一定筮法所衍出的卦爻符号，其形式特征并不会发生什么变化。如《系辞传》所载"大衍筮法"，无论何时何地，其揲蓍结果总不出七、八、九、六四种情况之外。所以，关键不在于如何回答求筮者提出的问题，而在于如何根据筮占所得的卦爻符号解释求筮者提出的问题。换句话说，在筮占活动中，决定问题之吉、凶、悔、吝的，不是求筮者所问问题的本身，而是筮占所得之卦爻象；卦爻象是求筮者所问问题之吉、凶、悔、吝的所以然。因此，《周易》古经的编纂，必定要以如何体现卦爻象中的吉、凶、悔、吝之义为其主要目标。正如有学者所指出的，"《周易》是筮书，那么对于占筮所使用的卦爻，怎么解释才算准确、才算符合实际呢？那就是不仅要涵盖卦爻在以往占筮中的意义和用法，而且还要力求涵盖其在未来任何占筮中的意义和用法，要有普适性"①。

那么，如何才能体现这种"普适性"呢？

现代研究表明，《周易》古经，确系编纂而成，但其编纂遵循着一定的体例，这些体例，大有深意。有学者根据诸卦以反对相次、爻辞多系以卦名、通卦诸爻每自下而上取象、爻辞用字类与爻位相应、诸爻吉凶每与爻位有关、卦爻辞用韵例等六条证据，认为"由《易》卦各爻常嵌以卦名之辞例观之，六十四卦中，全卦四爻以上系有卦名者既多达四十一卦，可见必为《易》辞作者之刻意安排；自通卦由下而上取象之辞例言之，可知诸卦之各爻，乃出于一人之手，并非杂纂而成；自爻位相同用字亦多相应之辞例，亦可证爻辞乃著于一手。总之，作辞者虽或采用若干前代之材料及故事，然而卦爻辞之主体，则是一时一人之作"②。是否为一人一时之作，还要进一步研究，但这些体例，确实发人深思。以爻辞用字为例：二、五之爻多系以中字；二爻在中，为初、三所包；五爻在中，为四、上所包，故二、五爻又多用"包"字；另，阴爻居于二、五之位，又多系以"黄"字③。又据台湾经学名家屈万里先生说："爻位以五为最尊，故经于天、帝、君、王等辞，多于五爻发之。乾九五：'飞龙在天。'姤九五：'有陨自天。'此以天言者也。泰六五、归妹六五，并曰：'帝乙归妹。'此以帝言者也。临六五：'大君之宜，吉。'归妹六五：'其君之袂，不如其娣之袂良。'此以君言者也。比九五：'王用三驱。'家人九五：'王假有家。'涣九五：'涣王居，无咎。'此以王言

① 周德美：《〈周易〉——现存最早的词典》，载《辞书研究》1999年第4期。
② 黄沛荣：《易学乾坤》，台湾大安出版社1998年版，第155—156页。
③ 黄沛荣：《易学乾坤》，台湾大安出版社1998年版，第139页。

者也。"① 由二、五两爻用字之例，可见《周易》古经的编纂者对于六画卦中之上三画和下三画之中爻是颇有自觉的。其用"包"字，表明其对初、二、三和四、五、上之位，也有一定的认识。更为有趣的是，在《周易》古经中，二、五两爻，吉辞最多，合计占 47.06%，几达总数之半；其凶辞最少，合计仅占 13.94%②。这种"尚中"观念在六画卦中表现出来，不能不说与爻位有关。

除二、五之爻的用字颇有规律外，三、上两爻之用字，也多有相通之处。如三爻居下卦之终，上爻居上卦之终，故爻辞常系以"终"字③。由三、上两爻用字之例，可知《周易》古经编纂者对于象辞之间的特殊关系是有所认识的。尤其是三爻用辞多次出现"终"字，当非偶然现象。这种现象，除了表明《易》作者已有重卦的意识外，似乎没有更好的解释。另据屈万里先生研究，在《周易》中，三、四两爻，意义每每相通。经文多疑而不定之辞。黄沛荣先生认为，之所以如此，乃由于三爻居下卦之终，四爻居上卦之始，同处变动之时，临进退之位之故④。由此可见，《周易》中的卦爻象和卦爻辞，是包含着一定的内在对应关系的。退一步讲，即使《易》作者未能把二者之间的对应关系一一显明出来，至少他是有意识地作出了这样的努力。从这个意义上说，在编辑成书的《周易》古经中，象辞之间应该存在着一定的内在逻辑关系，尽管未必如后人解释的那样复杂。

总之，种种迹象表明，《周易》古经中的卦爻象与卦爻辞之间存在着内在的逻辑关系。而正是这种逻辑关系，为后人理解、解释《周易》留下了诸多空间。前面曾经指出，卦爻象辞本来都是特定情境下的筮占记录，一旦把它们系统化并编辑成书，卦爻象就将成为一种符号，其"特定问占活动"的境域就会丧失，其内在的——"特定的"——规定性也会因之减弱。而卦爻辞，虽"特定的"角色或有所转变，然因其所具有的具体表述性特点，其"特定的"内容不会发生什么变化。此种矛盾，我们可以引入"无"和"有"

① 转引自黄沛荣：《易学乾坤》，台湾大安出版社 1998 年版，第 140 页。
② 黄沛荣：《易学乾坤》，台湾大安出版社 1998 年版，第 148 页。
③ 黄沛荣：《易学乾坤》，台湾大安出版社 1998 年版，第 66 页。
④ 黄沛荣：《易学乾坤》，台湾大安出版社 1998 年版，第 141—142 页。

这对范畴来加以分析。卦爻符号的规定性少，我们可以称之为"无"①；卦爻辞的规定性（特定性）多，我们可以称之为"有"。"无"和"有"是一对矛盾，但却相辅相成。正是因其"无"，才使"有"永远有"有"下去的空间；正是因其"有"，才使"无"永远能得到彰显。因此可以说，《周易》古经作为一部解释性极强的书，其中的"有"（卦爻辞）和"无"（卦爻象）是密不可分、相得益彰的。

德国已故著名哲学家海德格尔指出："'无'既不是一个对象，也不依傍着它仿佛附着于其上的那个存在者出现。'无'是使存在者作为存在者对人的此在启示出来所以可能的力量。'无'并不是在有存在者之后才提供出来的相对概念，而是原始地属于本质本身。在存在者的存在中'无'之'不'就发生作用。"②《周易》古经中的卦爻象"表现出"的"无"，当然与海氏所谓的"无"还有相当的距离。但如果把这部著作视为一个有机的整体，则卦爻象所"表现出"的"无"，恰恰是卦爻辞得以不断敞开自己而"常解常新"的根源。在先秦典籍中，《诗》《书》《礼》《乐》《易》《春秋》，只有《易》成为中国传统哲学的活水源头，原因盖在于此。《易传》之所以能把这部筮占之书诠解为哲学著作，也与此有着密切的关系。《易传》对《周易》古经的哲学突破，笔者在《易传诠经的向度》一文中有专门的论述，下面就传统易学的研究，再作进一步的讨论。

本文的开头曾经指出，两千多年的易学研究，主要是在对象辞关系的探讨中有所发展的。就象数易学而言，其之所以能够提出那么多的解经体例，丰富人们对《周易》古经的认识，发展了中国哲学与中国文化，就是由于象与辞，一为"无"，一为"有"，人们可以靠种种新形式，用种种新材料，透过"有"而发显"无"。从哲学的层面说，象数易学解易的理论意义，至少有四个方面：其一，对概念确定性的追求，指对象辞之间的对应性的追求。在象数易学家看来，卦爻辞中的一字一数，一事一物，都绝对根据

---

① 杨按：卦爻符号的规定性少，是相对于卦爻辞而言的。少，并不意味着没有，尤其是《易经》的卦爻符号。此处谓之"无"，是为了解释的方便。

② 海德格尔：《形而上学是什么》，熊伟译，载孙周兴编：《海德格尔选集》（上），上海三联书店 1996 年版。

卦爻象，二者之间有着稳定的逻辑关系。其二，对卦、象、辞、序（卦序）之间逻辑关系的崇尚，指象数易学家解释卦爻辞，不但根据卦爻象，还以整部《周易》的卦、象、辞、序（卦序）及其内在逻辑关系为参照，从总体中透视个别。其三，对形式系统的执着，指象数易学家特别注重透过卦爻符号（汉易）、图书形式（宋易），来探求规律性，理解普遍性。最后，对整体性的强调，指象数易学家即使讨论社会政治问题，也总透过对《周易》的理解，寻求自然的证明（如汉易）。象数易学之所以对传统科技影响甚大，恐怕与以上四点不无关系。

当然，上述特点在义理派易学中也有充分体现，只是相对而言，义理学家更重视透过象辞关系的钩沉，发挥卦爻辞中的"遗教"，探寻卦象之上的玄理，体认生命孕化的终极意义等。如果象数易学的影响主要表现在传统科技方面的话，那么，义理易学的影响则主要表现在传统哲学方面。如王弼论言、象、意的关系（《周易略例·明象》），言指卦辞，代表语言；象指卦象，代表物象；义指一卦的义理，代表事物的规律。认为语言是表达物象的，物象是包含义理的。但语言不等于物象，物象不等于义理，而要得到物象应该抛弃语言，要得到义理应该抛弃物象。很显然，王弼钩沉象辞关系，恰恰是为了超越象辞关系，上达形上玄理。宋代哲学家程颐正是循此思路，建立了其理学体系[1]。

可见《周易》古经中的象辞关系，经《易传》的创造性诠释，为中国哲学、思想、文化开了无数法门。如果附庸风雅，套用一句现在颇为时髦的解释学话语，则《周易》古经独特的象辞结构，其足够的张力，使得传统的易学之思，总是处于"在途中"或"在路上"的"活"的状态。此所谓"生生之谓易"！

相比之下，近人的新看法，就显得缺乏张力了。站在今天的立场，反观近人的新观点，应该说，其开拓了文献研究的新思路，却堵死了哲学沉思的老传统。如李境池先生就曾明确指出，其研究《周易》，即是要摒弃哲学

---

[1] 朱伯崑：《论〈易经〉中的形式逻辑思维对中国传统哲学的影响》，《朱伯崑论著》，沈阳出版社 1998 年版。

伦理的思路，但以"历史的方法"来解《易》。其曰："我们现在讲《易》，目的在求真，希望能够拨开云雾而见晴天；整理旧说，分别归还它各自的时代；使《易》自《易》，而各派的学说自各派的学说，免致混乱掺杂，失其本真。换句话说，我们以历史的方法来讲《易》，不是以哲学伦理来注释。我们以客观的态度来讲《易》，不以主观的成见来附会。我们要求《易》的真，不讲《易》的用。"① 我们毫不否认李先生的"历史的方法"，也毫不否认其求"真"的诉求。但史学的研究和哲学的诠释并非水火不容。不能因为要从史学的意义上钩沉文献史料，就否认从哲学的意义上诠释象辞关系。如果把"历史的方法"和"哲学伦理的注释"对立起来，一味按照文献学的思路注释《周易》，就会把《周易》讲死，这对中国传统哲学的发展是不利的。

（原载于《中国哲学与易学：朱伯崑先生八十大寿纪念文集》，

北京大学出版社 2004 年版）

---

① 李境池：《周易探源》，中华书局 1978 年版，第 264 页。

《周易》经传论"谦"德

　　《周易》中有一卦，名曰"谦"，是专门讲说"谦"的道理的。通观《周易》，此卦颇为特殊，宋人胡一桂说："《谦》一卦六爻，下三爻皆吉而无凶，上三爻皆利而无害。《易》中吉利，罕有若是纯全者，谦之效故如此。"（《周易本义·附录·纂疏》）"谦之效"何以如此？试分析如下：

一

　　在《周易》六十四卦的排列中，《谦》卦紧随《大有》之后。《大有》即大有收获。《序卦传》说："有大者，不可以盈，故受之以《谦》。""盈"即盈满。这说明"谦"与"盈"是相对立的。那么，为什么"大有者，不可以盈"呢？请看《彖传》的说法：

　　　　谦，亨。天道下济而光明，地道卑而上行。天道亏盈而益谦，地道变盈而流谦，鬼神害盈而福谦，人道恶盈而好谦。谦，尊而光，卑而不可逾，君子之终也。

这是《彖传》对《谦》卦卦辞"谦，亨，君子有终"所作的解释。卦辞中的"谦"即谦虚。"亨"即亨通。《彖传》的解释，两次提到"天道"，两次提到"地道"，一次提到"鬼神"，一次提到"人道"。就"天道"说，其特点有二：一是"天道下济而光明"；二是"天道亏盈而益谦"。"下济"，"谓降下济生万物"（《周易正义》）。"天道下济而光明"，意思是，上天的体性是降下济物，而日月辉光因此愈加鲜明。高亨先生解释说："天道下行以成万物，如日光下射以暖万物，雷下震以动万物，风下行以吹万物，雨下降以润万物是也。光明指日月。天道下济是天道之谦，天道光明是天道之亨。此句以天道说明谦则亨之理。"①"亏"，即损。"天道亏盈而益谦"，意思是，上天的体性是亏损盈满，补益谦虚。如崔憬所说："若日中则昃，月满则亏，损有余以补不足。"（《周易集解》引）

　　就"地道"来说，其特点也有两个方面：一是"地道卑而上行"；二是"地道变盈而流谦"。"上行"，指地气上升。"地道卑而上行"，意思是，"地道卑柔而气上行，交通于天而生万物。"（《周易正义》）"变"即变易。"流"即增益。"天道亏盈而益谦"，意思是，地的品性是变易盈满，充实谦虚。如高亨先生说："地道毁盈，例如丘高则渐损，河溢则堤决。地道益谦，例如地洼则渐平，沟虚则水至。"②

　　《周易》作为一部筮占之书，还讲到了鬼神之"谦"，即"鬼神害盈而福谦"，意思是，鬼神的特点是危害盈满，施福谦虚。至于"人道"，《彖传》说："人道恶盈而好谦"，即人类的规律是憎恶盈满，爱好谦虚。《彖传》的最后结论仍然是归结到人："谦，尊而光，卑而不可逾，君子之终也。"意思是具备谦虚美德的人，居尊位，道德更加光明；处卑位，人们也难以凌越。君子靠着它能永远得到好结果。

　　以上，《彖传》以"盈""谦"为对立，从天道、地道、鬼神、人道四个方面，说明"盈"不可久，而"谦"则获益的道理。这段文字，可以说是一篇简短而精炼的哲学论文。它从天道之"谦"谈到地道之"谦"，从地道之"谦"谈到鬼神之"谦"，最后归结为人道之"谦"。照《周易》法象天地的思维路数，天地之"谦"，正是人道之"谦"的基础和根据。天能"下济而光明"，"亏盈而益谦"，人则能"尊而光"；地能"卑而上行"，"变盈而流谦"，人则能"卑而不可逾"。

---

① 高亨：《周易大传今注》，齐鲁书社1998年版，第136页。
② 高亨：《周易大传今注》，齐鲁书社1998年版，第136页。

二

既然天、地、鬼神、人都是好谦而恶盈,因此,一个人只要能谦虚,则天助、鬼佑、人信自然可得。《谦》卦六爻虽因时位之别,有失位、无应、乘刚等不同,但"下三爻皆吉而无凶,上三爻皆利而无害",就是这个缘故。先看"吉而无凶"的下三爻:

> 初六,谦谦君子,用涉大川,吉。
> 《象》曰:"谦谦君子",卑以自牧也。
> 六二,鸣谦,贞吉。
> 《象》曰:"鸣谦贞吉",中心得也。
> 九三,劳谦,君子有终,吉。
> 《象》曰:劳谦君子,万民服也。

"谦谦",谦而又谦。"此谓初六阴柔谦逊,低处下卦之下,有'谦谦'之象"①,爻辞的意思是,谦而又谦的君子,可以涉越大河巨流,得到吉祥。"大川"在这里喻指艰难险阻。他提示人们,君子只要谦而又谦,即可以度过艰难,得到吉祥。"卑以自牧",自甘卑下,克己养谦。《象传》认为,初六之吉,是君子谦卑克己的结果。"鸣",享有盛名。"鸣谦",即享有盛名而行谦德。爻辞的意思是,名声远播,但仍然谦虚谨慎,即可以获得吉祥。他提示人们,名气越大,越不要摆架子,而应该谦虚谨慎,这样才能更加受到人们的爱戴。但事实上,做到这一点是很难的,所以《象传》说:"'鸣谦贞吉',中心得也。"宋胡瑗解释说:"言君子所作所为,皆得诸心,然后发之于外,则无不中于道也。故此谦谦皆由中心得之,以至于声闻流传于人,而获自正之吉也。"(《周易口义》)可见,"享有盛名而行谦德",乃是发于心而行于外,不是靠做样子作出来的。"劳",有功劳。"劳谦",即有大功劳而能谦让

---

① 黄寿祺等:《周易译注》,上海古籍出版社 1989 年版,第 139 页。

自处。爻辞认为，有大功劳而能谦让自处，必有好结果，必能获得吉祥。照《象传》的意思，这样做，必然能得到万民的归服信任。所以孔子说："劳而不伐，有功而不德，厚之至也。"（《系辞传》）他提示人们，不争功，不居功自傲，如此则能得人。

以上三条爻辞，都因"谦"而得到了大好处。位卑时谦而又谦，能战胜大困难。名声远闻时谦逊谨慎，能获得大吉祥。功劳很大时谦而不傲，能使万民服。可见，无论什么光景，谦都能给人带来好处。

再看"利而无害"的上三爻：

> 六四，无不利，撝谦。
>
> 《象》曰："无不利撝谦"，不违则也。
>
> 六五，不富以其邻，利用侵伐，无不利。
>
> 《象》曰："利用侵伐"，征不服也。
>
> 上六，鸣谦，利用行师，征邑国。
>
> 《象》曰："鸣谦"，志未得也。可用行师，征邑国也。

"撝"，施行。"撝谦"，即随时随地发扬传播谦虚的美德。爻辞认为，这样便无所不利。"不违则"，即不违背谦虚之道。也就是《象传》所谓的"天道下济而光明，地道卑而上行。天道亏盈而益谦，地道变盈而流谦，鬼神害盈而福谦，人道恶盈而好谦"。《象传》认为，时时事事彰显谦虚美德，乃是顺天应人的谦虚之道。他提示人们，"谦谦"也好，"鸣谦"也好，"劳谦"也好，都必须彰显于时时事事，这才是为谦之道。一时之"谦"，虽然也能带来好处，但不能长久。"不富以其邻"，即因为邻国的骚扰而使自己物资不丰富。六五阴柔居中，虚怀谦逊，使邻国产生错觉，以为可欺，于是常存侵夺之心。殊不知，六五之柔逊，正合天地恶盈而好谦之道。所以，六五一旦起而征伐持盈骄奢之国，必然是无所不利的。这正如宋儒程颐所说，《谦》卦"卑下之中，蕴其崇高也"（《程氏易传》）。他提示人们，谦卑不等于软弱，柔逊不等于无能。谦卑之道，虽柔实刚，虽卑实高。"行师"即带兵打仗。爻辞的意思是，名声远播而谦虚，利于带兵打仗、征讨相邻的四方小国。《象传》认为，君子遵行谦虚之道，不是为谦虚而谦虚，还应该效法天地"亏盈益谦"，"变盈流谦"之理，干一番大事业。所以，仅仅"鸣谦"，还不足以使君子遂其志愿。还应当"顺天应人"，伸张正义，"损有余而补不足"，为天下国家谋和平。

以上三条爻辞，直绍初、二、三，强调谦而能久，柔而能刚，卑而能高。一句话，就是强调为谦之道，不但要"谦谦""鸣谦""劳谦"，还应当"裒多益寡，称物平施"，实现宇宙人生的中正和合。

三

《谦》卦六爻，对于人道之"谦"所存在的几种主要情形，进行了简略的描述。它讲到了"谦谦""鸣谦""劳谦""撝谦"等。但人生百态，气象万千，六爻之喻，岂能穷尽？所以《大象传》绕开具体，抓住一般，精炼地概括了《谦》卦的本质及君子所应从中获得的教训：

> 地中有山，谦；君子以裒多益寡，称物平施。

《谦》卦下艮上坤，依《说卦传》，艮为山，坤为地，所以《象传》谓之"地中有山"。郑玄注曰："艮为山，坤为地。山体高，近在地下。其于人道，高能下下，谦之象。"（《周易集解》引）然而，依《象传》体例，这一句也可以称之为"山在地中"。不说"山在地中"而曰"地中有山"，程颐认为，"言卑下之中，蕴其崇高也"（《程氏易传》）。程氏此说，大有深意。近人高亨承此说，认为"地卑而山高，地中有山是内高而外卑。谦者，才高而不自许，德高而不自矜，功高而不自居，名高而不自誉，位高而不自傲，皆是内高而外卑，是以卦名曰《谦》"[1]。《韩诗外传》中记载狐丘丈人与孙叔敖的对话说："孙叔敖遇狐丘丈人。狐丘丈人曰：'仆闻之，有三利必有三患。子知之乎？'孙叔敖蹴然易容曰：'小子不敏，何足以知之。敢问何为三利？

---

① 高亨：《周易大传今注》，齐鲁书社1998年版，第137页。

何为三患？'狐丘丈人曰：'夫爵高者，人嫉之；官大者，主恶之；禄厚者，怨归之。此之谓也。'孙叔敖曰：'不然。吾爵益高，吾志益下；吾官益大，吾心益小；吾禄益厚，吾施益博。可以免于患乎？'狐丘丈人曰：'善哉言乎！尧舜其犹病诸。'"（《韩诗外传》卷七）孙叔敖爵益高，志益下；官益大，心益小；禄益厚，施益博，可谓"内高而外卑"。这表明，谦逊柔顺之中，有刚健自强存于其中。正因为谦逊柔顺之中存有刚健自强之性，所以君子才可以效而法之，"裒多益寡，称物平施"。"裒"，即取；"称"，即权衡，"施"，即给予。《象传》认为，君子观此"地中有山"之象，应当效而法之，取其多者，补其少者；并称量财物的多寡，公平地施之于人。

"裒多益寡，称物平施"，是"谦"道的本质。对此，我们可以从内外两个方面予以说明。就"内"而言，他反映了君子的一种道德修养；就外而言，他反映了君子的一种志向。合内外而观之，他反映了君子持中守正、顺天应时的一种人生夙求。

先说"内"。所谓"内"，一方面是指虚己之美，亦即"己之虽有，其壮若无；己之虽实，其容若虚"（吴兢《贞观政要·谦让》）；另一方面是指学人之长，亦即"三人行必有我师焉"（《论语·卫灵公》），"士不厌学，故能成其圣"（《管子·形势解》）。虚己之美，则无骄；学人之长，则能能。

再说"外"。所谓"外"，主要指君子顺应天道好谦恶盈的规律，而和谐天下的一种志向。这种志向虽然是内在于君子的理想之中，但其流风所及，却使天下百姓受益。如孔子说："丘也闻有国有家者，不患寡而患不均，不患贫而患不安。盖均无贫，和无寡，安无倾。"在这里，孔子之"患"，反映了德行高尚之人的忧患之心，同时也体现了其"裒多益寡，称物平施"的伟大抱负。孔子的这一思想在中国历史上，特别是在历次的农民运动中，产生了相当大的影响。

《周易》论"谦"，由天道而及人事。既颂扬人的谦谦之德，又强调人应当顺应天道，均安天下。可以说是柔中有刚，刚柔相济。这后一方面的意思，人们很少注意，历代思想家也很少论及，是《周易》论"谦"的一大特点。它表明，虚己也好，均贫也好，其目的都是为了顺天应时，调其盈虚；持中守正，以求长久。换句话说，也就是"致中和"。

四

在《周易》中，与"谦卑"相联系的是"礼敬"，这种联系主要表现在由"谦"而"礼敬"，即"谦以制礼"。如孔子所说："德言盛，礼言恭，谦也者，致恭以存其位者也。"（《系辞》）

提起传统礼制，人们不免有一种等级森严之感。《周易》也十分强调名分和等级，如曰："天尊地卑，乾坤定矣。卑高以陈，贵贱位矣。"（《系辞》）就是强调贵贱等级之分①。但《周易》同时又明确提出了"知崇礼卑"的思想。《系辞》中说：

> 子曰："《易》其至矣乎！夫《易》，圣人所以崇德而广业也。知崇礼卑，崇效天，卑法地。天地设位，而《易》行乎其中矣。成性存存，道义之门。"

意思是说，《周易》的道理至善至美，圣人用它高大其德行，扩大其事业。智慧贵在崇高，礼节贵在谦卑，崇高是仿效天，谦卑是取法地。天地创设了上下尊卑的位置，《周易》的道理就在其间变化通行。（能够用《易》的道理修身）成就美善德性，反复涵养蕴存，就是找到了通向"道"和"义"的门户②。在这段话中，作者提出"礼卑"的观念，并认为它是由取法大地的品性而来的。这是颇值得注意的。它表明，"礼"虽然是因"天地设位"而成就，但其实质乃是敦厚人之德性，以使人在天地之间扩大自己的事业，合乎道义的规范。

据《序卦传》，《周易》《履》卦是讲"礼"的。其曰："履者，礼也。"今人黄寿祺先生解释说："卦名'履'字之义，《序卦传》谓'物畜然后有礼，故受之以履'，《尔雅·释言》：'履，礼也。'含有践履不可违礼之意，尚先

---

① 在《周易》中最明显的表现是"当位说"。
② 黄寿祺等：《周易译注》，上海古籍出版社1989年版，第542页。

生云:'《太玄》即拟为"礼",礼莫大于辩上下,定尊卑','人之行履,莫大于是'(《尚氏学》);又《本义》曰:'履,有所蹑而进之义'则兼有小心循礼而行的意思。"① 《履》:"履虎尾,不咥人,亨。"著名易学家金景芳先生解释说:"卦辞开口便说'履虎尾',取象十分奇特。履,有所蹑而跟进的意思。紧蹑老虎尾巴走路,可谓人世间最危险的事情,然而老虎却不咬你,保你亨通无事。卦辞以此强调人立身处事,行之以礼,以和悦谦卑待人接物,即使遇上最凶猛的老虎,也将安然无恙。"② 可见,《履》卦之"亨"是以和悦谦卑为前提的。关于这一点,《彖传》的解释最为明白:

> 履,柔履刚也。说而应乎乾,是以履虎尾不咥人,亨。刚中正,履帝位而不疚,光明也。

大意是说,履是阴柔者小心行走在阳刚者之后,以和悦恭敬顺应阳刚者。所以说:"小心行走在虎尾之后,猛虎不咬人,亨通。"又,履卦阳刚居中守正,小心践行至尊之位而无所疵病,所以光明四通。在这里,有三点值得注意:一是"柔履刚";二是"说而应乎乾";三是"刚中正"。这三点,淋漓尽致地体现了"礼"的精神。"柔履刚",即以柔克刚,刚柔相济。他表明,礼之用,并非是下对上、柔对刚的绝对服从,而是"和为贵"。"说而应"即谦卑自处,恭敬和顺。他表明,礼之"和",并非不要等级,而是下对上、柔对刚的恭敬和顺。"刚中正"即刚健者持中守正,德高位显。他表明,"说而应"并非没有条件,条件是所"说"所"应"者德高望重,合乎中道。以上三点,"说而应乎乾"最为关键,它最能体现"礼卑"的思想。"谦以制礼"即发挥谦德、克己复礼就是指着这种"说而应"说的。可以说,它是人之行礼、好礼和"非礼弗履"的德性基础。所以,《系辞》曰:"履,德之基也。"而《左传》有云:"卑让,德之基也。"(《左传·文公元年》)因此,古人强调:"夫礼者自卑而尊人。虽负贩者必有尊也,而况富贵乎?富贵而知好礼,

---

① 黄寿祺等:《周易译注》,上海古籍出版社 1989 年版,第 97 页。
② 金景芳等:《周易全解》,吉林大学出版社 1989 年版,第 102 页。

则不骄不淫；贫贱而知好礼，则志不慑。"(《礼记·曲礼上》)"安上治民莫善于礼。礼者，敬而已矣。故敬其父则子悦，敬其兄则弟悦，敬其君则臣悦，敬一人而千万人悦。所敬者寡而悦者众，此之谓要道也。"(《孝经·广要道章》)这两段话，归结为一句就是：礼，自谦而敬人。

以上三个方面："柔履刚""说而应乎乾""刚中正"，说明《周易》之所谓"礼"，仍是以中道为前提的。这正如孔子所说："礼乎礼，所以制中也。"(《礼记·仲尼燕居》)。又如荀子所说："先王之道，仁之隆也。比中而行之。曷为中？曰：礼义是也。"(《荀子·儒效》)而"中"即"和"，所以，孔子又说："礼之用，和为贵。"(《论语·学而》)《系辞》也说："履，和而至"，"履以和行。""礼"而"和"，则能于"交接会通"之间无不嘉美。所以，《乾·文言传》说："嘉会足以合礼"。

<h1 style="text-align:center">五</h1>

《周易》"谦卑礼敬"的思想，在《履》卦六爻中表现得尤其突出：

> 初九，素履往，无咎。
> 九二，履道坦坦，幽人贞吉。
> 六三，眇能视，跛能履，履虎尾，咥人，凶，武人为于大君。
> 九四，履虎尾，愬愬终吉。
> 九五，夬履，贞厉。
> 上九，视履考祥，其旋元吉。

"素履往"，即《中庸》所谓"君子素其位而行"。爻辞的意思是，朴实无华，安分守礼，则无咎害。这是提示人们，处《履》之初爻，应当安分守己，循礼而行，不做非分之想。"幽人"，"幽静安恬，与世无争之人"[1]。爻辞的意思是，行走在平坦的大道上，安恬幽静、谨严循礼的人可获得吉祥。这是提

---

[1] 金景芳等：《周易全解》，吉林大学出版社1989年版，第102页。

示人们，前途越是平坦，越要谨慎自守，不为物乱。只有这样，才不致因路途平坦而丧失忧患之心。所以《象传》说："'幽人贞吉'，中不自乱也。""武人"，有勇无谋之人。爻辞的意思是，眼盲强看，脚跛强行，行走在老虎的后面，被猛虎咬伤，有凶险。勇猛过人而智力不足的人为大人君主效力可以发挥自己的长处。这是提示人们应当扬长避短，如果像爻辞中说的那样，硬要发挥自己的短处，虽然精神可嘉，但结果必是凶险。"愬愬"，恐惧谨慎。爻辞的意思是，走在老虎的后面，但若小心谨慎，也终能获得吉祥。"夬"，刚断果决。爻辞的意思是，过于刚断果决，则有危险。在该卦中，九五以阳居阳，"刚中正"，应该说是"吉无不利"的。但由于"履者礼也"，而"礼之用，和为贵"。所以刚断果决，若不济之以柔，则难免自决自专，刚愎自用。这是提示人们，无论是在什么情况下，无论是在什么位置上，都应当以礼待人，有包容精神。切不可自以为是，那样终将不会长久的。"考祥"，考察祸福得失。"旋"，周旋完备。爻辞的意思是，回顾小心行走的过程，考察祸福得失的征祥，始终依礼而行，周旋完备，可以算是大吉①。他提示人们，循礼而行，必须善始善终，只有这样，才可以说是做到了"非礼弗履"，也才能获得最后的胜利。

从以上六爻可以看出，凡是用谦卑的态度依礼而行的，都会有好的结果。反之，则必然有危险。前者最鲜明的例子莫过于九四。在《履》卦中，九四"逼近至尊（九五），以阳承阳，处多惧之地（四爻多惧——《系辞传》），故曰履虎尾"（王弼《周易注》），以此比喻人的处境十分危险。但由于该爻"以阳居阴，以谦为本，虽处畏惧，终获其志，故终吉也"（王弼《周易注》）。后者最鲜明的例子莫过于六三。王弼曰："居《履》之时，以阳处阳，犹曰不谦，而况以阴居阳，以柔乘刚者乎？故以此为明，眇目者也；以此为行，跛足者也；以此履危，见咥者也。"（《周易注》）这说明，六三之凶，与其不能谦卑安分大有关系。何止六三？就是尊居五位，如果不行谦道，也不免"贞厉"之虞。由此可见，"夫礼者，自卑而尊人"者也。

《韩诗外传》中说："《易》有道，大足以守天下，中足以守国家，近足

---

① 金景芳等：《周易全解》，吉林大学出版社1989年版，第102页。

以守其身，谦之谓也。"（《韩诗外传》卷三）中国人重视"谦德"的培养，所以也特别强调"礼敬"的修炼。谦虚知礼，作为一种美德，已经成为历代中国人的共识。据史书记载，周公在训诫其子伯禽时曾说过一段意味深长的话："往矣，子无以鲁国骄士。吾文王之子，武王之弟，成王之叔父也，又相天下，吾于天下亦不轻矣，然一沐三握发，一饭三吐哺，犹恐失天下之士。吾闻德行宽裕守之以恭者荣，土地广大守之以俭者安，禄位尊盛守之以卑者贵，人众兵强守之以畏者强，聪明睿智守之以愚者善，博闻强记守之以浅者智。夫此六者，皆谦德也。夫贵为天子，富有四海，由此德也。不谦而失天下亡其身者，桀纣是也。可不慎与！"（《韩诗外传》卷八）在这段话中，周公抱着忧患之心对将要去自己的封地做诸侯的儿子讲述了谦德的重要作用，言谈之中，表露出了其对谦德的重视。而正是这位周公，也十分重视礼乐①。由"忧患"而重"谦"，由重"谦"而制"礼"，这其中有没有内在的逻辑关系呢？我想应该是有的。

早年就以礼学而名家，晚年常常以"梦见周公"为吉兆的孔子，也十分重视"谦德"的修炼和培养。据刘向《说苑》记载：

孔子读易至于损益，则喟然而叹，子夏避席而问曰："夫子何为叹？"孔子曰："夫自损者益，自益者缺，吾是以叹也。"子夏曰："然则学者不可以益乎？"孔子曰："否，天之道成者，未尝得久也。夫学者以虚受之，故曰得。苟不知持满，则天下之善言不得入其耳矣。昔尧履天子之位，犹允恭以持之，虚静以待下，故百载以逾盛，迄今而益章。昆吾自臧而满意，穷高而不衰，故当时而亏败，迄今而逾恶，是非损益之征与？吾故曰谦也者，致恭以存其位者也。夫丰明而动故能大，苟大则亏矣，吾戒之，故曰天下之善言不得入其耳矣。日中则昃，月盈则食，天地盈虚，与时消息，是以圣人不敢当盛。升舆而遇三人则下，二人则轼，调其盈虚，故能长久也。"子夏曰："善，请终身诵之。"（《说苑·敬慎》）

---

① 高亨：《周易大传今注》，齐鲁书社1998年版，第136页。

在这段话中，孔子用"调其盈虚"的道理，说明了何为谦德及如何保持谦德。"调其盈虚"实际上也就是孔子所谓的"礼乎礼，所以制中也。"因此，如前所述，谦卑礼敬，无非是一个"致中和"罢了。

（原载于《国际易学研究》第七辑，华夏出版社 2003 年版）

《周易》诚信观析义

《周易》卦爻辞中没有出现"诚""信"二字，但据《易传》的解释，六十四卦中的《中孚》卦就是讲诚信之道的。如《杂卦传》说："《中孚》，信也。"《序卦传》说："节而信之，故受之以中孚。"唐人孔颖达《周易正义》注曰："信发于中，谓之中孚"。本文即围绕《中孚》卦，谈一谈《周易》的诚信观。

一

《彖传》释《中孚》卦辞"中孚，豚鱼吉，利涉大川，利贞"曰：

> 彖曰："中孚"，柔在内而刚得中，说而巽，孚乃化邦也。"豚鱼吉"，信及豚鱼也。"利涉大川"，乘木舟也。中孚以利贞，乃应乎天也。

"柔在内而刚得中，说而巽，孚乃化邦也"，是对卦辞"中孚"二字的解释。"柔在内"指六三、六四两爻为阴为柔而在内。"刚得中"指二、五两爻为阳为刚而居中。"说而巽"指《中孚》上卦为巽为顺，下卦为兑为悦（说通悦）。内柔、刚中、和悦、巽顺，是《中孚》卦的基本象征。《彖传》的作者认为，具备了内柔、刚中、和悦、巽顺的品格，就能"化邦"。对此，金景芳先生有一个很好的解释，他说："中孚，信发于中，中心至诚之信，它需要中虚又需要中实。中孚兑下巽上正好具备这两点。上下二体都以刚居中，是中实。全卦六爻四阳在外二阴在内，是中虚。就是说，心中不虚则有所牵累，有所牵累就不能信。心中不实也不行，心中不实则无所主，无所主则失其信。说而巽，中孚为卦上巽下兑，在上的至诚顺巽于下，在下的以有孚说从其上。这样中孚的教化作用能够施及于整个邦国。"① "信及豚鱼"是对卦辞"豚鱼吉"的解释。"豚"，小猪。《周易正义》："鱼者，虫之幽隐；豚者，兽之微贱。人主内有诚信，则虽微隐之物，信皆及矣。"诚信能感于豚鱼一类的小东西，则可见其无所不至，所以卦辞谓之"吉"。"乘木舟"是对卦辞"利涉大川"的解释。"木舟"，指该卦上巽为木，下兑为泽，泽上木，且卦体外实内虚，有舟船之象。有舟船，自然便于涉川过河（"利涉大川"）。"中孚以利贞，乃应乎天也"是对卦辞"利贞"的解释。"中孚以利贞"，即中心诚信而守持正道。"乃应乎天"，即合于上天之道。

《中孚·象传》是一篇精彩短小的哲学论文：它从描述人之内心的诚信说起，指出这种诚信，其实质是内柔而刚中，和悦而谦逊；其价值是能感化邦国。如果把此种美德发扬光大，遍及万物，则吉无不利。最后，它点明："中孚以利贞，乃应乎天"，即人道之诚与天道之诚有其内在的逻辑关系。依《周易》"法象天地"的思维路数，就是说，由于天道之诚，人法而象之，才有人道之诚。由人而及天，与孟子及《中庸》的观点十分吻合。如孟子说："诚者，天之道也；思诚者，人之道也。至诚而不动者，未之有者也；不诚，未有能动者也。"（《孟子·离娄上》）"诚者，天之道"，是说诚信是大自然的规律。"思诚者，人之道"，是说追求诚信，是做人的规律。可见，天道之诚与人道之诚既有区别，又有联系。区别在于，天道之诚，是其本然；人道之诚，则是其修炼追求所得。联系在于，人道之诚系效法天道之诚所得。用哲学术语说，天道之诚，是人道之诚的形上基础；人道之诚是天道之诚在人性、人群中的具体表现。人具备了中心之诚，就能"应乎天"；能"应乎天"，就能"自天佑之"，而感化天下（孚化万邦），吉无不利（豚鱼吉）。

① 金景芳等：《周易全解》，吉林大学出版社 1989 年版，第 416 页。

二

以上卦辞及《象传》，是就《中孚》卦的总体，言说诚信之道的。《中孚》一卦六爻，则分为不同时位及情形，从正反两方面论证了诚信之德的意义。其中初、二、四、五是正面的论述；三、上则是反面的警示。

先说正面论述：

> 初九，虞吉，有它不燕。
> 九二，鸣鹤在阴，其子和之；我有好爵，吾与尔靡之。
> 六四，月几望，马匹亡，无咎。
> 九五，有孚挛如，无咎。

"虞"，安。"有它"，既有应。此指初九与六四正应。但爻辞认为，处于《中孚》初爻的位置上，安守诚信则吉，别有它求则不得安宁。对此，今人黄寿祺于《周易译注》中解释说："初九以阳居《中孚》之始，能安守诚信则吉；虽与六四有应，但九二在前为阻，欲'有它'往应则不得安宁。"[1] 这说明，履信之始，信道未彰，当以安守诚信为重；若急于应与，难免会因不被信任而惹出麻烦。它提示人们，要想被人信任，自己必须首先耐得住寂寞，踏踏实实地在诚信上下一番工夫，因为信誉的建立不是靠寻求应援所能获得的。

"鸣鹤""我""吾"，指九二；"其子""尔"，指九五。《中孚》九二爻辞，简直是一首美丽的诗，试翻译如下：

> 鸣鹤在山阴，有俦相和随。
> 我有好陈酒，与君干一杯。

这句爻辞，把九二与九五描绘得像老朋友一般，彼此唱和，共饮同乐。已故

---

① 黄寿祺等：《周易译注》，上海古籍出版社 1989 年版，第 497 页。

著名易学家金景芳先生解释说:"九二阳刚居中,是中孚之实,以其至诚,最能与同气同类相感相通。纵然他现在处六三、六四二阴之下,暗昧幽隐,不易为人所知,但由于它中实至诚,行不失信,它的同类无论在多么遥远的地方,也能听到它的声音。"① 这说明,与初九不同,九二之时,诚信之道已经修成,信任与被信任之间,就像是老朋友唱和饮乐一样,轻松而愉悦。它提示人们,在经历了初九的苦修之后,当信誉有所建立时,在信任与被信任之间,就会形成一种诚心相见、同声相应、相感相与的十分和谐美好的关系。

"几望",月亮将盈未满之时。"马"指初九。"匹",配。朱熹《周易本义》说:"六四居阴得正,位近于君,为'月几望'之象。马匹,谓初与己为匹,四乃绝之,而上以信于五,故为'马匹亡'之象。占者如是,则无咎也。"在《中孚》卦中,六四有两条路可以选择:一是下应初九;二是上承九五。而六四以阴居阴,发挥自己的柔顺之德,选择了下绝初九(马匹亡),专一承五(绝类上——《象传》)的道路,所以,没有咎害。它提示人们,诚信之道,贵在专一,不可一只脚踏两只船,左右逢源,进行投机。

"挛",牵系。九五至尊为君位。处《中孚》之时,以诚信来笼络天下人之心则无咎害。关于这一点,我们可以用孔子与其弟子子贡的一段对话作为证据:

> 子贡问政。子曰:"足食,足兵,民信之矣。"子贡曰:"必不得已而去,于斯三者何先?"曰:"去兵。"子贡曰:"必不得已而去,于斯二者何先?"曰:"去食。自古皆有死,民无信不立。"(《论语·颜渊》)

在这段对话中,孔子把"信"的价值提得很高,认为对于一个国家而言,没有人民对政府的信任,国家就立不起来,就是立起来了也会很快垮台。可见讲信誉、取信于民是何等的重要。《中孚》九五"挛孚交如",就是指这样的信任关系。

---

① 金景芳等:《周易全解》,吉林大学出版社 1989 年版,第 426 页。

以上诸爻，时位不同，境况也各不一样：初爻强调一个"守"字，安守诚信；二爻强调一个"感"字，以诚相感；四爻强调一个"专"字，诚信不二；五爻则强调一个"广"字，广施诚信。可见，诚信之道的具体应用，会因时位的不同而有所差别。但差别之中也有相同之处，那就是"中孚"——即诚信发于内心。

三

再说反面的警示：

> 六三，得敌，或鼓或罢，或泣或歌。
> 上九，翰音登于天，贞凶。

"敌"，指六四。王弼《周易注》说："以阴居阳，欲进者也。欲进而阂敌，故'或鼓'也；四履正而承五，非己所克，故'或罢'也；不胜而退，惧见侵陵，故'或泣'也；四履乎顺，不与物校，退而不见害，故'或歌'也。不量其力，进退无恒，愬可知也。"按爻位说，三为阳位，六三以阴居阳，位不当。且前遇六四，有与六四同性相嫉之象。位不当，则根基不稳，意志不坚。而又性好嫉妒、争竞，所以其表现是言行无常，诚信不足。它说明，一个人如果诚信不足，就会被私念及环境左右而变得反复无常。其结果是，机关算尽，终不能赢得人们的信赖，反而还使自己狼狈不堪。"翰"，高飞。王弼《周易注》说："居卦之上，处信之终，信终则衰，忠笃内丧，华美外扬，故曰翰音登于天也。"然而，"信衰则诈起"，其结果必然是凶。这说明，沽名钓誉是诚信的大敌，靠虚名声赚得的美名终难维持长久。

在反面的警示中，各爻的重点也不一样：三爻突出一个"变"字，反复无常；上爻突出一个"虚"字，沽名钓誉。但不同之中也有一致，那就是心不诚而信不足。心不诚而信不足，就很难赢得他人的信任。

《中孚》六爻，初爻之"守"，二爻之"感"，四爻之"专"，三爻之"变"，上爻之"虚"，在表明，"思诚者，人之道也"。换句话说，人之诚，是人之主观能动性的体现。所以，圣哲先贤们说：

> 诚信者，天下之结也。(《管子·枢言》)
>
> 人而无信，不知其可也。(《论语·为政》)
>
> 可与为始，可与为终，可与尊通，可与卑穷者，其唯信乎！(《吕氏春秋·贵信》)

"结"，关键。这些议论，目的都是强调诚信的重要意义和价值。荀子则进一步把"诚信"作为人之德行的基础，认为至诚至信则众德自备。他说："君子养心，莫善于诚。致诚，则无它事矣。唯仁之为守，唯义之为行。诚心守仁则形，形则神，神则能化矣；诚心行义则理，理则明，明则能变矣。变化代兴，谓之天德。天不言而人推高焉，地不言而人推厚焉，四时不言而百姓期焉，夫此有常以至其诚者也。君子至德，嘿然而喻，未施而亲，不怒而威，夫此顺命以慎其独者也。善之为道者，不诚则不独，不独则不形。不形则虽作手心，见于色，出于言，民犹若末从也，虽从必疑。天地为大矣，不诚则不能化万物；圣人为知矣，不诚则不能化万民；父子为亲矣，不诚则疏；君上为尊矣，不诚则卑。夫诚者，君子之所守也，而政事之本也。"(《荀子·不苟》)大意是说，君子养心，没有比真诚再好的了，做到真诚，就没有其他可做的了。只有用仁爱守身，用正义做事。诚心执守仁爱，仁爱就表现于外，就显得神明；神明，就能够使人转化。诚心施行正义，正义就能够做到；正义能够做到，就显得光明；光明，就能够使人改变。转化和改变交相为用，这就叫做天德。天并不说话，可是人们都认为它最高；地并不说话，可是人们都认为它最厚；四时并不说话，可是人们都领会它的顺序。这就是由于它们有永恒的规律，因而就达到了它们的真诚。君子怀着大德，不用说话，就通晓事物；不用行动，就令人可亲；不发愤怒，就显得威严；这就是由于他顺从天命因而能够戒慎于独处之中。善于行道的人，不真诚就不能独处；不能独处，就不能把道表现于外；不能把道表现于外，就虽然是发自内心，见于颜色，见于语言，人们依然不会随从他；纵然随从他，也必然怀疑他。天地是最大的了，不真诚，就会相互疏远；圣人是明智的了，不真诚，就不能够感化万民；父子是亲近的了，不真诚，就会相互疏远；君上是最尊贵的了，不真诚，就会受到臣下的鄙视。所以说，真诚，是君子所要执守的，而且是政事的基础。可见，在荀子那里，诚信的作用及意义是何等之大。而这正可以作为《彖传》"中孚以利贞，乃顺乎天"的注脚。

四

除了在《中孚》一卦中集中讨论了诚信的问题之外，《周易》还在相应各卦的相应爻辞中提示了诚信的价值和意义。据统计，"孚"字在《周易》卦爻辞中凡 57 见，兹举数例：

> 需：有孚，光亨，贞吉，利涉大川。(《需》)
>
> 有孚比之，无咎；有孚盈缶，终来有它，吉。(《比》初六)
>
> 有孚，血去，惕出无咎。(《小畜》六四)
>
> 有孚挛如，富以其邻。(《小畜》九五)
>
> 厥孚交如，威如，吉。(《大有》六五)
>
> 随有获，贞凶；有孚在道，以明，何咎。(《随》九四)
>
> 有孚，维心亨；行有尚。(《坎》)

这些卦爻辞，都从不同的侧面涉及了诚信的问题。如《需》卦强调需待之时，心怀诚信，光明亨通，可以获得吉祥。《比》卦初六强调以诚信之心亲比君主，可以免遭咎害。《小畜》六四强调心怀诚信，可得他人之助，而免除忧患和咎害。《小畜》九五则强调人若把自己的诚信之心扩而充之，则能富及其邻。《大有》六五强调以诚信之心交往上下，则威严自显，并获得吉祥。《随》九四强调只要心存诚信，光明磊落，就不会有任何咎害。《坎》卦则强调只要心存诚信，就能使内心亨通，努力前行必被崇尚。

从上举诸卦爻辞中不难看出，诚信作为一种美德，对人是十分有益的，只要你去修养它，就能得享亨通；只要你去遵行它，就能获得吉祥。这也表明，诚信之为德，与人的身心行为是须臾不可离的。所以，古人十分重视诚信的修养工夫：

> 君子之言，信而有征。（《左传》昭公八年）
> 言之所以为言者，信也；言而不信，何以为言？（《春秋穀梁传·僖公二十二年》）
> 自古皆有死，民无信不立。（《论语·颜渊》）
> 养心莫善于诚。（《荀子·不苟》）
> 所谓诚其意者，毋自欺也。（《礼记·大学》）

先哲的这些话，在提醒人们诚信的重要性及心怀诚信的重要价值。另外，先秦道家学者庄子以"真"释诚信，认为诚信之至即是"真"。他说："真者，精诚之至也。不精不诚，不能动人。故强哭者，虽悲不哀；强怒者，虽严不威；强亲者，虽笑不和。真悲无声而哀，真怒未发而威，真亲未笑而和。真在内者神动于外，是所以贵真也。"（《庄子·渔父》）以"真"释诚信，意义颇为深刻。在这段话中，虽然庄子没有像孟子那样从本体的意义上说解诚信，但自境界的层面观之，"真"与"诚者天之道"也是相通乃至相同的。所以，后来有"真诚"一语。总之，诚信之德大可以体现天德之实质，小可以彰显人道之精神。"天道"之本，"天下之结"，可不慎乎！

（原载于《遁亨集——吕绍纲教授古稀纪念文集》，
吉林大学出版社 2003 年版）

论《易传》诠经的向度

　　《易传》是目前所见最早的一部解释《周易》的著作，约成书于战国中后期。这部著作，虽包含一定的思想，但主要是对作为筮占之用的《周易》进行了哲学的诠解。由于它的诠解十分卓越，兼之史载此书系出自孔子之手，所以到了汉代，儒术独尊，经学确立之时，它又和《周易》一起被奉为经典，且尊居五经之首，成为经学研究的对象。《易传》解释《周易》的体例、方法、原则及方向，也因此成为历代经学家诠《易》的标准和范式。而且由于汉代至清朝，经学始终是中国传统学术的核心，所以，《易传》诠《易》的思维路数，也因着它的"核心"之"核心"的特殊地位，对中国思想文化以及哲学的发展产生了巨大而深远的影响。

　　问题在于，《易传》为什么能够把一部筮占之书诠释为哲学书呢？它是如何依据《周易》筮卦的结构形式讲哲学的呢？此种解释对于《周易》和《易传》又意味着什么呢？本文即对此做一探讨。

一、钩沈筮卦体例，揭明吉凶之理

　　《周易》成书于殷周之际，本为决疑释惑的筮占之书（《尚书·洪范》）。筮占不同于龟卜，其最大的特点在于"弄数"，[①] 即通过筮策的演算，得出一组数字，然后根据数字的性质决断吉凶。随着筮法的不断改进，人们已不满足于仅仅根据数字来分析问题，而是再把数字转化为一组更为抽象的符号。

---

① 　金景芳：《周易讲座》，吉林大学出版社 1987 年版，第 3 页。

这样的符号，就是《易传》所谓的卦爻象。古人总结筮占经验，再在卦爻象下面系以筮辞，就是《易传》所谓的卦爻辞。将卦爻符号与卦爻辞进行系统的编纂，就成为《周礼》所谓的"三易"之中的"易"。① 现存通行本《周易》便是"三易"之一。

从发生学的立场说，《周易》中的卦爻象和卦爻辞，本来都是特定问占活动中的特定产物：卦爻象是特定问占活动中，史、巫演算蓍草所得；卦爻辞则是特定问占活动中，筮者所问事项及问占结果的纪录。但一旦把它们系统化并编辑成书之后，卦爻象作为一种符号，其"特定问占活动"的境域就会丧失，其内在的——"特定的"——规定性也会因之减弱，其普遍适应性的功能也即随之加强。而卦爻辞，虽"特定的"角色或有所转变，然因其所具有的具体表述性特点，其"特定的"内容不会发生什么变化。这样就产生了一个问题：在《易经》的编纂过程中，作者是如何将一组特定问占活动的记录——内涵颇为确定的筮辞，与内在规定性被逐渐弱化，普遍性功能不断增强的卦爻象配合在一起，以明吉凶之理的呢？这一问题，其实质即为：卦爻象与卦爻辞之间究竟有没有内在逻辑关系？如果有，是什么？

今人研究表明，在《易经》中，卦爻辞的安排确有其一贯之辞例，且每与爻位相应②。以"中爻"为例：《易经》六十四卦，每卦六爻，均由两个三画卦（即八经卦）上下重迭而成，在上者为上卦，在下者为下卦。二居下卦之中，五居上卦之中，故二、五两爻每系以"中"字。③ 如《师》九二："在师中吉。"《泰》九二："得尚于中行。"《家人》六二："在中馈。"《夬》九五："中行无咎。"《丰》六二："日中见斗。"等等。又，二爻在中，为初、三所包；五爻在中，为四、上所包，故二、五两爻又多用"包"字④。如屈万里先生指出："二为初、三所包，五为四、上所包，故又有包义。蒙

---

① 《周礼·春官·太卜》："掌三易之法，一曰《连山》，二曰《归藏》，三曰《周易》，其经卦皆八，其别卦皆六十有四。"

② 黄沛荣：《周易卦爻辞释例》，《易学乾坤》，台湾大安出版社 1998 年版，第 125 页。杨按：相关的研究，尤以屈万里、黄沛荣师徒的见解最有说服力，本节讨论对二氏之说多有参考。

③ 黄沛荣：《周易卦爻辞释例》，《易学乾坤》，台湾大安出版社 1998 年版，第 138 页。

④ 黄沛荣：《周易卦爻辞释例》，《易学乾坤》，台湾大安出版社 1998 年版，第 138 页。

九二：'包蒙吉'。泰九二：'包荒。'九五：'系于苞桑。'否六二：'包承。'姤九二：'包有鱼。'九五：'以杞包瓜。'胥以二五为包，包亦中也。又为幽隐，履九二：'幽人贞吉。'归妹九二：'利幽人之贞。'幽隐深藏，亦中义包义也。"① 此外，阴爻居于二、五之位，又多系以"黄"字；六爻之中，以五爻为最尊，故常系以"天""君""帝""王""公""大人"等字。②

　　由此用字之例，可知《易经》的编纂者对中爻之位是十分自觉的。不但如此，统计表明，《易经》384 条爻辞，中爻之位"吉辞最多，合计占47.06%，几达总数之半；其凶辞最少，仅占 13.94%。"③ 这表明，《易经》之编撰者，尚中、贵中，视中为基德的观念也是十分明确的。这些现象同时也说明，在《易经》的卦爻象与卦爻辞之间，确实存在着内在的逻辑关系。恰恰是这样的逻辑关系，拉近了象、辞之间的距离，弥补了象、辞之间的矛盾，实现了象、辞之间的贯通。而《易传》也正是以此种"逻辑关系"为突破口，透过钩沈卦爻辞的编制体例，来超越卦爻辞的"特定"性内涵，揭明蕴含于筮卦中的吉、凶、悔、吝等普遍之理，以彰显《周易》的解释空间，从而实现对《周易》的"哲学突破"的。

　　以《易传》对"中爻"的解释为例。在《易传》解经的体例中，有一种体例，可以称之为"中位说"，此说是指，二、五两爻居上下卦之中，因其居中，往往而吉。把它作为一种原则，用于解释《易经》卦爻辞，就成为一种体例。如《象传》用中位说解释二、五爻辞，涉及 38 卦，计有坤六五，需九二、九五，师九二、六五，比九五，履九二、九五，泰六五，同人九五，大有九二，谦六二，豫六二、六五，随九五，蛊九二，临六五，复六五，大畜九二，坎九二、九五，离六二，恒九二，大壮九二，晋六二，蹇九五，解九二，损九二，夬九二、九五，姤九五，萃六二，困九二、九五，井九五，鼎六五，震六五，艮六五，归妹六五，巽九二、九五，节九五，中孚九二，既济六二，未济九二等，占六十四卦的 59.37%。《象传》用中位

---

①　转引自黄沛荣：《周易卦爻辞释例》，《易学乾坤》，台湾大安出版社 1998 年版，第 129 页。
②　转引自黄沛荣：《周易卦爻辞释例》，《易学乾坤》，台湾大安出版社 1998 年版，第 139—140 页。
③　转引自黄沛荣：《周易卦爻辞释例》，《易学乾坤》，台湾大安出版社 1998 年版，第 148 页。

说解释卦义，涉及 36 卦，计有蒙、需、讼、师、比、小畜、履、同人、大有、临、观、噬嗑、无妄、大过、坎、离、睽、蹇、解、益、姤、萃、升、困、井、鼎、渐、旅、巽、兑、涣、节、中孚、小过、既济、未济等，约占六十四卦的 56.2%。《彖》《象》合计，去其重复，共涉及 52 卦，约占六十四卦的 81%。足见"中位说"在《彖》《象》两传解经中是很受重视的一种体例。此种体例，显然源于上述《易经》编撰义例之自觉。

《象传》以"中位说"解经，所用之辞，或曰"文在中"（坤六五），或曰"衍在中"（需九二），或曰"以中正"（需九五、讼九五、豫六二、晋六二、艮六五），或曰"位中正"（比九五），或曰"中不自乱"（履九二），或曰"位正当"（履九五），或曰"中以行愿"（泰六五），或曰"以中直"（同人九五、困九五），或曰"积中不败"（大有九二），或曰"中未亡"（豫六五），或曰"位正中"（随九五、巽九五），或曰"得中道"（蛊九二、离六二、解九二、夬九二），或曰"行中"（临六五），或曰"中以自考"（复六五），或曰"中无尤"（大畜九二），或曰"未出中"（坎九二），或曰"中未大"（坎九五），或曰"能久中"（恒九二），或曰"以中"（大壮九二），或曰"以中节"（蹇九五），或曰"中以为志"（损九二），或曰"中未光"（夬九五），或曰"中正"（姤九五），或曰"中未变"（萃六二），或曰"中有庆"（困九二），或曰"中以为实"（鼎六五），或曰"其位在中"（归妹六五），或曰"得中"（巽九二），或曰"居位中"（节九五），或曰"以中道"（既济六二），或曰"中以行正"（未济九二），等等。《彖传》以"中位说"解经，所用之辞，或曰"行时中""以刚中"（蒙、比），或曰"以正中"（需），或曰"刚来而得中""尚中正"（讼），或曰"刚中而应"（师、临、无妄、萃、升），或曰"刚中而志行"（小畜），或曰"刚中正"（履），或曰"柔得位得中""中正而应"（同人），或曰"柔得尊位大中"（大有），或曰"中正以观天下"（观），或曰"柔得中而上行"（噬嗑），或曰"刚过而中"（大过），或曰"乃以刚中"（坎、困、井），或曰"柔丽乎正中"（离），或曰"得中而丽乎刚"（睽），或曰"往得中"（蹇），或曰"乃得中"（解），或曰"中正有应"（益），或曰"刚遇中正"（姤），或曰"得中而应乎刚"（鼎），或曰"刚得中"（渐），或曰"柔得中乎外"（旅），或曰"刚巽乎中正而志行"（巽），或曰"刚中而柔外"（兑），或曰"乃在中"（涣），或曰"中正以通"（节），或曰"柔在内而刚得中"（中孚），或曰"刚失位而不中"（小过），或曰"柔得中"（既济、未既），等等。可谓因应卦爻，唯变所适。但变中之不变，乃是"中"。此变中之不变，既是对《周易》编撰体例的一种体认，同时也是对经中象、辞逻辑关系的一种捕捉。正是透过这样的"体认"和"捕捉"，《易传》揭示了象、辞所以吉凶之理。例如：

> 黄裳，元吉。（坤卦六五）
> "黄裳元吉"，文在中也。（《象传》）

爻辞"黄裳，元吉"是筮占之辞，"'黄裳元吉'，文在中也"是《象传》讲的所以"黄裳元吉"之理。其中的"文在中"，是指坤卦六五爻位而言。因为"文在中"，所以有"黄裳"之象，因为"文在中"，所以"元吉"。既然"文在中"为"黄裳元吉"之所以然，则"黄裳元吉"之特例，便被超越，卦爻象位中所寓之理因而显明。又如：

> 讼，元吉。（讼九五）
> "讼元吉"，以中正也。（《象传》）

"讼，元吉"是筮占之辞，"'讼元吉'，以中正也"是《象传》讲"讼"所以"元吉"之理。其中的"以中正"是指讼卦九五爻位而言。因为"以中正"，所以虽"讼"而"元吉"，"以中正"是"讼"之所以"元吉"之理。换句话说，《易经》编撰者之所以于讼九五系以"讼元吉"之辞，正是为了表明，在讼卦的卦爻象位中九五之爻所蕴含的吉凶之义。而《易传》将此爻辞纳入"中位"体例，则此吉凶之义，遂显现为吉凶之理。例子还很多，文繁不述。

《易传》解经的体例，当然不限于"中位说"，其他如"当位说""应位说""承乘说""往来说"等，均为《易传》解经常用之体例。例如：

> "咥人之凶"，位不当也。（履六三《象传》）

"至临无咎"，位当也。（临六四《象传》）

六二之难，乘刚也。"十年乃字"，反常也。（屯六二《象传》）

"据于蒺藜"，乘刚也。（困六三《象传》）

"安节"之"亨"，承上道也。（节六四《象传》）

大有，柔得尊位大中，而上下应之。（大有《象传》）

刚自外来而为主于内。（无妄《象传》）

柔来而文刚，故亨。（贲《象传》）

柔进而上行。（鼎《象传》）

上引资料，履六三《象传》、临六四《象传》是用"当位说"解释爻辞之"咥人之凶"（履六三）、"至临无咎"（临六四）之原因。屯六二《象传》、困六三《象传》、节六四《象传》是用"乘承说"解释爻辞之"屯如邅如，乘马班如"（屯六二）、"困于石，居于蒺藜"（困六三）、"安节，亨"（节六四）之原因。大有《象传》、无妄《象传》、贲《象传》、鼎《象传》是解释大有之谓"大有"，无妄之谓"无妄"，贲卦辞之所谓"亨"，鼎卦辞之所谓"元亨"之原因。不难看出，这些体例的设置，都围绕着一个目的，就是说通过卦爻辞，揭明其所以吉凶之理。此所谓："圣人设卦、观象，系辞焉而明吉凶"，"圣人立象以尽意，设卦以尽情伪，系辞焉以尽其言。"（《系辞传》）

《易传》所揭体例，是否尽合《易经》编创原则，尚需作出进一步研究。但由上述讨论不难发现，其爻位之说当非空穴来风。追源溯流，部分内容或为史、巫所守，亦未可知。《易传》解经，自然不能对史、巫所守一无所晓，也不可能不对史、巫所守不做任何考察。何况《周易》之为书，其象、辞结合的特殊架构，确实蕴含了借卦爻辞的"特定性"内容，显明卦爻象位所含吉凶之义；同时又用卦爻象位的符号特征，超越卦爻辞的"特定性"境遇的诠释空间。《周易》编撰者或对此解释空间不尽自觉，但《易传》却正是根据对《周易》卦爻辞与卦爻象二者之间的逻辑关系的钩沈，并利用其解释空间，将《周易》引向一部"明于忧患与故"的"宝典"的。

二、依据筮卦特点，演绎阴阳法则

当然，如果《易传》编撰者仅仅透过体例钩沈，以显明卦爻象位吉凶之理，于史、巫之流虽有进境，但尚不足以超越史、巫。事实上，《易传》并没有满足于把卦爻象位及卦爻辞中的吉凶之理显明出来，而是更进一步，在显明吉凶之理的同时，援刚柔、阴阳观念以入《易》，将具有特殊形式的象、辞结构及其逻辑关系，变成了彰显宇宙法则的凭借，从而使《易传》对《周易》的解释，转化为借《周易》演绎阴阳法则的哲学活动。

《庄子·天下篇》曰："易以道阴阳。"事实上，并没有可靠的证据表明《周易》的时代已有阴阳、刚柔的概念。刚柔二字，不见于《易经》卦爻辞。就传世文献说，刚柔二字较早见于《商书》："沈渐刚克，高明柔克。"（《左传》文公五年晋大夫宁嬴引）。大意是说，深沈的人要用刚强来克服，爽朗的人要用柔弱来克服。刚柔对称，则较早见于《诗·商颂·长发》："不刚不柔，敷政优优。"意即不强硬也不软弱，施行政令要宽和。以上所说的刚柔，很明显都是指人的性格或刚强或柔弱。以刚柔为一对范畴，说明事物的性质，较早见于春秋末年的范蠡论兵法。如说："用人无艺，往从其所，刚强以御，阳节不尽，不死其野。"（《国语·越语下》）"阳节"，指刚强的气度。意思是说，用兵无一定之法，如进攻敌人的阵地，应掌握刚柔的分寸，敌人的刚强气势没有耗尽，就不要同他死战。在这里，刚指进攻勇猛，柔指退守镇静。春秋末期的老子，则进一步从哲学的意义上对刚柔范畴加以概括，用以表达事物的两重性。如说："弱之胜强，柔之胜刚，天下莫能知，莫能行。"（《老子》七十八章）；"天下之至柔，驰骋天下之至坚。"（《老子》四十三章）。这些思想，都是《易传》刚柔说的文化资源。

春秋时期，人们解《易》，已认为坤有"顺"义，如《国语·晋语四》载：重耳流亡时，筮得贞屯悔豫，司空季子的解释提到"顺以训之""众顺""众而顺""众顺而有威武"，其中的"顺"即指坤而言。顺与柔是相联系的。又，春秋时期已有"天为刚德"之说（《左传》文公五年）。"解易者如以干为天，同坤卦相反的干卦象，自然会引申出刚健之义"。[①]《易传》以刚柔说解释卦爻象位，应该与此有关。统计表明，"刚"字在《彖传》中出现59次，《象传》中出现13次，《文言》中出现3次，《系辞》中出现11次，《说卦》中出现4次，《杂卦》中出现1次；"柔"字在《彖传》中出现39次，《象传》中出现6次，《文言》中出现1次，《系辞》中出现13次，《说卦》中出现3次，《杂卦》中出现1次。[②]可见，在《易传》中，刚柔范畴已是一对重要的解经范畴。

《易传》引入刚柔范畴，主要是为了突出卦爻象位的性质特征。如：

> 险在前也，刚健而不陷，其义不困穷矣。（需《彖传》）
> 上刚下险，险而健，讼。（讼《彖传》）
> 内阴而外阳，内柔而外刚。（否《彖传》）
> 其德刚健而文明，应乎天而时行。（大有《彖传》）
> 刚上而柔下，巽而止，蛊。（蛊《彖传》）
> 柔上而刚下，二气感应以相与。（咸《彖传》）
> 刚上而柔下，雷风相与。（恒《彖传》）

需卦下干上坎，《彖》所谓"刚健而不陷"，"刚"指经卦干。讼卦下坎上干，《彖》所谓"上刚下险"，"刚"指经卦干。否卦下坤上干，《彖》所谓"内柔而外刚"，"柔"指经卦坤，"刚"指经卦干。大有卦下干上离，《彖》所谓"其德刚健而文明"，"刚"指经卦干。蛊卦下巽上艮，《彖》所谓"刚上而柔下"，"刚"指经卦艮，"柔"指经卦巽。咸卦下艮上兑，《彖》所谓"柔上而刚下"，"柔"指经卦兑，"刚"指经卦艮。恒卦下巽上震，《彖》所谓"刚上而柔下"，"刚"指经卦震，"柔"指经卦巽。以上诸例，是以刚柔范畴界说组成重卦之经卦的体性。又如：

---

① 朱伯崑：《易学哲学史》第一卷，华夏出版社1994年版，第57页。
② 戴琏璋：《易传之形成及其思想》，台北文津出版社1989年版，第67页。

"子克家"，刚柔接也。（蒙九二《象传》）

柔得位而上下应之，曰小畜。（小畜《象传》）

"樽酒簋贰"，刚柔际也。（坎六四《象传》）

刚柔皆应，恒。（恒《象传》）

"玉铉"在上，刚柔节也。（鼎上九《象传》）

其位，刚得中也。（渐《象传》）

柔皆顺乎刚，是以"小亨，利有攸往，利见大人"。（巽《象传》）

虽不当位，刚柔应也。（未济《象传》）

蒙卦下坎上艮，"刚柔接"指六二与九五。小畜卦下干上艮，"柔得位而上下应之"指六四。坎卦下坎上坎，"刚柔际"指六四与九五。恒卦下巽上震，"刚柔皆应"指初六与九四、九二与六五、九三与上六皆相应。鼎卦下巽上离，"刚柔节"指上九与六五。渐卦下艮上巽，"刚得中"指九五。巽卦下巽上巽，"柔皆顺乎刚"指初六和六四分别上承九二与九五。未济卦下坎上离，"刚柔应"指初六与九四、九二与六五、六三与上九皆相应。以上诸例，是以刚柔范畴界说每卦诸爻之体性。

《易传》引入刚柔范畴，界说卦爻象位之体性，目的当然是为了进一步解释其中所蕴含的吉凶之理。如《系辞传》说："刚柔杂居，而吉凶可见矣。""杂居"，指九、六之爻交杂共居于一卦之中。但"刚柔杂居"，何以"吉凶可见"？咸《象传》曰："咸，感也。柔上而刚下，二气感应以相与。……天地感而万物化生，圣人感人心而天下和平。观其所感，而天地万物之情可见矣。"此则《彖》文，特别揭明刚柔感应之理，并把刚柔感应与"万物化生""万物之情"加以联系，表明天地万物之生化，系由"感"而发。《系辞传》称此由"感"而发为"刚柔相推而生变化"，"刚柔相推，变在其中矣"，"上下无常，刚柔相易"。很显然，《易传》以刚柔范畴说卦爻象位，已由对吉凶之理的考察，发展为对生化变易之理的探究。换句话说，《易传》借助于刚柔范畴，将对卦爻象位之特殊结构形式的诠释，转换成了对宇宙生化变易法则的体知。而当阴阳范畴被引入《易传》解经的系统之后，界说卦爻象位，便完全成为演绎宇宙变易法则的哲学活动。

与刚柔一样，没有证据表明，《易经》时代已有阴阳概念。《易经》卦爻辞，没有用"阳"字，"阴"字一见。即《中孚》九二："鸣鹤在阴，其子和之。"高亨先生解释说："此疑借为荫，……盖树影所蔽之处为荫。鸣鹤在阴者，鸣鹤在树荫之下也。"① 按《说文》，阴阳两字之本义，都与日光有关，日光不容易照射到的地区，如水之南、山之北为阴。日光容易照射到的地区，如水之北、山之南为阳。研究表明，《诗》《书》《易》三部经典中阴阳两字的用法，大体与《说文》的意思吻合，多数取阴阳两字的本义。此外也有一些引申义。综合地说，从西周到东周初期，阴阳两字的主要含义是指日光的有无或日光能否照射到的地区。由此引申，常用以指阴寒与温暖的气候。以这些词义为基础，再进一步的主要发展，就是以阴阳为天的六气或天地之气。②

以阴阳为"天地之气"，与西周末年以来天道自然观的发展有关。这一时期，讨论阴阳问题，或以阴阳概念解释自然现象的，以史官居多。如西周末年的伯阳父，用"阳伏而不能出，阴迫而不能蒸"（《国语·周语》）解释发生于幽王二年的地震；春秋时期的周内史叔兴用"阴阳之事"定性"六鹢退飞过宋都"（《左传》僖公十六年）的奇怪现象；鲁国梓慎等用"日过分而阳犹不克，克必甚"（《左传》昭公而是四年）评论日食；等等。可见，"阴阳"和"气"的观念，这一时期"在智者群中已普遍流行"。③ 以史官的阴阳说为资源，把阴阳从气的观念上提升，真正视阴阳为两种相对的功能，彼此有互为消长、交替之关系的，当推春秋时期越国的政治家、军事家范蠡。④如说："天道皇皇，日月以为常，明者以为法，微者则是行。阳至而阴，阴至而阳；日困而还，月盈而匡。古之善用兵者，因天地之常，与之俱行。后则用阴，先则用阳；近则用柔，远则用刚。……"这种思想对春秋战国时期的道家、阴阳五行家影响很大。《易传》接收春秋战国时期的阴阳说，将它与刚柔说结合，用以说《易》，遂使单纯用为占筮的筮卦，成为演绎宇宙法

---

① 高亨：《周易古经今注》，中华书局 1984 年版，第 339 页。
② 戴琏璋：《易传之形成及其思想》，（台北）文津出版社 1989 年版，第 58—59 页。
③ 陈来：《古代思想文化的世界》，生活·读书·新知三联书店 2002 年版，第 72 页。
④ 戴琏璋：《易传之形成及其思想》，（台北）文津出版社 1989 年版，第 61 页。

则的符号凭借，从而完成了对《周易》的哲学突破。

统计表明，"阴"字，《易传》中出现 18 次；"阳"字出现 19 次。兹引述如下：

> 内阳而外阴，内健而外顺。（泰《彖转》）
>
> 内阴而外阳，内柔而外刚。（否《彖转》）
>
> 潜龙勿用，阳在下也。（乾初九《象传》）
>
> 履霜，坚冰至，阴始凝也。（坤初六《象传》）
>
> 潜龙勿用，阳气潜藏。（乾《文言》）
>
> 阴虽有美，含之以从王事，弗敢成也。地道也，妻道也，臣道也。地道无成而代有终也。（坤《文言》）
>
> 阴凝于阳必战，为其嫌于无阳也。故称龙焉。犹未离其类也，故称血焉。（坤《文言》）
>
> 一阴一阳之谓道，继之者善也，成之者性也。（《系辞传》）
>
> 富有之谓大业，日新之谓盛德，生生之谓易，成象之谓乾，效法之谓坤，极数知来之谓占，通变之谓事，阴阳不测之谓神。（《系辞传》）
>
> 夫乾，其静也专，其动也直，是以大生焉；夫坤，其静也翕，其动也辟，是以广生焉。广大配天地，变通配四时，阴阳之义配日月，易简之善配至德。（《系辞传》）
>
> 阳卦多阴，阴卦多阳。其故何也？阳卦奇，阴卦偶。其德行何也？阳一君而二民，君子之道也；阴二君而一民，小人之道也。（《系辞传》）
>
> 子曰："乾、坤，其《易》之门耶！"乾，阳物也；坤，阴物也。阴阳合德而刚柔有体，以体天地之撰，以通神明之德。（《系辞传》）
>
> 昔者圣人之作《易》也，幽赞于神明而生蓍，参天两地而倚数，观变于阴阳而立卦，发挥于刚柔而生爻，和顺于道德而理于义，穷理尽性以至于命。（《说卦传》）
>
> ……立天之道曰阴与阳，立地之道曰柔与刚，立人之道曰仁与义。……分阴分阳，迭用柔刚，故《易》六位而成章。（《说卦传》）

上述十四条材料，或用于说卦，如泰、否之《彖传》，《系辞传》"阳卦多阴，阴卦多阳"，"乾，阳物也；坤，阴物也"等。或用于说爻，如乾初九、坤初六之《象传》，干《文言》，坤《文言》，以及《系辞》《说卦》中的部分材料等。"但基本上都是沿袭春秋以来的观念，不外乎指天地之气及两种相对的功能"。① 不过，由于《易传》有卦爻象位的凭借，特别是它视乾为"阳物"，坤为"阴物"，并认为"阳合德而刚柔有体"，遂使阴阳之"相对功能"义，延展为"相对实体"义，成为《易传》探讨宇宙生成问题的基本范畴。

众所周知，在《周易》一书中，乾坤二卦，地位非常特殊，不但居首，且符号纯粹。这就很容易给人一种暗示，即其他杂卦均来自于乾坤二卦的结合。加之乾坤二象为天地，所以《易传》借阴阳说乾坤，借乾坤演天地；进而借爻位演阴阳，借阴阳演生命，建构了一套不同于先秦道家的宇宙生成系统。如说：

> 大哉乾元，万物资始，乃统天。（乾《彖传》）
>
> 至哉坤元，万物资生，乃顺成天。（坤《彖传》）
>
> 刚柔始交而难生，动乎险中，大亨贞。雷雨之动满盈，天造草昧，宜建侯而不宁。（屯《彖传》）
>
> 天地交而万物通也。（泰《彖传》）
>
> 天地解，而雷雨作；雷雨作，而百果草木皆甲坼。解之时义大矣哉！（解《彖传》）
>
> 天地不交，而万物不兴。（归妹《彖传》）
>
> 天地细缊，万物化醇，男女构精，万物化生。（《系辞传》）
>
> 有天地然后万物生焉，盈天地之间者唯万物。故受之以屯。屯者盈也。屯者，万物之始生也。……（《序卦传》）

上述材料，有的或许是讨论筮法问题的，但总的来说，都涉及了一种宇宙生

---

① 戴琏璋：《易传之形成及其思想》，（台北）文津出版社1989年版，第66页。

成的观念。"乾元""坤元",一"资始",一"资生",正是二者的"始交""絪缊",才有"雷雨作,而百果草木皆甲坼"的宇宙奇观;才有"天造草昧,宜建侯而不宁"的人类史诗。一句话,才有宇宙生命的开展历程。这就是"一阴一阳之谓道"。

三、超越筮卦局限,诠释生命之道

《易传》凭借筮卦结构,演绎阴阳法则,并将此法则概括为"一阴一阳之谓道"。此所谓"道",亦即"形而上者谓之道"之"道"。《系辞传》说:

> 乾坤其易之缊邪!乾坤成列而易立乎其中矣。乾坤毁则无以见易;易不可见,则乾坤或几乎息矣。是故形而上者谓之道,形而下者谓之器,化而裁之谓之变,推而行之谓之通,举而错之天下之民谓之事业。

这段话主要是讲筮法问题,[①] 乾坤指卦象,大意是说,干为纯阳,坤为纯阴,有此对立之象,方有六十四卦之变易;六十四卦之变易不可见,乾坤两卦之作用也就止息。乾坤两卦正是以其有形的卦爻象位,来体现无形的阴阳变易之则的。此话虽是讲筮法,但其以"形而上"界定"道"的特性,便会使"道"的普遍性特征进一步凸显出来,《周易》也因此而成为彰显形上之道的"哲学巨著"。如说:

> 《易》与天地准,故能弥纶天地之道。仰以观于天文,俯以察于地理,是故知幽冥之故。原始反终,故知死生之说。精气为物,游魂为变,是故知鬼神之情状。(《系辞传》)

"准",等。"弥纶",普遍包罗。此是说,《易》拟天地,几乎可以与天地相等同,所以能普遍包罗天地之间的一切道理,诸如天文、地理、幽冥生灭以

---

① 朱伯昆:《易学哲学史》第一卷,华夏出版社1994年版,第78页。

及死生变化等，无不在其涵括之中。因此，"范围天地之化而不过，屈成万物而不遗，通乎昼夜之道而知"（《系辞传》）。而人们如果掌握了《易经》的"形上"之"道"，就能"与天地相似故不违，知周乎万物而道济天下故不过，旁行而不流，乐天知命故不忧，安土敦乎仁故能爱"（《系辞传》）。即可德行配天地，智慧通万物，仁民而爱物，安然而处世。这样，透过对《易》道的诠释，《易传》进一步将天地人贯通为一个整体，并将《周易》"塑造"成一部彰显生命之道，圣人可以此"崇德广业"的宝典。

> 《易》之为书也，广大悉备，有天道焉，有人道焉，有地道焉，兼三才而两之，故六。六者非它也，三才之道也。（《系辞传》）
>
> 昔者圣人之作《易》也，将以顺性命之理。是以立天之道曰阴与阳，立地之道曰柔与刚，立人之道曰仁与义。兼三才而两之，故《易》六画而成卦，分阴分阳，迭用柔刚，故《易》六位而成章。（《说卦传》）

一部《周易》，贯穿了天道、人道、地道。但虽分而为"三才"之道，合则不过"性命之理"而已。人若能顺此"性命之理"，就能"观乎天文，以察时变；观乎人文，以化成天下"（贲《彖传》），"圣人感人心而天下和平"（咸《彖传》），"顺乎天而应乎人"（革《彖传》），"节以制度，不伤财，不害民"（节《彖传》）……所以，《系辞传》说："《易》其至矣乎？夫《易》圣人所以崇德而广业也。知崇礼卑，崇效天，卑法地。天地设位而易行乎其中矣。成性存存，道义之门。"研读《周易》也就成为一种"成就自己的本性，使之存而又存"的道德生命的体认与实践：

> 是故君子所居而安者，《易》之序也；所乐而玩者，爻之辞也。是故君子居则观其象而玩其辞，动则观其变而玩其占。是以"自天佑之，吉无不利"。（《系辞传》）

"易之序"，《释文》引虞翻本作"易之象"。按下文"观其象"句，"序"当作为"象"。此是说，君子居家则观摩卦象，玩味爻辞；行动时则体察卦象之变，玩味筮辞吉凶。如此则可获天之佑，吉无不利。那么，如何观变玩占呢？《易传》引述孔子解《易》的话作了示范。以《文言》为例：

> 初九曰："潜龙勿用。"何谓也？子曰："龙德而隐者也。不易乎世，不成乎名；遁世无闷，不见是而无闷；乐则行之，忧则违之；确乎其不可拔，潜龙也。"
>
> 九二曰："见龙在田，利见大人。"何谓也？子曰："龙德而正中者也。庸言之信，庸行之谨，闲邪存其诚，善世而不伐，德博而化。《易》曰：'见龙在田，利见大人。'君德也。"
>
> 九三曰："君子终日乾乾，夕惕若，厉无咎。"何谓也？子曰："君子进德修业。忠信，所以进德也；修辞立其诚，所以居业也。知至至之，可与言几也；知终终之，可与存义也。是故居上位而不骄，在下位而不忧。故乾乾，因其时而惕，虽危无咎矣。"
>
> 九四曰："或跃在渊，无咎。"何谓也？子曰："上下无常，非为邪也。进退无恒，非离群也。君子进德修业，欲及时也。故无咎。"
>
> 九五曰："飞龙在田，利见大人。"何谓也？子曰："同声相应，同气相求；水流湿，火就燥；云从龙，风从虎，圣人作而万物睹。本乎天者亲上，本乎地者亲下，则各从其类也。"
>
> 上九曰："亢龙有悔。"何谓也？子曰："贵而无位，高而无民，贤人在下位而无辅，是以动而有悔也。"

不难看出，孔子释《易》，围绕一个"德"字。孔子说："幽赞而达乎数，明数而达乎德"，并自谓其学《易》之目的在"观其德义"（《周易帛书·要》）而"无大过"（《论语·述而》）。《易传》由宇宙法则贯通生命之道，也正是循着孔子这一印证生命体验、修养德性主体的思路而展开的。例如，《象传》曰：

> "终日乾乾"，反复道也。（《乾》九三）
>
> "括囊无咎"，慎不害也。（《坤》六四）

"童蒙"之"吉"，顺以巽也。(《蒙》六五)

自我"致寇"，敬慎不败也。(《需》九三)

"同人于宗"，吝道也。(《同人》六二)

大有初九，无交害也。(《大有》出九)

"谦谦君子"，卑以自牧也。(《谦》初六)

"干父之蛊"，承以德也。(《蛊》六五)

"舍车而徒"，义弗乘也。(《贲》初九)

"不远"之"复"，以修身也。(《复》初九)

"中行独复"，以从道也。(《复》六四)

"有厉利己"，不犯灾也。(《大畜》初九)

"履错"之"敬"，以辟咎也。(《离》初九)

"不恒其德"，无所容也。(《恒》九三)

"执用黄牛"，固志也。(《遁》六二)

"君子于行"，义不食也。(《明夷》初九)

"王假有家"，交相爱也。(《家人》九五)

"威如"之"吉"，反身之谓也。(《家人》上九)

"覆公餗"，信如何也。(《鼎》九四)

"归妹以娣"，以恒也。"跛能履吉"，相承也。(《归妹》初九)

"反复道"，"重复践行之义"(《周易本义》)。"慎不害"，谨慎小心之义。"顺以巽"，恭顺谦逊之义。"敬慎不败"，"直使敬慎，勿失其宜"之义(《程氏易传》)。"'同人于宗'，吝道"，若不广泛与人和同，必然招致憾惜之义。"无交害"，谨慎自守，不滥交往之义。"卑以自牧"，甘于谦卑，养其德行之义。"干父之蛊，承以德"，以美德继承先辈事业之义。"舍车而徒，义弗乘"，严守本分，不越规矩之义。"'不远'之'复'，以修身"，"速改以从善"之义(《程氏易传》)。"中行独复，以从道"，居中行正，专心向善之义。"有厉利己，不犯灾"，适时而止，免遭灾祸之义。"'履错'之'敬'，以辟咎"，"居离之初，如日之初生于事之初，则当错然警惧，以进德修业，所以得免其咎"之义(《周易折中》引胡瑗语)。"不恒其德，无所容"，行为不专一，必将无处容身之义。"执用黄牛，固志"，"坚固遁者之志，使不去己"之义（《周易正义》）。"君子于行，义不食"，安处无闷，唯义之从之义。"王假有家，交相爱"，家家和睦，人人相爱之义。"'威如'之'吉'，反身之谓"，反身自省，严于律己之义。"覆公餗，信如何"，不自量力，不胜其任，导致信任危机之义。以上材料表明，《象传》解释爻辞，特别重视"进德修业"的主体修养。

《象传》分《大象传》和《小象传》。上引材料均出自《小象传》，而整部《大像传》，通篇所论，均不出"进德修业"之外。从中不难看出，作者"崇效天，卑法地"，是以天地自然之道，印证主体的道德生命的。如干卦《大象传》："天行健，君子以自强不息"，"君子以"三个字颇令人玩味。它表明，人类德性的提升，一方面需要经验层面的模仿对象（"天行"）；另一方面又需要理性层面的主体自觉（"君子以"——君子应当）；同时还需要在道德实践中不断内化"对象"（天）的品格力量，丰富主体自觉的内容，并在二者的圆融中充沛自我，以使之成为彰显人类品格魅力的大本大源。《易传》十分重视并特别强调人类对天地之道的模仿，我们甚至可以说，其观物取象，设卦系辞，正是为了拟诸天地之道而形容之，以为人类行为做样板。而一部《易传》，几乎完全是为提升人类的德性而作的。在这里，天地靠着它的品格魅力，成为人类完善自我道德的本体。而人类则可以靠着主体的自觉，在道德实践中不断实现着天人之间的德性互动。而这种德性互动，贯通了宇宙生命，也保证了人的"无大过"。"无大过"，则可以造就君子的品德，并因此而"与天地合其德，与日月合其明，与四时合其序，与鬼神合其吉凶。先天而天弗违，后天而奉天时"（《系辞传》）。

总之，《易传》透过钩沈筮卦的体例，揭明吉凶之理；凭借筮卦特点，演绎阴阳法则，最后超越筮卦局限，诠释生命之道。从而将一部本来作为占卜之用的《周易》古经，转换成了一部圆融宇宙生命的哲学巨著。从此，《周易》便成了下面这样一部书："夫《易》，圣人所以极深而研几也。唯深也，故能通天下之志；唯几也，故能成天下之务；唯神也，故不疾而速，不行而至。""夫《易》，开物成务，冒天下之道，如斯而已者也。是故圣人以通天下之志，以定天下之业，以断天下之疑。是故筮之德圆而神，卦之德方以知，六爻之义易以恭，圣人以此洗心，退藏于密，吉凶与民同患。神以知来，知以藏往，其孰能与于此哉！古之聪明睿智神武不杀者夫！是以明于天之道，而察于民之故，是兴神物，以前民用。圣人以此斋戒，以神明其德夫！"（《系辞传》）

（原载于《哲学与文化》（台北）2004 年第 10 期）

论《易传》中的"道"

"道"，本义为道路，人行之路为道。《周易》古经中出现的几例"道"字，用的都是这类意思（见《复》卦辞，《小畜》初九、《履》九二、《随》九四爻辞）。由道路之义引申，"道"又指人或物所必须遵循的轨道、规则。《易传》中的"道"，用的基本上都是这种引申义，如乾道、坤道、日月之道、昼夜之道、君子小人之道……在此基础上，《易传》也提出了一些具有普遍意义的命题，如"一阴一阳之谓道""形而上者谓之道"等，这些命题，其哲学解释的空间很大。本文即对此略抒己见，以就教于方家。

一、"道"的存在形式

就传世文献说，在中国哲学史上，老子算是第一个从哲学的意义上对"道"作出解释的思想家。他把"道"确立为天地万物的本原，又把"道"解释为超感觉、超形象、无始无终，不同于一般事物的客观存在，具有西方传统哲学所谓的"形而上"的特征。"形而上"，语出《周易·系辞传》，恰恰是《易传》对"道"的存在形式的一种界定。《系辞上传》说：

> 乾坤，其易之缊邪！乾坤成列，而易立乎其中矣。乾坤毁，则无以见易。易不可见，则乾坤或几乎息矣。是故形而上者谓之道，形而下者谓之器……

这段话，本意是讲筮法的，前一大句，"乾坤"指卦象，"易"是双关语，既指《周易》，又指变易。大意是说，乾为纯阳，坤为纯阴，有此对立之象，方有六十四卦的变易，六十四卦的变易不可见，乾坤两卦的作用也就止息了。后一大句，"形而上者谓之道，形而下者谓之器"，"形"指卦画。大意是说，乾坤两卦，其阴阳之义是无形的，其卦画则是有形的。无形的阴阳之义谓之"道"，有形的卦画谓之"器"。① 阴阳之义，即阴阳变易的法则，亦即《系辞上传》所谓的"一阴一阳之谓道"。因此，就《易传》的本意说，"形而上者谓之道，形而下者谓之器"，主要是讲有形的卦画体现了无形的变易法则。但"有形"与"无形"之间究竟还有没有别的关系，如本末关系、先后关系、生与被生的关系等，《易传》没有明显的说法。

既然"道"指无形的阴阳之义，"器"指有形的卦画，那么，《易传》利用"道器"范畴，实际上是在讨论六十四卦象及其所蕴含的阴阳变易法则。依此思路看，《彖传》《象传》《文言传》等，借解释卦爻象辞来引申义理，恰恰是在"探赜索隐、钩深致远"，于可见之"器"中揭示不可见之"道"。以《乾》卦为例，从"器"的层面看，它是由六阳爻组成的一个卦符，是可见的"象"。"圣人立象以尽意"，"象"中所含之"意"，就是"道"。这个"道"，《易传》认为圣人已经透过卦爻辞，以"举例"的形式彰显出来了。如《系辞上传》中说："圣人设卦观象，系辞焉而明吉凶。""辞"的功能是"明"，"明"就是明"象"中之"意"，也就是"明"形上之"道"。《易传》正是借着卦爻辞之所"明"，进一步探索形上之"道"的。如说：

> 大哉乾元！万物资始，乃统天。云行雨施，品物流形。大明终始，六位时成。时乘六龙以御天。乾道变化，各正性命，保合大和，乃利贞。首出庶物，万国咸宁。（《乾·彖传》）
>
> 至哉坤元！万物资生，乃顺承天。坤厚载物，德合无疆。含弘光大，品物咸亨。牝马地类，行地无疆，柔顺利贞。君子攸行，先迷失道，后顺得常。西南得朋，乃与类行；东北丧朋，乃终有庆。安贞之吉，应地无疆。（《坤·彖传》）

① 朱伯崑：《易学哲学史》第一卷，华夏出版社 1994 年版，第 78 页。

这是《彖传》对《乾》《坤》两卦卦象及卦辞中蕴含的"道"所做的解释。这两段话，其筮法的意义，是要说明《乾》《坤》两卦与其他杂卦之间的关系：《乾》《坤》既是其他杂卦的构成要素，又对其他杂卦具有统率的作用。两篇中的"万物"，可以理解为六十四卦中的杂卦。"乾元"和"坤元"，一"资始"，一"资生"，一"统天"，一"顺承天"，表明诸杂卦的形成，是"乾元"和"坤元""资始""资生"的结果。

由筮法的意义再往下看，这段话的理论意义在于，透过《乾》《坤》两卦的符号特征，表现天地（乾坤）之道的本质特性："乾元"作为"资始"万物的本原，其最显著的特点是"统"；"坤元"作为"资生"万物的本原，其最显著的特点是"顺承"。前者揭示了阳（天道）的特性，后者揭示了阴（地道）的特性。前者"主宰"而始生，后者"顺承"而成就。这表明，万物的本缘由两种性质不同（乾元、坤元）、相辅相成的力量共同构成，万物因这两种力量而"受命""成形"。即如诸杂卦其中的阳爻，是《乾》之性质在该卦中的表现；其中的阴爻，是《坤》之性质在该卦中的表现。而从《屯》至《未济》，没有一卦不是由《乾》《坤》（阴爻、阳爻）二者和合而成的；所以也没有一卦不同时包含了《乾》《坤》二性。这也就是《序卦传》所说的"有天地，然后万物生焉"；"有天地，然后有万物"。"天地"指《乾》《坤》；"万物"指诸杂卦。从哲学的层面说，《彖传》的这种理解，具有宇宙生成论的意义。

"器"中所含之"道"，《彖》《象》等传的理解稍有不同。如《乾·象传》曰："天行，健；君子以自强不息。""天行"，是说《乾》卦的符号特征，《乾》卦下乾上乾，由两个乾经卦构成，"乾为天"（《说卦传》），所以谓之"天行"。"天行"是一种"象"，"象"中所含的道理则是"健"，君子效法这种"天行"，就应当"自强不息"。又如《坤·象传》："地势，坤；君子以厚德载物。""地势"，是说《坤》卦的符号特征，《坤》卦下坤上坤，由两个坤经卦构成，"坤为地"（《说卦传》），所以谓之"地势"。"坤"训为"顺"，"地势"是一种"象"，"象"中所蕴含的道理为"顺"，君子效法这种"地势"，就应当"厚德载物"。与《彖传》相比，《象传》显然更侧重于对人道的阐发。又如《易传》中的《小象传》，也同样体现了"钩深""探索"器中之"道"的良苦用心。以"中道"说为例：

《蛊》九二：干母之蛊，不可贞。《象》曰："干母之蛊"，得中道也。

《离》六二：黄离，元吉。《象》曰："黄离元吉"，得中道也。

《解》九二：田获三狐，得黄矢，贞，吉。《象》曰：九二"贞吉"，得中道也。

《夬》九二：惕号莫夜有戎，勿恤。《象》曰："有戎勿恤"，得中道也。

《既济》六二：妇丧其茀，勿逐，七日得。《象》曰："七日得"，以中道也。

这五例，分属于五卦，爻辞所指各不相同，如有的指匡正母乱（《蛊》九二），有的指黄衣加身（《离》六二），有的指田猎（《解》九二），有的指夜间遭遇敌兵（《夬》九二），有的指妇人丢了首饰（《既济》六二），等等。可以说彼此之间毫无关联，但《小象传》均以"得中道"释之，这是由于在《小象传》看来，上述爻辞均立于该卦的二爻之下，"中道"即蕴含在这类的——器——爻象之中了。

《易传》之中，关于"道"的说法多种多样，如本节开头所指出的，有乾道、坤道、神道、日月之道、昼夜之道、君子小人之道、圣人之道、中道、君道、家道、夫妇之道、变化之道、井道，等等。但从上面的论述中不难看出，在《易传》看来，无论哪一种"道"，都是蕴含在与之相应的卦爻象之中的。或者说，六十四卦三百八十四爻作为可见之"器"，都是"道"的表现，"道"的存在形式是"形而上"的。

二、"道"的基本内涵

"道"的存在形式是"形而上"的，"道"的表现形式是多种多样的，但道的内涵则是基本确定的。换句话说，虽然六十四卦三百八十四爻对"道"的表现各有差异，但"道"作为"道"，有其内在的规定性，这种规定性就是前面说到的阴阳变异法则，亦即"一阴一阳之谓道"。

对于"道"，《易传》的说法虽然丰富多彩，但以类言之，不外乎天、地、人三才之道：

> 《易》之为书也，广大悉备：有天道焉，有人道焉，有地道焉。兼三才而两之，故六。六者，非它也，三才之道也。（《系辞下传》）
>
> 昔者圣人之作易也，将以顺性命之理。是以立天之道，曰阴与阳；立地之道，曰柔与刚；立人之道，曰仁与义。兼三才而两之，故《易》六画而成卦；分阴分阳，迭用柔刚，故《易》六位而成章。（《说卦传》）

这两段材料，是《易传》关于"三才之道"的最明白的表述，尤其是《说卦传》中的一段话，明确指出圣人作《易》乃"顺性命之理"而为。朱伯崑先生解释说："此是对一卦六画所作的哲理性的阐发。是说，三才各有其规定性，或为阴阳，或为刚柔，或为仁义，都是基于'性命之理'，故此三大类成为一整体。"朱先生还进一步指出：

> 《系辞上》解释此性命之理说："一阴一阳之谓道，继之者善也，成之者性也。"是说，就卦画说，有奇偶两画和阴阳二位，方有一卦之体制。就是说，宇宙任何个体，都具有阴阳两方面，从而成为自己的本性。天象继承此道，为寒暖二气；地形继承此道，为刚柔二性；人类继承此道，为仁义二德。这样，一阴一阳之道，便成了宇宙的根本原理。①

朱先生的这个解释非常明白，也非常准确。它表明，尽管"道"的表现形式多种多样，但其基本的规定性无外乎"一阴一阳"。从筮法的层面说，《易传》中所谓的阴阳，或指卦：如"内阳而外阴，内健而外顺"（《泰·彖传》），"内阴而外阳，内柔而外刚"（《否·彖传》），"乾，阳物也；坤，阴物也。阴

---

① 朱伯崑：《朱伯崑论著》，沈阳出版社 1998 年版，第 719 页。

阳合德而刚柔有体，以体天地之撰，以通神明之德"（《系辞下传》）等材料中的"阴阳"，是指乾坤二卦。"阳卦多阴，阴卦多阳。其故何也？阳卦奇，阴卦偶。其德行何也？阳一君而二民，君子之道也；阴二君而一民，小人之道也"（《系辞下传》）等材料中的"阴阳"，是指震、坎、艮（阳卦）和巽、离、兑（阴卦）等卦。或指爻：如"'潜龙勿用'，阳在下也"（《乾》初九《象传》），"'履霜坚冰'，阴始凝也"（《坤》初六《象传》），"'潜龙勿用'，阳气潜藏"（《乾·文言传》），"阴虽有美，含之以从王事，弗敢成也。地道也，妻道也，臣道也。地道无成，而代有终也"（《坤·文言传》）等材料中的"阴阳"，是指阴爻或阳爻。指卦也好，指爻也好，总之以阴阳说卦爻象，是要把《易经》卦爻象辞中所含的"吉凶"之意阐释出来。

以"阴阳"说卦爻象，其理论意义在于透过（或曰借用）阴阳范畴，模拟宇宙阴阳法则。换句话说，就是透过（或曰借用）阴阳范畴，使筮法中的卦爻符号"开放"为模拟宇宙阴阳变易的系统。此所谓"圣人有以见天下之赜，而拟诸其形容，象其物宜；是故谓之象"（《系辞上传》）。因为其是对宇宙阴阳法则的模拟，所以《易传》视《易经》这部书为"范围天地之化而不过，曲成万物而不遗，通乎昼夜之道而知"（《系辞上传》）；并且"《易》与天地准，故能弥纶天地之道"（《系辞上传》）。可见，在《易传》看来，《易经》这部书简直是神而又神。其之所以神，乃由于它提纲挈领，把握了"阴阳"这一宇宙普遍的法则。从这个意义上说，《易传》中所谓的"道"，其内在的规定性就是"阴阳"。

以阴阳为"道"的内在规定，有别于老子对道的论述。老子论道，形上色彩很浓。但老子的道，其内在的规定性是什么，却是模糊不清的。老子对道的议论很多，但相对而言，下面两段话最能体现老子所谓"道"的本质特征。

视之不见，名曰夷；听之不闻，名曰希；搏之不得，名曰微。此三者不可致诘，故混而为一。其上不皦，其下不昧，绳绳不可名，复归于无物。是谓无状之状，无物之象，是谓惚恍。（《老子》第十四章）

道之为物，惟恍惟惚；惚兮恍兮，其中有象；恍兮惚兮，其中有物。

窈兮冥兮，其中有精，其精甚真，其中有信。（《老子》第二十一章）

"其中有"这句话里面的"有"究竟指什么，人们的看法并不一致。长期以来，学术界流行一种观点，认为老子的"道"既讲"视之不见"，"听之不闻"，"博之不得"；又讲"其中有象"，"其中有物"，"其中有精"，因而是"有"和"无"的统一。众所周知，老子确曾用"无"（无形、无名、无为、无欲等）来形容"道"，但这是否意味着"道"就是"无"？似乎还值得进一步探讨。有学者指出，在《老子》一书中，"无"字虽然出现过一百余次，但很少用作名词，因而没有明确的"无"的哲学概念[①]。这种看法值得引起重视。至于"有"，据朱伯崑先生的研究，"老庄哲学中的'有'就古代汉语说，是有这个，有那个的简称，相当于英文中的'There is'，德文中的'Dasein'，都是就个别存在物及其特征说的。所以魏晋时期的人，又称为'群有''万有'，提出'有不能以有为有'，'济有者皆有'的命题。在中国传统哲学中，没有形成'有'为一般及存在自身这样的抽象的观念……"[②]的确，如果"有"在老子那里已经被解释为一种具有一般意义的抽象概念，以魏晋玄学家的理论思维水平之高，就没有必要再提出"群有""万有"的概念，和"有不能以有为有""济有者皆有"的命题了。相反，他们提出了这样的概念和命题，说明在此之前，"有"并没有成为一个具有一般意义的抽象概念。所以是否视"道"为有无统一的观点，是值得重新思考的。

那么，老子所谓的"道"究竟是什么呢？张岱年先生说："道的概念是从天道转化而来的，天道是天所具有的规律，道是比天更根本的普遍规律。这普遍规律是客观存在的，却无形无象，不同于一般事物。老子提出道的观念来，实际上是强调普遍规律的重要性。他把普遍规律看作最高的实体，把普遍规律实体化了。"[③]的确，老子作为一个史官，其所谓"道"，主要是从对"天道"的认识中抽象出来的。所以，在他对"道"的描述中，特别强调

---

① 刘笑敢：《经典诠释与体系建构——中国哲学诠释传统的成熟与特点刍议》，载《中国哲学史》2002年第1期。

② 朱伯崑：《朱伯崑论著》，沈阳出版社1998年版，第554页。

③ 张岱年：《中国古典哲学概念范畴要论》，中国社会科学出版社1987年版，第24—25页。

其自然无为的特征，如说："人法地，地法天，天法道，道法自然。"意即天地人以道为法，而道则以自然为法。从这个意义上说，老子的作为规律意义的"道"，其内在的本质可以谓之"自然"。

《易传》论道，深受先秦道家的影响，它把"阴阳"作为道的内在规定，很可能是对老子之作为规律意义的道之内含的进一步明确。不过，也应指出，除先秦道家外，儒家的孔子对道的讨论，也是《易传》论道的主要文化资源之一。与老子一样，孔子也十分重视"道"，如说："士志于道"，"朝闻道，夕死可矣"（《论语·里仁》）。只是孔子没有像老子那样，对"道"本身作出更多的说明。但显而易见的是，孔子所谓的道，主要是指人道。孔子说："'参乎！吾道一以贯之。'曾子曰：'唯。'子出，门人问曰：'何谓也？'曾子曰：'夫子之道，忠恕而已矣。'"（《论语·里仁》）在这里，孔子明确地说"吾道"，表明他并没有把自己对道的理解强加于诸人，也就是说，孔子并没有从普遍的意义上讨论道的本质问题。不过，他的这种对道的界说方式无疑影响了《易传》。

《易传》论三才之道，虽然有其筮法的根据，但明显是要综合、贯通儒道两家对道的理解。而其综合、贯通两家"理解"的基本思路是：以阴阳为道的内在规定，认为"天象继承此道，为寒暖二气；地形继承此道，为刚柔二性；人类继承此道，为仁义二德"。也就是说，统言之，"一阴一阳之谓道"；分言之，"立天之道曰阴与阳，立地之道曰柔与刚，立人之道曰仁与义。"一阴一阳为道的普遍特征，天道阴阳、地道柔刚、人道仁义为"继之者善也，成之者性也"。

"一阴一阳之谓道"，宋代学者有不同的看法，如程颐认为，"一阴一阳之谓道，道非阴阳也，所以一阴一阳，道也。"（《遗书》卷三）又说："离了阴阳更无道，所以阴阳者是道也。阴阳，气也，气是形而下者，道是形而上者。"（《遗书》卷十五）程颐的这种观点，是其理学的必然结论，但并不是《易传》的本来意义。《易传》论道，并没有讲"一阴一阳"和"所以一阴一阳"。从筮法的层面说，形而下是卦画，形而上是卦画中蕴含的阴阳变易法则。从哲学的层面说，形而下是万事万物的变化流行，形而上是万事万物变化流行中蕴含的阴阳变易法则。因此，《易传》所谓道，其内在的规定性就是"阴阳"。

三、道的主要功能

道的内在规定性是"阴阳",阴阳的互动,其功能则是"变"与"生"。

《易传》认为,《易经》这部书,乾坤(阴阳)是核心,有乾坤(阴阳)则有六十四卦的变易,六十四卦的变易不存在了,乾坤(阴阳)的作用也就停息了。所以,"变"是《易传》的核心观念之一,所谓"《易》之为书也不可远,为道也屡迁。变动不居,周流六虚,上下无常,刚柔相易,不可为典要,唯变所适"(《系辞下传》)。而"变"的原因则在于乾坤,也就是阴阳。

《易传》讲"变",首重阴阳相交。如说:"刚柔始交而难生,动乎险中。大亨贞,雷雨之动满盈。天造草昧,宜建侯而不宁。"(《屯·彖传》)在《易经》六十四卦的排序中,《屯》卦紧随《乾》《坤》之后,排在第三。这里的"刚柔"既指《乾》《坤》,亦指阴阳。就筮法说,"交"是《乾》《坤》之外的其他杂卦产生和存在的基本前提,如《说卦传》曰:"乾,天也,故称乎父;坤,地也,故称乎母;震一索而得男,故谓之长男;巽一索而得女,故谓之长女;坎再索而得男,故谓之中男;离再索而得女,故谓之中女;艮三索而得男,故谓之少男;兑三索而得女,故谓之少女。""索",《释文》引王肃曰:"求也。"尚秉和先生说:"索,求也。阴与阳互相求。……阳求阴得三男,阴求阳得三女。"[1] 这里虽然是讨论八卦的生成,实则亦道出了六十四卦形成和存在的基本原理。

就宇宙的普遍法则说,"交"是万事万物生成和存在的基本前提:

> 天地交而万物通也,上下交而其志同也。内阳而外阴,内健而外顺,内君子而外小人。君子道长,小人道消也。(《泰·彖传》)
> 天地不交而万物不通也,上下不交而天下无邦也。内阴而外阳,内柔而外刚,内小人而外君子。小人道长,君子道消也。(《否·彖传》)

---

[1] 尚秉和:《周易尚氏学》,中华书局 1980 年版,第 326 页。

　　天地不交，否；君子以俭德避难，不可荣以禄。（《否·象传》）

　　这些材料，都很强调阴阳相"交"在万事万物化生过程中的作用。《泰》卦下乾上坤，所以谓之"内阳而外阴"，蜀才注曰："小谓阴也。天气下，地气上，阴阳交，万物通，故吉亨。"（《周易集解》引）《否》卦下坤上乾，所以谓之"内阴而外阳"。宋衷注曰："天气上升而不下降，地气沉下又不上升，二气特隔，故云否也。"（《周易集解》引）可见，交与不交，其结果大为不同。所以《象传》说："天地不交，而万物不兴。"（《归妹·象传》）

　　阴阳相交，必然相感。《咸·象传》曰：

　　咸，感也。柔上而刚下，二气感应以相与，止而说，男下女，是以"亨，利贞，取女吉"也。天地感而万物化生，圣人感人心而天下和平。观其所感，而天地万物之情可见矣！

　　《咸》卦下艮上兑，照《说卦传》的意思，兑为少女，艮为少男，所以谓之"男下女"。《咸》卦的"男下女"与《泰》卦天地相交的道理一样，在相交的基础上，"二气感应以相与"。"相与"，郑玄注："与，犹亲也。""相与"即相互亲近，也就是阴阳二气交互亲感，交互作用。《易传》说"观其所感，而天地万物之情可见矣"。而"情者，应感而动者也。"（《申鉴·杂言》），表明在《易传》看来，阴阳交感反映了天地万物"应感而动"的本质特征。

　　相反，如果阴阳不相交、不相感，则会"其志不相得，曰革"：

　　革，水火相息，二女同居，其志不相得，曰革。……天地革而四时成，汤武革命，顺乎天而应乎人。革之时大矣哉！（《革·象传》）

　　《革》卦下离上兑，照《说卦传》的解释，兑为少女，离为中女，所以谓之"二女同居"。《易传》认为，性质相同的两种事物（如二女）在一起，既不能相交，也不能相感，可谓志向不同，相斥相离，这种情况必然导致"变革"。可见，《易传》讲变，有两种情形：一种是阴阳相交相感而发生的变，这种变，可谓正常之变，顺应这样的变，就能"财成天地之道，辅相天地之宜，以左右民"(《泰·象传》)。一种是阴阳不交不感而发生的变，这种变，可谓非常之变，促成这样的变，就能"顺乎天而应乎人"，并"变而通""通而久"。其实，正常之变也好，非常之变也好，关键的关键，均在一阴一阳、一刚一柔，《易传》把它概括为"刚柔相推而生变化"(《系辞上传》)。如说："在天成象，在地成形，变化见矣。是故刚柔相摩，八卦相荡。鼓之以雷霆，润之以风雨；日月运行，一寒一暑。乾道成男，坤道成女。"(《系辞上传》)如说："八卦成列，象在其中矣；因而重之，爻在其中矣；刚柔相推，变在其中矣；系辞焉而命之，动在其中矣。"(《系辞下传》)这些材料虽然是讲筮法问题的，但所蕴含的道理也十分明显，即阴阳刚柔的相摩相荡是一切变化之因。这也正如前面所引："乾坤，其易之缊邪！乾坤成列，而易立乎其中矣。乾坤毁，则无以见易。易不可见，则乾坤或几乎息矣。"(《系辞上传》)

《易传》讲"变"，还特别强调一个"神"字：[1]

> 阴阳不测之谓神。(《系辞上传》)
>
> 神也者，妙万物而为言者也。动万物者莫疾乎雷；桡万物者莫疾乎风；燥万物者莫熯乎火；说万物者莫说乎泽；润万物者莫润乎水；终万物始万物者莫盛乎艮。故水火相逮，雷风不相悖，山泽通气，然后能变化，既成万物也。(《说卦传》)

这两段话，可以说最能表现《周易》对"变"的理解。韩康伯注曰："神也者，变化之极，妙万物而为言，不可以形诘者也，故曰阴阳不测。"孔颖达《周易正义》曰："妙谓微妙也，万物之体有变象可寻。神则微妙于万物而为言也，谓不可寻求也。"朱伯崑先生指出，此段文字，以八卦相错，形成六十四卦，说明风雷水火山泽各以其功能生化万物。"妙万物"，是说其生化

---

[1] 朱伯崑先生说，《易传》中的"神"，其义不一。一是指天神、鬼神、神灵；二是指变化神速；三是指思想上有深刻的领悟；四是指事物的变化，神妙莫测。(《易学哲学史》第一卷，北京大学出版社 1986 年版，第 93 页)与"变"相关的"神"主要指第二、四两种意思而言。

万物的功能十分微妙。神是用来形容风雷水火等"能变化"、成万物的功能微妙莫测的，此即"神也者，妙万物而为言者也"。此处所说的"神"，不是指某种实体，而是指生化万物的性质。① 朱先生的分析十分深刻，尤其释"神"为生化万物的性质，可以说最能体现《易传》论"变"的实质。在前面的讨论中，我们已经发现，《易传》讲变，总是与"生"密切联系在一起的，如说：

> 刚柔始交而难生（《屯·彖传》）
>
> 天地纲缊，万物化醇。男女构精，万物化生。（《系辞下传》）
>
> 有天地，然后万物生焉。盈天地之间者唯万物，故受之以屯。屯者盈也，屯者万物之始生也。……（《序卦传》）

在这些材料中，"生"与"变"乃一体之两面，"刚柔始交"而成《屯》，《屯》是阴阳刚柔摩荡的结果，当然也就是阴阳刚柔摩荡之所生。所以，"刚柔始交而难生"的"生"字，既有变义，又有生义，可以说变就是生，生就是变。"天地纲缊，万物化醇。男女构精，万物化生"，则更加明显地表明了阴阳刚柔交感化生的普遍道理。

《易传》以"生"论"变"，以"变"释"生"，有一个宇宙论的根据，在它看来，"生"本来就蕴含在阴、阳之中了，如说，"大哉乾元，万物资始，乃统天"，"至哉坤元，万物资生，乃顺承天"。"资始"与"资生"作为阴阳的体性，是内在于阴阳本身的。所以，乾的特点是"其静也专，其动也直，是以大生（源源不断地生出）焉"；坤的特点是"其静也翕，其动也辟，是以广生（没有私心地生出）焉"（《系辞上传》）。由于"生"为阴阳（乾坤）的体性之一，所以《易传》指出："乾、坤，其易之门邪？乾，阳物也；坤，阴物也。阴阳合德而刚柔有体，以体天地之撰，以通神明之德。"（《系辞下传》）"阴阳合德而刚柔有体"确实道出了"变"与"生"的根源之所在。

变与生的"互释"，使"时"的价值得到了充分的展示。如说："天施地

---

① 朱伯崑：《易学哲学史》第一卷，华夏出版社 1994 年版，第 95 页。

生，其益无方。凡益之道，与时偕行。"（《益·彖传》）如说："日往则月来，月往则日来，日月相推而明生焉。"（《系辞下传》）如说："往者屈也，来者信也，屈信相感而利生焉。"（《系辞下传》）其中都隐含着对"生命历程"的特殊体认。可以说，"生"与"时变"，"时变"与"生"，共同构成了《易传》道论的"生生"模式，正所谓"富有之为大业，日新之为盛德，生生之谓易"（《系辞上传》）"日新"即"变易"，"变易"即"生生"。这就是《易传》之"道"的最主要功能。

把阴阳变易法则与"生生"联系起来解释"道"的功能，是《易传》的精彩论述之一，也是其由阴阳变易法则打通生命之道的内在契机。《系辞上传》说：

> 一阴一阳之谓道，继之者善也，成之者性也。

大意是说，一阴一阳的交感变易就是道，继承它便是善，成就它就是性。这里的"性"字，可以理解为事物的特性，也可以理解为生命的本质。这里的"道"字，可以理解为宇宙的法则，也可以理解为宇宙的本质。而一"继"一"成"，则把宇宙的本质"变现"为生命的本质。体现了宇宙生命的内在统一性。

总之，透过以上分疏，可以认为，《易传》中所谓的"道"，其存在形式为"形而上"，其内在规定性为"阴阳"，其主要功能为"变"与"生"。"形而上"，指《周易》古经中的卦爻画所蕴含的阴阳变易法则。《易传》透过卦爻符号的独特结构形式，将这一变易法则"演绎"为天地人三才统一的宇宙图式，同时又借助于这一符号系统，彰显了"生生不息"的宇宙本质。

（原载于《中国哲学史》2005 年第 4 期）

20 世纪易学研究中的 "经传分观" 与 "以传解经"

传统易学向来把《易传》看作是《易经》的标准解释，看作是认识《易经》的唯一路径。汉代经学家干脆将原本单行，不与经文相杂的《彖传》和《象传》分附于卦、爻辞之下，乃至于"这种经传合编本《周易》……汉代以后两千多年来，学人演习既久，遂成通行文本。"① 进入20世纪以来，随着历史主义和实证主义研究方法得到普遍地信仰和运用，有一部分学者开始用新的观念，从新的角度重新探索《周易》经、传的关系问题，提出了"经传分观"的经学研究的新思路。而同时，也有一部分学者，在接受新方法、新观念的同时，仍然认同并坚持"以传解经"的研究模式。因此，在20世纪关于《周易》经、传关系的研究中，存在着"经传分观"和"以传解经"的两种决然不同的观点。本文即对此做一简单的论述，以就教于方家。

一、经传分观

"经传分观"论的一个核心观念，就是认为《周易》经、传是分别隶属于两个时代的、性质不同的著作，二者固然有一定的联系，但经是经，传是传，不可把《易传》的理解视为《易经》的本意，也不可根据《易传》的解释来理解《易经》。"经传分观"论产生于20世纪初，在20世纪的易学研究中影响颇大，因此可以说它是20世纪的一个易学话题。

---

① 黄寿祺等：《周易译注·读易要例》，上海古籍出版社 1989 年版，第 41 页。

　　大致说来,"经传分观"论的产生,约有四方面的原因,一是五四新文化运动带来的空前的思想解放,对封建传统文化造成了巨大的冲击,"人更三圣,事历三古"的《周易》也在这种冲击中被拉下经学神坛,人们纷纷揭开了披在它们身上的神秘面纱,用"求真"的目光重新审视它们的本来面目。一是随着新史学的崛起,西方的各种史学新方法,特别是实证主义的方法,受到了许多学者的普遍认同,从而为人们摆脱经学观念,还原六经的真面目提供了方法论上的保证。二是自宋代以来的疑古之风在清末今文经学家那里被发展到了顶峰,而他们为疑古所进行的种种考证无疑又成为 20 世纪初人们"善疑、求真"的思想渊源。最后,具体到《周易》的研究而言,20世纪初的殷墟甲骨卜辞的出土和研究,为人们提供了古人占卜的实证材料,也为人们证实"《易》为卜筮之书"的传统记载提供了参照之物。由于以上这四方面的原因,传统经学家"以传解经"的易学研究模式理所当然地受到了怀疑。

　　"经传分观"论的提出,有两个重要的理由,一是认为《周易》经、传形成于不同的时代,分别反映了不同的历史观念;二是认为《周易》经、传属于性质不同的两种著作。就第一点理由而论,我们可以以古史辨派的著名代表顾颉刚先生的观点为例。顾先生在 20 年代末期曾撰有一篇非常著名的文章:《周易卦爻辞中的故事》(载《燕京学报》第六期),在该文中,顾先生站在史学家的立场,对《周易》卦爻辞中的故事进行了较为详细的分疏。在这种分疏中顾先生发现,如果离开《易传》单看《易经》,几乎见不到传统经学家所谓的"三圣"和"三古"的痕迹。于是他便用自己所擅长的"把每一件史实的传说,依先后出现的次序,排列起来"的手法,对比了《易经》和《易传》以及年代比较确定的《易林》的材料,发现《易经》与《易传》原来属于两种"绝对相反的"历史观念的产物。顾先生指出,《易林》虽然是汉人所作的与《易经》同作用的一种占卜之书,但由于它的著作时代在道统的故事和三皇五帝的故事建设完成之后,所以虽不免有汉代神仙家的气味,而在历史观念方面与《易传》却颇为一致。如《易传》中提到的伏羲、黄帝、尧、舜、禹、汤、文王、武王等的故事,在《易林》中均有涉及。这说明《易林》和《易传》是在同一历史观念的指导下完成的。相反，如果拿《易经》和《易传》《易林》相比，就会发现一个很大的不同。如《易经》卦爻辞中只说及王亥、高宗、帝乙的故事，这与《尚书》所记武王与周公等人谈话中所及的人物比较接近，即仅记得近代的几个王，不记得较古的唐虞之类。"但一到《易传》，就必得说出'黄帝、尧、舜垂衣裳而天下治，盖取诸《乾》《坤》'来了"，真是"时代愈后，传说的古史愈长"。于是顾先生作出推论说："《易经》的著作时代在西周，那时没有儒家，没有他们的道统故事，所以他的作者只把商代和商周之际的故事叙述在各卦爻辞中。"而《易传》著成时"上古史系统已伸展得很长了，儒家的一套道统的故事已建设得很完整了，《周易》一部新书加入这个'儒经'的组合里，于是他们便把自己学派里的一件衣冠罩上去了。"可见，《易经》与《易传》的历史观念是处于"绝对相反的地位"的①。因此，应该把"时代意识不同，古史观念不同的两部书——《周易》和《易传》分开。"② 在这里，虽然顾先生对于《易经》与《易传》的关系没有再作更多的说明，但毫无疑问，他是否定《易传》对《易经》的解释的可靠性的，是反对通过《易传》来理解《易经》的。

关于第二个重要的理由，即从《易经》和《易传》的性质方面论证"经传分观"的合理性，讨论者颇多。特别是在 20 世纪 60 年代的那场易学讨论中，许多学者都是从这个角度来分析《周易》经传的关系问题的。他们认为，《易经》是占筮书，《易传》是哲学书，二者性质不同，所以不能"以传解经"。《易》为筮书之说，《汉书》已有明言，宋代理学家朱熹便十分赞成这种说法。但由于有关上古时期筮占的实证材料比较缺乏，人们对于《周易》时代的占卜的面目不甚了解，因而在筮占的意义上解释《周易》的卦爻辞时往往遇到一定的困难。19 世纪末 20 世纪初殷商甲骨卜辞的出土和研究，为人们提供了丰富的商周时期的占卜材料，不少学者从甲骨卜辞的研究中得到启发，开始从卜、筮比较的角度研究《周易》的卦爻辞。通过这样的比较，学者们发现，《周易》的卦爻辞虽然与卜辞的撰作体例不甚相同，但却

---

① 顾颉刚：《论易系辞传中观象制器的故事》，载《燕大月刊》第六卷第三期。
② 顾颉刚：《周易卦爻辞中的故事》，载《燕京学报》第六期。

也有渊源可寻①，如"贞"字，由于《彖传》训"贞"为"正"，所谓"贞，正也。"所以，尽管许慎于《说文解字》中说"贞，卜问也"，但几千年来，经学家们还是死守《彖传》的说法，不敢有半点怀疑。直到大批的殷墟甲骨被发现，"贞"字的本意才大白于天下。在甲骨卜辞中，"贞"字出现率极高，均作"卜问"之意，这一点对 20 世纪初的许多学者（包括易学家）影响极大。既然"贞"字的本意为"卜问"，而《易经》中"贞"字的出现频率及用例与卜辞又差不多，则《易经》就不像传统经学家所想象的那样，包含着什么高深的道理，而不过是整编了的卜辞或筮辞的总汇罢了。即"由卜筮而成，为卜筮而作"②。当然，这也并不是说《易经》卦爻辞中一点思想内涵都没有，但其写作的目的在于适应占筮的要求，预测人事的吉凶③，所以它的性质是——卜筮之书。

与《易经》相反，《易传》虽然是解释《易经》的著作，"但作者们从卦画和卦爻辞分析综合、引申发挥，研究宇宙问题和人生问题，认为'夫《易》，圣人之所以极深而研几也'。《易》道广大而神知，如果能'引而申之，触类而长之，天下之能事毕矣'。很清楚，《易传》是哲学书。"④ 因此，对于《易传》"要严格地把它跟《经》划分，不要以为《传》所说的就是《经》所本有。"⑤ 用高亨先生的话说，"《易传》七种仅仅是《周易》古经最古的、有系统的、值得参考的、有正确成分的解释，绝不是什么'不刊之论'"⑥，"《易传》解经与《易经》原意往往相去很远，所以研究这两部书，应当以经观经，以传观传。解经则从筮书的角度，考定经文的原意，不拘牵于传的说释，不迷惑于传为经所涂的粉墨脸谱，这样才能窥见经的真相。解传则从哲学的角度，寻求传文的本旨，探索传对经的理解……"⑦

---

① 余永梁：《易卦爻辞的时代及其作者》，载《古史辨》第三册，上海古籍出版社 1982 年版，第 15 页。
② 李镜池：《周易筮辞考》，载《古史辨》第三册，上海古籍出版社 1982 年版，第 187 页。
③ 高亨：《周易卦爻辞的哲学思想》，载《周易杂论》，山东人民出版社 1962 年版。
④ 李镜池：《关于周易的性质和它的哲学思想》，载《文汇报》1962 年 2 月。
⑤ 李镜池：《关于周易的性质和它的哲学思想》，载《文汇报》1962 年 2 月。
⑥ 高亨：《周易古经今注·旧序》，中华书局 1984 年版，第 8 页。
⑦ 高亨：《周易古经今注·自序》，齐鲁书社 1979 年版，第 2 页。

除以上两点理由外，也有学者从哲学发展的阶段性上区别《易经》与《易传》的不同。如在 60 年代关于易学研究方法的大讨论中，方蠡先生指出，《易传》和《易经》在思想上固然有一定的联系，但从思想成熟的历史进程看，《易经》无疑是处在较幼稚的阶段的，处在哲学思维萌芽的时期，它主要记载了当时人们的生产斗争和生活实践的经验，其中包含着朴素的哲学思想，同时也初步概括出了像"无平不陂，无往不复"这样的天才的哲学命题。但是，《易经》中并没有提出什么宇宙生成论，更没有从八卦中附会出什么象数的道理来，这些都是以后解释《易经》的人，如《易传》作者之流的创作。用八卦代表天、地、火、水、风、雷、山、泽八种自然事物的观念是很早就有的，但是《易经》的作者尚未有这种观念，至少在卦爻辞中是没有这种观念的理论表现的。只是后来人们才用八卦去比附世界上的各种事物。至于六十四卦的排列以及在《序卦传》中所表现出来的辩证观念，更是与卦爻辞的作者无关。而是《易传》的作者借解释《易经》的形式，大大发挥了自己的自然哲学和政治哲学。因此，"我们在研究《周易》的哲学思想时，把《经》和《传》严格地区别开来是十分必要的，只有把它们分别放在自己的时代中，分别剖析它们的哲学体系，才能认清《易经》和《易传》哲学的本来面目。"[1]

以上几种观点，或者从历史观念的形成过程，或者从《周易》经、传的性质，或者从哲学思想的发展历史，研究了《周易》经、传的关系。虽然他们立论的角度有所不同，却都认为《周易》经、传作为两个时期产生的、性质不同的著作，即使有一定的内在联系，但差别是本质性的。因此他们都反对传统经学中"以传解经"的易学观念和研究方法，提倡"经传分观"。

"经传分观"论，在易学研究中的突出表现，一是注解经文不守《易传》或传统易学家的旧训；二是否定《易经》的卦爻及六十四卦之间存在着内在的逻辑关系。就第一点来说，我们可以以"贞""孚"二字为例。如前所述，"贞"字在《象传》中被训为"正"，历史上的经学家亦多本此而训"贞"为"正"，如《周易正义》《周易集解》均持此说。而 20 世纪的"经传

---

[1] 方蠡：《研究周易不能援传于经》，载《光明日报》1962 年 6 月。

分观"论者则受甲骨卜辞的启示，并据许慎的《说文解字》，多训"贞"为卜问。如高亨先生注释《乾》"元亨利贞"说："利贞尤言利占也。"① 高先生还在《周易古经通说》中对"贞"在《易经》中的用例及含义进行了详细的分疏。据高先生的研究，《易经》中有"贞吉""贞凶""贞吝""贞厉""贞某事""可贞""利贞"等七种用例，"综计《周易》卦辞、爻辞中，有元、亨、利、贞四字者凡一百八十八条。元皆大义，亨皆享祀之享，利皆利益之利，贞皆贞卜之贞，殆无疑义。而《文言》《左传》妄以四德释之，千载学者为其所蔽，至《周易》古经之初旨晦翳不明，甚可慨也"②。

"孚"字，传统注释一概释为诚信，这种解释亦源于《易传》。如《象传》释《大有》六五"厥孚交如"云："'厥孚交如'，信以发志也。"《彖传》释《坎》"习坎，有孚，维心亨"云："'习坎'，重险也。水流而不盈，行险而不失其信，维心亨，乃以刚中也。"都是以"信"训"孚"。但高亨先生在《周易古经今注》中或训"孚"为"俘"，或训"孚"为"浮"，而不遵《易传》及传统注家的成说。如其注《需》"有孚"说："孚即俘字……军队虏获敌方之人员财物谓之孚。"③ 又如其注《小畜》六四"有孚，血去，惕出，无咎"说："孚读为浮，罚也。……有孚血去，即受挞笞之罚也。"④ 类似的例子还十分多，仅就以上二例，已可见"经传分观"论者注经特征之一斑。

除了注经不守《易传》外，"经传分观"论者一般也都不大承认《易经》卦爻之间存在着内在的逻辑关系。关于这一点，朱伯崑先生在其所著《易学哲学史》中曾有介绍，朱先生说："传统的看法是，二者存在着必然的联系。……近人有一种看法，认为《周易》起源于占筮之法，卦爻辞原本是筮辞，筮辞与卦象之间无逻辑的关系。因为某卦象，系之于某种卦辞，是出于所占之事。所占之事是多方面的，筮得同一卦象，是揲蓍的结果。如果人为所占之事同其筮得的卦象存在着必然的联系，正是受了筮法的欺骗。就《周易》的结构说，某些卦爻辞的编排同其爻象可能有某种联系，如《乾》卦，

---

① 高亨：《周易古经今注》，中华书局 1984 年版，第 161 页。
② 高亨：《周易古经今注》，中华书局 1984 年版，第 124—125 页。
③ 高亨：《周易古经今注》，中华书局 1984 年版，第 175 页。
④ 高亨：《周易古经今注》，中华书局 1984 年版，第 186 页。

但这种联系是出于编者的安排，在《周易》全书中是少见的。"① 朱先生这里所说的"近人的看法"，主要是指"经传分观"论的观点。

在 20 世纪的易学研究中，这些看法一直影响很大。不过，人们的认识也在不断地发生着变化，如 90 年代中期出版的由唐明邦先生主编的《周易评注》，虽仍然坚持了"经传分观"的研究方法，如说："《易传》尽管是阐发《易经》的哲学论著，却同《易经》思想有很大历史差异，其中许多思想并非《易经》所固有，无非是借《易经》的思想框架，发挥作者自己的世界观和思维方法。"② 但在对《易经》卦爻辞的解释和对卦爻之间的关系的理解上，又有选择地遵循了《易传》的思路。如其或释"贞"为"收藏"（《乾》），或释"贞"为"占问"（《坤》），或释"贞"为"正"（《师》），等等。这说明人们在遵循"经传分观"的治《易经》原则的同时，也在力图超越它的局限（详后）。

二、以传解经

"以传解经"，就是把《易传》对《易经》的解释视为标准的解释，将其视为理解《易经》的唯一正确的途径。它是汉代以后的经学家们普遍遵循的一个治《易经》的原则。在 20 世纪的易学研究中，仍有一些学者如金景芳、黄寿祺等坚持这一原则。传统易学中的"以传解经"论，有一个历史观上的基本前提，就是认为《易传》系孔子所做。而孔子是删订六经的圣人，孔子的解经之作自然也就成为经的一部分。所以在历史上，人们对于《易传》解经的权威地位很少怀疑。即使有所怀疑，也要首先证明《易传》（或《易传》中的部分内容）非孔子的作品（如欧阳修、崔述等）。20 世纪坚持"以传解经"的易学家，当然已不再受制于这种传统的经学观念，他们多能本着实证的精神，探讨孔子与《易传》的关系。

大致说来，20 世纪的"以传解经"论约有如下一些理由，一是认为

① 朱伯崑：《易学哲学史》第一卷，华夏出版社 1995 年版，第 11 页。
② 唐明邦主编：《周易评注·绪论》，中华书局 1995 年版，第 5 页。

"《易传》是理解《易经》的一把钥匙,没有《易传》的话,我们今日便不可能看懂《易经》。"① 著名易学家金景芳先生就持这种观点。在金先生看来,《易传》各篇,虽然成分复杂,但基本上可以肯定是孔子的作品(金先生关于孔子与《易传》的关系的论述,此处不予评价),而"孔子对《易经》是看得准,看得深的","孔子的思想与《易经》《易传》的思想是一致的"②。因此,根据《易传》自然就可以找到一条解经的正确途径。金先生认为,《易传》对《易经》的阐发,"既全面又深刻,佳篇络绎,奥义无穷",如其明确指出《周易》蕴藏着鲜明的哲学思想,而非单纯的卜筮之书;如其对组成《周易》的四要素:蓍、卦、爻、辞的详细阐释等,都足以使我们在理解《易经》时,"恪遵孔子作《易大传》所开辟的道路"③。

"以传解经"论的第二条重要的理由,也与对《周易》一书的性质的看法有关。金景芳先生的弟子,"以传解经"论的坚持者吕绍纲先生指出:"我们研究《周易》,要弄清楚它是一部什么性质的书。这个问题很重要,直接关系到我们抱什么样的目的和采取怎样的方法研究它。换句话说,这在易学研究中是个原则问题,解决得不好,会使我们走进死胡同,给《周易》的研究带来极坏的后果。"④ 大致来说,"以传解经"论的看法认为,《易经》不仅仅是一部筮占之书,更是一部特殊的哲学著作,《易传》从哲学的角度对其进行的解释应该是可信的,经、传"无法割裂"。如黄寿祺等人认为,《周易》的卦形、卦爻辞创成之后,其最突出的效用无疑是为了占筮,"但古代的占筮往往与政治大事密切相关,天子、诸侯的政治、军事措施,有时必须取决于卜官的占筮结果;那么,在占筮过程中,事实上影响人们思想、左右人们行动的关键因素是筮书所表露的哲学内涵。换言之,要是抽掉了《周易》内在的哲学意义,则其书必不可能成为古代'太卜'所执掌的上层通知阶级奉为'圣典'的重要书籍"。而且,"倘若《周易》的卦形、卦爻辞没有内在的哲学性质,无论哪一位'圣人',都无法凭空阐发出其中的'义理'

---

① 金景芳:《周易讲座》,吉林大学出版社 1987 年版,第 26 页。
② 金景芳:《周易讲座》,吉林大学出版社 1987 年版,第 29 页。
③ 金景芳等:《周易全解·序》,吉林大学出版社 1989 年版,第 1 页。
④ 吕绍纲:《周易阐微》,吉林大学出版社 1990 年版,第 22 页。

来。"① 而"《易传》哲学思想的一个重要特色，是建立在对《周易》经义的阐释、发挥的基点上。因此，其中有相当一部分思想内容，如关于阴阳矛盾、运动变化的朴素辩证观念，关于以乾坤为本的带有唯物成分的宇宙生成说，乃至关于政治、伦理、道德各方面的观点，常常是六十四卦大义的引申，与'经'的本旨是无法割裂的。……可以说，没有'经'的哲学基础，就没有'传'的思想体系；有了'传'的推阐发挥，'经'的哲学就更加显明昭著。"② 金景芳先生也认为，《易经》实质上是一部哲学著作，其精华所在在于思想，而思想主要寓于六十四卦的结构之中。孔子正是看到了这一点，所以才从哲学的角度阐发《周易》，使《易经》的思想发扬光大。

　　讨论"以传解经"，不能不提一下 20 世纪 60 年代易学讨论中，李景春先生的观点，在方蠡先生《研究周易不能援传于经》的文章发表之后（见前），李景春先生曾针锋相对，发表了《研究〈周易〉哲学应当以传解经》的论文。李景春先生认为，在研究《周易》的哲学时，既要看到经、传之间存在着的区别，又要看到二者之间的联系，"如果把严格区别看作两种不同的哲学体现，那就把区别当作割裂，那就不适当了"③。李景春先生的理由是，《周易》经文的竹简曾从战国时魏王墓中挖掘出来，可以证明这至迟是两千年前的作品。《周易》的传文，在西汉时期已经定型，也可以证明至迟是两千年前左右的作品，因此，《易经》与《易传》是相衔接的，"既是同一部《周易》的两部分，它们又有密切的联系，那么在《周易》哲学时，以'传'解'经'完全是应当的"。在这场讨论中，刘蕙孙先生比较认同李景春先生的观点，刘蕙孙先生指出："虽然《易传》的著作年代后于《易经》，但总是较早期研究《周易》的人所说的话，也是去'易'年代较近的人所说的话。其思想与经文相应，确系互为表里"，"《易传》毕竟是《易经》的思想的发挥，其根本论点决不会背道而驰。"④

---

① 黄寿祺等：《周易译注·前言》，上海古籍出版社 1989 年版，第 17—18 页。
② 黄寿祺等：《周易译注·前言》，上海古籍出版社 1989 年版，第 22 页。
③ 李景春：《研究周易哲学应当以传解经》，载《光明日报》1962 年 9 月。
④ 刘蕙孙：《〈易〉的思想内容的发展及〈易经〉和〈易传〉的关系》，载《福建师范学院学报》1962 年第 1 期。

以上这些观点，或者强调《周易》经、传的内在联系，或者强调二者彼此相通的哲学本质，总之都是认为《易传》之解《易经》，乃是据《易经》作解，虽然有发挥，有创新，但总体上是值得信赖的，其开拓的解经思路是值得遵循的。

"以传解经"论，在易学研究中的突出表现，一是根据《易传》对《易经》的解释，理解、诂释《易经》的卦爻辞；二是根据《易传》对《易经》的解释，探寻、研索卦爻辞之间以及卦爻辞与卦爻象之间的关系。就第一点说，我们仍可以以"贞"字为例。如前所述，"经传分观"论者一般均根据殷墟甲骨卜辞的启示，训"贞"为"卜问"。而"以传解经"论者则一般根据《象传》的解释，训"贞"为"正"。如黄寿祺等人所著之《周易译著》，即将卦爻辞中出现的"贞"字一律训为"正"。其释《乾》"元、亨、利、贞"中的"贞"为"贞正坚固"；释《坤》"利牝马之贞"为"利于象牝马一样守持正固"；释《屯》六二"女子贞不字"为"女子守持正固不急于嫁人"；释《屯》九五"贞凶"为"守持正固以防凶"；释《讼》九四"安贞吉"为"安顺守持正固可获吉祥"；释《小畜》上九"妇贞厉"为"妇人必须守持正固以防危险"；释《泰》上六"贞吝"为"守持正固以防憾惜"；等等。可见，在黄寿祺看来，在《易经》中，不管哪一卦，或哪一卦的哪一爻，凡是"贞"字，均如《象传》所云："贞，正也。"与黄寿祺相比，金景芳对于"贞"字的解释则要灵活得多，但也基本上不出《易传》或传统义理派易学的训释范围。所以其对高亨先生释"元亨利贞"为"大亨利占"颇为不满，认为"这个解释，从文字学上看，可能说得过去。从《周易》全书的思想来看，恐怕说不通"①

就第二点说，"以传解经"论者一般均根据《易传》解经的体例，重视对一卦六爻之间的内在逻辑关系进行说明。如金景芳先生指出："爻是'适时之变'的，爻象多变，不易把握。爻是一个时代里的一个阶段。它所处的阶段，主要由爻所处的位置来表达。爻的位置即是爻的象。每一爻的象位都不是孤立的，它与别的爻有着各种关系。爻的吉凶，主要由爻所处的位置

———

① 金景芳：《周易讲座》，吉林大学出版社 1987 年版，第 102 页。

及其与别的爻的相互关系决定。"① 这种把《易经》卦爻及卦爻辞看作一个整体，并根据爻位来判断卦爻之性（吉凶），以及卦爻之间的内在联系的观点，显然是与《易传》中的"爻位说"相一致的。

在"以传解经"论者看来，不仅六爻之间存在着内在的逻辑关系，就是六十四卦之间，也如《序卦传》所说的那样，存在着内在的逻辑关系。如黄寿祺等人认为，"从整体的角度看，六十四卦是六十四种事物、现象的组合，——喻示着特定环境、条件下的处世方法、人生哲理、自然规律等。而六十四卦的旨趣，又共同贯穿会通而成作者对自然、社会、人生在运动变化中发展规律的基本认识，并反映着颇为丰富的哲学意义。"② 正是基于同样的认识，金景芳先生颇为感慨地说："六十四卦的排列，不简单，反映"易"作者的哲学水平相当高，正确回答了世界本原问题。关于事物发展的对立统一观念也是十分明显，十分深刻的。"③

总之，20 世纪的"以传解经"论者，虽然已不再受制于传统经学的治"易"观念，但他们基本上都比较自觉地认同于《易传》解经的思路，如金景芳先生所说："恪遵孔子作《易大传》所开辟的道路。"④

三、几点评价

20 世纪的中国社会变动剧烈，思想学术的变化也十分壮观。就拿易学研究中的经传关系的讨论来说，这个问题在经学时代本不是问题，但在 20 世纪初却被炒得沸沸扬扬。这固然是观念和方法更新的必然产物，但也实在是五四新文化运动批判封建文化——打倒经学——的必然结果。如果看不到这一点，就很难说清楚"经传分观"论的学术价值和思想意义。当然，这并不是说 20 世纪的"以传解经"论者就没有反封建意识。20 世纪的"以传解经"论者与传统经学家的一个显著不同就在于，后者视《周易》经传为圣人

---

① 金景芳等：《周易讲座》，吉林大学出版社 1987 年版，第 24 页。
② 黄寿祺等：《周易译著·前言》，上海古籍出版社 1989 年版，第 9 页。
③ 金景芳等：《周易讲座》，吉林大学出版社 1987 年版，第 23 页。
④ 金景芳等：《周易全解·序》，上海古籍出版社 1989 年版，第 23 页。

之书，自成一理论体系，"后学只有领悟、卫护和发扬其中的圣人之道。……不允许质疑和批评。"① 而前者则只是就《周易》经、传有内在的联系，《易传》对《易经》的解释比较可信这一点而言的。因此，对于"经传分观"论和"以传解经"论，很难用谁对谁错来评价。应该说，他们各有其长处，亦各有其局限。

"经传分观"论强调实证，强调用分析的方法还原《周易》经传的本来面目，用梁启超先生的话说就是"求真"②。这是"经传分观"论的长处。关于此点，我们可以以高亨先生的《周易大传今注》为例。高亨先生在该书的"自序"中指出，《易传》解经与《易经》的原意往往相去甚远，"研究这两部书，应当以经观经，以传观传。解经则从筮书的角度，考定经文的原意，不拘于传的说释，不迷惑于传为经所涂的粉墨脸谱，这样才能窥见经的真相。解传则从哲学的角度，寻求传文的本旨，探索传对经的理解，并看它那一点与经意相合，那一点与经意不合，那一点是经意所有，那一点是经意所无，这样才能明确传的义蕴。"③ 基于这样的认识，高亨先生从文字入手，既不盲从任何传统易学家注解《周易》经传的体例，也不妄加任何在自己看来没有根据的主观见解，力争做到字字证实，句句在理。在《周易大传今注》的"传解"中，高亨先生经常运用如下四类表达方式，以表现传之解经的正确与否：

　　　　第一类："与经意同"；
　　　　第二类："余与经意同"；
　　　　第三类："传解卦辞与经意同""其余字与经意同""字义与经意同，而文义异"；
　　　　第四类：不明言"传解"与"经意"同否。

在这四类中，"与经意同"意指"传解"与"经意"相合；"余与经意

① 朱伯崑：《朱伯崑论著》，沈阳出版社 1998 年版，第 832 页。
② 梁启超：《清代学术概论·三十三》，朱维铮导读，上海古籍出版社 1998 年版，第 105 页。
③ 高亨：《周易大传今注·自序》，齐鲁书社 1979 年版，第 2 页。

同"意指"传解"与"经意"部分相合；"传解卦辞与经意同……"，意指"传解"与经之某方面相合；其不明言"传解"与"经意"同否，则指"传解"与"经意"不合。据本人的粗略统计，其言"与经意同"者，约 186 条，其言"余与经意同"者约 105 条，其言"传解与卦辞同……"者约 20 条，其不明言与"经意"同否者约 133 条。其中，六十四卦卦辞的"传解"，"与经意同"者无，"余与经意同"者 22 条，不明言与"经意"同否者 31 条，"传解与卦辞同……"者 11 条。

当然，高亨先生在这里所谓的"同否"，只代表他自己的理解，别人还可以从文字学上进行不同的训释，得出不同的结论。但我认为这并不是问题的关键。应该说其"经传分观"的历史观念和治经方法所带来的对于经传本意的探索，才是值得注意的。现在有一种说法，认为这种"经传分观"法容易割裂《周易》经传之间的关系。其实并非如此。如高亨先生的工作是力图客观地指出"传解"与"经意"之合与不合，"传解"为"经意"之有与无。合与不合，正可表明二者之间的区别与联系；有与无，正可表明二者之间的继承与发展。因此可以说，这种"经传分观"论正好可以帮助人们比较、认识《周易》经传之间的同异及因损关系。

其实，"经传分观"论的局限性，并不在于是否割裂了经传之间的联系，或者换句话说，"经传分观"论并非是要割裂经传之间的关系，而是要本着实证的精神去整理古代文献。从这个意义上说，此种方法，长于文献的整理，拙于文献思想的发挥。用中国哲学的传统术语说，是长于"道问学"，拙于"尊德性"。它是近代西方实证方法与清代乾嘉精神相结合于 20 世纪的产物。如果我们期望于它的是文献的整理，那么，这种方法还是颇能有其用武之地的。如果我们期望于它是文献思想的阐发，那就不能不有些失望了。而后者恰恰是"以传解经"论的强项。

"以传解经"论强调阐释，强调用综合的方法发挥《周易》经传的思想，挖掘二者之间的内在逻辑。这是"以传解经"论的长处。关于此点，我们可以以金景芳先生为例。金景芳先生说："根据我不成熟的看法，认为古往今来说《周易》之书，总有二弊。一弊于单纯地视《周易》为卜筮之书，而不承认《周易》里边有深邃的哲学思想。二弊于只斤斤于一词一句的诠释,而无视《周易》六十四卦的结构中存在着完整的思想体系。"① 金景芳先生这里所谓的"古往今来"似乎不妥,但如果用来指"经传分观"论,倒还有些相像。这是一个复杂的问题,姑且不论。仅就金景芳先生的出发点而言,显然是要鲜明地指出"《周易》一书的精华所在在于思想"。本着这种精神,金景芳先生在其易学研究中,一方面十分注意从纵的角度探讨由筮到《周易》的发展变化,及其内含的哲学思想的演进历程。另一方面又十分注意从横的角度诠解筮、卦、爻、辞之间的内在逻辑,及其用特殊的形式所要表达的思想精华。如其关于"卦与筮并重"的思想,如其对六十四卦结构的论述,如其对于"乾坤其易之蕴"的解说,如其对"天之道"与"民之故"的理解等,都可以说是颇能发人深思的观点。

由于把挖掘和发挥《周易》经传中的哲学思想作为研究《周易》的目的,金景芳先生特别注意以现代观念沟通易学的内在精神。如其在 40 年代出版的《易通》一书中,就曾单辟一节讨论《周易》与唯物辩证法的关系,并认为唯物辩证法的三条基本原则:对立统一,质量互变,否定之否定等在《周易》中均有阐发。这一观点,新中国成立后以至于现在,金景芳先生一直在坚持,如说:"《周易》有对立统一规律,也有质量互变规律、否定之否定规律","《周易》六十四卦的每一卦都体现质变与量变互相转化的规律","六十四卦排列都是一正一反。正是肯定,反是否定,下一个正是否定之否定"。② 金景芳先生的这种理解是否符合《周易》思想的本意,人们可以继续讨论。我认为,这种古今之间的沟通恰恰就是"以传解经"论的特点。

从"经传分观"论的角度说,这种"沟通"是忽视或抹杀了经传、古今之间的本质区别。但从"以传解经"论的角度说,这种"沟通"乃是发现了经传、古今之间的内在联系。其实,"经传分观"论并非不讲联系,"以传解经"论也并非不注意区别。二者的本质不同在于,"经传分观"论是站在易学之外看易学;"以传解经"论则是站在易学之内讲易学。前者是一种对象性研究,后者是一种主体性研究。前者的优点是善于辨伪求真,缺点是

① 金景芳:《周易讲座》,吉林大学出版社 1987 年版,第 1 页。
② 金景芳:《谈谈〈周易〉辩证法问题》,载《国际易学研究》第四辑,华夏出版社 1998 年版,第 138 页。

难以继续"辨伪求真之后"的工作；后者的优点是善于阐旧发新，缺点是容易偏向"援《易》以为说"。所以，最好的方法是互相借鉴，取长补短，用"分观"的形式求其本然，以"合观"的方法演其理势，进而达到发展易学的目的。

（原载于《国际易学研究》第五辑，华夏出版社 1999 年版）

论古史辨派的易学研究

古史辨派是活跃于 20 世纪上半叶中国史学界的一个重要学术流派，其宗旨是运用近代科学知识和方法，疑古辨伪，揭示有关中国上古史记载的真面目①。它肇端于 1923 年在《读书杂志》上进行的长达九个月的古史讨论②。而由于"古书是古史材料的一部分，必须把古书的本身问题弄明白，始可把这一部分的材料供古史采用而无谬误。"③ 所以，随着讨论的进一步深入，辩证古代文献资料之年代及真伪等问题，便也成为该派古史讨论的主要内容之一。

1919 年，顾颉刚在《燕京学报》上发表《周易卦爻辞中的故事》一文，对《易经》的成书年代及《易传》中涉及上古史的部分材料进行了考辨，引起广泛的注意。钱玄同、胡适等纷纷撰文与之讨论。顾先生的弟子李镜池也沿着顾氏的思路，对《易传》的成书进行了全面的探讨。于是形成了一股不大不小的易学研究热潮。1931 年，顾氏将 1926 年 12 月至 1929 年 12 月间有关易学讨论的 16 篇文章，与有关《诗经》的讨论文章合编为《古史辨》第三册出版。顾氏在该书"自序"中指出，这些文章的编撰，目的是要"打破汉人（指汉代经学家——引者注）的经说"，"破坏其伏羲神农的圣经的地位而建设其卜筮的地位"，"辨明《易十翼》的不合于《周易》上下经"。总之一句话，就是"从圣道王功的空气中夺出真正的古籍。"④ 可见，这些辩证都是针对传统易学而来的。

---

① 张学书：《中国现代史学思潮研究》，湖南教育出版社 1982 年版，第 196 页。
② 李学勤：《古文献丛论》，上海远东出版社 1996 年版，第 332 页。
③ 顾颉刚编著：《古史辨》第三册，上海古籍出版社 1982 年版，"自序"。
④ 顾颉刚编著：《古史辨》第三册，上海古籍出版社 1982 年版，第 1 页。

众所周知，传统易学向来有"人更三圣，事历三古"之说，所谓伏羲画卦，文王重卦，孔子作传。在其看来，《周易》（包括经传）成书于多位圣人之手，渗透了多位圣人的心血。因此，在经学史上，它始终稳居思想学术的核心地位，受到历代经学家的尊崇和维护。但古史辨派认为，古人的这种观点，证据不足，值得怀疑。"打破汉人的经说"，无疑是要剥夺传统易学赋予"三圣"的《周易》制作权。"破坏其伏羲神农的圣经地位"，则使传统的八卦起源说又成为一个悬而未决的问题。"建设其（指《易经》——引者注）卜筮的地位"，则意味着历代经学家从卦爻辞中发挥出来的微言大义都是毫无根据之谈。"辨明《易十翼》的不合于《周易》上下经"，则无异于宣布，两千多年来经学家所遵循的"以传解经"的研究模式从一开始就是误入了歧途。可见，古史辨派的研究，使传统易学中本来都有定论的成说均成为不足以凭信的东西，也使本来不是问题的问题都成了问题。对于传统易学而言，这种"破坏"无疑是毁灭性的。

综观古史辨派的易学研究，他们涉及的问题虽然很多，但归结起来主要有四个方面：《周易》经传的成书年代和作者，《周易》经传的性质及关系，孔子与《周易》经传的关系，《周易》一书的结构等。以下即围绕这四方面的问题对古史辨派的易学研究作一简单论述。

一、《周易》经传的成书年代和作者

1.《易经》的成书年代和作者

顾氏对传统易说的怀疑和破坏是由钩沈《周易》卦爻辞中的故事入手的。顾氏在研究《周易》卦爻辞时发现，有些卦爻辞，其内容实际上是在陈述一件过去已经发生的故事。如王亥丧牛羊于有易的故事、高宗伐鬼方的故事、帝乙归妹的故事、箕子明夷的故事和康侯用锡马蕃庶的故事等。这些故事，有的发生在文王之前，如"王亥丧牛羊于有易"；有的发生在文王之世，如"帝乙归妹"（顾谓与《诗经》中的"文王迎亲"系指同一件事）；有的则发生在文王之后，如"康侯用锡马蕃庶"（顾谓"康侯"即卫康叔，武王之弟，因封于康，故曰卫康叔。文王之世尚无封建之制，他被封是在周初）。如果卦爻辞系文王所作，文王以后的故事便不可能出现在爻辞中。因此，"三圣"中的第二圣——文王系卦爻辞之说不可从。但《易》中提到的故事，两件为商代史实（如"王亥丧牛羊于有易""高宗伐鬼方"等），三件为商末周初史实（"如帝乙归妹""箕子明夷""康侯用锡马蕃庶"等），所以顾氏推断《周易》的著作时代当在西周初叶，但著作人已不可考。据该书原本只供卜筮之用（参见本文第二部分）推之，当出于那时的史官之手①。

文王系卦爻辞之说不可从，伏羲画卦之说同样不可从。顾颉刚认为，传统易学所谓伏羲画卦文王重卦之说，其证据主要来自于《系辞传》《左传》《周礼》和《史记》等。如《系辞传》所谓"古者包羲氏之王天下也，仰则观象于天，……于是始做八卦……"就是伏羲画卦的出处。"易之兴也，其当殷之末世，周之盛德也？当文王与纣之事耶？是故其辞危"，则是文王重卦说的滥觞。但顾颉刚认为，《系辞传》《左传》《周礼》《史记》等都是战国秦汉间的书。而"战国秦汉间人的说话是最没有客观的标准的，爱怎么说就怎么说"。顾颉刚据其"层累的造成的古史观"指出，神农是到了战国末期才被历史学家造出来的，伏羲则更在其后，"简直是到了汉初才成立的"。"当初画卦和重卦的时候，他们这些人连胚胎都够不上，更不要说出生了。"② 因此，所谓的伏羲画卦云云，也纯属后人的附会，不足凭信。

这一时期或稍后，除顾颉刚的西周初叶说外，还有郭沫若的战国说；陆侃如、陈梦家的折中说和李镜池的西周晚期说等。但相对而言，顾说对20世纪中国易学的影响最大。今人李学勤先生认为："顾氏此文征引宏博，论证详密，为学者所遵信，可以说基本确定了《周易》卦爻辞年代的范围，是极有贡献的。后来有些论著沿着顾说的方向有所补充，但其结论终不能超过顾先生的论断。"③

---

① 顾颉刚：《周易卦爻辞中的故事》，《燕京学报》第六期，见《古史辨》第三册，上海古籍出版社 1982 年版，第 48 页。

② 顾颉刚：《周易卦爻辞中的故事》，《燕京学报》第六期，见《古史辨》第三册，上海古籍出版社 1982 年版，第 3 页。

③ 李学勤：《周易经传溯源》，长春出版社 1992 年版，第 1—2 页。

2.《易传》的著作年代和作者

"人更三圣"中的第三圣即指孔子。传统认为孔子作《易传》。但北宋欧阳修即已对此提出质疑（见《易童字问》）。顾颉刚根据欧阳修的观点，并引证近人康有为《新学伪经考》和今人冯友兰先生在《孔子在中国历史中之地位》一文中的有关论证，认为孔子绝不是《易传》的作者，《易传》的作者也绝不是一个人。① （参见本文第三部分）

那么，《易传》究竟成书于何时，出自于何人之手呢？

顾颉刚研究了相关的史料，发现正好可以从这些史料中钩沈出一条"自战国末期至西汉末年的跨度"。如《易传》中带有较强的道家自然主义的倾向。但顾颉刚认为提倡自然主义的道家"是发生于战国而极盛于汉初的"。又如《系辞传》中有圣人"观象制器"之说，"《系辞传》中这一章（观象制器章——引者注），它的基础是建筑于《说卦传》的物象上的，是建筑于《九家易》的互体和卦变上的。我们既知道《说卦传》较《象传》为晚出，既知道《说卦传》与孟京的《卦气图》相合，又知道京房之学是托之于孟氏的，又知道京房是汉元帝时的人，那么我们可以断说：《系辞传》中的这一章是京房或是京房的后学们所作的，它的时代不能早于汉元帝。"据此，顾颉刚断定，《易传》"最早不能过战国之末，最迟也不能过两汉之末，这七种传（即《彖传》《象传》《文言传》《系辞传》《说卦传》《序卦传》《杂卦传》——引者）是西元前三世纪中逐渐产生的；至于著者，则大部分是曾受道家暗示的儒者。"②

在顾颉刚划定的范围内，李镜池更就《易传》诸篇的成书年代进行了考证，其结论是：《彖》《象》二传的著作年代，约在秦之后到汉初，《系辞传》当形成于史迁之后，昭宣之间，《说卦》《序卦》与《杂卦》当出于昭宣之后③。

---

① 顾颉刚：《论易系辞传中观象制器的故事》，《燕大月刊》第六卷第三期，见《古史辨》第三册，上海古籍出版社 1982 年版，第 47 页。

② 顾颉刚：《周易卦爻辞中的故事》，《燕京学报》第六期，见《古史辨》第三册，上海古籍出版社 1982 年版，第 25 页。

③ 李镜池：《易传探源》，燕京大学《史学年报》第二期，见《古史辨》第三期，上海古籍出版社 1982 年版，第 105 页。

二、《周易》经传的性质及关系

1.《周易》经传的性质

传统易学对《周易》卦爻辞的解释虽然存在着种种分歧，但都毫无例外地深信此书出自圣人之手，包含神秘的微言大义。历代易学家也以阐明这些微言大义，作为研究《周易》的最终目标。顾颉刚在研究《周易》卦爻辞中的故事时发现，卦爻辞利用这些故事，并非是为了表现哲理，而是为了用于占筮。如"丧羊于易，无悔"（《大壮》六五）和"鸟焚其巢，旅人先笑后号啕，丧牛于易。"（《旅》上九）中的"易"就是"其国当在大河之北，或在易水左右"（王国维说）的"有易"。"旅人"即殷先祖王亥。"丧羊""丧牛"即"王亥托于有易，河伯仆牛。有易杀王亥取仆牛"（《山海经·大荒东经》）。亦即"殷王子亥宾于有易，而淫焉，有易之君绵臣杀而放之"（郭璞：《山海经注》引《真本竹书纪年》）。顾颉刚认为，这些故事在周初时人们还十分熟悉，爻辞于该故事后加上"无悔""凶"等断语，就是利用这个故事中"王亥在丧羊时尚无大损失，直到丧牛时才碰着危险"的情节作占卜的签诀。又《明夷》六五爻辞："箕子之明夷，利贞。""箕子"即殷末仁人箕子。这句话，"仿佛现在人说的'某人的晦气'而已"。"等于现在的签诀"和"牙牌数"一类的"隐语"①。因此，《易经》本为占筮之书，并不包含什么微言大义和高深的哲理。

对此，李镜池从《易经》一书的成书过程入手，做了进一步研究。李镜池认为，在《周易》卦爻辞中，有一些词句不相联属，只有分别解释才能说通，如果硬要附会成一种连贯的意思，就非大加穿凿不可。如《师》六五云："田有禽，利执言，无咎。长子帅师，弟子舆尸，贞凶。""无咎"以上，当为某一次的占词；"长子"以下，当为又一次的占词。又如《小畜》上九："既雨既处，尚德载，妇贞厉。月几望，君子征，凶。""妇贞厉"以上与"月几望"以下，意思很不一致，当不是同一次的占词。同一爻辞中出

---

① 顾颉刚：《周易卦爻辞中的故事》，《燕京学报》第六期，见《古史辨》第三册，上海古籍出版社1982年版，第16页。

现前后不一致的占词，说明它不是一次筮占的结果，而是多次筮占的拼合。又，甲骨卜辞的著作体例约有三种：一是表示吉凶；二是单纯叙事，不示吉凶；三是先叙事，后说吉凶。这与《周易》中部分卦爻辞的著作体例基本相同。此表明，"卦、爻辞是筮占的筮辞，与甲骨卜辞同类"。而其著作体例异于卜辞者，则显系"两次以上的筮辞的并合。"① 又，《周易》中有些卦爻辞，与《诗经》中的诗歌颇为相象。如"明夷于飞，垂其翼。君子于行，三日不食。"（《明夷》初九）"鸣鹤在阴，其子和之。我有好爵，吾与尔靡之。"（《中孚》九二）不但文字优美，还运用了比兴手法，这在甲骨卜辞中绝未出现。《周易》引入诗歌，说明它不只是旧筮辞的汇编，还加进了编者的创造。因此李镜池断定，《易经》不仅是筮占之书，而且是在"占人……凡卜筮，即事则系币以比其命，岁终则计其占之中否"（《周礼·春官》）的基础上，汇集筮占记录而成的②。

除此而外，李镜池还透过对"贞"字的解释，揭示了《易经》本为占书的实质。"贞"字，《周易》卦爻辞中出现频率极高，传统易学均据《彖传》释"贞"为"正"。李镜池受甲骨卜辞中"贞"字的启发，认为《易经》中的"贞"字当从许慎《说文解字》，训为"卜问"。如《周易》用"贞"的形式约有九种，即"贞吉""贞凶""贞厉""贞吝""利贞""可贞""不可贞""蔑贞""贞"等。如果释"贞"为"正"，则"贞凶""贞厉""贞吝"等便无法解释。所以，"贞"当为"卜问"，"贞"字的本意应断定为"问"。李镜池由此得出结论："一部《周易》，只反映出文化粗浅的社会情况，却没有高深的道理存乎其中。就是有，也是一些经验的积累，自发的，素朴的，不成组织体系，几篇《易传》，是战国、秦、汉人思想；……都不是原始的《周易》的本来面目"，它的本来面目就是"卜筮之书"。③

《周易》为筮书之说，《汉书》已有明言，宋人朱熹亦主此说。但由于有关上古时期筮占的实证材料比较缺乏，人们对于《周易》时代的占卜的面目

---

① 李镜池：《周易筮辞考》，见《古史辨》第三册，上海古籍出版社 1982 年版，第 198 页。
② 李镜池：《周易筮辞考》，见《古史辨》第三册，上海古籍出版社 1982 年版，第 223—226 页。
③ 李镜池：《周易筮辞考》，见《古史辨》第三册，上海古籍出版社 1982 年版，第 198 页。

不甚了解，所以，《汉书》及朱子的说法并没有动摇人们对《易经》已经形成的观念。19世纪末20世纪初殷商甲骨卜辞的出土和研究，为人们提供了丰富的商周时期的占卜材料，不少学者从甲骨卜辞的研究中得到启发，开始从卜、筮比较的角度研究《易经》的卦爻辞，发现了二者之间存在的某些渊源关系，这对于人们进一步认识《易经》的本来面目极有帮助。古史辨派的"《易》为筮书"说，即与此学术背景有关。

《易经》说筮占，《易传》论玄理，《易传》一书的性质，在于它依附《易经》而谈哲理。李镜池先生就《易传》透过《易经》阐发哲理的思路进行了探讨，提出了"卦象说""卦德说"和"卦位说"。李镜池认为，这些体例，都从哲理的高度诠释了《易经》卦爻辞，因而也掩盖了其为筮书的本来面目①。

2.《周易》经传的关系

传统易学，由于受"三圣""三古"说的影响，向来视《易传》为《易经》的标准解释，汉代学者干脆把原本单行，不与经文相杂的《彖传》《象传》分附于卦爻辞之下。所谓以传解经，牵经就传。但古史辨派却认为，古人的这条研究路子从一开始就走错了。综其理由，约有二端：一是《周易》经传属于性质不同的两种著作；二是《周易》经传形成于不同的时代，分别反映了不同的历史观念。

关于《周易》经传的性质，前面已经论及。用钱玄同先生的说法，可以概括为："卦辞爻辞是术数，《彖传》《象传》是玄理，两者的思想和文章全不相同。"② 既然《易经》"由卜筮而成，为卜筮而作"③，而《易传》"从卦画和卦、爻辞分析综合、引申发挥，研究宇宙问题和人生问题，……是哲学书。"④ 因此，以传解经就失去了根基。如高亨先生所说："《易传》解经与《易经》原意往往相去很远，所以研究这两部书，应当以经观经，以传

---

① 李镜池：《周易卦名考释》，《岭南学报》第九卷第一期。
② 钱玄同：《读汉石经周易残字而论及今文易的篇数问题》，《北京大学图书部月刊》第一卷第二期，见《古史辨》第三册，上海古籍出版社1982年版，第79页。
③ 李镜池：《周易筮辞考》，见《古史辨》第三册，上海古籍出版社1982年版，第187页。
④ 李镜池：《关于周易的性质和它的哲学思想》，《文汇报》1962年2月。

观传。"①

　　《周易》经传形成于不同的时代，前面亦曾说及。顾颉刚在研究《周易》卦爻辞中的故事时发现，如果离开《易传》单看《易经》，几乎见不到传统经学家所谓的"三圣""三古"的痕迹。于是顾颉刚用"把每一件史实的传说，依先后出现的次序，排列起来"的方法，对比了《易经》《易传》以及年代比较确定的《易林》的材料，发现《易林》虽然是汉人所作的与《易经》同其作用的占筮之书，但由于他的著作时代在儒家道统及三皇五帝的故事建设完成之后，所以虽不免汉代神仙家气味，而在历史观念方面与《易传》却颇为一致。如《易传》中提到的伏羲、黄帝、尧、舜、禹、汤、文王、武王等，在《易林》中均有提及。这说明《易林》和《易传》是在同一历史观念的指导下完成的。相反，如果拿《易经》和《易传》《易林》相比，就会发现一个很大的不同。如《易经》卦爻辞中只说及王亥、高宗、帝乙的故事，这与《尚书》所记武王与周公等人谈话中所及的人物比较接近，即仅记近代的几个王，不及较古的唐虞之类。"但一到《易传》，就必得说出'黄帝、尧、舜垂衣裳而天下治，盖取诸《乾》《坤》'来了"，真是"时代愈后，传说的古史愈长"。于是顾颉刚先生作出推论说："《易经》的著作时代在西周，那时没有儒家，没有他们的道统故事，所以他的作者只把商代和商周之际的故事叙述在各卦爻辞中。"而著作《易传》时"上古史系统已伸展得很长了，儒家的一套道统的故事已建设得很完成了，《周易》一部新书加入这个'儒经'的组合里，于是他们便把自己学派里的一件衣冠罩上去了。"因此顾颉刚认为，《易经》与《易传》的历史观念是处于"绝对相反的地位"的②。既然二者的历史观念绝对相反，就应该把"时代意识不同，古史观念不同的两部书——《周易》和《易传》分开。"③

　　古史辨派考证《周易》，重在还文献史料以真面目。所以，其从实证的

①　高亨：《周易大传今注》，齐鲁书社 1979 年版，"自序"。

②　顾颉刚：《论易系辞传中观象制器的故事》，《燕大月刊》第六卷第三期，见《古史辨》第三册，上海古籍出版社 1982 年版。

③　顾颉刚：《周易卦爻辞中的故事》，《燕京学报》第六期，见《古史辨》第三册，上海古籍出版社 1982 年版，第 44 页。

立场分观经传治学理路，对于 20 世纪的易学研究影响很大①。

三、孔子与《周易》经传

　　传统易学视孔子为《易传》的唯一作者，但顾颉刚、钱玄同等人却把《易传》成书的时段限定在"自战国末期至西汉末年"的范围内，这无疑剥夺了孔子对该书的著作权。李镜池更从孔子与《易经》的关系，孔子是否制作了《易传》，孔子作《易传》的传说是如何演变的等三个方面讨论了孔子与《周易》经传的关系。

　　李镜池服膺顾、钱二人之说，不但否定孔子是《易传》的作者，还怀疑孔子是否读过《易经》。关于孔子与《易经》的关系，《论语》中有两条记载：一是"加我数年，五十以学易，可以无大过矣"（《述而》），二是"南人有言曰：不恒其德，或承之羞，……不占而已矣"（《子路》）。其中，《述而》中的"易"字，鲁论作"亦"，如果连上下句读作"加我数年，亦可以无大过矣"，于意也很通顺。另外，《外黄令高彪碑》中也有"恬虚守约，五十以学"的说法。李镜池认为，照此理解，《述而》中的"易"字是否指《周易》，是大可怀疑的。"不恒其德，或承之羞"是《周易》《恒》卦九三爻辞，传统以为《论语》中的记载，是孔子引《周易》爻辞以为说。但李镜池认为，从《子路》篇的情形看，孔子显然是把这句话作为谚语来引用的，所以谓之"南人有言"。而孔子又说"不占而已矣"，说明孔子"对《易》没有重视"②。

　　除了否定《论语》中的有关记载外，"孔子的证人"孟轲没有提到过孔子对《易》的研究也是李镜池提供的证据之一。李镜池说："孟子只告诉我们，孔子是一个了不起的人，'圣之时者也'；他说孔子做《春秋》而乱臣贼子惧。说这个，说那个，却始终没有说过孔子对于《易》有什么研究，更没

---

① 参见杨庆中：《本世纪易学研究中的"经传分观"与"以传解经"》，《国际易学研究》第五期。

② 李镜池：《易传探源》，燕京大学《史学年报》第二期，见《古史辨》第三期，上海古籍出版社 1982 年版，第 97—101 页。

有说他作《易经》或《传》。"所以，结论只能是孔子"跟《周易》的缘分很浅"①。

孔子与《易经》的缘分很浅，自然也就没有资格作《易传》。关于这个问题，李镜池引用了宋人欧阳修和时人冯友兰的观点，自己没有提出新的证据。但他考证了孔子传《易》的传说之形成的过程。李镜池指出，《周易》本为筮书，但在《左传》《国语》中，人们也常常予以"义理的解释"。如《左传》襄公九年载穆姜论"元亨利贞"就是一例。"这种以义理解释卦爻辞的方法，正合于儒家的脾胃。儒家喜欢把旧文物加以一种新解释，……所以《易》虽是筮书，而儒家不妨拿来做教科书，只要能加以一种新解释，赋予一种新意义。——这是《周易》所以能加入《诗》《书》《礼》《乐》一群而成为'经'的最先的根基。"《周易》成为经书，就会有人替它作传。作传渐多，便有排列次序的必要，"于是有孔子'序'《易传》的传说发生"。如《史记·孔子世家》所谓"孔子晚而喜《易》，序《彖》《系》《象》《说卦》《文言》，读《易》韦编三绝"。但李镜池认为《史记》说这段话之前，是历述孔子"删诗书，定礼乐"，这段话之后是"孔子以诗书礼乐教，弟子盖三千焉"。这表明，第一，孔子没有拿《易》来教弟子，第二，孔子晚而喜《易》的一段文字，系错简或后人的插入。因为它与上下文没有关联，是一节独立的文字。李镜池本着顾颉刚及康有为之说，认为"插入"者是宣帝时的京房。由此推论，李镜池认定孔子作《易传》的传说，当发生在汉之"昭、宣"之间。"那时……解《易》的旧说多被搜罗，新说又渐多，于是倡为孔子序《易传》之说，把《易传》价值提高。到了新莽时代的刘歆，已经由序《易传》的传说转变到作《易传》了；已经由不著篇数的传说发展到整整齐齐的数目——十篇了"②。

这一时期，一些非古史辨派的学者如冯友兰、钱穆等也曾撰文讨论过孔子与《易传》的关系问题。冯友兰在《孔子在中国历史中的地位》一文

---

① 李镜池：《易传探源》，燕京大学《史学年报》第二期，见《古史辨》第三册，上海古籍出版社1982年版，第97—101页。

② 李镜池：《易传探源》，燕京大学《史学年报》第二期，见《古史辨》第三册，上海古籍出版社1982年版，第104页。

中认为，在《论语》中，孔子所说的"天"是一个有意志的主宰之天。而在《易传》的《彖》《象》中，天不过是一种宇宙力量，至多也不过是一个义理之天。"一个人的思想本来可以变动，但一个人绝不能同时对宇宙及人生持两种极端相反的意见。如果我们承认《论语》上的话是孔子所说，又承认《易》《彖》《象》是孔子所作，则我们即将孔子陷于一个矛盾的地位。"[1]因此，冯友兰认为，《易传》非孔子所作。冯友兰的文章只是顺便论及了孔子与《易传》的关系，钱穆则著《论十翼非孔子所作》一文，罗列十项证据，证明《易传》非孔子所作[2]。冯友兰此说，简直成为古史辨派手中的利器，屡为顾、李所称引。钱穆此文，也被收入了《古史辨》第三册中。

四、《周易》一书的结构

在古史辨派的学者中，李镜池是唯一一位终生致力于易学研究的专家。与顾颉刚、钱玄同等人不同，李镜池除从文献史料学的角度考证《周易》经传外，还对《易经》一书的结构、《易传》一书的思想进行了较为深入的研究。由于关于《易传》思想的论文均发表于60年代，此时古史辨派作为一个史学流派已基本退出历史舞台，所以本文只对前者作一简介。

李镜池探讨《易经》一书的结构，也是针对传统易学来的。著名易学家朱伯崑先生说，关于《周易》的结构，有一个问题是值得讨论的，即卦象与卦爻辞之间有无逻辑的必然联系。传统的看法是，二者存在着必然的联系。历代易学家，从春秋的筮者，到清代学者，都在努力寻求卦爻象与卦爻辞之间的内在联系，或者通过对卦象的各种解释，或者通过对卦爻辞的注释，将二者统一起来，以证明《周易》是神圣的典籍，具有完整的奥妙的思想体系，是圣人之书[3]。而古史辨派认为，《易经》源于占筮，《易经》中的卦爻辞是系统整理编排占筮材料而成的，因而，卦爻象与卦爻辞之间不可能

① 冯友兰：《孔子在中国历史中的地位》，《燕京学报》第二期。
② 钱穆：《论十翼非孔子所作》，《国立中山大学语言历史学研究所周刊》第七集，第八十三、八十四合期，见《古史辨》第三册，上海古籍出版社1982年版，第100页。
③ 朱伯崑：《易学哲学史》第一卷，华夏出版社1995年版，第11页。

存在必然的逻辑关系。李镜池研究《易经》卦名与卦爻辞的关系，就是要得出这个结论。

卦名是指《周易》六十四卦的名称。传统以为，六十四卦的卦名，概括了六十四卦的主旨。李镜池则指出，《周易》的卦名约有三种样式，一是"单词独立的"，如《乾》《坤》《屯》《蒙》《小畜》《大有》之类。二是"连于它文的"，如《履》（"履虎尾"）、《否》（"否之非人"）、《同人》（"同人于野"）、《艮》（"艮其背"）等。三是"省略的"，如《坎》本为"习坎"，省略为《坎》。卦名与卦爻辞的关系，约有六种：其一，卦名与卦爻辞意义上全有关系。如《师》卦，除六五"田有禽利执言"是说田猎外，其他均说师旅之事。而古人之田猎多与讲武习兵有关，所以六五亦不可谓之与师旅之事无关。其二，大部分言一事，只有小部分不同，然而与卦名也有意义的关联。如《复》卦，卦辞曰"出入无疾""反复其道，七日来复"，初六"不远复"，六二"休复"，六三"频复"，六四"中行独复"，六五"敦复"，上六"迷复"。都是说往而能复。但上六一爻于"迷复"之后系是"用行师，终有大败，以其国君。凶，至于十年不克征"的话，似与"往而能复"的行旅之类不协（按：李氏视《复》卦为行旅之卦）。其三，只有小部分或一半与卦名的意义或字音有关。如《噬嗑》卦，"噬嗑"本指吃喝，爻辞则一半言刑狱（"屦校灭趾""噬肤灭鼻""何校灭耳"），一半讲吃喝（"噬腊肉""噬乾肉""噬乾月"）。其四，卦中说的不是一事，因为卦名有数义，或以同字或以假借而聚拢在一起。如《需》卦，需或借为濡，为懦，为濡染，濡溺，为畏需等。其五，卦名与卦爻辞无关联。如《乾》卦，乾为天，但卦爻辞之乾不训天，亦不说天。其六，《渐》卦是特别的一类，与以上五种不同，渐说的是鸿之渐，与所言之事无关联，甚至简直不言事，只言鸿。李镜池认为，在上述六种中，只有第一种卦名与卦义有关，其余的则在无关与有关之间。所以说，"卦爻辞是复杂的，一卦不一定讲一事，卦名与卦爻辞所说不一定相符。"①

---

① 　李镜池：《周易筮辞考》，见《古史辨》第三册，上海古籍出版社 1982 年版，第 229—231 页。

40 年代，李镜池著《周易卦名考释》，对卦名的取用规则作了进一步的讨论。李镜池认为，中国的古书本来没有篇名，为了称谓的方便，才给它取了一个篇名，这种篇名不一定有什么意义，不过是一种编号而已。《周易》卦名的增添也大致如此。至于说有的卦名与卦意有关联，那也不过是卦的本身简单，几条卦、爻辞有时集中在一个观念上罢了。但李镜池又认为，《周易》的卦名也并非完全后出，六十四卦之中，有一部分原来就有卦名。如《乾》卦，《乾》卦六爻，有五爻言龙，依理应以龙为卦名，而却谓之为"乾"，说明此卦原本就叫"乾"。那么，后出的卦名，其命名又有什么规则呢？李镜池说，卦之命名，或者以卦、爻辞中常见之一字为主，取以为名。如《蒙》卦中有"匪我求童蒙，童蒙求我""发蒙""包蒙""困蒙""童蒙""击蒙"等，"蒙"为常见之字，故取以为卦名。或者以复词为名，即以卦爻辞中常见之二字为主，若是卦爻辞中常见之字，卦辞已先具，即以卦辞为名，不另立卦名。如《否》卦，否字爻辞四见，即以卦辞"否之匪人"之"否"为名，不再另立。这是因为，卦名的设立，本是为了方便，"如果卦辞开端已经具备，一望而知，不必另标名目"。或者从内容方面去标名，如《大畜》，"似乎因为有'良马逐''童牛之牿''豶豕之牙'等与牲畜有关，故取名为'畜'且以之命名"。或者以卦辞之词为名，这主要是由于爻辞没有常见之字，而爻辞之义也难以寻求通则，如《大壮》，有三爻用壮字，应命名为壮，但却命名为大壮，故疑《大壮》卦辞本为"大壮"二字，即以卦辞为卦名，等等[①]。

这一时期，除李镜池外，高亨先生在所著《周易古经通说》中也对类似问题进行了探讨。并强调"大多数卦名，不能代表卦象之意义"。李、高二人的研究，无疑是对《彖》《象》《序卦》等以传解经模式的破坏。

[①] 李镜池：《周易卦名考释》。杨安：60 年代，李氏本人对 40 年代的观点又有所修正，其曰："由于《易》文简古，不易解释，故对于卦名和卦爻辞的联系有许多没有看出来，最近写《周易通义》一书，才明白卦名和卦爻辞全有关联。其中多数，每卦有一个中心思想，卦名是它的标题。这就是说，它有内容的联系。……但有一部分只有文字形式的联系。……但不管是内容或形式，在编者选材时，是尽可能给每卦以至两卦作出有联系的组织的"（李镜池：《周易卦名考》"补记"，《周易探源》，中华书局 1978 年版，第 291 页）。

五、影响及评价

本文"引言"中已经指出，古史辨派的易学研究，目的是要"打破汉人的经说"，"破坏其伏羲、神农的圣经地位而建设其卜筮的地位"，"辨明《易十翼》的不合于《易》的上下经"。一句话，就是"从圣道王功的空气中夺出真正的古籍"。应该说，他们的研究基本上实现了自己的目的。对《周易》卦爻辞中的故事的梳理，对《周易》筮辞与甲骨卜辞的比较，对《周易》一书的编撰过程的研究，揭示了其卜筮的本来面目；对《经》《传》性质的探讨，对《经》《传》两种古史观的比较，辩明了《易传》的不合于上下经；对"圣人观象系辞"说的考证，破坏了伏羲、神农的圣经地位；对于《易传》成书年代的考证，剥夺了孔子的《易传》著作权。总之一句话，在古史辨派看来，《周易》经传与传统所谓的三位圣人没有什么关系。真可谓是"从圣道王功的空气中夺出真正的古籍"。

古史辨派对传统易学的这种无与伦比的"破坏"，影响是十分巨大的。从某种意义上说，20世纪的中国易学，基本上是在消化他们提出的问题[1]。同意也好，反对也好，这些问题都不能绕过[2]。就此而言，古史辨派提出的问题也可以说是击中了传统易学的要害。然而，这里所谓的"要害"，与其说是传统易学本身，不如说是传统易学赖以存在的观念信仰。换句话说，古史辨派所击中的，是圣经的地位、圣经的信仰，而并非"经"之本身。所以，在20世纪的易学研究中，不管哪一流派，都可以而且都必须把古史辨派提出的问题当作问题来研究。即使你不同意他们的考证结果，但你必须认同他们的考证精神。这种精神及与之俱有的思想解放就是古史辨派留给20世纪易学研究的最大财富。

现在看来，古史辨派的易学研究，其结论大有可商量之余地。前面提及的四方面问题，除《易经》的成书年代和《周易》经传性质的讨论尚能部

---

[1]　参见杨庆中：《二十世纪中国易学史》第三、四、五章，人民出版社2000年版。
[2]　如对古史辨派的观点颇持异议的金景芳、黄寿祺等先生，都曾专文讨论古史辨派提出的问题。

分地经得起时间的考验外，其他几项则很难说有令人心悦诚服的证据。如孔子与《周易》经传的关系问题，古史辨派的考证显然有失偏颇。如他们依据《鲁论》，释《述而》的"五十以学易"中的"易"字为"亦"，就很值得怀疑。著名历史学家、古文字学家李学勤指出："'易''亦'音近而讹，从古音上来看，只能是两汉之际以后的事。《史记》既然作'易'，作'亦'的异文是没有多少价值的。"① 这样看来，古史辨派怀疑孔子与《周易》的关系，这条证据是失效了。

　　不仅如此，现代研究证明，孔子不但与《周易》发生过关系，而且还发生过很密切的关系。台湾学者黄沛荣先生指出，孔子与《周易》经传的关系，可就四端言之：一、作《易》（作卦爻辞）问题，二、学《易》问题，三、赞《易》（作传）问题，四、传《易》问题。"四者间之关涉，亦颇错综。盖果曾作《易》或传《易》，自不必讨论学《易》的问题；然而虽尝读《易》，却未必赞《易》或传《易》；又或虽未赞《易》，亦可将《易》理传于门人后学。"② 黄沛荣首先证明了孔子没有作《易》，然后着力讨论了其他三方面的问题。经过细密的考证，黄沛荣得出结论说："首先，无论自任何合理之角度考察，卦爻辞必非孔子作，且无可商讨之余地。其次，孔子时代，《周易》卦爻辞业已流传，以孔子之好学与博学，研读《易经》，绝有可能；且从事实论之，孔子即已传《易》，则其确曾读《易》，可不待言。唯据帛书《要》云：'夫子老而好《易》。'《史记·孔子世家》：'孔子晚而喜《易》。'《汉书·儒林传》：'孔子晚而好《易》。'故或未及撰作，仅有心传。今自《易》传七种验之，其内容虽与儒家思想渊源甚深，然究其内容、修辞、句法等方面，颇有战国以来著作之特色，故绝非孔子所手著。盖自孔子传《易》于门人弟子，期初仅口耳相传，后乃陆续写定。故《易》传七篇之内容与孔子之思想有极深厚之关联性。此种现象，与一般先秦典籍流传、写定之过程相近……要之，孔子与《周易》经传之关系，乃在于其研读《易经》，吸收并

① 李学勤：《失落的文明》，上海文艺出版社1997年版，第279页。又参见李学勤：《周易经传溯源》第一章第五节"'五十以学《易》'问题考辨"。
② 黄沛荣：《易学乾坤》，台湾大安出版社1998年版，第157页。

阐扬《易经》义理，而传于门人后学也。"① 应该说，与古史辨派的讨论相比较，黄沛荣的结论是更有说服力的。

此外，黄沛荣也讨论了《周易》一书的结构，黄沛荣对于古史辨派所谓的"《周易》并非成于一时，亦非出于一人之手，系据旧有材料次第编纂而成"的看法颇持异议。为此，其特从《周易》卦爻辞的编撰体例、六十四卦之名义及其卦义之系统性等几个方面进行了深入研究。如其论《周易》卦爻辞的编撰体例曰："由《易》卦个爻常嵌以卦名之辞例观之，六十四卦中，全卦四爻以上系有卦名者既多达四十一卦，可见必为《易》辞作者之刻意安排；自通卦由下而上取象之辞例言之，可知诸卦之各爻，乃出于一人之手，并非杂纂而成；自爻位相同用字亦多相应之辞例，亦可证爻辞乃著于一手。总之，作辞者虽或采用若干前代之材料及故事，然而卦爻辞之主体，则是一时一人之作，所使用者绝非'长时间积聚的复杂的材料'，亦非'由许多本子混合编纂而成'。苟如诸家所云，则爻辞各有其不同之来源，又焉能'巧合'如此？"② 可见，《易经》一书的结构，与古史辨派所说相反，卦爻辞与卦爻象之间是有内在的逻辑关系的。

然而，对古史辨派的"辨明"，丝毫也不影响该派易学研究在 20 世纪易学研究史中的思想意义③。我们毋宁说，这种对于"辨明"的"辨明"，恰恰是对古史辨派的求真精神和实证方法的认同和发展。而古史辨派易学研究的价值也正在这里④。

（原载于《首都师范大学学报》2001 年第 2 期）

---

① 黄沛荣：《易学乾坤》，台湾大安出版社 1998 年版，第 210 页。杨安：黄氏的有关考证细节，请参见杨庆中：《二十世纪中国易学史》第九章第二节，人民出版社 2000 年版。

② 黄沛荣：《易学乾坤》，台湾大安出版社 1998 年版，第 155—156 页。

③ 参见杨庆中：《二十世纪中国易学史》，人民出版社 2000 年版，"前言"。

④ 参见杨庆中：《本世纪易学研究中的"经传分观"与"以传解经"》，《国际易学研究》第五期。

20 世纪中国易学研究的宏观审视

　　《周易》是中国封建时代的学术——经学的核心，在中国传统文化思想发展史中，作为五经之首，它始终是人们研究和关注的焦点。回顾和总结其在 20 世纪的被研究现状，既可反映出传统文化在 20 世纪的际遇，又可以为它在 21 世纪的发展提供借鉴。而它本身的特殊性，又能使我们透过百年来的易学研究，透视出 20 世纪中国学术研究的方法论特征。我们选择"20 世纪的中国易学"作为研究对象，正是基于这样的认识。

一

　　那么，如何把握 20 世纪的中国易学研究呢?

　　20 世纪的中国易学研究，与 20 世纪中国社会的发展变革的历程密不可分。在这百年中，中国先后发生了辛亥革命和社会主义革命。两次改朝换代造成的主流意识形态的变革，都对易学研究造成了影响。但由于辛亥革命发生在 20 世纪初，此前的十来年不足以形成一个相对独立的学术时期。所以，我们以 1949 年为限，将 20 世纪的易学研究分为两大发展阶段，1949 年之前为第一大阶段，1949 年之后为第二大阶段。在第二大阶段中，又分为大陆和台湾两部分。

　　就第一阶段来说，1912 年的辛亥革命，推翻了清王朝，为中国漫长的封建社会画上了句号。但封建时代的学术思想，及传承这种学术思想的方法和手段——经学，却没有因此而马上退出历史舞台。直到伟大的"五四"新文化运动，一些接受了新思想的学者，特别是历史研究领域的古史辨派的学者，以史学的观点重新看待传统经典，才真正打破了传统经学的僵局，动摇了传统经学的根基。因此，这一时期的易学研究，呈现出新旧并存、对垒和除旧布新的复杂局面：既有站在经学的立场，用经学的方法和观念整理《周易》的经学家的研究，又有站在史学家的立场，用文献学的方法整理《周易》的古史辨派的研究，又有站在社会学和文化学的立场，用唯物史观的方法解读《周易》的唯物史观派的研究，还有既继承传统易学研究中的合理因素，又认可新史学观念的新探索者的研究。当然，四种研究倾向并非决然分途，而是既交互进行，又相继发展。而新旧、中西之间的互动和会通则构成了这一阶段易学研究的基本特征。

与流派纷呈的第一阶段不同，第二阶段大陆的易学研究是在马克思主义观点和方法占绝对统治地位的社会大背景中进行的。具体地说，又可以以十一届三中全会为界，分为前后两个时期。前期的易学研究在某种程度上可以说是 30 年代古史辨派和唯物史观派讨论问题的继续和深入，如讨论主要集中在《周易》经传的成书、著作年代、性质、哲学思想等方面。不过，由于这一时期的易学研究与中国哲学史方法论的讨论交叉进行，所以，这次讨论，也是新中国成立后，马克思主义在指导中国哲学史研究中的一次尝试。1978 年以后，随着中国改革开放政策的实施、思想解放运动和文化讨论的兴起与深入，易学研究又呈现出多学科、多角度、多层面的研究格局。关于《周易》经传的研究，关于《周易》系统典籍的研究，关于易学史的研究，关于易学哲学的研究，关于易学与中国传统文化的研究，关于易学与科学的研究，乃至于利用出土文物对《周易》进行的研究等，都一时成为热点。而且，研究者都自觉地继承并超越了前一时期与唯心、唯物和辩证法、形而上学决然对立的狭隘的思维模式，而把探讨易学与中国传统文化的内在精神、易学与中国文化的未来走向等作为研究的目的。因此可以说，既有理智的剖解，又有情感的认同。为下一世纪的易学研究开启了一个多元的方向。

1949 年国民党退守台湾后，台湾的易学研究，经历了与大陆不同的发展历程。大体来说，他们仍然沿袭了民国时期的学术作风和思维路向，如1949 年以前便已具有一定影响的一些易学家，这一时期仍很活跃。他们多执教于台湾各高等院校，从学者众多。所以，台岛"易学的薪传与后续的研究甚为活络"①。他们"没有经历过对儒学和唯心主义哲学的猛烈的批判，在中国哲学的继承和发扬方面阻力较小"②，因此传统色彩较浓。既有类似于清代汉学的辑佚、考注，又有类似于宋代义理之学的哲学研究，还有颇具特色的易学史研究。而传统的象数与义理之争，则偶尔以科学易与义理易的面目重现于学术论坛。媚世的心态和利益的驱使，也常常使占卜、迷信堂而皇之地在易学领域占据一席之地。但总体而言，台湾学者在易学文献的辑佚、考注、易学史研究和易学思想研究方面成绩颇佳。

二

20 世纪的中国易学研究，概括起来说，前一发展阶段，尤其是 20 世纪初，受五四新文化运动的影响，意在打破封建传统文化——经学的僵局，树立 20 世纪学术研究的范式。所以，易学研究中的破旧和开新（不同于立新）较为突出；后一发展阶段，尤其是 20 世纪末，为了重新建立新文化，开启 21 世纪学术研究的方向，总结与创新的势头比较明显。当然，事实上的问题远比我们的这种概括要复杂。但如果放在中国思想文化发展的历史大背景中审视，不难发现，在前后两个复杂的发展阶段中，大都体现了 20 世纪中国学术发展的主流特征——理性精神。

20 世纪中国思想学术的变迁十分壮观。学术的变迁以思想的解放为背景，以观念的更新为前提，又以方法的重建为基础。五四新文化运动以来的易学研究，与传统易学研究的最大不同之处，恰恰就在于观念的不同和方法的差异。就观念说，传统经学向来视《周易》为"事历三古""四圣同揆"的神圣不可侵犯的经典，"后学只有领悟、卫护和发扬其中的圣人之道。……不允许质疑和批评"③。而 20 世纪的易学研究，首先就是以打破它的这种神圣性和神秘性为起点的。视它为卜筮之书也好，视它为博大精深的哲学著作

---

① 黄沛荣：《近十来年海峡两岸易学研究的比较》，载《周易研究》1989 年第 1 期。

② 方克立：《二十世纪中国哲学研究的回顾与展望》，载《中国社会科学院研究生院学报》1996 年第 5 期。

③ 朱伯崑：《朱伯崑论著》，沈阳出版社 1998 年版，第 832 页。

也好，人们基本上都能够从观念上摆脱经学模式的束缚，站在一个较为客观的立场上探讨易学中的诸多问题。而这无疑得益于研究方法的推陈出新。

传统易学，虽然有两派六宗之分①，但就方法论的意义说，不过象数、义理两种。象数学的方法以象、数为《周易》经传之基础，注重探求卦爻象和卦爻数与卦爻辞之间的内在逻辑关系；并善于以《周易》六十四卦为框架结构，建构天人同构的复杂而庞大的宇宙生成体系。义理学的方法以舍象取义、得意忘象为特征，注重阐发《周易》的经义名理、哲学思想，以及宇宙中的普遍常存之道。这些方法在易学发展史上，都曾起过相当重要的作用。可以说既是传统易学的研究方法，又是传统易学的核心内容。但是，进入20世纪以后，这些方法几乎随着经学观念的衰落而渐渐地式微。代之而起的是与新史学思潮颇相符合的一些新的研究方法。

纵观20世纪的易学研究，有三种方法颇值得注意：一是实证主义的方法，二是唯物史观的方法，三是逻辑分析的方法②。这三种方法被相继用到易学领域的研究之中，大体表现了20世纪易学研究的三个发展时期的主流特征。实证主义的方法在20世纪初的20、30年代颇为盛行，唯物史观的方法在50、60年代最为独尊，逻辑分析的方法则在20世纪的后20年最有特色。当然，这种分析，仅仅是就其"主流特征"而言的。实际上，在许多学者那里，这几种方法往往是同时并用的。另外，传统经学的研究方法虽然式微，但也还没有中断。尤其是在20世纪末，随着回归元典的呼声日渐高涨，有些学者自觉地用"改造"了的经学方法和经学观念重新审视易学，使易学的研究真正呈现出多元化的发展趋势。

大体来说，实证主义的研究方法是随着新史学的兴起而崛起的。就易学的研究而言，可以以古史辨派为代表。这一派研究易学的目的，用已故著名史学家顾颉刚先生的话说，就是"于《易》则破坏其伏羲神农的圣经的地位而建设其卜筮的地位"，"辨明《易十翼》的不合于《易》的上下经"③。换

---

① 见《四库全书总目·经部·易类提要》。
② 参见朱伯崑：《易学研究中的若干问题》，《朱伯崑论著》，沈阳出版社1998年版，第831页。
③ 顾颉刚：《古史辨》第三册，上海古籍出版社1982年版，第1页。

句话说，就是要求揭开《周易》经传的本来面目。因此，他们更多地是用文献学的研究方法，像老吏断狱一样地打散历代经学家为《周易》经传编制的种种说辞，逐个判明它们的真实样象。唯物史观的易学研究方法也与新史学的传播有关。其首倡者和最早的尝试者是已故著名史学家郭沫若先生。与古史辨派仅仅把经书还原为古史资料不同，唯物史观派的易学研究则注重于揭示史料背后所隐藏着的社会的政治经济结构，以及史料本身所包含着的哲学思想。60 年代，有学者将此一方法的核心内容概括为"坚持严格的历史性"①。作为一种哲学方法，逻辑分析的方法虽然在 20 世纪上半叶就曾被一些学者所运用。但真正用于易学的研究，主要是近 20 年的事情。这种方法注意"对经、传、学中的术语、概念、范畴、命题以及理论体系，进行逻辑的分析"②，以揭示出其理论思维的特征及价值。以上这些方法，都是 20 世纪的易学研究中颇为流行的新方法。说它们新，并不意味着与传统的经学方法毫不相干，如实证的方法，就曾综合了乾嘉之学的求实精神和宋代以来的怀疑精神。

总之，这些方法，在 20 世纪的易学研究中，各自显示了自己的特殊价值，分别开拓出了一些易学研究的新领域。也都基本切合了 20 世纪中国思想文化发展的主流精神——理性主义精神。因此形成了 20 世纪易学研究的发展主线。这是值得充分肯定的。

除此之外，也还有一股易学研究的伏线，值得引起高度重视。20 世纪初，在强大的新文化运动的攻势之下，传统经学不仅还手无力，甚至招架乏术。大师如章太炎者，亦不过是以《周易》六十四卦比西方之社会进化观而已。但这种情况在 30、40 年代稍有改变，一些学者在有选择地接受了新史学观念的同时，开始重理传统经学的精神脉络，整理被古史辨派打得七零八落的易学。其中尤以著名哲学家熊十力先生最有个性。他由佛归儒，阐释易理，大有"振斯绝学"之势。但这种势头刚刚露出，便适逢时代巨变，在全国上下学马列和知识分子思想改造的社会背景下便若一缕游丝。直到 20 世

---

① 方鉨：《坚持哲学史中严格的历史性》，载《哲学研究》1963 年第 3 期。
② 方鉨：《坚持哲学史中严格的历史性》，载《哲学研究》1963 年第 3 期。

纪末，易学研究的多元格局形成之后，才又被个别学者以"诠释文本"的现代解释学方法重新继起。同时，传统易学中的象数之学也在多半个世纪的压迫之后，发挥其"援易以为说"的特长，与现代科学联姻，而竟一时号称显学。这些都不单纯是传统易学的回归，因此很需要注意加以分析和研究。

三

由于观念和方法的更新，20 世纪的易学研究表现出了许多不同于传统经学的新气象，也提出了诸多为 20 世纪所独有的易学话题。

古史辨派打破经学，使传统经学的种种"不刊之论"均遭到怀疑：八卦是否为伏羲所画？六十四卦是否为文王所重？卦、爻辞是否为文王、周公所系？《周易》究竟成书于何时？孔子是否读过《周易》？《易传》是否为孔子所作？《周易》是否如历代经学家所说的那样，包含了深刻的哲理？《周易》究竟是一部什么性质的书？《易传》对《周易》的解释是否合乎《周易》的本义？历代易学家为解释《周易》经传所创设的种种体例是否符合经传的精神？等等。这些在传统经学中本来不成为问题的问题，在 20 世纪竟都成为了问题。而新史学家的铁面无私的口号："拿证据来"，使无论站在何种立场上的易学家，都不得不用自己的考证推出自己的见解。而唯物史观派在重视辩证这些问题的同时，又将目光集中转向对文献背后所隐含着的社会的经济结构、政治制度、精神信仰，以及文献本身所包含着的哲学思想的性质的探讨，将易学研究引向了更为广阔的领域。这些都是 20 世纪易学研究中的新问题，又都是传统经学中所无，而为 20 世纪的学者们所提出、所开拓的新问题。在 20 世纪初和 20 世纪中叶，这些问题几乎成为易学研究的核心。

进入 80 年代以来，随着易学研究的不断深入，特别是哲学上的逻辑分析方法的成功运用，易学研究的领域又有新的拓展。易学理论思维的研究，易学与中国哲学之特征的研究等过去不大注意的问题，这时都被提了出来。与此相关的易学史的研究，易学与科学方法论的研究，易学与中国文化基本精神的研究等为过去所忽视的领域，也都蓬蓬勃勃地得以展开。同时，由于大量与易学有关的出土文物的发现，利用地下发掘的材料研究易学，也一时成为热点。这些研究，大多力图遵循严格的历史性原则，在解决上一阶段提出的问题的同时有所创新。因此，表现出了一种成熟地运用 20 世纪积累起来的研究方法和新材料，总结和反思几千年易学研究中的得失和经验教训的倾向。

四

上述新观念、新方法、新话题，也使 20 世纪的易学研究取得了前所未有的新成就。大体来说，有以下一些方面值得注意：

其一，《周易》卦爻辞著作年代的研究。《周易》一书结构特殊，构成成分比较复杂，有卦有辞，卦系何人所画，何人所重，辞系何人所写等从来就有不同的说法。这为人们正确把握《周易》一书的编写年代造成了一定的困难。20 世纪 20、30 年代，一些学者如顾颉刚先生利用殷墟甲骨的研究成果和其他文献资料，推定《周易》卦爻辞"著作年代当在西周初叶"[1]。顾颉刚先生的这一推论"可以说基本确定了《周易》卦爻辞年代的范围，是极有贡献的。后来有些论著沿着顾颉刚的方向有所补充，但其结论终不能超过顾颉刚先生的论断"[2]。其二，《周易》时代的社会结构及性质的研究。《周易》一书的文字部分虽然由一些类似于卜辞的卦爻辞组成，但却与后人编造的谶诀咒语不同。其中有很大一部分内容为当时的筮占实录，从不同的侧面反映了那个时代的社会情况。20 世纪 30 年代，郭沫若先生利用这些材料中的一些蛛丝马迹，推论了当时的社会结构、生活基础和精神生产[3]。郭沫若先生的这种研究虽然还很初步，得出的结论也未必十分正确，但却开拓出了一个新方向。后来有不少人沿着此一方向探讨了《周易》卦爻辞中反映出的当时社会的宗教、婚姻、农业、牧畜等问题，为 20 世纪的易学研究增添了新的内容。其三，《周易》与中国古代哲学智慧的研究。《周易》卦爻辞，虽然多由只词片语组成，但其中保存了许多该时代或更早的歌谣民

---

① 顾颉刚：《周易卦爻辞中的故事》，载《燕京学报》第 6 期。

② 李学勤：《周易经传溯源》，长春出版社 1992 年版，第 2 页。

③ 参见郭沫若：《中国古代社会研究》，人民出版社 1954 年版，第 23—54 页。

谚，从某些侧面反映了我国先民的哲学思想和生命智慧。另外，《周易》卦爻辞的特殊符号系统及其特殊的排列次序，也都深深地凝聚了古圣先贤的良苦用心。在 20 世纪的易学研究中，有不少学者，透过这些只词片语，符号排列，钩玄索隐，探讨了卦象与卦序中的逻辑思维及卦爻辞中的世界观。这种探讨既避免了传统经学家的维护道统的盲目尊古行为；又超越了近人单纯视《周易》为卜筮、迷信之书的简单做法，深化了易学的研究。其四，《易传》哲学的研究。在 20 世纪的易学研究中，虽然关于《易传》的作者、成书年代等问题，在学者之间存在着诸多分歧。但就《易传》是一部哲学著作这一点来说，学者们的看法比较一致。大家探讨了《易传》哲学的性质，《易传》哲学的基本原理，《易传》解经的特殊方法。特别指出了其中所包含的丰富的辩证法思想，和有别于西方的而为中国古人所最擅长的辩证思维。这一思维规律的揭示，是 20 世纪易学研究中的一大贡献。其五，易学史的研究。自汉代尊《周易》为经书以后，历代经学家都把研究《周易》视为一门专门的学问。因此，在中国历史上出现了一大批成就卓著的易学家。这是一笔丰厚的哲学遗产，需要人们作出总结。历史上有不少经学家十分注意总结前人的研究成果，但由于缺乏历史主义的观点，这种总结往往很不系统，很不全面。20 世纪初，著名经学家刘师培先生在其所著的《经学教科书》中，用不小的篇幅介绍了易学发展的历史，但仍十分简略。进入 60 年代，开始有人集中精力撰写大部头的易学史专著。到 80、90 年代，这一领域的研究已是十分地热烈。通史的研究，断代史的研究，专题史的研究，人物思想的研究等都得以开展，形成了 20 世纪易学研究的一大景观。其六，易学理论思维的研究。在 20 世纪的易学研究中，易学哲学的研究一直受到重视。进入 80 年代以来，由于传统文化反思的时代要求，易学哲学的研究开始不断超越前一时期的单纯的哲学性质（唯心、唯物等）的讨论，而转向易学哲学与中国文化之特征的关系的探讨。有些学者认为："易学作为具有中国文化特色的庞大的学术思想体系，所以经久不衰，受到历代学者的重视，其关键在于提出一套观察和思考宇宙及人生问题的思维方式。易学文化所以对中国文化的发展起了深刻的影响，说到底，是基于其所提出的思维方式。"① 因此，他们在研究易学哲学时，特别注意用逻辑分析的方法分疏易学理论思维，并对传统易学中所体现出的直观思维、形象思维、逻辑思维、辩证思维以及象数思维等，进行了颇为深入地探讨，大大推进了易学哲学的研究。这种探讨，把 20 世纪以来的深沉的民族文化反思引向了一个更为本质的层面，为人们"转换"传统易学的现代意义开辟了科学的理论通道。其七，易学与中国传统文化之精神的研究。《周易》"原属于儒家经典，后来又分别为道家和佛家文化所吸收，在中国文化中占有重要的地位，并对中华传统文化的发展起了重大影响"②。如何把握易学与中国传统文化的关系，是近 20 年来易学研究中的重大课题之一。有些学者从文化精神发生学的角度，透过易学发展的历史，探索了《周易》在中国文化思想形成和发展中的作用，以及其中所蕴含着的中国文化的思想精髓和价值理念。这是一种从价值理性和人文精神的层面展开的易学研究，对于全面把握易学的实质是颇有意义的。其八，易学与科学的研究。《周易》作为中国文化的一部元典，不但受到经学家的重视，也常常被历代的"自然科学家"拿来做自己的"科学"研究的理论根据。虽不免有"援《易》以为说"的通病，但其中也确有从自然哲学的意义上来理解易学的尝试。特别是传统易学象数派中的一些人，一直在试图利用《周易》特殊的符号系统和天地人三才合一的整体思维模式，探讨与宇宙构成有关的一些问题。在 20 世纪的易学研究中，有些学者比较重视分析和总结这方面的经验教训。也有些学者以此种研究为基础，更进一步，试图在传统易学与现代自然科学之间寻找某种沟通的渠道。这项工作，虽然目前没有取得什么可观的成果，但作为一种易学现代化的新探索，也是值得予以关注的。其九，利用考古材料进行的易学研究。利用地下出土的与易学有关的材料进行易学研究，并非始于 20 世纪，见于史载的就有两次。但 20 世纪这方面的研究最为壮观。20 世纪初，曾有不少学者以殷墟甲骨卜辞为参照，研究《周易》卦爻辞的构成及性质。70 年代末期，在长沙马王堆出土的帛书文物中，有一部分内容与易学有关，引起了学者们的高度重

①　朱伯崑：《朱伯崑论著》，沈阳出版社 1998 年版，第 798—799 页。

②　朱伯崑：《朱伯崑论著》，沈阳出版社 1998 年版，第 798—799 页。

视。80年代初期，又有学者用卦爻符号翻译殷周卜骨及铜器上的奇异的数字，发现了一些规律性的东西，也引起了学界的轰动。至此，利用出土材料进行的易学研究便蓬蓬勃勃地展开，乃至于成为20世纪末易学研究领域里的一大景观。这种研究对于澄清易学史上的一些问题，弥补易学史上的一些发展环节是十分有价值的。也往往是其他性质的文献研究所不能代替的。因此，应该将其视之为20世纪易学研究的重要成果。

以上所述，只是就20世纪易学研究中比较容易作出评价的几个方面而言的。除此之外，还有一些方面，如关于《易经》性质的研究，关于孔子与《周易》关系的研究，关于《易传》成书年代的研究，以及关于八卦起源的研究等，也都值得一提。这些研究虽一时尚不能得出颇为周延的结论，但却促进了易学的发展。因此，也应当予以积极的评价。

五

在上面的讨论中，我们频繁地使用了"新"字，所谓"新观念""新方法""新话题"等。"新"当然是相对于传统的"旧"而言的。但需要指出的是，这里所谓的"新"和"旧"，并非价值判断，而是一种"发展史"意义上的评价。换言之，"新"并不意味着正确无误，"旧"也不表明一无是处。这也就是说，"新"与"旧"一样，都是时代发展的产物，都带有时代的局限性。20世纪的易学研究，尤其是80、90年代以前的研究，就其主流而言，可以说贯穿着批判封建旧文化的主线，深印着两次革命（辛亥革命和社会主义革命）的烙印。这是无可厚非的，因为这是时代的潮流，历史的际遇。但是，站在世纪之末，总结百年来易学研究的时候，我们不能不在充分肯定其成绩的同时，也充分反思其局限性之所在。

观念之"新"是相对于经学观念之"旧"而言的。传统经学观念之"旧"，前面已经说及。之所以谓之"旧"，一个主要的原因，就是以《周易》为核心的传统经学，已无法适应以近代知识论为背景的西方文化的挑战。朱伯崑先生在论及清代汉易的复兴时，说过一段非常令人回味的话："汉易的复兴表明古代易学发展到宋易阶段后，再不能创造新的形态了。因此清代的易学及其哲学，就其理论思维发展的总趋势，可以说是由高峰走向低谷。"①《周易》是儒家的第一号经典，易学理论思维的衰落，足以说明传统经学在清代已经失去了其固有的生命活力。所以，当强大的西方近代文明冲击中土文化时，作为封建时代之正统意识形态的儒家经学便显得毫无应付的能力。因此在辛亥革命结束了传统经学赖以存在的社会基础之后，打破经学已是"现在的时势中所应有的产物"了②。但打破经学并不意味着要把经学彻底干净地"扔进历史的垃圾堆"。换句话说，不是"为破而破"。破是为了立，破旧是为了创新。而在很长一段时间中，由于人们保持着"唯古是疑，唯疑是尊"的观念，看不到《周易》在中国文化发展中的积极作用，更是否认这些元典作为丰富的文化资源，在新文化建设中的价值。结果，号称打破经学，却并不能真正分析它与封建传统文化的内在联系。而"讲《周易》是为了否定《周易》，……把《周易》否掉了，就行了，就算完成任务"③。这种连婴儿和洗澡水一块儿泼掉的做法只能导致民族文化虚无主义，因而值得深刻反思。

　　方法之"新"也是相对于经学旧方法而言的。如前所述，传统易学有两派六宗之分，就其研究方法说，不外乎义理、象数两种。这两种方法虽然在对《周易》的理解上存在着不同，但有一点是比较一致的，就是注重"解释"，不注重实证。这样做的结果就是容易混淆或抹杀历史真相，经、传、学不分，乃至把自己对《周易》的理解看作是《周易》本身固有的思想。但是，传统易学研究方法也并非没有其长处。首先，义理和象数两种方法，即是传统易学研究的方法，又是传统易学的重要组成部分。这种方法与对象浑然一体的模式，对于易学本身的创新和发展是极为有利的。两千年来的易学史之所以内容丰富，花样翻新，这不能说不是一个重要的原因。其次，这些方法都是时代的产物，与该时代的精神十分吻合，如汉代讲象数，宋人重义理，都与他们那个时代的思想潮流相一致。最后，由于这些方法以特殊的形式反映了时代的精神，所以，也使它们有资格成为该时代人们认识宇宙、发

① 朱伯崑：《易学哲学史》第四卷，华夏出版社 1995 年版，第 5 页。
② 顾颉刚：《古史辨》第 1 册，上海古籍出版社 1982 年版，第 79 页。
③ 金景芳：《周易讲座》，吉林大学出版社 1987 年版，第 1 页。

展学术的理论思想基础。如宋儒以儒家的纲常伦理为核心，以易学思维为理论基础，吸收佛教、玄学、道教精于思辨的理论特征而创立的新儒学，就是一个很好的例子。

与传统的易学研究相比，20 世纪的易学研究有一个明显的特点，就是站在易学之外研究易学。这种研究，可以称之为对象性研究，研究者就像一个解剖师，他可以把研究对象条分缕析、详细入微地解剖开来。如对文献的辨伪和整理，对文献背后的历史背景、社会结构、思想渊源的探索，对文献内容的逻辑结构的分析等。这些方法，可以弥补传统经学方法中经、传、学不分的不足，把经的还给经，把传的还给传，把学的还给学。一句话，即可以还历史以真实面目。就这一点说，这些方法之"新"是有其价值的，是值得充分肯定的。但是，站在易学之外研究易学的、方法与对象二分的模式也存在着一定的局限，那就是往往容易造成分析批判有余，继承创新不足的后果。关于这一点，我们可以拿乾嘉之学做比较。乾嘉之学，辨伪求实，被国学大师王国维先生誉之为"精"。从学术史的角度说，他们的贡献是毋庸置疑的，是值得充分肯定的。但从思想史的角度说，这种"精"对于理论思维的发展却没有作出什么贡献，不能不说是一种遗憾。20 世纪的易学研究在很大程度上可以说是乾嘉求实精神的翻版。与乾嘉诸老相比，20 世纪的诸多学者，考证的工夫非不高也，分析批判的力度非不够也。但对于传统易学理论思维的发展却没有起到什么推进作用。非但没有什么推进，甚至连可以继承的东西也找不到。因此，也就没有产生真正意义的"现代新易学"。这是很值得深思的。几十年来，我们一直在高举"批判继承"的旗帜，而收效甚微，应该说与这些方法本身所具有的局限性不无关系。文化的批判继承不像用刀子削苹果，剃去斑点就可以成为下肚的美味。继承是伴随着创新进行的。没有哪一个古代易学家的思想，不经过一番批判之后就能成为可以继承的东西。要想继承它，还必须把它与新的东西相融合，还必须赋予它一些新的是它原来所没有的内容。近些年来，有学者提倡研究易学中的理论思维，提倡"创新"，大概就是由于看到了这些方法的局限性。如朱伯崑教授说："所谓创新，是在传统的基础上更新。所谓更新，不只是用现代人习惯使用的哲学语言，诠释中国古典哲学著作，便于现代人理解，更为重要的是，运用现代科学的治学方法，阐述中国传统哲学的特色，并以西方传统的思维方式为借鉴，发扬中国传统哲学中的真知灼见，进而创建适合时代需要的，而又具有中国特色的哲学体系。"① 我想，如果真正做到了这一点，易学的现代化就不会成为什么问题了。

总之，20 世纪的易学研究，有其长处，也有其局限。发扬其长处，克服其局限，就一定能使未来的易学研究焕发出新的光彩。

（原载于《中国哲学史》1999 年第 2 期）

---

① 　朱伯崑：《朱伯崑论著》，沈阳出版社 1998 年版，第 51 页。

现代易学研究的困境与出路

　　《周易》是中国古代知识分子的哲学教科书，历史上的许多大学者、大思想家都曾透过《周易》经传的研究，传承圣道，融会新知，建构有时代特色的哲学思想体系。可以说，一部易学史，凝聚了中华古圣先贤的生命智慧、价值取向、理想追求。然而，进入近、现代以来，易学的研究虽然也取得了一定的成就①，但由于种种原因，始终未能构建出能反映这一时代之精神特色的新易学。一些研究成果，虽不乏现代"面貌"，却难见现代"特质"。因此，如何突破此一困境，以期易学研究在 21 世纪重新"活灵活现"于中华文化的各个层面，应当成为当今学者，特别是易学研究专家重点思考的问题之一。本文即不揣浅陋，于反思传统易学辉煌成就的同时，关照现代易学研究的困境，并进而试图探索未来易学发展的出路。

一

　　《四库全书总目提要》曰："易道广大，无所不包，旁及天文、地理、乐律、兵法、韵学、算术，以逮方外之炉火，皆可援易以为说。"这段话，研《易》者大概都耳熟能详，它表明，《周易》对于中国传统文化的影响相当广泛，中国传统文化的各类形态，各个层面，都能看到《周易》的影子。因此可以说，《周易》是中国传统文化的灵魂或"轴心"②，是中国传统文化的哲

---

① 参见杨庆中：《二十世纪中国易学史》，人民出版社 2000 年版，"结束语"。
② 朱伯崑：《朱伯崑论著》，沈阳出版社 1998 年版，第 595 页。

学基础。

事实确实如此。《周易》及历代学者研究《周易》而形成的易学，恰恰也是中国传统哲学的核心内容之一。秦汉以降，中国哲学的理论形态大体经历了两汉经学、魏晋玄学、隋唐佛教、宋明理学等几种形态。这几种形态，其形成的过程，也是不同文化资源综合创新的过程。而《周易》及易学在上述几种理论形态的综合创新中，始终扮演着十分重要的角色（隋唐佛教除外，但隋唐易学作为儒学发展的过渡形态，其作用相当关键）。朱伯崑先生说："中国哲学颇受易学发展的影响，而历代易学又从其时代精神中吸取营养，发展自己的理论体系。易学与哲学互相促进成为中国哲学一大特色。中国传统哲学有两大传统，即儒家的人文主义和道家的自然主义。此两大传统，到战国时代，为《易传》哲学所吸收，反过来《易传》哲学又为后来哲学的发展提供了理论基石。"① 朱伯崑先生的论述，大有深意，所谓"《易传》哲学又为后来哲学的发展提供了理论基石"，则更是一针见血，指出了易学在中国传统哲学发展中的意义。

传统易学，其自身的发展，以及其对中国传统哲学的影响，是通过历代经学家对解经体例——诠释经典的方法——的不断创新来实现的。例如汉代象数易学建构的宇宙论图式，就是透过卦气说、五行说、八宫说、纳甲说、爻辰说、卦变说等解经的体例来完成的。如孟京易学，特别是京房易学，通过其卦气说，建立了一个以阴阳五行为世界间架的哲学体系。这个体系将八卦和六十四卦看成是世界的模式，认为《周易》既是自然界又是人类社会的缩影，阴阳二气的运行和五行之气的生克，则是他们共同遵循的法则。这样，京房便以《周易》为理论架构，将西汉以来的哲学更加系统化了。他提出的世界图式对后来的哲学家们探讨世界的普遍联系，很有启发意义。"特别是他以阴阳二气解释《周易》的原理，借助于当时天文学的知识和理论，阐述《周易》经传中关于事物变化的学说，这是对先秦易学的一大发展。这种学风，对汉代哲学、思想文化的发展都起了很大的影响"②。

---

① 朱伯崑：《朱伯崑论著》，沈阳出版社 1998 年版，第 803 页。
② 朱伯崑：《易学哲学史》第一卷，华夏出版社 1994 年版，第 155 页。

魏晋义理易学建构的形而上学体系，也是透过取义说、一爻为主说、爻变说、适时说、辨位说等解经的体例来完成的。宋代理学各流派也都透过创新解经体例，建构新的诠易原则，来总结理论思维的成果，实现哲学体系的创新。例如宋明哲学中的五大流派即理学派、数学派、气学派、心学派和功利学派都同易学哲学有着密切的关系。前三个流派都是以易学哲学为中心形成了自己的哲学体系。① 如程颐是宋明道学中理学派的奠基人，其哲学体系主要来源于对《周易》经传的解释。他在解释《周易》的性质和体例时，提出了许多原则，用于哲学的解释，形成了自己的易学哲学。而易学哲学也是程颐哲学的核心，作为其哲学体系的理学就是以其易学为基础形成和展开的。② 象"体用一源，显微无间""所以阴阳者道""动静无端，阴阳无始""往来屈伸只是理"以及"性即理"等命题，无一不源于程颐的易学哲学。因此可以说，在儒、释、道三教合流而形成的道学中，《周易》起到了理论基础的作用。

解经体例的创新，不仅影响着哲学的发展，还影响着中国传统文化的发展。约成书于汉代的《黄帝内经》，其强调阴阳相反相济，五行相生相克，人与自然相互感应等，也是受到了汉易阴阳五行说的影响。汉唐时期的天文学则直接吸收了孟京卦气说的成果，用卦气图来描述一年四季，二十四节气，七十二侯的变化特征。而道教学者根据卦气讲炼丹，就更是易学研究成果的直接运用了。

总之，传统易学，其之所以在中国传统哲学及文化的发展中屡有建树，乃在于它能在《易传》解"易"的基础上，不断创新解经体例。这种解经体例的创新，一方面并不违背《易传》的解经体例，从而表现出了很强的传承性；一方面又能丰富《易传》解经体例的内涵，融会新知，从而表现出很强的创新性。因此，每一个时代的解经体例，基本上都能够反映出那个时代的认识成果和时代精神。从这个意义上说，体例的创新也是诠释思路的更新。中国历代哲学家基本上都是透过经典的注释、诠解来阐发、建构自己的哲学

---

① 朱伯崑：《易学哲学史》第二卷，华夏出版社 1994 年版，第 8 页。
② 朱伯崑：《易学哲学史》第二卷，华夏出版社 1994 年版，第 208 页。

体系的，所以说，解经的体例很能表现一个思想家的思想特点、思维特征。解经体例的不断创新，正反映了中国传统哲学思想的发展历程。

二

近代以来，中国社会遭遇大变革，思想观念也因之数变，但就儒家哲学的形态说，至今仍未脱去宋明理学的臼窠，易学的研究则更是在清代文献考证、辨伪的惯势下难以自拔而面临着相当大的窘境。表现之一，就是直到现在，在《周易》诠释的体例方面还未能有大的突破，因而，亦未能建构出具有现代理论色彩的新易学。究其原因，有以下三点值得注意：

其一，清代以来易学理论思维的建构逐渐趋于衰落。清代易学，受明清之际实学的影响，其路向基本上是从文献考证和辨伪的角度清算宋易中的图书之学，进而转向汉学（易）的复兴。如其代表人物惠栋、张惠言等，均以推崇和解说汉易中的象数之学为己任，或以汉易为正统。而如焦循等人，虽并不唯汉易是从，但也仍是以汉人解易的精神，独辟蹊径，建立自己的易学体系。"一般说来，他们的易说，缺乏探讨哲学问题的兴趣，在理论思维方面很少有建树。"① 这表明，传统易学发展到宋易阶段后，至清代再也没有创造出新的理论形态。"因此，清代的易学及其哲学，就其理论思维发展的总的趋势来说，可以说是由高峰走向低谷"②。换言之，到了清代，易学理论思维已经开始走向衰落了。作为近、现代易学发展的基础，这未免显得有点先天不足。不过，从易学史上来看，易学理论思维的衰落，并不是什么奇怪的事，汉代易学就曾走进象数学的死胡同而不能自已。但物极则反，"衰落"的事实往往反而促使人们另辟蹊径，寻找脱困的方法，具有划时代意义的王弼易学的出现，就是明证。而且，易学史上，多数解经体例的发明，也都与摆脱前人的困境、进行理论思维的新尝试有关。其实在清代，这种努力也未尝没有进行过，前面提及的焦循就曾试图融会西学，建构新的解经体例，可

---

① 朱伯崑：《易学哲学史》第四卷，华夏出版社 1994 年版，第 4 页。
② 朱伯崑：《易学哲学史》第四卷，华夏出版社 1994 年版，第 2 页。

惜的是，清末以来，中国社会变化至巨，易学的反思与建构尚未深入展开之时，又无奈地遭遇了近代西方学科体制的大举东进，经学的知识系统遭到裂解，经学的价值追求遭到抛弃，因此，易学理论思维的振衰起弊，面临着易学史上从未有过的挑战。

其二，近代学科分类对中国传统学术的裂解，更使先天不足的近代易学研究雪上加霜。传统经学，是一门综合性很强的学问，融哲学、伦理学、政治学、史学、文学、文字学、文献学等于一体。拿易学来说，它不仅有一套知识系统，而且这套知识系统本身还寄托了经学家们的价值取向和精神信仰。因而，在他们的眼中，《周易》经传同时也是一部教人"进德修业""穷理尽性"和"乐天知命"（安身立命）的圣经宝典。可以说，这套"知识系统"是与知识、信仰，乃至生命体验圆融一体的，人们往往透过对它的研究，理解宇宙自然，认识社会人生，践履行为规范，提高精神境界。然而，近代学科体制传入中国后，文、史、哲分家，文、史、哲各门类内部又分而细分，一切研究均对号入座，传统经学的综合性便在这分而细分中被一一瓜割，其知识系统被打乱，其价值追求被消解。结果，易学究竟应该归哪个学科研究竟也成了问题，或者是搞文献的不理会哲学理论，搞哲学的不理会文字训诂，各说各话，言人人殊，何谈易学的发展？

其三，价值观念的模糊与错位，使易学研究失去了自己的努力方向。近代西方学科体制的东进，是与五四反传统的新文化运动相依而行的。五四的精神毋庸置疑，反传统的思想解放运动，其积极作用亦绝对无可置疑。但思想解放并不等于文化建设，反传统，是否需要反掉中国人的精神家园？反传统，是否需要反掉中国古人的生命智慧？这是值得深思的问题，而这也是五四时代的知识精英们迫于救亡图存的现实而未遑多思考的问题。其结果是，泼洗澡水，同时也泼掉了刚洗干净的婴儿。例如易学，被拉下经学的"神坛"（顾颉刚语）固无不可，但传统解易的体例，传统易学的知识系统也一并被扫除，则实在是"过犹不及"了，这无疑等于斩断了易学发展的经脉。现代易学研究，就其主流而言，少有关注其解经体例者，即使关注，也往往把重点放在体例与经义是否相合的实证层面。例如著名易学家高亨先生在《周易大传今注》的"传解"中，就经常运用如下四类表达方式，以表现传之解经的正确与否：

> 第一类："与经意同"；
> 第二类："余与经意同"；
> 第三类："传解卦辞与经意同""其余字与经意同""字义与经意同，
> 而文义异"；
> 第四类：不明言"传解"与"经意"同否。①

这种解经方式，其最大的损失在于忽视了解经体例的本质内涵（朱伯崑先生的《易学哲学史》之所以伟大，原因之一，在于从哲学的角度挖掘了解经体例的本质意义）。这也难怪现代易学研究，文献学的解释思路一枝独秀了。

三

文献学的研究思路，继承了传统易学中文字训诂、历史考据方面的成果，但抛弃了对解经体例的探索，其研究《周易》的目的，只是为了还原文字的本意，寻求文字背后的历史真实。如高亨先生说："我们今天并不把《易经》看作神秘宝塔，而是把《易经》看作上古史料，要从这部书里探求《易经》时代的社会生活及人们的思想意识、文学成就等"。高亨先生认为，"从这个目的出发来注解《易经》，基本上可以不问《易经》作者在某卦某爻写上某种辞句，有什么象数方面的根据，只考究卦爻辞的原意如何，以便进一步利用它来讲那个时代的历史，也就够了"。② 高亨先生所谓的"可以不问《易经》作者在某卦某爻写上某种辞句，有什么象数方面的根据"，就是在强调不必在意前人解经的体例。

高亨先生的话是很有代表性的，反映了现代易学研究的指导思想与解

---

① 笔者认为，高亨先生的易学研究成果，在 20 世纪具有里程碑的意义，但这并不意味着其研究思路没有问题。

② 以上引文均见高亨：《周易古经今注·重订自序》，中华书局 1984 年版，第 4 页。

易方法。与之相关，现代易学研究，史学的成果最为丰富。例如顾颉刚先生发表于 1929 年的《周易卦爻辞中的故事》，发表于 1930 年的《论易系辞传中观象制器的故事》，就是立足于文献的考证，来讨论古代历史的，并得出了没有尧舜禅让的故事，没有圣道的汤武革命的故事，没有封禅的故事，没有观象制器的故事，等等一系列在 20 世纪颇有影响的结论。又如郭沫若先生写于 1927 年的《周易的时代背景与精神生产》，主要是利用《周易》卦爻辞的史料价值，揭示殷周社会的政治、经济结构和精神生产，影响也非常之大。此外，著名易学家李镜池先生也穷尽毕生之力，一直在努力用《周易》卦爻辞来理解周代的历史。李境池先生甚至说："我们现在讲《易》，目的在求真，希望能够拨开云雾而见青天；整理旧说，分别地归还它各自的时代；使"易"自《易》，而各派的学说自各派的学说，免致混乱参杂，失其本真。换句话说，我们以历史的方法来讲"易"，不是以哲学伦理来注释。我们以客观的态度来讲"易"，不是以主观的成见来附会。我们要求"易"的真，不讲"易"的用。"① 其反对"以哲学伦理来注释"《周易》，就是在反对传统经学的治易模式。我们不否认易学研究中的"历史的方法"，也不否认求"真"可以作为易学研究的目的之一。但史学的研究和哲学的诠释并非水火不容，不能因为要从史学的意义上钩沈文献史料，就否认从哲学的意义上诠释《周易》经传。如果把"历史的方法"和"哲学伦理的注释"对立起来，一味按照文献学的思路注释《易经》，就会把《易经》讲死，就会把《周易》变成古董、文物，这对中国传统哲学的发展是不利的。

　　当然，在现代易学研究中，传统经学的思路并非全然中断，其中尤以出身于复性书院的著名史学家金景芳先生最有代表性。金景芳先生注《易》，恪遵《易传》，依循王（弼）程（颐），努力揭示《周易》中的哲学思想，并试图用唯物辩证法的思想理解和丰富人们对《周易》的认识。但总体来说，金景芳先生也并没有创新出适合现代人需要的、富有时代精神的易学新体例。然而，在以"破坏其伏羲神农的圣经的地位而建设其卜筮的地位"，"辨明《易十翼》的不合于《易》的上下经"，"从圣道王功的空气中夺出真正的

----

① 　李境池：《周易探源》，中华书局 1978 年版，第 264 页。

古籍"① 为职志的现代易学研究的大环境中，金景芳先生的尝试已属难能可贵了。

总之，近代以来，易学的发展面临着巨大的危机，虽然就其表面看是一热再热，但实质的发展并不大。我们不禁要问：现代易学还能不能像传统易学一样，在未来中国文化发展中发挥核心地位的作用？还能不能像传统易学一样在未来中国人的宇宙观、人生观建构中发挥理论思维基础的作用？或者说，就易学自身而言，它的固有的知识系统还需要不需要得到传承？它的价值追求还需要不需要得到弘扬？一言以蔽之：现代易学研究，其出路何在？这些都是今天需要思考的问题。

四

如前所述，《周易》是中国传统文化的灵魂或"轴心"，是中国传统文化的哲学基础。正因为如此，毫不夸张地说，斩断了易学发展的经脉，无异于斩断了中国传统文化发展的根。所以，当我们站在今天的立场反思近、现代易学家走过的道路的时候，我们一方面要同情他们在当时的历史背景下冲决罗网，谋求民族新生的心路历程；肯定他们在当时的历史条件下呕心沥血，探索学术发展新路的艰难实践；另一方面也要看到，由于时代的局限，他们的思想观念和研究方法未尝没有改进的空间，我们今天应该在总结他们的宝贵经验的同时，以他们的成果为基础，站在他们的肩膀上，努力为突破易学研究的困境寻找出路。浅见以为，有三方面值得注意：

首先，审慎回归传统易学的知识系统。传统易学，关于《周易》经传，有一套系统的知识，如关于其成书，经学家们普遍认同伏羲画卦，文王重卦，孔子作传的"人更三圣，世历三古"（《汉书·艺文志》）之说；关于其性质，普遍认为经传均是讲圣人之道的哲理之书；关于其研究的方法，有象数、义理、图书等诸流派的区别，但都以解通卦爻象与卦爻辞之间的关系，揭明象辞之理作为研究的目的。其他如卦名、卦序等，传统易学也都有一套

---

① 顾颉刚编著：《古史辨》第三册，上海古籍出版社 1982 年版，"自序"。

比较公认的看法。这些系统的知识，可以说涉及了《周易》经传基本知识的方方面面，构成了传统易学丰富多彩的内容，虽然其中不乏错误的认识，需要进一步的研究，但作为一套解释系统，它经受过历史的考验，取得过辉煌的成就。而且，20世纪70年代以来，随着与易学有关的出土文献的不断研究，可以发现，古人关于《周易》的认识，并非都是凭空捏造的，相反，多有一定的根据。而《周易》本身的研究也表明，传统易学的知识系统，如对象辞关系的认识等，都很具有合理性。离开了对他们的分梳，将很难把握易学的解释空间①。

与传统易学的知识系统相关，有一批中国传统哲学的核心范畴如太极、太和、阴阳、道、道器（形上形下）、天、神、动静、刚柔、象、意、变、化、易、几、中，等等，也都与《周易》经传密不可分。它们中有的直接源于《易传》，如太极、道器、形而上、形而下等；有的则经过了《易传》的新解释，如阴阳、刚柔、神等。这些范畴，既是易学范畴，又是哲学范畴。就易学发展的历史说，历代易学家透过解经体例的创新，不断丰富着人们对这些范畴的理解和认识；就哲学发展的历史来说，历代思想家又透过新的解经体例诠释《周易》经传，不断将时代精神、生命体验融入到对这些范畴的理解之中，从而丰富了其哲学的内涵。因此，不了解这套知识系统，不审慎回归这套知识系统，将无法探讨传统易学的现代形态。相反，只有把握了它，然后再利用它的解释空间去丰富它、诠释它，才有望超越传统易学的理论形态，使之获取具有现代意义的精神面貌。

其次，努力继承传统易学的价值追求。前面说过，传统易学的知识系统，又不仅仅归结为一种纯粹的知识，其中还寄托了经学家乃至古代知识分子的价值取向和精神信仰。因而，在他们眼中，《周易》经传同时也是一部教人"进德修业""穷理尽性"和"乐天知命"（安身立命）的圣经宝典。所以说，这套"系统"融知识、信仰、行为于一体，人们往往透过对它的注释，来理解宇宙自然，认识社会人生，践履行为规范，提高精神境界。而这一点，也是最容易被戴上"封建落后思想"的大帽子而遭人唾弃，也是文献

---

① 参见杨庆中：《周易经传研究》第三章，商务印书馆2005年版。

学或史学的研究思路所最容易忽视的层面。但中华民族的精神，中华民族的价值取向，中华民族文化的特色恰恰就集中体现在这部分内容之中了。例如朱伯崑先生在讨论《易传》中的天人观时曾经指出："中国哲学所倡导的天人之学，总的来说，有两条意义：第一，讲人道不能脱离天道，天道与人道之间有内在联系；第二，就理论思维的内容来说，以自然主义和人本主义相结合考察自然和人生。总之，就是企图从自然界和人类生活自身中引出基本原理来解释宇宙的统一性，而不是借助于神道。"① 朱先生的这一分解，非常简明地概括了中国传统文化的本质特色，是有启发意义的。而国学大师张岱年先生自 20 世纪 80 年代开始，一直通过对《周易》经传的解释，来发掘中华民族的基本精神，并特别就《易传》"自强不息""厚德载物"两条命题进行了深入的研究。今天中国共产党提出的和谐社会构建问题，其思想渊源事实上也可以追溯到《周易》的和谐观（参见下一部分）。所以，努力继承传统易学的价值追求，已是当今学者必须面对的艰巨任务。

最后，探索现代解易新体例。审慎回归传统易学的知识系统，努力传承传统易学的价值追求，并不是为了恢复传统易学的旧面貌，而是为了复活传统易学的真精神。所以，我们还必须站在时代的视角，更新理念，融会新知，探寻现代解易新体例。而现代解易新体例，必须具备以下条件：

其一，脱胎于传统易学；

其二，能够用来解释卦爻象与卦爻辞；

其三，能够彰显《周易》的解释空间，从而融入新知识；

其四，能够成为当代经典诠释的出发点，从而发挥其理论思维及价值导向的作用。

有鉴于此，我们认为，虽然如何创新解易体例尚待众多学者的不懈努力，但这种新体例应该凸显什么，应该是现在就可以知道的，那就是"和谐"与"爱"。和谐是我们这个时代的主题，《周易》及传统易学中包含了丰富的和谐思想。笔者曾撰文认为，《周易》的和谐观至少可以分析为五个

---

① 朱伯崑：《关于中国传统哲学的未来走向》，谢龙主编：《中西哲学与文化比较新论》，人民出版社 1995 年版。

层面：

其一，阴阳对立是和谐得以建立和存在的前提；

其二，和谐指阴阳矛盾的各方面合理地存在于一统一体中，并使统一体的存在也具有合理性；

其三，和谐的实现表现为一个与时偕行的过程；

其四，和谐的本质是"生生"，换句话说，和谐不仅使矛盾各方面在统一体中找到了最佳的存在方式，同时还获得了释放生命力的最佳的存在环境。

其五，三才之道与宇宙的大和谐等。①

若能用一种体例将此五大层面统一起来，注释《周易》，则《周易》中的和谐思想必将更加充分地展现出来。同时，由于和谐的本质是"生生"，而"生生"向来被传统儒家视为宇宙之爱的具体表现，所以，此种新体例也必将对于揭示宇宙之爱、人类之爱起到积极的作用。而且，这样的体例创新，不但能让传统易学的精神被激活，又能融会时代的主题，则现代易学的真面貌也就在其中了。

总之，反思传统易学的辉煌发展史，观照现代易学面临的困境，探寻现代易学发展的出路，不难发现，易学的发展，就其自身而言，需要诠释体例的不断更新。所以，只有审慎回归传统易学的知识系统，努力传承传统易学的价值追求，再切实反映当今社会的时代精神，并最大限度地融会新知，才能让易学的研究换发新的光彩，才能让中国传统文化在现代转化中有根基，有经脉，有新生命。冯友兰先生临终前曾告诫后人："要注意《周易》哲学"！其言不虚！

（原载于《学术月刊》2008 年第 1 期）

---

① 杨庆中：《挖掘传统和谐思想的当代价值》，载《人民日报》2006 年 11 月。

中国易学研究在 21 世纪

在 20 世纪刚刚开始的第一年，讨论"中国易学研究在 21 世纪"这样一个题目，难免猜测之嫌。但只要认真分析和总结传统易学与 20 世纪易学研究的成败得失、经验教训，并在此基础上努力回应 21 世纪的时代需要，笔者相信，对 20 世纪的易学研究作出前瞻性描述，并非不可能之事。本文即试图在这方面做些尝试，敬请专家批评指正。

一、易学价值的新认定

先从反思 20 世纪的易学研究开始。20 世纪中国易学研究所走过的道路，迂回曲折，用一句话概括，就是"从打破经学到回归元典"。

众所周知，在中国封建时代，特别是汉代以后，经学始终稳居思想学术的核心地位，《易经》作为六经之首，更是备受重视。经过两千余年的发展，它形成了一套包括独特的易学史学观、易学观及易学研究方法在内的相当完整的体系①。20 世纪初，随着中国社会政治体制的变迁，主流意识形态的转型，传统经学的观念与信仰日益遭人唾弃。加之西方近代科学方法的大量输入，许多新学科不断涌现，一些与经学关系密切的旧学科如史学、哲学等也纷纷脱离传统经学的捆绑，从中独立出来。在此时代大潮的冲击下，传统经学已难以守住自己的地盘，"打破经学"已是"现在的时势中所应有的

---

① 参见杨庆中：《20 世纪中国易学史》"第一章"，人民出版社 2000 年版。

产物"了①。值此经学衰落的劫难，《周易》自然是首当其冲，最先被拉下了经学神坛。古史辨派的核心人物顾颉刚就曾明确指出，他们研究《周易》的目的是："打破汉人的经说"，"破坏其伏羲神农的圣经的地位而建设其卜筮的地位"，"辨明《易十翼》的不合于《易》的上下经"，以"从圣道王功的空气中夺出真正的古籍"②。

古史辨派的这种"打破"或"破坏"，使传统易学中早有定论的成说均遭到了怀疑，如八卦是否为伏羲所画，六十四卦是否为文王所重，卦、爻辞是否为文王、周公所系，《易经》究竟成书于何时，孔子是否读过《易经》，《易传》是否为孔子所作，《易经》是否如历代经学家所说的那样，包含着深刻的哲理，《易经》究竟是一部什么性质的书，《易传》对《易经》的解释是否合乎《易经》的本义，历代易学家为解释《周易》经传所创设的种种体例是否符合经传的精神等。这些问题都是针对传统易学而发的，对传统易学无疑造成了毁灭性打击③。

站在思想发展史的立场说，20世纪初的这种"打破"或"破坏"，当然有其历史的合理性。但现在回过头来看，也未尝没有值得分析之处。如"打破"或"破坏"并不意味着要把经学彻底干净地"扔进历史的垃圾堆"，换句话说，不是"为破而破"，破是为了立，破旧是为了创新。而在很长一段时间中，由于人们保持着"唯古是疑，唯疑是尊"的观念，看不到《周易》在中国传统文化发展中的积极作用，更是否定这些元典作为丰富的文化资源，在现代新文化建设中的价值，"讲《周易》是为了否定《周易》，……把《周易》否掉了，就行了，就算完成任务"④。这种连婴儿和洗澡水一块儿泼掉的做法难免会导致民族文化虚无主义。

因此，20世纪80年代以后，随着国门的开禁和中西文化交流的不断加强，反思中国传统文化的特点及价值，又成为人们关注的焦点，"振兴中

---

① 顾颉刚：《古史辨》第一册，上海古籍出版社1982年版，第79页。
② 顾颉刚：《古史辨》第三册，上海古籍出版社1982年版，"自序"。
③ 参见杨庆中：《论古史辨派的易学研究》，载《首都师范大学学报》2001年第2期。
④ 金景芳：《周易讲座》，吉林大学出版社1987年版，第1页。

华"①，发展民族文化的使命感迫使人们回归元典时代，重温中华文化的原始生命力。而早在此之前，一些对现代科学面临的困境充满忧患的西方科学家，已经开始把目光投向东方神秘主义，他们尤其钟情于中国古代的思想观念与文化，企图从中找到通往柳暗花明之境的出路②，这也成为人们重新审视中国传统文化的重要契机。而 20 世纪 70 年代以来，大量出土文献的研究结果一再证明，古典文献中的诸多记载并非子虚乌有，古史辨派的研究成果则难免有"疑古过勇"之嫌。人们越来越意识到，以前在历史主义的观念和方法指导下得出的、过于怀疑或否定古人的种种结论值得分析。正是在这种氛围中，史学界有学者提出了"走出疑古时代"的口号，导致整个学术界则弥漫着"回归元典"的呼声。

与这种时代思潮同步，在易学研究领域，人们也开始超越单纯的实证命题，而越来越关心探讨《周易》在中国传统文化发展中的价值。如张岱年先生把《易传》所谓的"自强不息""厚德载物"看作是"集中体现了中国传统文化的基本精神"③。朱伯崑先生强调，"易道博大精深，乃我中华传统优秀文化之大本大根"④。朱伯崑先生的四卷本《易学哲学史》则在证明，两汉、魏晋以至宋明的主要哲学家，他们的思想体系的建构均是以易学为其理论思维基础的。"中国人的理论思维水平，在同西方的哲学接触以前，主要是通过对《周易》的研究，得到锻炼和提高的"⑤。这些决然不是"八卦是否为伏羲所画？六十四卦是否为文王所重？卦、爻辞是否为文王、周公所系？《周易》的哲学体系是唯心的还是唯物的？……"等等几个实证命题所能涵括得了的。因此，人们意识到，在历史主义者借"打破经学"解构了传统经学的信仰系统之后，人们还必须重新"回归元典"，自觉地对其文化资源价值予以重新审定和认识，以便建构符合时代需要的文化、信仰系统。

---

① "振兴中华"为 20 世纪 80 年代最为响亮的口号之一。
② 参见董光璧：《易学科学史纲》，武汉出版社 1993 年版，"结语"。
③ 张岱年：《文化论》，河北教育出版社 1996 年版，第 170 页。
④ 参见《易经白话例解》，（台北）商务印书馆 1995 年版，"朱伯崑序"。
⑤ 朱伯崑：《易学哲学史》，华夏出版社 1995 年版，第 3—4 页。

二、理论思维的新探索

重新认可传统易学的文化资源价值，是 20 世纪易学研究获得的共识。此一"共识"在 21 世纪的易学研究中仍将被普遍认同。但此类"价值"包括什么，学者们未必能很快形成较为一致的看法。不过，只要对 20 世纪易学研究的成果及局限有所了解，并不是不可以找到一个接近问题实质的切入点。

在拙著《20 世纪中国易学史》中，笔者曾对 20 世纪的易学研究方法有所钩沈，指出 20 世纪的易学研究，有三种方法值得注意：一是实证主义的方法，二是唯物史观的方法，三是逻辑分析的方法。与传统的易学研究方法相比，这些方法有一个明显的特点，就是站在易学之外研究易学。用有些学者的话说，就是"把《周易》作为一份文化遗产，研究它的来龙去脉，研究它那些卦象、文字的意义，研究它和当时社会状况的联系，研究其中的神学和哲学。不论其间有多少分歧，其目的是弄清其中的本义，或者是把《周易》作为古代世界的一个窗口，通过它，去了解当时的社会"[1]。这种研究，可以称之为对象性研究，研究者就像一个解剖师，他可以把研究对象条分缕析、详细入微地解剖开来，如对文献的辨伪和整理，对文献背后的历史背景、社会结构、思想渊源的探索，对文献内容的逻辑结构的分析等。这些方法，可以弥补传统经学方法中经、传、学不分的不足，把经的还给经，把传的还给传，把学的还给学。一句话，可以还历史以真实面目。

但是，上述研究方法，也存在着严重的不足，即容易把研究本身仅仅局限在资料还原的层面上，而忽视或抹杀史料所具有的活的精神。因此，很难在易学研究的前瞻性建构方面有所作为，这正是 20 世纪的易学研究始终没能建立起现代易学新体系的主要原因。但毋庸置疑的是，这种史料的构成、还原及分析确也为 21 世纪的易学研究提供了一个非常坚实的基础，尤其是朱伯崑先生运用逻辑分析方法对传统易学"理论思维"作出的具有开拓意义的探讨，为传统易学的现代转化创造了很好的条件。

---

[1]　李申：《周易之河说解》，知识出版社 1992 年版，第 201 页。

朱伯崑先生的四卷本《易学哲学史》有一个核心，就是揭示传统易学的理论思维方式。在朱伯崑先生看来，"中国人的理论思维水平，在同西方的哲学接触以前，主要是通过对《周易》的研究，得到锻炼和提高的"。而《周易》的理论思维形式，内容丰富，"有形式逻辑思维，如演绎思维，类推思维，形式化思维；有辩证思维，如整体思维，变易思维，阴阳互补思维，和谐与均衡思维；有直观思维，如模拟思维，功能思维；有形象思维，如意象合一，象数合一等"①。朱伯崑先生对此一一进行了讨论，取得了丰硕成果②。站在 20 世纪中国学术发展史的立场说，朱伯崑先生对易学理论思维的重视和研究，是对古今中西文化交流碰撞的一种更为本质、更为深刻的反思。20 世纪初的"打破经学"，虽然原因众多，但以经学为核心的中国传统理论思维模式，无法应对以知识论为背景的近代西方文化的挑战，也是重要的或更为根本的原因之一。但 20 世纪之初的"打破"，只是引进西方先进知识的方便"法门"，不能真正解决问题。中国传统理论思维是什么？为什么不能适应西方文化的冲击？二者有否共性？有否交通融合的可能性？这些问题都需要作出探讨。朱伯崑先生的研究表明，中国传统哲学的思维形式有其特性，但也存在着人类思维所普遍具有的共性。这就告诉人们，在中国传统哲学的思维形式中，存在着接受西方以知识论为背景的先进文化的基础和前提，我们可以打破传统哲学的某些观念，但也可以发掘、利用或妥善化解其中有用的思维形式。

值得注意的是，朱伯崑先生对易学理论思维的研究，既是一种"钩沉"，又是一种"诠解"。说是"钩沈"，是因为这些思维形式是以注经的形式散见于易学史的著作中。说是"诠解"，是因为朱伯崑先生把它转化成了一种现代人可以理解的观念。而"钩沈"与"诠解"在朱伯崑先生那里又是同时进行的。因此，它即是对传统观念的分析与体知，又是对现代观念的关照与沟通。可以说，朱伯崑先生的易学理论思维研究兼具实证与诠释两种功能，所以能起到承前启后的作用。21 世纪的易学研究，理应沿着朱伯崑先

① 朱伯崑：《易学哲学史》第一卷，华夏出版社 1995 年版，第 3—4 页。
② 参见杨庆中：《20 世纪中国易学史》第七章，人民出版社 2000 年版。

生开拓的这一思路继续前进。

思维方式，用朱伯崑先生的话说，就是中国古代哲人所谓的"心术"，它是"指人们观察和处理自然与人生问题所运用的思考方式"①。显然，它属于认识论的范畴。向来有一种观点，即认为中国传统哲学中的认识论思想不发达。这种看法的产生，与把西方近代认识论作为唯一标准来衡量中国哲学有关。朱伯崑先生的研究表明，中国古代哲学中，包含着丰富的理论思维，反映了中国人的认知方式。从这个意义上说，中国传统哲学中的认识论思想并非不发达，而是表现了自己的特色。站在中西哲学交流会通的立场看，这种特色反而更有价值，特别是现在，西方知识论中主客二分式的观念面临着严重的危机，很需要从中国古代的认知方式，如整体思维、变易思维及互补思维中，尤其是把观察和处理自然问题与人生问题合而为一的认知模式中汲取营养。但站在发展中国传统哲学的立场说，这种特色又表明了中国传统认知方式的局限性。因此，它也同样需要从西方近代认识论中汲取养分。21世纪的易学研究应该在这方面作出努力。与认识论的建构有关，中国特色的科学方法论的建构也应该成为21世纪易学理论思维研究的主攻方向之一。朱伯崑先生认为，在中华传统文化中，唯有易学与中国传统科技的发展有密切的联系。"历史上任何划时代的科技进步，都是同它所依据的思维方式分不开的；研究中国科技史的特色，更要研究易学思维的特征。总之，探讨易学与科技相结合的问题，是当前易学研究的一大课题"②。朱伯崑先生的这一卓见在21世纪仍有价值，也应该成为易学研究努力的方向。

三、天人问题的新开展

如上所述，以易学思维为基础形成的中国认识论体系，与西方知识论体系有相通之处，但他们也有不同点——中国认识论体系的特色将更有价值。而支持此一"特色"的理论基础，则是为20世纪的易学研究所疏忽，

---

① 朱伯崑：《易学中逻辑思维与辩证思维传统》，载台湾《中国文哲研究通讯》第3卷第2期，1993年台湾"中央研究院中国文哲研究所"刊行。

② 朱伯崑：《易学与中国传统科技思维》，载台湾《哲学杂志》第16期。

而为传统易学所最关注的天人之学。

　　天人之学是探讨天人关系的学问，它是中国哲学的基本问题之一。中国古人关于天人关系的探讨，肇始于殷周之际，至春秋战国，因各家对"天""人"性质的认识不同而发生天人之辨。老庄提出因循自然，"无以人灭天"（《庄子·秋水》），人只能顺受自然，导致自然宿命论。孟子认为"诚者天之道，思诚者人之道"（《孟子·离娄上》），把人的道德加在天上。道家肯定自然界，否认人的主体性，不承认人对自然的反作用。而孟子肯定了人的主体性，又抹杀了自然界的客观实在性。道家见天不见人，孟子见人不见天，天人之辨的序幕由此拉开①。在此背景下，《易传》"取儒道两家之长，而扬其所短，或者说对两种思想传统，采取批判地吸收的立场，形成一种新的天人之学的体系"②，对中国哲学的发展及中国文化特色的形成产生了无与伦比的影响。

　　大体而言，《易传》的天人观，包括三层意义：即天地人为一整体，天人相参和天人和谐。"天人一体"是中国传统哲学各家各派都认同的一种观念，如上述庄子与孟子，虽然对"天""人"性质的认识不同，对"天""人"在天人关系中所处位置的理解不同，但他们都不否认天人一体，只不过或以天统人，或以人统天罢了。就是主张"明于天人之分"的荀子，也并非是要把天与人分开，而是强调"天""人"各有不同的职能范围③。易学的天人观也很强调天人一体，最典型的表现是《易传》所谓的"三才"说。如说："有天道焉，有人道焉，有地道焉，兼三才而两之，故六。"（《系辞传》）又如："昔者圣人之作易也，将以顺性命之理，是以立天之道曰阴与阳，立地之道曰柔与刚，立人之道曰仁与义。兼三才而两之，故易六画而成卦。分阴分阳，迭用柔刚，故易六位而成章。"（《说卦传》）天与地同为自然现象，所

---

① 朱伯崑：《关于中国传统哲学的未来走向》，谢龙主编：《中西哲学与文化比较新论》，人民出版社 1995 年版。

② 朱伯崑：《〈易传〉的天人观与中国传统哲学》，《中国传统文化的再诠释》，北京大学出版社 1993 年版。

③ 乔清举：《深林人不知，明月来相照——朱伯崑教授访谈录》，郑万耕主编：《中国传统哲学新论——朱伯崑教授七十五寿辰纪念文集》，九州图书出版社 1999 年版。

以《易传》又有"天地之道"的概念。这些言论，虽然是从筮法的角度谈卦画的构成问题，但却纳天地人于一卦六爻的符号体系内，体现了天人一体的观念。

与孟、庄陷于一偏的天人一体观不同，《易传》的天人一体观，并不主张一方统掉另一方，而是主张天人相参，相辅相成。具体而言，又包含两层含义：一是强调天人之间的内在同一性；二是强调天人之间的相成、互补性。就前者说，《易传》特别强调人对天道的效法，而主张推天道以明人事，《大象传》对六十四卦卦义的解释，充分体现了这一特征。如其释《乾》卦曰："天行健，君子以自强不息。"释《坤》卦曰："地势坤，君子以厚德载物。"释《屯》卦曰："云雷，屯，君子以经纶。"释《蒙》卦曰："山下出泉，蒙，君子以果行育德。"释《大畜》卦曰："天在山中，大畜，君子以多识前言往行。"释《益》卦曰："风雷益，君子以见善则迁，有过则改。"等等。这些话表明，在"天之道"与"民之故"之间是存在着内在同一性的，人们通过认识和效法天道，就可以从中汲取教益，引申出人事所遵循的原则。就后者说，《易传》又特别重视天人之间的差别性，而主张发挥人的主观能动作用。如《系辞传》说："天地设位，圣人成能。""成能"就是成就天地化生万物的功能。又如《泰·象传》说："天地交泰，后以裁成天地之道，辅相天地之宜，以左右民。""裁成"即裁节成就；"辅相"即辅助赞勉。[1] 一句话，就是驾驭自然界的法则，参与自然界的变化过程[2]。这些都是分别人道与天道的不同，强调人在自然面前应积极主动，参赞天地的大化流行。

《易传》"天人有别而相参"的观点很有意义，基于此种分别，《易传》特别重视天人之间的和谐关系，所谓"乾道变化，各正性命，保合太和，乃利贞"（《乾·象传》）。《易传》所谓的"和谐"，是天人相参的必然结果，也是天人相参所追求的理想目标。这种和谐，站在天道的立场说，是人与自然的和谐共处的合规律运动。站在人道的立场说，是"顺乎天而应乎人"的道

---

[1] 黄寿祺等：《周易译注》，上海古籍出版社 1989 年版，第 106 页。

[2] 朱伯崑：《〈易传〉的天人观与中国哲学传统》，《中国传统文化的再诠释》，北京大学出版社 1993 年版。

德理想与"保合太和"的精神境界。在这样的"和谐"中，天与人，自然与人，便可以超越分别，达到合一。如《文言传》所说："夫大人者与天地合其德，与日月合其明，与四时合其序，与鬼神合其吉凶。先天而天弗违，后天而奉天时。天且弗违，而况于人乎，况于鬼神乎？""先天而天弗违"，是说人先于天时而动，天时并不违背人的行动。"后天而奉天时"，是说天时的变化到来后，人又能依天时而动。能这样，就是真正达到了《易传》所谓的"乐天知命故不忧"，孔子所谓的"随心所欲而不逾距"，就是真正达到了天人合一。

对于《易传》的天人观，朱伯崑先生曾评论说："中国哲学所倡导的天人之学，总的来说，有两条意义：第一，讲人道不能脱离天道，天道与人道之间有内在联系；第二，就理论思维的内容来说，以自然主义和人本主义相结合考察自然和人生。总之，就是企图从自然界和人类生活自身中引出基本原理来解释宇宙的统一性，而不是借助于神道。"① 站在中西比较和当今时代需要的立场看，这种天人观很值得重视，它对于弥补西方传统哲学过分凸显人与自然的对立和西方近代科学片面发展工具理性而忽视价值理性所造成的负面影响，极具启发意义。但它也仅仅是一种"启发意义"而已。时下有一种观点，认为中国传统天人观的上述优点具有拯救人类危机的巨大作用，这种看法很值得讨论。抱着这种盲目乐观的态度诠释中国哲学，很危险。站在发展中国哲学的立场说，中国哲学的优点恰恰是其局限性之所在，也恰恰是21 世纪中国哲学研究最该努力之处。如易学天人观，虽然有上述优点，但也往往因过分追求天人之间的整体性而忽视对"天"与"人"的单独深入的探讨，虽然包括《易传》作者在内的不少先哲也看到了"天人相分"的价值，但在中国哲学的发展历程中，"天"与"人"这对矛盾始终未曾充分得以展开。因而，对其整体性的追求往往只能建立在人之德性的过分彰显上，致使所谓的"天人相参""天人和谐"，既缺乏认知层面的实证基础，又缺乏行为层面的操作架构，结果是极易流于神秘色彩颇浓的直观体验。如何克服

---

① 朱伯崑：《关于中国传统哲学的未来走向》，谢龙主编：《中西哲学与文化比较新论》，人民出版社 1995 年版。

传统天人观的这种局限，使它的优点真正具有现代价值，是 21 世纪易学研究必须面对的问题。

四、形上之道的新诠释

易学天人观强调天地人为一个整体，强调天人相参及天人和谐。其何以如此？根据在什么地方？这是在探讨易学天人观的过程中必然遇到，也必须解决的问题。笔者认为，这个根据就是《易传》所谓的"形而上之道"。在 21 世纪的易学研究中，如欲把传统天人观中的优点发扬光大，就必须对这个"形而上之道"作出新的诠释。

"道"是中国传统哲学的核心范畴之一，在古代典籍中，"道"的含义十分丰富，其本意指道路，后引申为途径、方法，也指道德伦理的最高原则，有时还指称治理国家的原则①。在中国哲学史上，第一次从形上层面对"道"作出诠释的是老子，老子论"道"，主要包括三层含义：其一，道先天地而生。如说："有物混成，先天地生，寂兮寥兮，独立而不改，周行而不殆，可以为天下母，吾不知其名，字之曰道，强为之名曰大。"（《老子》第二十五章）其二，道为万物的根源。如说："道冲而用之或不盈，渊兮似万物之宗。"（《老子》第四章）其三，道为不同于一般事物的客观存在。如说："道之为物，惟恍惟惚；忽兮恍兮，其中有象；恍兮忽兮，其中有物。窈兮冥兮，其中有精；其精甚真，其中有信。"（《老子》第二十一章）又说："视之不见名曰夷，听之不闻名曰希，搏之不得名曰微。此三者不可致诘，故混而为一。其上不皦，其下不昧，绳绳不可名，复归于无物。是谓无状之状，无物之象，是谓忽恍。"（《老子》第十四章）这三个方面表明，老子所谓的"道"，具有先在性、本根性和超越性等形上特征。

在中国哲学史上，第一次用"形而上"一词诠释"道"的特性的是《易传》，即《系辞》所谓："形而上者谓之道，形而下者谓之器。"不过，这

---

① 参见张立文：《中国哲学范畴发展史》（天道篇），中国人民大学出版社 1988 年版，第396 页。

里的"形而上"究竟指什么，人们的看法并不一致。张岱年先生认为，《周易》古经中的"上""下"指爻位而言，《易大传》中的"上"也并无根本之意。所以，所谓"形而上""形而下"，并无形而上为本，形而下为末之意。"形而上"是说无形而表现于形的，"形而下"是说具有一定形体的。形而上即是抽象的规律，形而下即是具体的事物①。张立文先生则指出，从本体范畴的意义上看，"形而上者谓之道，形而下者谓之器"的命题是建立在对下列数项了解的基础上的：其一，道是抽象，器是具体。其二，道是一般，器是个别。其三，道是本体，器为功用。道具有形而上性，是一切现象的根源和归依。器具有形而下性，是一切现象的本身②。

　　究竟哪一种理解更接近《易传》文的本意呢？《系辞》中，"形而上者谓之道，形而下者谓之器"之前有"是故"二字，此二字非常关键，表明该命题是由前面的一段话转出的。这段话是："乾坤其易之蕴邪？乾坤成列，而易立乎其中矣。乾坤毁，则无以见易，易不可见，则乾坤或几乎息矣。"依朱伯崑先生的"两套语言说"，这段话是讲筮法问题的，乾坤不是指天地，而是指卦象。"易"则是双关语，既指《周易》，又指变易。在《系辞》看来，乾为纯阳，坤为纯阴，有此对立之象，方有六十四卦变易之可言，六十四卦之变易不可见，乾坤两卦的作用也就止息了。照此理解，"形而上"或"形而下"的"形"是指卦画，"形而上者谓之道，形而下者谓之器"的意思是：乾坤两卦，其阴阳之义是无形的，其卦画是有形的。无形的阴阳之义谓之"道"，有形的卦画谓之"器"③。阴阳之义，即阴阳变易的法则，亦即《系辞》所谓的"一阴一阳之谓道"。看来，就《易传》的本意言，该命题主要是讲有形的卦画体现了无形的变易法则。但有形与无形之间究竟还有没有别的关系，如本末关系、先后关系等，《易传》未予说明。不过，从易学发展史的角度说，这一命题也为后人的诠释留下了许多可能性空间，因为它涉及隐显、有无两个层面，又涉及易象（卦画）、易理（变易法则）两层关系。因而，必然引导人们去思考二者之间的关系问题。魏晋时期的玄学家

---

① 张岱年：《中国古典哲学概念范畴要论》，中国社会科学出版社 1987 年版，第 26 页。
② 张立文：《中国哲学范畴发展史》（天道篇），中国人民大学出版社 1988 年版，第 398 页。
③ 朱伯崑：《易学哲学史》第一卷，华夏出版社 1995 年版，第 78 页。

王弼、韩康伯等注重探讨象、义问题，就与对该命题的引申阐发有关。而宋人程颐视"象""理"关系为易学中的根本问题，并提出"假象以显义"或"因象以明理"说。还明确指出，"象""理"之间的关系为："有理而后有象"；理体象用；"体用一源，显微无间"。从而把形上与形下的关系分得更清，凸显了形上学的意义。

《易传》所谓"形上之道"，意指阴阳变易法则。但就《易传》之总体来看，此变易法则中也蕴含了一种精神，这种精神，用两个字概括，就是"生生"，亦即《系辞传》所谓"生生之为易"，"天地之大德曰生"。它表明，《易传》所谓"道"，并非超越于时空之外，而就寓于"刚柔相推""天地盈虚"的大化流行之中。对此，当代已故著名哲学家方东美先生论"时间"的一段话似乎就能作其注脚，方东美先生说："盖时间之为物，语其本质，则在于变易；语其法式，则后先递承，赓续不绝；语其效能，则绵绵不尽，垂诸久远而薪向无穷。时序变化，呈律动性，推移转进，趋于无限，倏生忽灭，盈虚消长，斯乃时间在创化历程之中、绵绵不绝之赓续性也。时间创进不息，生生不息，挟万物而一体俱化，复又'统之有宗、会之有元'，是为宇宙化育过程中之理性秩序。时间之动态展现序列，在于当下顷刻刹那之间，灭故生新，相权之下，得可偿失，故曰：时间之变易乃是趋于永恒之一步骤耳。永恒者，绵绵悠久，亘古长存；逝者未去，而继者已至，为永恒故。性体实有，连绵无已，发用显体，达乎永恒。职是之故，在时间动力学之规范关系中，《易经》哲学赋予宇宙天地以准衡，使吾人得以据之而领悟弥贯天地之道及其秩序。"[①] 不难看出，方东美先生所谓的"时间"，就是普遍生命展开的"生生"历程。易道所涵具之"生生"，亦可作如是观。而正是在宇宙生命的生生不息中，人与万物方可"各正性命"，从而"保合太和"。

当然，以"生生"为核心诠释易道，也存在许多问题，最主要的一点，就是无法尽情凸显"道"的外在超越性。前两节所论传统易学的局限性，即

---

① 方东美：《中国形上学中之宇宙与个人》，《生生之德》，台湾黎明文化事业有限公司1979年版，第290—291页。

与这种超越性不够有直接关系。因此，在 21 世纪的易学研究中，仍需利用"形而上者谓之道，形而下者谓之器"这一命题所留下的诠释空间，对易道作出进一步的探讨。在这方面，台湾学者李震先生的观点值得引起重视，李震先生在"道"的诠释方面运用了"本根性""先在性""普遍性""超越性"等形上概念①，虽不免士林哲学的味道，但在沟通中西、丰富易道的意涵方面，未尝不是可贵的探索。

透过以上分析，我们似乎可以看出，21 世纪的易学研究，将更重视传统易学的文化资源价值，人们既希望透过它寻找到一种认知客体的新方式，又希望透过它建立一种安身立命的形上基础，同时还企图透过形上之道的沛然流行，圆融宇宙生命。然而，这种希望能否变成现实，关键在于，在重视中国传统易学文化资源价值的同时，是否同样重视西方文化的资源价值。最后需要补充说明的是，就一般学术意义言，21 世纪的易学研究，无疑将会在诸多方面继续重复或深入探讨 20 世纪遇到的一系列问题，如《周易》经传本身及二者关系的问题，易学史诸流派问题，易学与中国传统文化之关系的问题等。但站在发展传统易学，回应时代需要，建立现代易学新体系的立场说，笔者认为，本文涉及的几个问题可能更值得人们予以回应。

（原载于《中国哲学史》2001 年第 4 期）

---

① 参见李震：《中外形上学比较研究》（上册）第一章，台湾中央文物供应社 1982 年版。

《周易》的阴阳说对 21 世纪人类文明走向之可能的启示

  21 世纪已经进入第 7 个年头，而人类文明的走向仍然扑朔迷离：资源的日益匮乏，环境的日渐恶化等自不必说，笼罩在全球化氛围之下的各个国家、各个民族之间的矛盾、冲突，乃至于因此导致的恐怖袭击、局部的战争等，也实在令世人惶恐不安。21 世纪，人类文明究竟应该向什么方向发展？这已经成为全球有良知、有责任心的思想家们共同关注的重大课题。

  人类文明的存在形式本来是丰富多彩、妙意无穷的：一方面，各个国家、各个民族之间在诸如习俗、价值、信仰等诸多层面存在着巨大的差异；另一方面，人类又普遍都憧憬着美好的未来——追求着"崇高"，追求着"爱"，追求着"完美"……而这些追求，无一不具有宗教意义上的至上性。因此可以说，虽然诸文明形式之间有差异，有不同，但每一种存在形式本身都因着其独具的特点而拥有着存在的合理性。人类共居于一个家园——地球；人类共有一个终极的目标——真善美。诚如《周易》所言："同归而殊途，一致而百虑"（《系辞传》）。然而，就目前的情况来看，"同归""一致"的层面似乎还少有人问津，而"殊途""百虑"的层面又常遭人误解，乃至于有人因"殊途""百虑"的缘故而否定"同归""一致"的可能性。例如有些人或政治利益体总喜欢抱着"自我中心"的心态，鼓吹某一种文明存在形式的至上性，他们有意无意地忽视或抹杀人类各种文明形式中普遍存在的"共性"，而一味在彼此之间的"差异性"上做文章，并试图操纵这种"差异性"，以攫取更大的好处。近些年来颇具影响力的"文明冲突论"，就属于这样一种忽视"共性"，夸大"差异性"，并把"差异性"诠释为"不可调和性"的一种理论。

人类的前途真的这么暗淡吗？要回答这样的问题，首先需要说明"差异"是否等于"冲突"。笔者认为，对于人类文明存在形式的"差异性"，我们不妨用更为中性的"多样性"一词来诠释。"多样性"本身就意味着差异，"多样"——"差异"之间也可以意味着矛盾，而这些矛盾，其发展方向有两种可能：一种可能是矛盾被化解；另一种可能是矛盾引发冲突。这样看来，文明形式的多样性或差异性或许可以引起矛盾进而导致冲突，但多样性或差异性本身并不意味着必然是冲突。而且即使引起矛盾，也不意味着只有冲突一个路向。不但如此，从本文后面的讨论中还可以看出，文明形式的多样性，恰恰还是人类进步、发展的活水源头。

中华民族七千年文明发展史，经历过多次的民族大融合，留下了丰富的化解民族矛盾、促进人类共同发展的经验智慧，这些经验智慧内化为古圣先贤的思想，产生了诸如"协和万邦""协比其邻""万国咸宁""和而不同"等一系列光彩夺目的政治命题。而中国古代的知识精英，也都是非常自觉地以"天下"为己任，"天下"高于"邦""国"，某种意义上说，"天下"一词，具有全人类的意义。因此，中国古代的思想家，其思考问题总能超出一"邦"一"国"的利益之上，而谋求"万邦""万国"之间的最大的利益，他们认为，实现这种最大利益的方法或途径，乃是"和而不同"，即谋求各邦国之间的和谐相处，共同发展。这一点，在中华文化的元典《周易》中表现得极为突出，本文以下拟分五部分，围绕《周易》的阴阳学说，讨论其对21 世纪人类文明走向可能具有的启示。

一

阴阳范畴是中国古代哲学的核心范畴，其哲学的意义，主要表现为两种相对势力彼此之间互为消长、循环交替，以及互补相济的关系。整部《周易》，都是透过对卦爻符号特征的诠释，以揭示阴阳变化之理的。所以，《庄子》一书中才有"《易》以道阴阳"的说法。

　　阴阳，是一对矛盾（contradiction）①，但在《周易》看来，阴阳矛盾恰恰又是和谐之所以成立所不可或缺的两大基本元素，离开了"阴"的"孤阳"和离开了"阳"的"独阴"，都无和谐可言。拿六十四卦中的《睽》卦和《革》卦来说，"睽"是背离的意思，"革"是革命的意思，这两卦均由八卦中的"兑"和"离"构成，且都属于阴卦，所以两卦的《象传》均用"二女同居"这样一句话来象征两卦卦象的结构特点：

　　　　革，水火相息，二女同居，其志不相得，曰革。己日乃孚，革而信也。文明以说，大亨以正，革而当，其悔乃亡。天地革而四时成，汤武革命，顺乎天而应乎人，革之时义大矣哉！（《革·象传》）

　　　　睽，火动而上，泽动而下；二女同居，其志不同行；说而丽乎明，柔进而上行，得中而应乎刚；是以小事吉。天地睽，而其事同也；男女睽，而其志通也；万物睽，而其事类也；睽之时用大矣哉！（《睽·象传》）

　　《革》卦的卦象特征是上兑为泽，下离为火。水能灭火，火能煎水，因而谓之"水火相息"，即水火相灭②。《睽》卦的卦象特征是上离为火，下兑为泽，因而谓之"火动而上，泽动而下"，即火焰上升，泽水下渗。由于在八卦中，离为中女，兑为少女（《说卦传》），所以由这两卦构成的《革》卦和《睽》卦，都被形容为"二女同居"。《周易》认为，"二女同居"的结果，或为"其志不相得"，即二女的志向得不到统一；或为"其志不同行"，即二女的意志不能同步，并因此必将或发生革命，或出现背离，总之是由于不和谐，而导致存在合理性的丧失的。

　　那么，为什么"二女同居"——没有差异、没有矛盾，反而使存在的合理性受到了破坏呢？这是由于在《周易》看来，只有阴，没有阳，便不能发

---

① "矛盾"作为一个概念，产生于战国末期。但终整个中国思想史，"矛盾"一词并没有获得"阴阳"范畴所具有的核心意义。这主要是由于"阴阳"范畴的内涵远较"矛盾"为丰富。

② 郭彧：《中华经典藏书：〈周易〉》，中华书局 2006 年版，第 258 页。

生彼此之间的交通感应，不能发生交通感应（参见本文第四部分），自然也就无和合、和谐可言了。这就好比一年四季的变化，是由天地之气氤氲而成的一样，如果只有天之气，或只有地之气，而没有天地之气的相互交感，便无法成就春夏秋冬的变化流转。因此，中国古人特别重视阴阳之"和"，认为没有差异、矛盾，就没有和谐，这叫"一阴一阳之谓道"。《革》卦讲革命，正是为了破除"二女同居，其志不相得"的困穷局面，以顺应"天地革而四时成"的宇宙规律。《睽》卦讲背离、讲对立，也正是为了超克"二女同居，其志不同行"的困厄，而实现"天地睽而其事同，男女睽而其志通，万物睽而其事类"，即在矛盾（睽）的差异性中求互补、求和谐、求发展。

中国古人的这一认识是很了不起的，它启示人们，独立存在的个体，或性质单一的一类事物之间，是难以讨论和谐的问题的，和谐只在矛盾的关系体中发生，矛盾、差异并不可怕，没有矛盾、差异（即没有交感存在的前提和条件）也许才是真正的可怕。照《周易》的这种理解，我们也可以认为，人类文明存在形式的多样性恰恰是人类文明存在合理性的根据。因此，人们应该正确面对文明存在形式的多样性、差异性，乃至于矛盾性，并努力在化解、克服和超越矛盾中谋求和谐共处，以求得更大的发展。相反，如果一味保持自我中心主义或单边主义，必将违反宇宙的本质规律，也根本行不通。所以，我们认为，谁如果唯我独尊，试图充当世界警察，谁就会因过于消耗合理存在的基础而堕入穷途末路。

二

没有差异、没有矛盾，固然没有和谐；和谐固然只在矛盾的关系体中发生，但也只有在矛盾的各个方面合理地存在于一个统一体中，并使统一体的存在也具有合理性时，矛盾才会真正转化为和谐。仍以《周易》为例，六十四卦中的《泰》卦和《否》卦，都是由八卦中的"乾"和"坤"构成的，但象征的意义却截然相反：《泰》表示通泰，《否》表示闭塞。

泰，小往大来，吉亨。则是天地交而万物通也；上下交而其志同也。内阳而外阴，内健而外顺，内君子而外小人，君子道长，小人道消也。

否之匪人，不利君子贞。大往小来，则是天地不交而万物不通也；上下不交而天下无邦也。内阴而外阳，内柔而外刚，内小人而外君子。小人道长，君子道消也。

"小往大来"中的"小"指《泰》卦中的坤，"大"指《泰》卦中的乾，《泰》卦之所以是"小往大来"，原因在于"天地交""上下交"。"交"就是相交、交感。《周易》认为，乾为天，坤为地，天地之气能够交感，万物就能亨通；（君臣、君民）上下之志能够交感，万众就能一心。相反，如《否》卦，其之所以"大往小来"，原因在于"天地不交""上下不交"。《周易》认为，天地之气不能交感，万物就不能亨通；上下之志不能交感，邦国就无法存在。

那么，为什么同样是由八卦中的乾坤构成，两卦所象征的结果却是那样的不同呢？应该说，原因主要在于两卦的结构不同：《泰》卦是"乾"下"坤"上，天气上升地气下降，能够形成相交之势。而《否》卦是"坤"上"乾"下，天地之气不能形成相交之势。所以，虽然构成两卦的单卦是一样的，由于结构的不同，其结果一个是和谐（《泰》），一个是不和谐（《否》）。这表明，不和谐并不意味着构成矛盾体的诸因子（如例子中的"乾"和"坤"）不具有存在的合理性，不和谐主要是针对着矛盾的关系存在（结构）说的。所以《周易》特别强调六十四卦三百八十四爻居位要"中"、要"正"、要"当"，认为只有居位"中"，居位"正"，居位"当"，才有获得吉利的可能。强调中、正、当，实际上就是强调存在（结构）的最佳形式，它是对合理性的一种追求。而这种合理性，其本质就是"和"。春秋时期的著名政治家晏婴说：

和如羹焉，水火醯醢盐梅以烹鱼肉，燀之以薪。宰夫和之，齐之以味，济其不及，以泄其过。

这是一个很好的例子。水火醯醢盐梅鱼等，可以看作是矛盾体的各个方面，它们以合理的方式被"烹"于一个统一体中，就成为"羹"。而这个"合理的方式"，是透过"宰夫"的"济其不及，以泄其过"来完成的。"济其不及，以泄其过"，就是对"水火醯醢盐梅鱼"等在矛盾统一体"羹"中的最佳存在形式的一种追求。所以说，和谐是指矛盾的各个方面合理地存在于一个统一体中，并使统一体的存在也具有合理性。

中国古人的这种认识是很有价值的，它表明，当两种文明或多种文明存在形式之间因某些原因出现矛盾，甚至发生冲突时，人们不应该简单地怪罪某种文明存在形式（文化）有问题，而应该意识到可能是两种文明存在形式之间的关系有问题。或者换句话说，文明的冲突，并不意味着冲突的某一方缺乏存在的合理性。现实中，人们常常把世界的不和谐归罪于矛盾体的某一个方面（如某一个群体），也常常以打压乃至消灭对方作为解决问题的方式，而很少有人（或政治团体）从自身中找问题，其结果，矛盾不但不能得以合理地解决，还往往使矛盾加剧。这种认识其实是比较片面的。正像《泰》卦和《否》卦的例子一样，存在体的不和谐，往往主要是因为结构不合理，关系不协调，而只要能够理顺各种关系，使矛盾体的各个方面都处于有秩序、安分位的合理状态，整个世界就会像一首优美的律诗，既有规矩可循，又能各尽情怀。

三

人类文明发展的历史表明，对合理性的追求，是人类精神的本质体现，几千年来，人类也正是在不断地战胜邪恶、避免灾难的艰苦努力中谋求着合理的存在方式。所以我们说，和谐是在过程中不断实现的，这个过程，其最大的特点是《周易》所谓的"与时偕行"。"与时偕行"亦即"因时而变"。"变"，是为了变其"穷"，实现"通"，并进而达到"久"，这叫"穷变通久"，即《易》，穷则变，变则通，通则久"（《系辞传》）。"穷"是穷途末路，也就是不和谐，"变"是突破不和谐，"通"是和谐，"久"则是因和谐而持久。在这里，"变"是十分关键的，所以孔子赞美《周易》这本书，特别突出一个"变"字，认为"《易》之为书也……不可为典要，唯变所适。"（《系

辞传》)

"唯变所适",不是没有条件的,"变"的条件乃是"时",《周易》称之
为"变通趣时"。有了"时"的因素,也就意味着和谐的相对性,以及和谐
构建的阶段性和长期性。例如《周易》第六十三卦是《既济》卦,这一卦是
六十四卦中阴阳搭配最合理的一卦,《周易》用它来表示"已经完成"。但
《周易》并没有把这样一个象征高度和谐的卦作为《周易》的最后一卦,而
是在《既济》之后,又安排了一个《未济》卦,以预示事物的发展、和谐的
建构永远不会停止,"完成"只是相对的,新的终点同时就是新的起点。

> 既济,亨,小者亨也。利贞,刚柔正而位当也。初吉,柔得中也。
> 终止则乱,其道穷也。(《既济·彖传》)

《既济》卦下离上坎,初九与六四,六二与九五,九三与上六,阴阳的搭配十
分合理,但《彖传》却说"其道穷也"。为什么一个阴阳搭配最合理的卦,
却是"其道穷"呢?从《彖传》可知,"其道穷"的原因是"终止则乱",也
就是说,如果停止下来则必然大乱。但为什么"终止"就会大乱呢?关于这
一点,《系辞传》中下面的一段话可以说是最好的注脚:

> 乾坤其《易》之蕴耶!乾坤成列而《易》立乎其中矣。乾坤毁,
> 则无以见《易》,《易》不可见,则乾坤或几乎息矣。(《系辞传》)

对于这段话,已故著名易学家金景芳先生有一个很好的注释,金景芳先生
说,"乾坤成列而《易》立乎其中矣",是指当乾坤两卦排列在六十四卦之
首时,《易》即六十四卦的变化发展已经存在里边了。而"乾坤毁,则无以
见《易》,《易》不可见,则乾坤或几乎息矣"则是针对六十四卦中的最后两
卦《既济》《未济》说的。《既济》"刚柔正而位当",指乾坤的变化发展达到
了平衡,而一旦达到平衡,也"就等于乾坤毁了",也就是说矛盾即已解决,
相关的变化发展也就告一段落。而变化发展的停止是很可怕的,所以,《周
易》认为,《既济》之后还必须有一个《未济》,用《序卦传》的话说就是

"物不可穷也，故受之以未济终焉"①。《未济》，其卦象与《既济》正好相反，《周易》以此象征事物的发展变化永无止期。

中国古人的这一认识也是十分耐人寻味的，它至少给我们两点启示：其一，绝对的平衡、和谐就意味着发展的停止，就意味着死亡。因此，"完成"只是相对的，新的终点同时就是新的起点。其二，和谐是在因应社会发展的"时变"中不断实现的，没有一劳永逸的和谐。就人类文明的发展而言，《周易》的这一思想表明，无论遇到任何问题，人类都应当用发展的眼光来对待，因时而变，变通趋时，与时偕行。这样一个过程，也是人类不断地调适自我以顺应历史的变化的过程。

四

与时偕行，其本质就是"日新"。《周易》说："日新之谓盛德。"而"日新"，就是日新月异，也就是变化。

《易传》讲"变"，首重阴阳相交。如说："刚柔始交而难生，动乎险中。大亨贞，雷雨之动满盈。天造草昧，宜建侯而不宁。"（《屯·彖传》）在《易经》六十四卦的排序中，《屯》卦紧随《乾》《坤》之后，排在第三。这里的"刚柔"既指乾、坤，亦指阴阳。就筮法说，"交"是《乾》《坤》之外的其他杂卦产生和存在的基本前提，如《说卦传》曰："乾，天也，故称乎父；坤，地也，故称乎母；震一索而得男，故谓之长男；巽一索而得女，故谓之长女；坎再索而得男，故谓之中男；离再索而得女，故谓之中女；艮三索而得男，故谓之少男；兑三索而得女，故谓之少女。""索，求也。"（《释文》引王肃）意思是说，阴与阳（乾、坤）互求，阳求阴得三男，阴求阳得三女。这里虽然是在讨论八卦的生成，实则亦道出了六十四卦形成和存在的基本原理。而就宇宙的普遍法则说，"交"也可以看作是万事万物生成和存在的基本前提。

阴阳相交，必然相感。《咸·彖传》曰：

---

① 金景芳、吕绍纲：《周易全解·序》，吉林大学出版社 1989 年版，第 4—5 页。

　　咸，感也。柔上而刚下，二气感应以相与，止而说，男下女，是
以"亨，利贞，取女吉"也。天地感而万物化生，圣人感人心而天下
和平。观其所感，而天地万物之情可见矣！

《咸》卦下艮上兑，照《说卦传》的意思，兑为少女，艮为少男，所以谓之
"男下女"。《咸》卦的"男下女"与《泰》卦天地相交的道理一样，在相交
的基础上，"二气感应以相与"。"相与"即相互亲近，也就是阴阳二气交互
亲感，交互作用。相交相感，就会有变化；有变化，就有"生"：

　　刚柔始交而难生。（《屯·彖传》）
　　天地絪缊，万物化醇。男女构精，万物化生。（《系辞下传》）
　　有天地，然后万物生焉。盈天地之间者唯万物，故受之以屯。屯
者盈也，屯者万物之始生也。……（《序卦传》）

在这些材料中，"生"与"变"乃一体之两面，"刚柔始交"而成《屯》，《屯》
是阴阳刚柔摩荡的结果，当然也就是阴阳刚柔摩荡之所生。所以，"刚柔始
交而难生"的"生"字，既有变义，又有生义，可以说变就是生，生就是
变。"天地絪缊，万物化醇。男女构精，万物化生"，则更加明显地表明了
阴阳刚柔交感化生的普遍道理。

　　"生"，实际上也就是《周易》所谓的"变"而"通"，由于"生生"，
所以才可以变而通，通而久，这叫"生生之谓易"。从这个意义上说，与时
偕行、因时而变，蕴含了生机无限的意思。而和谐的本质，也恰恰在于使矛
盾体中的无限生机得到保持和释放。可以说，"生生"最能体现矛盾的和谐
统一体所具有的本质功能。如《周易》中说："天地絪缊，万物化醇。男女
构精，万物化生。"（《系辞传》）这是讲天地的和谐，使万物生生不已；男女
的和谐，使人类繁衍不息。如《淮南子》中说："和者，阴阳调、日夜分而
生物。"这是讲阴阳的和谐，使昼夜有序，使万物生长。如《荀子》中说：
"万物各得其和以生。"这是讲万物各因其存在的和谐性而得以生生不息。可
见，和谐的本质就是"生生"，所以《周易》说："天地之大德曰生。"它表

明，和谐不仅能使矛盾各方面在统一体中找到最佳的存在方式，同时还能使矛盾统一体获得保持和释放生命力的最佳结构形式。

《周易》的这一思想是非常有价值的，它启示我们，构建一个和谐的人类社会生存环境，就是要让每一种文明存在形式都焕发出生机，就是要让每一种文明存在形式中所蕴含的无限生机充分释放出来。因此我们说，世界的和谐，意味着人类最佳存在方式的实现，意味着人类的生机无限，意味着人类的进步与发展。试想想看，如果世界各民族和谐相处，焕发无限生机，这个世界会是个什么样子？难道世界上所有的思想家不应该为这种和谐的实现竭尽全力吗？

五

和谐的本质是"生生"，而宇宙的本质则是和谐。所以，中国古代的思想家讲和谐，并不单单局限于社会之内、邦国之间的和谐，还特别重视宇宙的大和谐。宇宙的大和谐，就是天地人的和谐，也就是自然、社会、人三者之间的和谐。

《周易》说：

> 立天之道曰阴与阳，立地之道曰柔与刚，立人之道曰仁与义。(《说卦传》)

天道、地道、人道，被称为三才之道。其中天道的特点是阴阳，地道的特点是刚柔，人道的特点是仁义。这表明，天、地、人各有其自身的特点，但因为他们都遵从于"道"，所以在"道"的层面上，三者又有内在的一致性和相成的互补性，这是宇宙大和谐的基础和前提。《周易》把这种宇宙大和谐的构建称之为"天地设位，圣人成能。""设位"是自然的本质；"成能"是人类的本质。"天地设位，圣人成能"就是顺应自然界的法则，参与自然界的变化过程，这叫"顺乎天而应乎人"。

不难看出，《周易》讲宇宙的大和谐，首先强调的是天、地、人三才统一的整体观念。以此为前提，《周易》一方面重视人要"崇效天，卑法地"，努力在"天道"与"人道"之间寻求内在的同一性，以通过认识和效法天道，从中汲取教益，引申出人事所遵循的原则；另一方面又认为"天地设位，圣人成能"，分别人道与天道的不同，强调人在自然面前应积极主动，参赞天地的大化流行；同时又特别重视从中正和谐的立场调适天人关系，追求宇宙的和谐。认为如果能这样，就能真正达到"乐天知命故不忧"的天人合一境界。达到了这种境界，便可以实现天人之间的和谐相处：

> 夫大人者与天地合其德，与日月合其明，与四时合其序，与鬼神合其吉凶。先天而天弗违，后天而奉天时。(《乾·文言传》)

"先天"即先于天时的变化而行事；"后天"即天时变化之后行事。这是说，只要掌握了道，其德行就能与天、地、日、月、鬼、神的变化相一致，也就能预测天时，顺时而动，从而达到天、地、人三者之间的整体和谐。这种整体和谐，就是《周易》所谓的"保合太和"。

古人的这一思想，现实意义非常之大，当今人类面临着的诸多危机中，最突出的莫过于人与自然之间，以及各种文明之间的矛盾和冲突。而各种文明之间的冲突也往往是由于人与自然的矛盾造成的。例如，20 世纪后半叶以来，美国的每一次对外战争几乎都主要是基于能源战略的考虑，虽然他们打着推行民主的冠冕堂皇的旗号，但进入 21 世纪以来，随着发展中国家的不断崛起，资源的紧张将不言而喻，与之相关，争夺资源又将成为世界各政治利益集团绞尽脑汁的大问题。在这种严峻的形势面前，人类如果不能有忧患心，防患于未然，其结果将是无法预测的。而《周易》的阴阳说，既重视天人和合，又重视协和万邦，对于人类思考当前所面临的诸多危机很有启发意义。所以，其历久弥新的伟大智慧必将成为 21 世纪人类文明永续的理论基础之一。

总之，《周易》的阴阳说，强调阴阳的矛盾是和谐得以建立的前提，强调阴阳的和谐是对合理性的一种追求，强调阴阳和谐的实现是一个与时偕行的过程，强调阴阳和谐的本质在于使矛盾体中的无限生机得到保持和释放，强调天人和，万邦和，追求宇宙的大和谐。这些思想对于我们今天反思与前瞻人类文明的走向是很有启示意义的。它表明，文明的冲突，并不意味着冲突的某一方缺乏存在的合理性；而单边主义会因为过于消耗合理存在的基础而堕入穷途末路。所以，人类都应当用发展的眼光来对待面临的问题，因时而变，变通趋时，不断调适自我以顺应历史的变化，以谋求世界各民族和谐相处，使人类各种文明存在形式中所蕴含的无限生机合理地释放出来，并最终实现整个宇宙的大和谐。

（原载于《河北学刊》2009 年第 5 期）

忧患·变通·和谐:《周易》的
人文意识与人文理想

自孔子视《周易》为"迁善改过"之书,从人道教训和生活智慧的层面解释卦、爻之义始,历代易学家,尤其是儒家学者,均把人文关怀视为研究《周易》的目的之一。这种人文关怀,表现为方方面面,兹就其中较为重要者略述如下:

一、忧患意识

《易经》作为一部形成于殷周之际的占筮之书,其目的是为了引导人们防患于未然,化险为夷,趋吉避凶。因而,在其卦爻辞中,包含了较为深沉的忧患意识。成书于战国时期的《易传》把这种意识概括为"明于忧患与故"。其曰:"《易》之为书也不可远,为道也屡迁。变动不居,周流六虚,上下无常,刚柔相易,不可为典要,唯变所适。其出入以度,外内使知惧,又明于忧患与故,无有师保,如临父母。"(《周易·系辞传》)"明于忧患与故",就是使人认识到忧患所在及忧患之因,这就是忧患意识。

忧患意识,说得通俗一点,就是"居安思危"。《周易·系辞传》借春秋末期的著名思想家孔子之口说:"危者,安其位者也;亡者,保其存者也;乱者,有其治者也。是故君子安而不忘危,存而不忘亡,治而不忘乱。是以身安而国家可保也。"大意是说,凡是衰落的,都是由于过去曾经荒淫腐败;凡是灭亡的,都是由于过去曾自以为平安无事;凡是败乱的,都是由于过去曾自以为治理得宜。因此,君子居安而不忘倾危,生存而不忘灭亡,整治而不忘败乱。这样才可以保证自身安全而国运常新。这是叫人对自己的处境和现状,时刻抱有警惕之心。战国中期的著名思想家孟子用非常精练的语言把它概括为"生于忧患而死于安乐"。

真正做到居安思危,并非容易之事,须从细微处着眼,时时惕惧,防微杜渐。《周易》特别强调"几"和"知几"。照《系辞传》中的说法,《周易》是一部"研几"之书。其曰:"夫《易》,圣人之所以极深而研几也。唯深也,故能通天下之志。唯几也,故能成天下之务。唯神也,故不疾而速,不行而至。"意思是说,《周易》是穷究幽深事理而探研细微征象之书,只有穷究幽深事理,才能会通天下的心志;只有探研细微征象,才能成就天下的事物;只有神奇地贯通《易》道,才能不须急疾而万事速成,不须行动而万理自至。① "几"即"微",就是事物发展变化的苗头或萌芽。《周易》认为,这种苗头或萌芽虽然"微"而似无,但却能够预示事物发展变化的方向是吉是凶。正所谓"合抱之木,生于毫末;九层之台,起于累土;千里之行,始于足下"(《老子》第六十四章)。用《易传》中的话说即是:"积善之家,必有余庆;积不善之家,必有余殃。臣弒其君,子弒其父,非一朝一夕之故,其所由来者渐矣,由辩之不早辩也。"(《坤·文言》)"早辩"即及早察觉,也就是"知几"。能及早察觉,就能防患于未然。

在《周易》看来,能否做到防患于未然,并不单纯是一个认识问题,还是一个德性修养的问题。《乾》卦九三爻辞说:"君子终日乾乾,夕惕若厉,无咎。"意即君子整日进德修业,到晚上还惕惧反省,就不会有什么灾害降临到自己。可见,防患于未然的关键是谨慎自守,提高道德修养。用《象传》中的话讲即"见善则迁,有过则改"。孔子就是在这一层面上特别彰显其忧患之心的。他说:"德之不修,学之不讲,闻义不能徙,不善不能改,是吾忧也。"(《论语·卫灵公》)北宋著名政治家范仲淹说,"泛通六经,尤长于易"。正是在《周易》忧患意识的启迪下,他题写了"先天下之忧而忧,后天下之乐而乐"的千古名句,成为中国历代仁人志士自强不息,担当道义的自警格言。

---

① 译文参见黄寿祺等:《周易译注》,上海古籍出版社1989年版,第554页。

二、变通意识

变通意识可以理解为"居危思变",它是忧患意识的必然发展。如果说居安思危是为了防止由好变坏;那么,变通意识则是在努力谋求由坏变好。《周易·系辞传》说:"穷则变,变则通,通则久。""变"是《周易》的核心观念之一,所谓"不可为典要,唯变所适"(《周易·系辞传》)。

《周易》强调"变",有一个基本原则,即"动静不失其时","与时偕行"。《周易》特别指出对"时"要有所知。如《贲卦·彖传》说:"观乎天文,以察时变。"即仰观日月星辰等天象,可以察知四时、季节变化的规律。如《观卦·彖传》说:"观天之神道,而四时不忒。"即仰观自然运行的神妙变化,可以理解四时交替之毫无差错的道理。如《豫卦·彖传》说:"天地以顺动,故日月不过,而四时不忒。"即天地顺其本然之性而动,所以日月运转而无差失,四时交替而无差错。如《丰卦·彖传》说:"日中则昃,月盈则食,天地盈虚,与时消息。"即日至中天必将西斜,月至圆满必将亏食,天地自然有盈必有亏,有亏必有盈,它们都是根据一定的时间而消长存亡的。类似的话,《彖传》及《系辞》中还有很多,这些都是古人经过对天地自然的观察所获得的关于"时"的知识。

《周易》强调对"时"要有所知,而"明时"的目的则在于让人们依时而动,"时止则止,时行则行,动静不失其时"。"时行"就是依时而行。既然一切都在时间之中,谁都无法游离于时间之外,那么要想在时间之流中有所进取,就必须顺时而动。有学者指出,人与时的关系,"是主体与客体的关系,行为与环境的关系,主观能动性与客观必然性的关系。顺时而动,必获吉利,逆时而动将导致灾难,主体行为是否正当,并不完全决定于主体行为本身,而主要决定于是否适应环境的需要"①。因此,"时行"之"时",还不仅仅是指年、月、日、时,而是与此年、月、日、时相关的及其与主体相关的一切因缘的总和。这就是人们通常所谓的"时机"一词的真正含义。

---

① 余敦康:《中国哲学论集》,辽宁大学出版社1998年版,第480页。

《周易》之中论到"时行"的地方颇多,如《大有·象传》说:"其德刚健而文明,应乎天而时行,是以元亨。""应乎天而时行",就是顺应天道自然的规律,依时而行。如《随卦·象传》说:"天下随时,随时之义大矣哉。""天下随时",即天下众人顺应时变而相随从。如《坎卦·象传》说:"王公设险,以守其国,险之时用,大矣哉。""险之时用",指国君王侯因应天时,设险守国,意义非常重大。如《遁卦·象传》说:"刚当位而应,与时行也。""与时行也"即随顺时势,及时退避。总之,"时行",就是叫人不失时机,因应时变,有所作为。

依时而行固然重要,依时而止意义也非常重大。所以《象传》谓之"时止则止,时行则行"。其实,"与时偕行"就包含"时止"之义。《周易》中有一《艮》卦,专门讨论"止"的问题,其卦辞曰:"艮其背,不获其身;行其庭,不见其人,无咎。"《象传》解释说:"艮,止也。时止则止,时行则行;动静不失其时,其道光明。'艮其止',止其所也。上下敌应,不相与也,是以'不获其身,行其庭,不见其人,无咎'也。"《艮》卦主要申明"止"义。《序卦》曰:"《艮》者,止也。"《杂卦》曰:"《艮》,止也。"《艮》为"止",所以《象传》有"时止则止"之说。但论"止"之卦何以又谓"时行则行"?金景芳先生解释说:"止的意义并不简单,不能以为停止不动才是止。其实止还包含着行的意义在内。这一点一般人不易领会,所以孔子特别加以说明。止于止是止,止于行也是止。我们坚持不懈地干一件事情,就是止于行的止。后来我们发现情况变了,这件事情必须停止,不宜再干了,这就是止于止的止。坚持干什么,是止于行;坚持不干什么,是止于止。两种止实行起来都要看场合,就是要'艮其背'。这个场合不仅是空间上的场合,也是时间上的场合,而且归根结底是时间上的场合。'时止则止'时要求止于止,就止于止。'时行则行'时要求止于行,就止于行。或止于止,或止于行,时是决定性的因素。"①

金景芳先生的解释辩证色彩很浓,意义也很深刻。它表明,艮止之义不仅在于因时而止于所止,还在于因时而止于所守。所以,《象传》接着说:

---

① 金景芳等:《周易全解》,吉林大学出版社 1989 年版,第 359 页。

"艮其止，止其所也。"而《象传》则更明确地强调，君子观《艮》之象，应当"思不出其位"。宋人程颐解释说："君子观《艮》止之象，而思安所止，不出其位也。位者，所处之分也。万事各有其所，得其所，则止而安；若当行而止，当速而久，或过，或不及，皆'出其位'也。"(《程氏易传》)"止其所""不出其位"，都是指止其所当止。而止其所当止，也就是止其所当守。因此，"止"并非静止不动，而是以止助行，以行成止。

止于"行"或止于"止"，决定性的因素是"时"，所以说"动静不失其时"。人若能做到"动静不失其时"，便能顺应事物发展的规律而"时中"。"时中"即"中"而因其"时"，"时"而得其"中"。得其"中"，所谓经也；因其"时"，所谓权也。有经有权，故能变通。此所谓"变通者，趣时者也"。变通趣时，就能顺天应人，推陈出新。《周易》中有《革》卦，专门讲变革，"革命"一词即滥觞于此。而《革》卦之后紧接《鼎》卦，目的就在于彰显"革故鼎新"之义。从这个意义上说，趣时变通，即变化日新。能趣时变通，即是"识时务"。而识时务，能日新，就可以常保通泰。所以《周易·系辞传》说："日新之谓盛德。"

三、整体和谐意识

整体和谐意识，就是追求和保持人与自然、人与社会的和谐统一。"变"是为了求"通"，"通"则以各种势力的和谐统一为前提。《周易》讲"三才"之道，就是为了凸显人与自然、人与社会的和谐统一。

《说卦传》中说："立天之道曰阴与阳，立地之道曰柔与刚，立人之道曰仁与义。""道"虽分为三，但核心仍是阴阳变易法则。《系辞传》中说："刚柔相推而生变化。"又说："生生之谓易。"这是认为事物变化乃阴阳相互推移的过程。《系辞传》中又说："神无方而易无体"，"阴阳不测之谓神"。这是认为阴阳相互推移的过程没有穷尽，也没有一成不变的模式。但《周易》同时也指出，此不测之"神"恰恰是由于阴阳相反性能之间相资相济，相互补充的结果。也只有阴阳相反性能之间的相资相济，相互补充，才能维系事物的健康发展。此所谓"阴阳合德而刚柔有体"(《系辞传》)。这表明，天、地、人各有其遵循的法则,天道曰阴阳,地道曰刚柔,人道曰仁义。但由于三者均由性质相反的两个方面共同成就,所以又有共同遵循的规律。《周易》追求天人,即自然、人与社会之间的和谐统一,也正是基于此种"共同遵循的规律"。

《周易》所谓的自然、人与社会之间的和谐统一,主要包含两方面内容:一是天人之间具有内在的同一性;一是天人之间具有相成、互补性。就前者说,《易传》特别强调人对天道的效法,而主张推天道以明人事。《大象传》对六十四卦卦义的解释,充分体现了这一特征。如其释《乾》卦曰:"天行健,君子以自强不息。"释《坤》卦曰:"地势坤,君子以厚德载物。"释《屯》卦曰:"云雷,屯,君子以经纶。"释《蒙》卦曰:"山下出泉,蒙,君子以果行育德。"释《大畜》卦曰:"天在山中,大畜,君子以多识前言往行。"释《益》卦曰:"风雷益,君子以见善则迁,有过则改。"等等。这些话表明,在"天之道"与"民之故"之间是存在着内在同一性的,人们通过认识和效法天道,就可以从中汲取教益,引申出人事所遵循的原则。就后者说,《易传》又特别重视天人之间的差别性,而主张发挥人的主观能动作用。如《系辞传》说:"天地设位,圣人成能。""成能"就是成就天地化生万物的功能。又如《泰·象传》说:"天地交泰,后以裁成天地之道,辅相天地之宜,以左右民。""裁成"即裁节成就;"辅相"即辅助赞勉。① 一句话,就是驾驭自然界的法则,参与自然界的变化过程。② 这些都是分别人道与天道的不同,强调人在自然面前应积极主动,参赞天地的大化流行。

正因为天人之间的和谐统一不以消解人的主观能动性为前提,而以发挥人的主观能动作用为基础,所以《周易》特别强调,只要人们努力把握天人之间共同遵循的本质规律,探讨阴阳变易的法则,发挥自我的仁义之性,就能安身立命。此即《易传》所谓的"穷理尽性以至于命"。做到了这一点,就能"与天地合其德,与日月合其明,与四时合其序,与鬼神合其吉凶。先天而天弗违,后天而奉天时"(《周易·系辞传》)。"先天"即先于天时的变

---

① 黄寿祺等:《周易译注》,上海古籍出版社1989年版,第106页。

② 参见朱伯崑:《〈易传〉的天人观与中国哲学传统》,载《中国传统文化的再诠释》,北京大学出版社1993年版。

化而行事；"后天"即在天时变化之后行事。这是说只要掌握了道，其德行就能与天、地、日、月、鬼、神的变化相一致，也就能预测天时，顺时而动，从而达到天、地、人三者之间的整体和谐。

《周易》的这种整体和谐意识，站在天道的立场说，是人与自然的和谐共处与合规律运动。站在人道的立场说，是"顺乎天而应乎人"的道德理想与"保合太和"的精神境界。在这样的"和谐"中，天与人，自然与人，便可以超越分别，达到合一。而达到了这种"合一"，也就是真正达到了《易传》所谓的"乐天知命故不忧"。"乐天知命"，即参合天地的化育，知晓主体自我的定分，并在万物与我为一的氛围中超越一切忧患，而其乐融融。这是天与人，自然与社会的整体和谐。此种和谐既是一种美的境界，更是一种善的境界。但它又不仅仅表现为一种境界，还体现为"化成天下"的事功，所谓"天地感而万物化生，圣人感人心而天下和平"（《周易·彖传》），即天地交感带来万物化育生长，圣人感化人心带来天下的昌顺和平。如是，则"保合太和"而"万国咸宁"。

（原载于《高校理论战线》2002 年第 8 期）

八字与命运

　　走在大街上，常常会看到这样的情景：在道旁的树荫下，或在略显潮暗的地下通道里，总有一些摆在地上的招牌，上面画着醒目的、但却不太规范的八卦图、太极图，写着"观相算命""预测吉凶""批八字"一类的广告。也总有一群人或一两个人围拢在某一招牌的左右，听那操着方言的招牌主的滔滔不绝的"智慧的话语"。不用问，他们是在算命。提起算命，在中国真可以说是源远流长，花样也颇繁多，本文只就八字与命运的关系谈一些看法。

一、什么是八字算命

　　所谓八字，是指一个人出生的年、月、日、时四项（又谓之"四柱"）中的每一项都可以用一个天干（即甲、乙、丙、丁……）和一个地支（即子、丑、寅、卯……）来表示，加在一起正好是八个字。用八个字推算人的命运，就是根据这八个干支间的五行（即金、木、水、火、土）属性及相互间的生克关系来推演一个人一生的吉凶祸福。

　　我们姑且先不对这种方法作出肯定的或否定的判断，而是先来把这方法中涉及的种种要素，一样一样地摆列出来，看看它们的本来面目。

（一）一种纪日的符号

　　八字所用的"干""支"概念，在我国的起源是相当早的，从地下挖掘出来的殷商时期（公元前1600—前1028）的甲骨（一种用来占卜的道具）来看，至迟到那时便已经存在了。那时的人们主要是用它来标记或计算日期，就像我们今天用阿拉伯数字来标记或计算日期一样。这在历史上被称作"干支纪日法"（直到今天，我国的农历还在利用这种"干""支"来纪日）。但"干""支"之中是否具有阴阳五行的属性，或者"干""支"之间是否具有生克的关系，尚不见有什么记载。至于用它来占卜命运的吉凶，便更是没有的事了。

殷商时期流行的预测方法主要是骨卜（即将处理后的龟甲兽骨在火上烤灼，待其爆裂后，视其裂纹的走向以断定事情的吉凶），后来又增加了筮占（即用一定数量的筮草按一定的方式排列组合，根据运算的结果占断所问事件的吉凶）。这后一方法的运用，便发展成了后人所谓的"八卦"，古人也称之为"易"（古代有三"易"，即《连山》《归藏》《周易》）。但在当时，骨卜也好，筮占也好，它们都不曾借助于"干""支"来运演吉凶。可见，本来意义上的"干""支"只不过是一种数字符号罢了。

（二）并不神秘的阴阳五行

用八字算命，主要的理论依据就是阴阳五行。但阴阳五行本来也并不是什么神秘的东西。

阴阳的观念在我国的起源也是很早的，本来是指山的向阳与背阴。后来随着人们认识水平的不断提高，人们发现，世界上的一切事物，都可以划分为两个方面，如天地、上下、男女、春秋、冬夏、昼夜等。于是，就用阴阳这对概念来描述这对立的两个方面。如天为阳，地为阴；上为阳，下为阴；男为阳，女为阴；昼为阳，夜为阴……这样，阴阳概念就由具体地描述一种自然现象（朝阳与背阴），发展为抽象地描述一切的对立现象。

五行，本来是指五种人们生活中不可或缺的具体事物，即金、木、水、火、土。后来人们发现从这五种事物的属性中，可以抽象出一种生克关系（这一认识的形成是经历了相当长的时间的），用这种生克关系去分析宇宙间的一切现象，颇具有一定的方便性和科学性。于是，人们就把五行的这种生克关系作为一种观察和分析问题的方法而固定下来，并不断地对它进行丰富和发展。

可见，阴阳也好，五行也罢，本没有什么神秘的意义，都不过是人们对宇宙事物的发展变化的规律作出的带有辩证性的抽象和总结而已。

（三）算命先生的"发明"

干支、阴阳和五行本来都不神秘，可是一到了算命先生的手中，便被赋予了许多它们本不具有的内容，使之变得玄而又玄起来。

八字算命术的基本原理，一言以蔽之，就是阴阳五行的生克制化。那么，算命先生们是如何把干支与阴阳五行相配合的呢？

先说干支与阴阳的关系。干支与阴阳的配合，实际上是根据阳数奇，阴数偶的原则进行的，十个天干和十二个地支中，凡是逢单的便属阳，凡是逢双的便属阴。即：

天干：甲、丙、戊、庚、壬属阳，乙、丁、巳、辛、癸属阴。

地支：子、寅、辰、午、申、戌属阳，丑、卯、巳、未、酉、亥属阴。

再说干支与五行的关系。在十天干中五行的分配是：

甲、乙——木

丙、丁——火

戊、巳——土

庚、辛——金

壬、癸——水

在十二地支中五行的分配是：

寅、卯、辰——木

巳、午、未——火

辰、戌、丑——土

申、酉、戌——金

亥、子、丑——水

据说，由于干支具有了这样的阴阳属性和五行生克关系，它们各自的作用也就大不相同了。如甲、乙的五行属性均为木，但因为甲是阳木，乙是阴木，所以，甲就代表森林之木，而乙就只能代表花草之木。同样，丙、丁的五行属性均为火，而由于丙是阳火，丁是阴火，所以丙就代表太阳之火，而丁就只能代表灯盏之火……又如地支中的寅、卯、辰的五行属性均为木，但寅是初生之木，卯是极盛之木，辰是渐衰之木……真可以说是名目不少。

当然，除了阴阳五行之外，还有不少的术语，如《红楼梦》第八十六回中描述的那个从外省来的算命先生，在给元春算命时所说的"伤官败财""正官禄马"等星宿神煞之类。但不管它的术语多么地花样繁多，其实质仍然逃不脱阴阳五行的原理。拿我们常常开玩笑说的"桃花煞"来说，据认为，寅、午、戌日出生的人，如果碰上卯年、卯月、卯时，就是犯了桃花煞。命中犯了桃花煞的，多与酒色有关。据说这种神煞又有墙里墙外之分，如果煞位值年支月支，叫墙里桃花，表明夫妻恩爱有情趣；如果煞位值时支，叫墙外桃花，表明你在外面有风流艳遇。假如一个人的八字里没有桃花煞，而在大运流年中碰到了，也可称作是交了桃花运。其他如"天德贵人""天乙贵人""天上三奇""地上三奇""人中三奇""文昌星"等也都被看作是对人的命运有很大影响的神。如命中遇"天德"的人一生吉利，富贵荣华。

（四）一点小小的疑问

从上面的讨论可以看出，算命先生们十分看重的八字，也就是所谓的天干和地支，原来只是一种纪日的符号，各干支之间本就没有什么五行生克的属性，也没有什么其他的神秘的内涵，这一切的一切都不过是后人附加上去的罢了（把干支与五行联姻，并赋予其以生克的意义，怕是在战国末年、秦汉之际"阴阳家言"比较受推崇的时期才发生的）。因而，我们就不得不首先要对这些附加上去的内容，打上一个小小的问号，即它是宇宙规律（当然也包括人生的规律）的客观反映呢？还是我们的先人的一种主观创造呢？如果是前者，我们自然是不应该怀疑它的算命的可行性的，但如果是后者，我们便不能不对它的可靠性打上一个大大的折扣了。

我们一再指出"干""支"原本只不过是一种纪日的符号，和今天人们所用的1、2、3、4……并没有什么区别。但据说算命只能用"干""支"运演，而不能用同样是作符号用、并同样是在象征同一种对象的1、2、3、4……运演。并且据说只能用中国的夏历（有人谓之阴历，那是不对的。阴历是根据月相圆缺变化的周期而制定的历法；夏历则既把月相的变化周期作为历月的平均时间，又通过设置闰月和二十四节气的办法使历年的平均长度等于回归年，因而它属于阴阳合历。据史书记载，我国自黄帝至清朝末年共使用过102种历法，基本上都属阴阳历的性质）年、月、日、时运演。如果你不巧恰好不知道自己的夏历生日，或者你是在外国出生的，那也必须查一查中国的《万年历》，把你的阳历生日换算成夏历。这大概是由于1、2、3、4……这些符号自身没有包含着阴阳五行属性的缘故。然而它没有的这些属性，实在是由于人们没有把这些属性附加给它。可见，八字算命的基础——"干""支"的内涵，原本主观的成分就很多，而用它去推算人的命运，其结果自然也就可想而知了。

五行的关系也大体如此，五行观念的产生也是经历了一个过程的。起初它只不过是用来描述人们生活中必不可少的五种元素，并没有生克的意思，生克的意思是后人（约在战国中后期）给附加上去的。而且，这种五行生克关系形成以后，就渐渐地脱离了具体的事物而变成了一个主观随意性极强的抽象的空套子，所以，它的那些辩证法的因素也是主观的成分居多的。

二、出给算命先生的几道难题

在我国的史书上或文人的笔记小说中，记载算命事例的可以说是不在少数的。对此，他们或者持肯定的态度，或者持否定的态度，或者持将信将疑的态度。我们无须对这几种态度一一作出举证或说明，只需剖析几个小例子，就可以窥见八字算命的一斑了。

（一）算命先生的克星——吕才

吕才（600—665），是唐朝初年的一位著名的学者，曾经做过太常博士、太常丞。太宗时，奉命删定阴阳书，颁行天下。他在删定的过程中，对当时社会上流行的算命一类的迷信观念进行了比较深刻的揭露和批判。在《叙禄命》中，他举了几个实例，很有说服性，我们不妨转引如下：

1. 鲁庄公

鲁庄公是春秋时期鲁国的一位君主，生于鲁桓公六年七月，也就是公元前706年7月，依甲子纪年法推算，当为乙亥岁建申之月。按照《禄命书》中的说法，这个时间的生人，"法合贫贱""并无官爵"，并且"生当病乡"瘦弱矮小，但却能够长命百岁。可是，现实中的鲁庄公是一个什么样子呢？他不但贵为一国的君主，长得还十分的美貌。《齐诗》中形容他"身材高又高，漂亮宽额角。美目向人瞟，舞步多巧妙"。而且，这个美貌的庄公也并没有像《禄命书》中说的那样"法当长命"，而是仅仅活了45岁，便西去了。

2. 秦始皇

据《史记》记载，始皇帝嬴政生于秦庄襄王四十八年正月，岁在壬寅，按《禄命书》上的解释，嬴政"命当背禄，法无官爵"，即使"禄合"，也难得富贵。但由于生在正月，所以"为人无始有终""法合长寿"，越老越吉利。可是，依《史记》的记载，嬴政不但做了秦国的君主，还创下了统一六国的大业，坐上了始皇帝的宝座。只是由于太暴虐，只活了50岁，就病死在了出巡的路上。

3. 汉武帝

史载汉武帝刘彻生于汉景帝元年（即乙酉年）七月七日平旦时，依《禄命书》，"少无官荣，老而方盛"，可是据《汉书》记载，刘彻当皇帝时，不过才16岁，且干了一番轰轰烈烈的大事情，使汉朝达到鼎盛。

4. 北魏孝文帝

据《后魏书》记载，孝文皇帝生于皇兴元年八月，岁在丁未。依照《禄命书》，他不但没有官爵，还会成为遗腹子（即父亲死后出生）。而事实上，孝文皇帝却是躬率天下，以事其亲，并进行了一些政治、经济和文化方面的改革，建立了不小的功绩。

从吕才所举的这几个例子可以看出，命书中的条条框框与实际生活中的人的命运是多么地不符。是命书上的道理错了？还是这几位大人物的命运出了问题？

（二）朱元璋与养蜂人

中国历史上的帝王大多相信算命，明朝的开国皇帝朱元璋便是这样的一个人。据清朝人吴炽昌在《客窗闲话》中记载：这个和尚出身的起义军首领在做了皇帝之后，曾经狂迷于算命的学问，他秘密地下了一道命令，让各地的官员严加搜寻与他本人八字相同的人。结果还真查访出了几位，其中有僧人、有乞丐，还有市侩。朱元璋便拿着这些人的八字问刘基，刘基也无言以对。朱元璋密谕搜寻与自己八字相同的人，或许是出于好奇，或许是怕这些人也是"真龙天子",也有做皇帝的命。不管他的目的是什么,他所查访到的这几个人,与他自己的经历、地位有着天壤之别却是显然的事实。这如何解释呢?其实,天下之大,每日每时不知要有多少个小生命降临世间,王公大人始生之时,也必然会有普通老百姓同时而生,为什么贵贱的不同又如此之大呢?可见八字与他们的命运是没有什么关系的。

关于朱元璋,还有另外一种传说,说他在做了皇帝以后,总是安不下心,生怕有和他同庚的人会取他而代之。便下令搜捕斩杀,结果抓住一个一问,原来是位养蜂的高手,养有9窝蜂,蜂数与他掌握的军队的人数差不多。于是朱皇帝这才灭了那杀人的动机,认为世上的"真龙天子"只有他一位。

这真是一个有趣的故事!也实在是一个颇令算命先生们难以圆说的问题,然而他们还真的找出了一条"圆说"的办法。

(三)算命先生的"圆说"

我们不是举出了上面的几个例子吗,算命先生说:这也难不倒人的。虽然人与人的八字可以相同,但他们的行为善恶却可以不同,他们的上世的修行、祖宗的阴德也可以不同,因而他们的命运也可以不同。比如说一个行为不端,好做坏事的人,他的命本来应有一品之贵,但由于为恶的缘故,便减至四五品;他的命本来应有百万之富,由于为恶的缘故,便减至六七十万;他的命本来应有百岁之寿,由于为恶的缘故,便减至六七十岁。又比如一个品行端正,好做善事的人,他的命本来应该是极卑贱的,但由于为善的缘故,便得着无上的尊荣;他的命本来应该是极贫穷的,由于为善的缘故,便过上中上等的生活;他的命本来应该早逝,但由于为善的缘故,便得以长寿。……(参见清人陈素庵:《命理约言》)

算命先生搬出的这张善恶报应论的挡箭牌,真的就可以把问题给说圆了吗?我们不妨先按着善恶报应的逻辑做一番推论。如果照算命先生的说法,行为善就有好命,行为恶就遭坏命。那么,八字算命实在就没有什么必要了。因为既然人的命运全由人的后天行为的善恶来决定,善有善报,恶有恶报,那么人们如果想要有一个好的下场或理想的报应,只需在自己的行为上下下工夫,好好地把持住自己,不要去做那招至贫贱祸灭的恶事就可以了。而且，按照这样的逻辑推论下去，人们不用列出八字，便可以知道自己或他人的未来命运，方法就是反思一下自己的行为曾经是怎样的，调查一下他人的行为曾经是怎样的，如果曾经做过不少的好事，便一定会有一个好的结果；相反，如果曾经做了许多的坏事，便一定会遭殃受罪。八字还有什么算的必要？

三、算命先生的自白

外行人的品头论足，总不如知情的人说话有分量。这里我们不妨抬出几位算命先生的事例，看一看算命的内幕。

（一）被愚弄的算命先生

清代《茶余客话》中记有这样一则故事，说有一位姓嵇的先生，精通八字算命之术。他自称命中官至四品，夫人没有禄位。因而有许多人上门说媒，愿意把自己的女儿嫁给他。他排了求婚者的八字，觉得没有一位合适的人选。有个富翁，想把女儿许配给嵇氏，便先把女儿的年庚八字交给一位术士去算，这位术士说此小姐的命为"十恶大败命"。聪明的富翁就请术士将女儿的生日向前推几天，变成吉命八字，然后请媒人到嵇家去撮合。嵇氏排了女子的八字，认定是个与自己的八字十分般配的人，于是就娶她做了妻子。不久，嵇氏做了杭州太守，妻子也受了四品之封。嵇氏死后十几年，儿女们要为老母庆祝 70 岁的生日，老夫人颇为得意地道出了个中真情，并把自己真实的生日告诉了众人，大家无不惊异。才知道已故太守和他的夫人的命运根本不是由什么八字决定的。

这实在是一件具有讽刺意味的事情。精通算命的嵇先生上了富翁的当，把富翁认作了老泰山暂且不论，我们只想问一问，他为什么竟然没有从自己的八字中推出这要上的一当呢？糊糊涂涂地和富翁的女儿做了几十年的夫妻，居然连她的真实的生日都没有弄清，实在是有些可怜。

（二）愚弄人的算命先生

嵇氏是被愚弄了，但愚弄他的不只是他的老泰山，还有那位帮着他老泰山改八字的他的同道——术士。现实中，这些所谓的术士，多是靠着对人的愚昧来牟取利益的。在中国的封建时代，统治者中的大多数人都十分信奉命相，这就为那些算命先生提供了行骗的机会。据载，北宋末年的政和、宣和年间，皇帝提拔任用官员，多是先让算命先生推一推被选者的命，然后再决定是否提拔和任用。以至于当时的术士们无不得意地说："士大夫的穷达，全在我的可否之间。"

术士们的这句得意的自白，无疑道出了他们骗人的实质。他的"可"与"否"，可以是依据人的八字，也可以是依据自己的好恶，当然也可以是依据人们对他们贿赂的程度。总之，士大夫的命运是掌握在他们的手中（而不是依持于自己的八字之中）的，他们的一个"可"字，能使你一夜之间鸡犬升天；他们的一个"否"字，也能使你一下子被炒了鱿鱼。由此我们也便不难理解早在三国时期，著名的数术家管辂为什么名势显赫，乃至于出现"当途之士，莫不枝附叶连，宾客如云"的景象了。

（三）骗局的揭秘

如果说上面所举的几则例子还只是古人的故事，那么，下面我们不妨看一看当代算命先生的自白书。

陆明华，一位失目的算命先生。据他自己的介绍，5岁那年，他因患红眼病无钱医治，以致双目失明。为了混碗饭吃，只得跟人学算命。后来居然赢得了"陆瞎子算命算得准"的美誉。但据他自己讲，与其说是算，不如说是骗。而骗人的方法，不外乎四个字："摸、听、套、吓"。所谓"摸"，就是事先摸准自己要去设摊算命的那一带的情况，摸清不同年龄的人的基本特点；所谓"听"，就是想方设法让求算的人先开口、多讲话，弄清他的心事；所谓"套"，则是用一种模棱两可的话去套对方的事情；所谓"吓"，就是编选一些触犯神灵的鬼话吓唬对方。

陆先生举例说，有一天，一个人来算命，这个人在报出自己的出生年、月、日、时的时候，语无伦次，从他的口气、情绪中探出他此时一定心乱如麻。于是陆先生就对他说："你脸带三分愁，话中有七分忧，不是家中灾祸生，就是本人生意停。"用这话一套，那人果然道出了实情，说自己刚刚失业，为了养家糊口，正准备去赌场孤注一掷，这次前来占卜无非是想预测一下手气如何。摸清了来人的心思，陆先生便用些左右逢源的话对他说：

"你眼前命里有难，不过也可以逢凶化吉，今年可能走红运，莫要错过了时机呀。"

陆先生解释道，这样的对答，保证万无一失。如果这个人赌赢了，肯定要说他算命算得灵；如果他赌输了，反正自己有"眼前有难"的话在先，那人还得承认自己算得准。

陆先生说，迷信的人总以为他们这些算命先生能神机妙算。其实，如果来算命的人一声不响，算命先生是无论如何也算不下去的。他又举例道，有一次，他碰上了一个白发苍苍的老奶奶，来为她的刚满百日的小孙子算命。她报出了小孙子的生辰八字后，陆先生就哄她说："这孩子天庭饱满，地阁方圆，长了一副贵人相，日后必有大福。"老奶奶听了自然是高兴，就接着陆先生的话茬说道："我这小孙子倒是长得聪明伶俐，讨人喜欢，即使哭起来也是细声细气的。"陆先生一听这话，心里就断定这孩子的身体素质十之八九不好，因为身体健壮的婴儿，哭声大多洪亮有力。另外，陆先生揣摩着老奶奶来替小孙子算命，多半是为了小孩子的病。于是就又对这位老奶奶说："这孩子是贵人，娇嫩难养，小毛病不离身，在周日之前还有十日难，不是小孩子破相，就是小孩子的爷娘破财。"这位老奶奶连声应道："是啊是啊，小家伙儿生下来就没有奶吃，从小毛病就多，昨天还从床上翻下来，不知道要紧不要紧？"这时，陆先生知道已经套出了实情，便装模作样地扳着手指头掐算了一下，然后就对老奶奶说："这是劫数，命里注定，这下破了相可好了，小孩子魂灵生进，包去百病，定会夜夜长，日日蹿，爷娘阿奶再也不用担心了。"

陆先生颇带嘲讽意味地说："这样一骗，老人不会不高兴给钱，还逢人便讲我算得准。实际上我暗自好笑，这哪是我算出来的，不都是你自己讲出来的吗？"

陆先生指出，别看瞎子是失明的人，可他们跑百户，走千家，听觉特别灵。在没有吃准求算者的来意前，他们总是拐弯抹角地说些好似不搭界的话，看求算者的反应如何，再从他的口气、声调、情绪来推测他的身份、遭遇、目的和要求。如果说漏了嘴，还得要有一套自圆其说的本事。陆先生又举出了自己的一则实例：

有一位姑娘来测算自己的婚姻命运，陆先生根据十二属相，很快地算出了她是生在寅年属虎，于是就这虎那虎地乱说一通。陆先生明明知道这些话对她来说是无关紧要的，但为了骗她说出来意，不得不故意地说东道西。果然，那位姑娘沉不住气了，便开口问道："虎和狗相冲吗?"这么一问，陆先生便知道了她的对象是属狗的，两个人可能感情很好，这次来算命可能是想要问卜定终身。于是陆先生就告诉那姑娘道："寅为虎，戌为狗，按照五行说，寅属木，戌属土，木相克制土，虎相克胜狗，所以你们生肖不相冲，是对好姻缘。"听完他的大论，姑娘没好气地嗯了一声。可这一嗯，却暴露了自己的信息。陆先生一听口气不对，就忙调转风头说："现在你是虎落平阳反被狗欺，是狗咬吕洞宾，不识好人心。"这么一来，那姑娘应声道："对啊，我结婚才几个月，小夫妻就吵了好几次。"陆先生对她说："现在我劝你打虎上山，你只要凶过头，就保你平平安安，和和睦睦，否则虎狗不同窝，夫妻做不长。"

这真是"一张嘴巴两张皮，随机应变句句灵"（以上材料均见 1982 年 3 月 1 日《解放日报》）。

朋友，作者不用在这里下结论了，您自己想一想，人的命运是由生辰八字决定的吗?!

（原载于《算命透视》，科学普及出版社 1997 年版）

算命术是科学预测学吗？

近年来，虽然社会上流行着的算命术五花八门，令人眼花缭乱，但操此术者却都有一个共同的嗜好，就是喜欢打一打科学的旗号。一些文化人也雅好此举，推波助澜，并美其名曰"科学预测学"。那么，算命术究竟科学不科学呢？我的看法是：不科学！现述其理由如下：

首先，算命术获取信息的手段不科学。科学的预测学虽然是一项专门的学问，但其中的一些常识性道理普通人也并不陌生。比如说，你生产了一种新产品，想把它推入市场，就必须先做好市场调查，根据调查材料，获得所需的信息。比如说，别人给你介绍了一位朋友，你想知道他的人品素质，就必须先了解他过去的所作所为，根据这些了解，形成对他的基本认识。而算命术则不是这样，它获取信息的手段，既不是实地调查，也不是间接了解，而是一套一成不变的模式。以较为流行的几种算命术如纳甲术、梅花易术、八字术为例：纳甲术获取信息的根据是三枚铜板，方法是请问占者摇铜板六次，根据铜板落地的情形画出六爻。八字术获取信息的根据是人的出生年月，方法是将人的出生年月转换成天干地支，根据天干地支的生克关系排出四柱。相比而言，梅花易术要潇洒些，既不需要铜板做道具，也不需要八字做基础，而是触景生情，或依你问占的时日、或依你说话时的声音等来获取信息。不管你所从事的职业是什么，也不管你所要关心的事情属于哪一方面，算命先生总是会用上面这些一成不变的模式去因应你所提出的诸种问题。你问考学方面的问题吗？算命先生既不了解你的学习成绩，也不调查与升学有关的事项，只需请你用铜板摇出一组卦符；你问发展前途方面的问题吗？算命先生既不了解你的理想，也不了解你的素质，只需根据你的生辰八字排出一个公式；你问健康方面的问题吗？算命先生既不看你的体检结果，也不问你的身体状况，只是看你问话时的时辰可以换算成什么卦……请问，这种不靠调查研究，不靠搜集感性材料，而单凭一种神秘的手段，获取一个固定的卦符或公式来收集相关的信息，能是科学的吗？至少他不符合现代科学预测学的要求。

其次，算命术处理信息的方法不科学。科学的预测学在确立预测目标，搜集相关材料，并充分占有材料之后，紧接着就是选择恰当的处理信息的方法，也就是选择预测方法。比如说，你的调查对象和调查结果表明，你需要用趋势外推法处理业已获得的信息，那你就要努力从这些信息中找出规律性和发展趋势。而如果你的调查对象和调查结果要求你用因果预测法处理业已获得的信息，那你就要努力从这些信息中发现某种确切的函数关系或某种统计规律。而算命术则不是这样，它处理信息的方法也是一成不变的。拿纳甲术来说，不管你是要贞问炒股方面的问题，还是贞问职业选择方面的问题，算命先生用三枚铜板获取了你的"信息"——卦符后，就按着一个固定的形式，以八宫卦序纳天干地支，配六亲六兽，察世应飞伏，分用神、元神、忌神、仇神，看日建、月建、旬空、月破，及生、死、墓、绝和旺、相、休、囚、刑、冲、化、合等。并根据这些参数，处理有关的"信息"，然而，这些参数与你所贞问的内容是毫不相干的。又如梅花易术，算命先生触景生情，把你的问话换算成卦画后，就根据卦画之象，分析与你有关的"信息"之可能具有的含义。在这里，构成处理信息的参数，与你所问内容是不相干的；构成处理信息的卦画之象，是否与你所问内容相干，是不确定的。请问，用一些与你所问内容毫不相干或是否相干尚不确定的东西，来处理你贞问的内容，其结果可能是相干的吗？而用一个固定不变的模式和一组固定不变的参数，来处理复杂多变，内容各异的问占，其结果可能是科学的吗？至少在现代科学预测学看来，这是无法理解的。

再次，解释信息的理论不科学。科学的预测学，形式多样，方法各异，但一般都遵循三条原则，即惯性原则、相关原则和类推原则。惯性原则是指根据某一系统的过去和现在，推测其未来的状况。相关原则是指根据某一系统内部各要素之间相互联系、相互协调、相互制约的关系，推测相关要素的存在形势。类推原则是指根据一个先发事件，类推与之相似的事件。这三条原则，可以看作是现代科学预测学的理论基础。算命术也有其理论基础，那就是所谓的"五行生克"。仍以纳甲术为例：虽然其用于处理"信息"的参数（见前）貌似复杂，但其所遵循的原则却只有一个，即"五行生克"。如其纳干支的目的，就是为了把干支的五行属性传达给六爻，以使所得卦符的六爻也具有五行的属性。以《乾》卦为例，《乾》纳天干的甲、壬，纳地支的子、寅、辰、午、申、戌。以地支的五行属性，子为水，寅为木，辰为土，午为火，申为金，戌为土，则《乾》卦的初爻亦为水，二爻亦为木，三爻为土，四爻为火，五爻为金，上爻为土。于是六爻之间的五行关系就显明出来。再以"生我者为父母，我生者为子孙，克我者为官鬼，我克者为妻财"的原则配"六亲"等，则六爻之间的生克关系也就显明出来。其他的诸多因素的搭配，也都是为了显明生克关系。其他如八字术，也是利用干支之间的五行属性及其生克关系，推演流年命运。梅花易术则是利用卦与卦之间的五行属性及其生克关系，占断吉凶祸福。可以说，离开了五行生克，纳甲算命术是绝对玩儿不转的。五行观念在我国起源甚古，内容比较复杂，在不同的历史时期，人们对它的认识也颇不同。总体来说，它是一种利用水、火、木、金、土这五种物质的性质或作用，来说明其相互关系的理论，仅仅反映了古人对事物的属性、功能及其相互关系的粗浅认识，是一种十分简单的物质分类法，具有一定的自然哲学的特征。作为一种认识自然的思维方式，它具有一定的合理性；但用它分析社会人事方面的问题，则难免牵强附会，漏洞百出。最明显的例子是战国末期的五行家邹衍。据《史记》记载，邹衍"深观阴阳消息"，对天文有着深刻的认识，被当时人们称为"谈天衍"，可以说是一位科学家了。但他又用五行理论解释历史，创造出了一种所谓的"五德终始"说，认为五行中的每一德支持一个朝代，这个德衰弱了，这个朝代就会灭亡，而为另一德所支持的一个新的朝代所代替。邹衍的这一理论在历史上影响很大，成为"符应"说的根据。这种把复杂多变、丰富多彩的历史发展框死在五德循环之中，又把驯化变化的根据归之于天意符应的思想显然是荒谬的。而算命术恰恰就是把五行学说中具有迷信色彩的这一部分内容作为了卜算人事吉凶的理论基础。它与邹衍一样，把具有自然哲学色彩的五行理论，同时也看作是规范社会人事的准则。这种认识的思维秘密在于，先掏空五行理论中所包含的自然科学的内涵，使之成为一个抽象的模式，再在其内部填进社会人事方面的内容，以为其占卜算命服务。例如，纳甲术或八字术中常常利用的参数——"六兽"，即青龙、朱雀、白虎、玄武、勾陈、藤蛇等，原本是中国古代天文学中的一组概念，如青龙是东方七宿的总称，朱雀是南方七宿的总称，等等。这些概念中虽难免有星占的内容，但主要是用来描述古代天文星象的。而算命术则抽掉了其固有的科学内涵，留下其星占的部分，搬来与六爻或八字相搭配，并在异类异质即自然现象与社会人事之间进行推理，所谓"龙动家有喜，虎动主有丧"等。这不但违背常识，更违背科学的推理法则。因为逻辑推理的一个基本原则是，同类同质的事物可以相推，异类异质的事物不能相推。请问，用一种粗浅的、极不成熟的自然科学理论（五行学说）去推演复杂的、内容丰富的社会人事现象，其结论靠得住吗？

最后，算命术检验结果的态度不科学。预测是对尚未发生或目前还不明确的事物进行预先的估计和推测。既然是预先的估计和推测，就难免出现失误，也难免会发生误差。对此，科学预测学的态度是，本着实事求是的原则，在认真审查预测模型的特点及资料的准确度的基础上，分析产生失误或误差的原因，修改预测程序，努力争取将失误或误差达到最小值，以使预测结果尽量与事件运动的本然状况相应。而算命术则不是这样，它对于占算中出现的失误或误差有一种极为霸道的推辞，或者换句话说，它根本就不承认算命术本身会出现失误或误差。这就是算命先生所谓的"心灵感应"说。据目前所见最早介绍纳甲术的《火珠林》一书说："易本逐心，……一得一失，皆在日月盈虚；一离一合，皆从无而立有。故易本逐心，人灵神辅，显明在乎信，吉凶在乎人。"可见，算命先生能否给你指出明路，关键是看你信不信他。《火珠林》又说："心要至虚至灵，以诚信为主。凡占卜存心道性，不可一毫私念起于中。取用爻象在乎果决，不要狐疑，妙处当以心领神会，有不可言传者也。如此则神灵辅助，随吾取舍，而用之自然灵验矣。"看来神灵是否帮助你决断吉凶，关键还在于你是否诚心诚意地相信占卜，这也就是俗话所说的"心诚则灵"。但占算中的这一原则，似乎与占算术本身不无矛盾之处。以纳甲术为例，其纳天干地支，配六亲六兽，察世应飞伏等，都是按着一套模式严格进行的，何以一个自谓"严密"的程序系统，竟得不出一个客观的结论，而要靠"心领神会"，乃至于"有不可言传者"存焉呢？是为了替算命先生准备一条摆脱尴尬的后路？还是为了让贞问者老老实实地顺从算命先生的占断？这实在是一个神秘的"不可言传"的问题。我看这种不老实的态度恰恰说明，算命先生在对待占算结果是否准确这个十分棘手的问题上，是底气不足的。也许正是因此之故，他们在打出科学旗号的同时，也特别喜欢制造一点神秘的氛围。比如颇为算命先生所看重的《卜筮正宗》中就说："以钱三文熏于炉上，致敬而祝曰：天何言哉，叩之即应，神之灵矣，感而遂通。今有某姓某事关心，不知休咎，罔释厥疑，惟神惟灵，若可若否，望垂昭报……再祝曰：某宫三象吉凶未别，再求三象三爻以成一卦，以决犹疑。祝毕，复如前法，再掷合成一卦而断吉凶。至敬至诚，无不感应……"可见，占算者与问占者，对于这三枚铜板究竟能否决疑释惑，心中是没有底气的。靠这样的祷告和这样的神秘气氛，自己给自己壮壮胆，提提气罢了。真正的科学，是不需要这种神秘的气氛的。如前面提及的建立在科学基础上的预测学，通过对事物发展规律的认识和把握，分析判断事物发展的未来趋势。这种预测学它的每一步骤，都是可把握、可操作、有据可查的，也十分符合认识规律，因而没有人认为它神秘，它也没有必要给自己装饰种种神秘的花环。而算命术由于没有一个强有力的支持其预测结果的前提条件，所以不得不制造神秘，进行诡辩。

总之，与科学预测学相比，算命术无论是获取信息的手段，还是处理信息的方法；无论是解释信息的理论，还是对待占断结果的态度，都是没有什么科学依据的。因此，我的结论是：算命术不是科学的预测学。

（原载于《深圳特区报》1998 年 8 月 8 日）

儒学研究

天人问题溯源

天人关系问题，是中国古代哲学的基本问题，也是当前学术研究中颇受关注的问题，不少专家学者从不同的侧面对这一问题进行了深入的探讨。但在中国古代思想的发展中，天人问题是如何产生的？它又是如何成为中国古代哲学的基本问题的？为什么古代哲人总是喜欢用天人合一的思维模式理解天人关系？对于这些问题，人们的讨论似乎仍显薄弱。而它直接关系到中国哲学的起源，中国哲学的特点，乃至于中国哲学的现代意义等诸多问题，因而值得引起高度重视。本文将主要围绕天人问题的起源，略陈己见，以就教于方家。

一

哲学脱胎于宗教，是学界普遍的共识。马克思说："哲学最初在意识的宗教中形成，从而一方面它消灭宗教本身；另一方面从它的积极内容来说，它自己还只在这个理想化的、化为思想的宗教领域内活动。"[①] 所以，考察天人问题的起源，不得不从"意识的宗教"开始。

上古时代的宗教信仰，由于史阙有间，已不可详考。目前所见最早的宗教传说，当为颛顼的"乃命重黎，绝地天通"（《尚书·吕刑》）。据观射父的解释，"绝地天通"，是指改变"夫人作享，家为巫史"（《国语·楚语下》）的混乱现状，将沟通神人关系的权力限制在巫、祝、史的

---

① 《马克思恩格斯全集》，人民出版社 1972 年版，第 26 页。

手中。而在上古时代，国王通常就是这些巫、祝、史的首领，如史载殷商开国之君商汤就曾为解决当时的旱灾而"以身祷于桑林"（《吕氏春秋·顺民》）。所以，"绝地天通"，乃意味着原始宗教正在渐渐地发展为为统治集团服务的国家宗教。① 夏代及夏代之前的史实已不可知，殷商宗教则的确表现了这一特征，《管子·国准》篇载："殷人之王，诸侯无牛马之牢，不利其器；……诸侯无牛马之牢，不利其器者，曰淫器而壹民心者也。"不准诸侯具备"牛马之牢"，说明殷王朝对诸侯方国的祭祀权力是有所限制的。

就殷人的宗教信仰系统而言，可谓神灵多多，天神、地示、人鬼等一应具有："大体上说，殷人对自然崇拜，于天神有上帝、日、东母、西母、风、云、雨、雪等；于地祇有社、方（四方）、山、岳、河、川等；对祖神不仅于先王、先姚有复杂的祭典，而且于名臣又有配享制度……"② 而在自然诸神中，天神上帝的权威最大，商人把自然现象中的风、云、雷、雨，都看成是天神上帝所驱使的神灵。③ 但值得注意的是，"殷人以为凡是雨量的多少、年成的丰歉，都是上帝所为……但求雨求年，就要祷告祖先，求先祖在上帝左右从旁再转请上帝，而绝不直接向上帝行之"④。可见，在殷人的宗教信仰系统中，人并不直接向天神行祭，每有所求，必须通过祖神这个中介来实现。之所以这样，乃是由于"在绝地天通之后，人不能直接和天神交通，必须祭祀祈求高祖。"⑤ 殷人几乎有天天轮流祭祀先公先王的宗教习惯，恐怕就与他们的这种中介作用有关。这表明，在殷人的观念中，祖神的地位十分突出，人直接面对祖神，而不向帝神负责，帝神与人之间也因此没有共同遵循的准则。对人而言，帝神只是"一种强大而意向又不可捉摸的神灵……看不出具有理性，恣意降灾或降佑。"⑥ 这种文化现象，以宗教的形式反映了神与

---

① 　牟钟鉴、张践合：《中国宗教通史》，社会科学文献出版社 2000 年版，第 85 页。

② 　金景芳：《中国奴隶社会史》，上海人民出版社 1983 年版，第 97 页。

③ 　王玉哲：《中华远古史》，上海人民出版社 2000 年版，第 402 页。

④ 　胡厚宣：《殷卜辞中的上帝和王帝》（下），载《历史研究》1959 年第 10 期。

⑤ 　陈来：《古代宗教与伦理》，生活·读书·新知三联书店 1996 年版，第 114 页。

⑥ 　朱凤瀚：《商周时期的天神崇拜》，载《中国社会科学》1993 年第 4 期。

人、自然与人之间的复杂关系。①

殷周之际，政治制度及宗教思想的变革甚为剧烈，在周公的直接领导下，周初统治者对殷商宗教进行了一系列的改革。实在说来，在相信天神方面，周公与殷人并无实质性区别，②他的独特之处在于，对于王朝兴替、天命转移的原因进行了十分理性的思考。周公戎马一生，又摄政多年，历史的经验和现实的教训告诉他，单纯地相信天命，无助于永保周祚。因为天命也曾与夏、商两朝同在，现在又转移到周人身上。天命转移的原因是什么？是天帝的好恶吗？如果是，根据又是什么？周公反思的结果是：天之赏罚及天命转移的根据乃在于统治者的"德行"。周公说："我不可不监于有夏，亦不可不监于有殷。我不敢知曰，有夏服天命，惟有历年；我不敢知曰，不其延。惟不敬厥德，乃早坠厥命。我不敢知曰，有殷受天命，惟有历年；我不敢知曰，不其延。惟不敬厥得，乃早坠厥命。"（《尚书·召诰》）在这里，周公把夏、商失国的原因归结为"惟不敬厥德"。因而，他谆谆告诫周初统治者："王其疾敬德！"（《尚书·召诰》）并强调指出，他们的祖先就是因为自己的德行而赢得了天帝的信任。这就是所谓的"以德配天"。

纳德于宗教信仰系统之中，作为天人沟通的根据，是周公的一大创新。由于这一创新，天神与统治者靠着德被统一起来，德也因此成为沟通天神与统治者的桥梁，成为天神和统治者共同遵守的原则。这一原则，就其理论意义说，至少可以演绎出两层含义：

其一，天命因统治者的德行而转移，天也应该且必须是德之化身。

----

① 近年来关于殷商信仰系统的研究又有一些新成果，但我认为金景芳先生把其大致分为"自然崇拜"和"祖先崇拜"两方面还是站得住脚的。王玉哲先生在新近出版的《中华远古史》（上海人民出版社 2000 年版）中，于"商代的宗教信仰"一节中，亦分"自然神的崇拜"和"祖先崇拜"两部分论述。

② 《尚书·君奭》中载有周公"天难谌""天不可信"等话，有学者因此认为周人自己不相信天命。陈来指出："周公各诰证明，周公对天的宗教信仰并没有消失，他所反对的是像纣王声称'我不有命在天'那样信天，他所强调的也是对天命永恒赐予的怀疑，他忧虑周朝的国运能否长久，警告统治者要谨慎于人事的努力，否则天命就有转移的危险。"（《古代宗教与伦理》，生活·读书·新知三联书店 1996 年版，第 179 页）本文同意陈先生的观点。

其二，统治者因德行而配天，统治者应该且必须要把敬德作为第一要务。

就前者说，天神的内涵较之殷商有所增加：它除了是一种自然神、人格神外，还是"至善"；但其外延却因此而缩小，即并非如殷商时期那样毫无规律，乱行赏罚，而是有德行方面的依据。就后者说，统治者的行为受到了某些方面的限制：必须"明德慎罚""疾敬德""克慎明德"；但主动权却更大了：可以通过自己的德行谋求上天的悦纳，可以通过把握自己的行为来把握天命。这样，殷人信仰系统的基本结构就发生了如下变化：

朝代	天神	祖神或时王	天人关系
殷	自然神、人格神	祖神或时王	靠祖神来沟通
周	自然神、人格神、至善	有德的祖神和时王	靠德行来沟通

"以德配天"是周公的一大发明，也是周公对传统天命观的一种"维新"。这种"维新"，把统治者的德行好坏作为天命转移的根据，从而将对天命的信仰，转变为统治者对自身行为的自觉。春秋时期的理性觉醒，其思想发展的逻辑根据，就隐藏在周公的这种"维新"之中了。

二

说到春秋时期，人们常常想到"礼坏乐崩"这一成语，它不但成为这个社会大转型期的代名词，还经常被用来作为这个大转型期思想观念变化的原因。这当然无可厚非，但就思想发展的逻辑而言，西周宗教思想内部潜存的矛盾可能更值得引起重视。

如上所述，经由周公"维新"的传统宗教留给人们的是"天神——有德行的时王"这样一个基本信仰模式。周公透过"以德配天"，找到了神（天命）人（统治者）统一的基础，但又何尝不是埋下了神人分裂的种子呢？由于把天命是否眷顾与人自身的德行联系了起来，人们便越来越注意人自己的努力，注意在人自己的身上，而不是在神的意志方面寻找祸福的根源。如《诗经》中说，"下民之孽，匪降自天，噂沓背憎，职竟由人"（《小雅·节南山·十月之交》),"显示出周人开始在人的社会中,而不是在天命中,去寻找社会灾难的直接原因"。① 西周末年,由于统治者的腐败和连年灾荒,人们有时会通过批评上帝来讽刺时王,如曰:"上帝板板,下民瘅瘅","天之方虐,无然谑谑"(《诗经·大雅·板》)等,高亨先生说:"上帝喻指周王。"② 这虽然并不表明对上神的信仰已经受到怀疑,但批评和抱怨意味着反思的开端。所以,它至少预示着天帝的威信开始打折扣了。到了春秋时期,随着社会转型的外缘助力,传统天命观的内在矛盾进一步突出出来,遂逐渐发生分化:以天道自然为特征的自然主义思潮和以民本主义为特征的人文主义思潮由此产生。

天道问题,本来是传统天神信仰中自然神崇拜的内容之一,自然诸神当然包括日月星辰等天文、天象在内。日月星辰等天文、天象有自身的运行规律,其运行所遵循的轨道称为天道。中国古代的天文、天象学十分发达,早在帝尧时期就曾"乃命羲和,钦若昊天,历象日月星辰,敬授民时"(《尚书·尧典》)。但在神学时代,天时的变易、星象的变化常常被视为与社会人事有关,天道也因之包含了天命神学和道德至善等多方面内容。但天文、天象学毕竟不同于一般的宗教,在一定范围内,它还保持着其客观自然性,也就是仍然保留着自然主义的理解空间。春秋时期,随着传统宗教内部矛盾的进一步激化,传统天道观中天人感应的两极开始出现分裂,导致了具有宗教色彩的天道观向自然主义方向的发展。如范蠡曾说:"天道皇皇,日月以为常,……阳至而阴,阴至而阳。"(《国语·越语下》)显然是从自然的意义上来理解天道的。鲁僖公时,周内史叔兴把"阴阳之事"与人事分开,强调"吉凶由人"(《左转》僖公十六年),也无疑是对传统天人感应思维模式的超越。昭公时,子产提出"天道远,人道迩"(《左传》昭公二十四年)的命题③,则正是这种"超越"的必然结果。所以有学者说,自然主义的"天"

---

① 陈来:《古代宗教与伦理》,生活·读书·新知三联书店 1996 年版,第 212 页。
② 高亨:《诗经今注》,上海古籍出版社 1980 年版,第 436 页。
③ 子产提出"天道远,人道迩"并不意味着他完全否定传统天命观。春秋时期出现的两大思潮,只能看作是对传统天命观的超越或转化,而不是与它的断绝或割裂。

是在春秋时期的天文学和星象学中渐进转出的。①

与自然主义的"天"的渐进转出相适应，这一时期用来理解自然现象的概念范畴，如五行、阴阳、气等，其内涵也得到了丰富和发展。五行观念渊源甚古，与原始宗教信仰关系密切。而这一时期，五行观念的神学色彩渐渐被抹去，成为人们理性地解释自然现象的思维工具："夫和实生物，同则不继……故先王以土与金木水火杂，以成百物"（《国语·郑语》）；"水、火、金、木、土、谷，谓之六府"；"天生五材，民并用之"（《左传》文公七年）等，这些材料或把五行看作汇成百物的质料，或把五行看作切于民用的五种东西，总之都已超越了祭祀意义上的五行观念。至于"阴阳"和"气"的观念，这一时期"在智者群中已普遍流行"②，并渐渐与人事吉凶发生分化③，成为人们解释自然现象的基本要素。

春秋时期的人文思潮，是伴随着天道自然观的出现而产生的，但其思想渊源也很古老，大致说来，有两方面：即三代民本思想和西周天命论中的"敬德"思想。《尚书·皋陶谟》中说："天聪明自我民聪明，天明畏自我民明畏。"这种思想，在周公"以德配天"观念的支配下，渐渐转化为"民之所欲，天必从之"（《尚书·泰誓》）的"天意在民"的思维模式。④ 春秋初年，随国大夫季梁提出："夫民，神之主也，是以圣人先成民而后致力于神。"（《左传》桓公六年）四十余年后，史嚚又说："国将兴，听于民；将亡，听于神。神，聪明正直而一者也，依人而行。"（《左传》庄公三十二年）这些议论，虽然仍旧承认神的存在和其至善的本性（"聪明正直而一者"），但神意"依人而行"。所以，到了僖公时期，终于发展成为"吉凶由人"说。

这一时期，"依人而行"的一个突出表现，是大批界定人的行为德目的产生。周公提出"以德配天"，目的是让统治者谨慎自守，以获得上天的悦纳。在《尚书》及西周金文中，德字频繁出现，但内涵仍显贫乏。有学者甚至认为，周初"德"字只当作一种行为或作为的意思来使用，所以《周书》

---

① 陈来：《古代思想文化的世界》，生活·读书·新知三联书店 2002 年版，第 62 页。

② 陈来：《古代思想文化的世界》，生活·读书·新知三联书店 2002 年版，第 72 页。

③ 陈来：《古代思想文化的世界》，生活·读书·新知三联书店 2002 年版，第 74 页。

④ 陈来：《古代宗教与伦理》，生活·读书·新知三联书店 1996 年版，第 191 页。

里德字前面往往加上各种修饰词，以便知道是什么行为。① 这种情况到了春秋时期发生了很大变化，周公种下的"敬德"的种子，此时已是硕果累累了。陈来先生根据《逸周书》《左传》《国语》的相关材料做了很详细的排列，涉及德目达 40 多项，如：孝、悌、慈、惠、忠、恕、中、正、恭、宽、温、静、理、智、清、武、信、让、名、果、贞、仁、行、言、固、始、义、意、勇、治、禄、赏、刚、柔、和、顺、友、咨、询、度、诹、谋、周、祥、衷、敏、事、罚、临等。陈来先生得出结论，认为春秋时代是一个"德行的时代"。② 重视德行必然反思主体。所以，春秋时期伦理德目的丰富发展，为人的进一步发展提供了基础。

总之，天道自然观的出现和人文思潮的兴起，以及由此引发的观念大爆炸，表明在传统天命观的分化过程中，构成天命观的各种要素，特别是天、人要素都得到了相对独立的发展。而这，无论从思维观念方面，还是从思想范畴的建构方面，都为春秋末期开始的哲学创作提供了丰富的文化资源。春秋战国之际兴起的儒道两家，正是在反思、梳理这些文化资源的过程中建立起自己的哲学体系的。

三

春秋战国之际，随着社会变化的进一步加剧，学在官府的体制被打破，"私家"学术渐渐兴起，使得一些知识分子可以自由地反思三代宗教、政治，自由地建构自己的理想国。最早从哲学的高度进行这种反思的，当推有史官背景的老子和对三代礼制很有研究且忧患意识十分强烈的孔子。

老子的思想，重视天道，具有明显的自然主义特征。如说："天之道损有余而补不足""天之道不争而善胜，不言而善应，不召而自来"，认为天道有其自身的法则，不因人的需求而转移。如说："道生一，一生二，二生三，三生万物。万物负阴而抱阳，冲气以为和"（《老子》第四十二章），认

---

① 王德培：《书传求是札记》（上），载《天津师范大学学报》1983 年第 4 期。
② 陈来：《古代思想文化的世界》，生活·读书·新知三联书店 2002 年版，第 269 页。

为阴气、阳气和冲气相互结合而生成万物。这种天道自然观，显然来源于春秋时期的自然主义思潮。老子的道论即由此产生。

老子论"道"，有两句话最值得玩味，一句是"象帝之先"，一句是"先天地生"。前者出自《老子》第四章，后者出自第二十五章。这两章都是讨论道的本源性特征问题。其用"象帝之先"和"先天地生"来界定道，分明是针对传统天命论和春秋时期的天道自然观而言的。就前者说，老子否认万物的生成有意识、有目的，他用道代替帝，作为天地万物的本原，正是为了凸显其"生而不有，为而不恃，长而不宰"的自然特性。可以说，为了超越传统天命论中的上帝决定论，老子把道界定为比上帝资格还老的本根。就后者说，老子道论虽然从天道自然观中转出，却也是要超越天道自然观的局限。张岱年先生说，春秋时代所谓天道是天之道，道是从属于天的。老子则以为道比天更根本，天出于道。① 可以说，为了超越天道自然观的局限性，老子又把道界定为"是谓天地根"（《老子》第六章）。而由于要完成这两个超越，老子在界定道时，特别拈出"无"字，来形容天地万物之本原的普遍性和非人格性特征。

本源问题，是古希腊哲学的核心问题，古希腊哲学就是由于泰勒斯提出了"水是本源"这一命题，而开始了他的求知历程。老子道论也讨论了本源问题，而且他提出的"道"比泰勒斯的水抽象程度更高。但两种本原论又有本质的不同，泰勒斯的本源论同时就是其哲学的全部内容。且其提出本源问题，恰如亚里士多德所说："不是为了任何别的利益，而只是因为人是自由的。"② 老子则不然，本源问题不过是他为完成上述两种超越而建构的哲学基础而已，其目的在于"推天道以明人事"③，即解决天人关系问题。所以，虽然老子的本源论，其起点并不低于泰勒斯，但并没有为中国哲学开出一条探求本源的知识论进路。老子说："人法地，地法天，天法道，道法自然"（《老子》第二十五章）。"道法自然"即道以自然为法，是说道作为宇宙的最

---

① 参见张岱年：《中国古典哲学概念范畴要论》，中国社会科学出版社 2000 年版，第 24 页。

② 杨适：《哲学的童年》，中国社会科学出版社 1987 年版，第 56 页。

③ 朱伯崑：《〈易传〉的天人观与中国传统哲学》，载《中国传统文化的再诠释》，北京大学出版社 1993 年版。

高原则，本质特征是自然而然。"天地之根"的本质属性是自然而然，天地的本质属性当然是自然而然。而"道大，天大，地大，人亦大。域中有四大，而人居其一焉"（《老子》第二十五章），所以，在老子看来，人道的特征也应该体现自然而然的特征。

可见，老子的道论，吸收了春秋时期的天道自然观，扬弃了西周天命论中的天人德合说，而形成了自然主义的天人观。这种天人观，"推天道以明人事"，目的在于界定人在宇宙中的位置（域中有四大），在于为现实社会的存在样式及存在的合理性找到一个可靠的根据。可以说，老子的道论，是对三代宗教、政治进行哲学反思的产物。

孔子的思想重视人道，具有明显的人文主义特征。如其评价郑国著名政治家子产说："有君子之道四焉：其行己也恭，其事上也敬，其养民也惠，其使民也义。"（《论语·公冶长》）如其对弟子说："君子道者三，我无能焉：仁者不忧，智者不惑，勇者不惧。"（《论语·宪问》）如子张问仁于孔子，孔子说：能行五者，即恭、宽、信、敏、惠于天下，就算是做到仁了（《论语·阳货》）。这些德目，无疑是源于春秋时期的人文主义思潮。

孔子作为春秋末期的理性主义大师，作为三代正统文化的自觉传承者，其思想的最大特点是"与命与仁"。"与命"，是要对业已衰落的西周天命观作出反思；"与仁"是要对春秋时期的人文思潮作出总结。孔子的仁学，是在其研究、反思三代礼学的过程中建立起来的，目的是要给礼仪规范等外在的行为准则找到一个内在于人自身的根据。其所谓"为仁由己""人而不仁如礼何"，表明的就是这样一种思路。所以，本来是春秋时期众德目之一的"仁"，经由孔子的创造性诠释，便成了内在于人规范人的行为的众德目的根据。孔子的天命论，是在其反思、省察自己的生命历程中体认出来的，目的是为了从"天生德于予"的视角进一步提高人的自觉能力。其所谓"不知命无以为君子"（《论语·尧曰》），揭示的正是这样一条认识自我的独特通道。所以，本来是业已衰落了的神学天命观，经由孔子的损益辨析，便成了人们认识自我、自觉使命、坚定信心（"天生德于予，桓魋其如予何"；"天之未丧斯文也，匡人其如予何"）的方法之一。

孔子"与命与仁"，从人出发，上契天命，走的是一条"下学上达"的路。"子曰：'莫我知也夫！'子贡曰：'何为其莫知子也？'子曰：'不怨天，不尤人，下学而上达，知我者其天乎！'(《论语·宪问》)"下学而上达"就是由"为仁""克己"而"知天命"。后来的孟子内化道德之天，使之成为人性善的根据，并开出"尽心、知性、知天"的天人沟通之路，正是孔子"与命与仁"思想的发展。

可见，与老子立足于天道，通过超越西周天命观和春秋时期天道自然观的局限，来"推天道以明人事"，整合春秋时期出现分离的天人关系不同；孔、孟则是立足于人道，透过内化西周天命论及春秋时期伦理德目的合理因素，来"尽人事而知天命"，整合已经出现裂痕的天人关系的。虽然二者的致思路向稍有差别，但整合天人关系，为现实存在寻找可靠的理论根据，乃是他们的共同追求。

孔、老两家各有侧重的天人观，在成书于战国时期的《易传》中得到了继承和发展。《易传》是解经之作，《易经》成书于殷周之际，该书一方面重视"神谋"("自天佑之，吉无不利")；另一方面重视"人谋"，包含着古人丰富的生存智慧，与周公"天人德合"观，在思维方式方面有着内在的统一性。所以，到了春秋时期，此书很受重视。孔子晚年就曾对其爱不释手，"读《易》韦编三绝"。《易传》正是在孔子等人的研究基础上，以儒家人道思想为主干，吸取道家"推天道以明人事"的思维方法，综合创新，建构自己的天人学体系的。

《易传》论天道，提出"立天之道曰阴与阳"的命题，认为一切事物都由阴阳两方面构成，都必须遵循阴阳合德、刚柔相推的变易法则；提出"鼓万物而不与圣人同忧"的命题，认为天道的运行，没有意识，自然而然；提出"天地以顺动，故日月不过，而四时不忒"的观点，认为自然界的变化，有其规律可循，不相紊乱。这些思想，显然受到了老子自然观的影响。《易传》论人道，本着忧患意识，提出"人文化成"的观念，以人文为人道的特点；提出"迁善改过"的命题，认为"人文化成"的方法是见善则迁，有过则改；提出"与时偕行""动静不失其时"的命题，认为迁善改过的效果是"变化日新"；提出"穷理尽性以至于命"的命题，认为变化日新的最终目标是安身立命。这些思想，无疑源于孔、孟儒家人文主义传统。而《易传》最大的特点则在于，在天人关系方面有机地结合儒道二家，综合创新，形成了一套较为系统的天人理论。

《易传》天人观的特色，首先表现为天、地、人三才统一的整体观念。以此为前提，《易传》一方面强调人要"崇效天，卑法地"，努力在天道与人道之间寻求内在同一性，以通过认识和效法天道，从中汲取教益，引申出人事所遵循的原则；另一方面又强调"天地设位，圣人成能"，分别人道与天道的不同，强调人在自然面前应积极主动，参赞天地的大化流行；同时又特别重视从中正和谐的立场调适天人关系，追求宇宙的高度和谐（保合太和）。认为这样，就能真正达到"乐天知命故不忧"的天人合一境界。

《周易》经传在汉代被奉为经典，从此成为经学时代的学术核心，对中国哲学的发展产生了深远的影响。

四

周公宗教意义上的"以德配天"说，在经由春秋时期的分化，和分化后各要素的独立发展之后，到春秋战国之际的老子、孔子和《易传》那里，终于又在哲学的意义上实现了合一。这种合一，奠定了中国哲学发展的基本思路。因此可以说，中国哲学源于对天人问题的反思。亚里士多德在论及古希腊哲学的起源时指出："古今人们开始从事哲学的思考或探究都是由于惊异。他们最初从明显的疑难感到惊异，便一点一点地进到那些重大问题上的疑难，例如，关于日月星辰的现象和宇宙创生的问题。感到困惑和惊异的人想到自己的无知（因此爱神话的人在一定意义上也可说是爱智慧的人，因为神话正是由惊异构成的），为了摆脱无知，他们就爱智慧，因此他们这样做显然是为了求知而追求学术，而不是为了任何实用的目的。"① 事实也许比亚氏所说要复杂得多。但亚氏去古未远，又是当时著名的哲学家和哲学史家，他的描述应当说部分地反映了历史的真实。尤其就思想发展的逻辑而言，由对自然世界的惊异而进行的哲学思考，其知识论的进路确实成为后来西方哲

---

① 杨适：《哲学的童年》，中国社会科学出版社 1987 年版，第 54—55 页。

学发展的主要思路。

很显然，亚氏的"惊异"说，并不符合中国哲学产生的实际情形，中国哲学虽然出现在春秋末期，但根子却在殷周之际。如前所述，在殷人的信仰模式中，时王与天神并不直接对话，他们的沟通，要靠祖神这个中介来实现。这就意味着在天人之间，没有一个共同遵循的原则。天神对时王的降福降祸，与时王的行为也并没有必然的联系。所以，在殷人看来，天神好像一种强大而意向又不可捉摸的神灵。这表明，在殷人的信仰系统中，天神与人之间是存在着某种紧张关系的，这种紧张关系在一定意义上反映了人与自然的矛盾。殷周之际，周公损益殷商宗教，提出"以德配天"，在天人之间建立了统一的基础，使天神对时王的降福降祸变得有据可依。这就改变了殷人信仰系统中所折射出来的人与自然的对立关系，使之发生转向：变成了具有道德至善性的天帝与有德的时王之间德性统一的关系。神人关系的反思，也因之变成了对现实政治存在之合理性的探讨。翻开《周书》不难发现，周公的"谆谆教诲"基本上都是围绕着这一核心展开的。

殷周之际宗教信仰的这一转向，对中国文化的发展走向产生了不可估量的影响。春秋时期，天命神学衰落，构成天命神学的两大要素——天命与人，得到了相对独立的发展，从前者中转出了自然主义天道观，从后者中滋生出了人文主义的人道观。但自然主义和人文主义的出现，只是部分地净化（淡化）了西周天命论的神学色彩，而并没有从根本上颠覆西周天命论中天人合一的思维模式。因此，春秋末期，当老子、孔子对三代以来的思想文化和春秋时期的社会政治进行哲学反思时，都是以扬弃的方式，而非全然拒绝的方式来对待"以德配天"这一文化资源的。在老子这儿，其表现为"推天道以明人事"，也就是以天道自然的本然和谐为根据，求证人类社会的合理存在方式；在孔子这儿，其表现是"与命与仁"，即以"天命之德"之内化于人自身，来为人的伦理道德行为寻求内在的动力源泉（有些工作是由孟子来完成的）。前者是推天道以明人道，后者是推人道而上达天命。《易传》综合二家，以子贡不可得而闻的"性与天道"为核心，进一步从天人统一的立场，论证了"人和社会存在的合理性，及人和社会合理存在的可能性"问题（如"崇效天，卑法地""天地设位，圣人成能""天行健，君子以自强不息"等）。

可见，在中国哲学的形成期，天人问题就已经成为哲学家们思考的重心。先秦哲学对于天人问题的研究，奠定了中国古代哲学发展的基本思路。中国历代哲学，就其理论形态说，有两汉经学、魏晋玄学、隋唐佛教、宋明理学之别；就各个时期的哲学基本范畴说，又有"有无""心性""理气""心理"的不同。但他们又无一例外地围绕着"人和社会存在的合理性，及人和社会合理存在的可能性"问题而展开。汉代经学在形式上表现为对西周天命神学的回归，但这丝毫也不奇怪。先秦哲学家的合理性证明，在当时并没有与政治实践直接挂钩，不乏理想的成分。这种理想的成分彰显了先秦哲学与现实政治的距离和张力，正是这种距离和张力，使它保持了诸多的解释空间，具有了无穷的魅力，成为中国哲学发展的源头活水。而在经由春秋战国长期战乱和楚汉纷争之后，重新走向统一的汉代政治，其所面临的问题，与周公当年面临的问题颇有相似之处，摆在思想家面前的首要任务是解释现实政治的合理性问题。在这种情况下，颇具神秘色彩的天人感应论重新抬头并非不可理解之事。而事实上，汉代的天人感应论与西周天命论是有本质区别的，例如董仲舒对天人感应思想的论述就不乏自然论的证明（如人副天数、同气相感等）。至于象数易学家利用卦气、纳甲之说影射现实政治，则更表现出了以自然的变化解释社会变化原因的特点。所以，汉代经学形式上的向西周天命神学的复归，绝对不是倒退。如果说西周天命论是一种宗教信仰的话，那么汉代经学不过是宗教色彩颇浓的哲学论证而已。与先秦哲学家的理想性相比，他们表现了更多的现实实用性。所以，它不是倒退。如果是倒退，便无法理解魏晋玄学何以会有如此之高的哲学反思。魏晋玄学的核心问题是本末有无之辨。但哲学上的有无之辨，是否就是他们哲学的最高目标呢？显然不是。他们讨论本末有无，无非是为了给汉代经学已无法为其提供理论基础的封建伦理纲常，寻找一个更可靠的根据而已。所以在颇为玄奥的本末有无之辨的背后，隐含着的乃是自然、名教以及性情关系之争。至于宋明理学，虽然有气本论、理本论和心本论之别，但也毫不例外地是把论证伦常名教的合理性和人性善恶的根据以及人生的终极目的等问题作为其目的。

总之，天人问题，产生于三代宗教和政治的反思，它主要围绕着"人和社会存在的合理性，及人和社会合理存在的可能性"问题而展开。由于这一问题自身的特点，古人对它的探讨，常常采取天人合一的思维模式。现在学术界流行一种观点，认为中国古代的天人合一思想，对于解决目前较为严重的人与自然的矛盾很有价值。从上面的论述看，传统的天人合一思想主要不是用来解决人与自然的矛盾的，而是解决伦常名教的形上基础、人之为人的根据，以及终极关怀等安身立命问题的。所以，中国古代哲人从来不对单纯的自然发生兴趣，即便是老子、《易传》的自然主义天道观，也只能说是对天道的一种自然主义的解释，而不是解释自然。可以说古代哲人几乎从不用知识论的进路来考量天人及二者之间的距离；而是靠修养、直觉、（准宗教性的）情感体验来达到天人之间的默契。由于是一种默契，也就没有一个客观的标准，因此理解的空间也就相当大，能充分满足人们（无论是儒家还是道家）的精神需求。当然，这并不是说此种思维模式对于当前人们思考人与自然的关系问题没有帮助。我们坚信，只要对中国传统天人问题作出进一步的哲学诠释，它必将会对中外文化的未来发展产生非常有益的启示。

（原载于《河北学刊》2004 年第 5 期，收入本集时题目略有改动）

论孔子与春秋时期的礼学

　　春秋时期，中国社会经历着又一次大变革。随着生产力的发展，经济关系不断发生着变化，旧的社会体制不断受到冲击。旧有的礼制在某些方面已显得不适应，而与之相适应的新礼制又尚未建立起来。不少思想家把这个时期称作"礼坏乐崩"的时代。但从社会发展史的角度看，"礼坏乐崩"不应该成为贬义词，"礼坏"，坏的是跟不上时代需要的那一部分的礼；"乐崩"，崩的也是跟不上时代需要的那一部分的乐。

　　考察春秋时期的史料，在礼制方面，基本上存在三种情况：

　　其一，旧的传统礼制还有相当大的市场，还被不少政治家、思想家当作判断是非的标准。拿鲁国来说，《左传》昭公二年载：

> 　　二年春，晋侯使韩宣子来聘，且告为政而来见，礼也。观书于大史氏，见《易象》与《春秋》，曰："周礼尽在鲁矣，吾乃今知周公之德与周之所以王也。"

虽然我们不明白《易象》与周礼的关系，但"尽在鲁"的周礼则一定是周公制定的周礼无疑。鲁国十分重视这个传统，培养了一大批知礼之士，如"先大夫臧文仲，教行父事君之礼"，行父就是季文子，文公元年载"秋，季文子将聘于晋，使求遭丧之礼以行"，这里所求的一定是古礼。同时也说明当时已有了藏之官府的礼仪条文，不然就无求可言了。还是这个季文子，曾批评齐侯说，"齐侯其不免是（死）乎，己则无礼而讨于有礼……"（《左传》文公十五年），"有礼"和"无礼"，评定的标准也一定是周礼。当时来鲁国学礼问乐的人很多，如吴国的季札来"问周乐"（《史记·鲁世家》），齐国的晏子在边境狩猎时，也"因入鲁问礼"（《史记·鲁世家》）。由于求学者纷纷来到鲁国，也促使鲁国更加讲求礼乐。大贵族孟僖子就"病不能相礼，乃讲学之"（《左传》昭公十四年）。这些都说明在这个时期，周礼的影响还很大，还左右着很多人的思想意识，使他们站在这一传统立场上品评人物，判断是非曲直。

其二，新的社会关系不断形成，与传统礼制发生冲突，造成了很多社会混乱。本来，传统的礼乐文化是维护宗法等级差别，并在这种差别中保证等级与权力、财富的基本一致。但随着王室的衰微，权力和财富开始在诸侯乃至卿大夫之间进行重新分配，因此等级身份与实际拥有的权力和财富发生了分离，如"季氏富于周公"（《论语·先进》）。于是"政由方伯""礼乐征伐自大夫出""陪臣执国命"等现象相继出现。从传统的礼制看，这是不能容忍的违礼行为。但事实就是这样，连周王室为了保住他名存实亡的虚位，也不得不在行动上作出种种让步。如《左传》僖公二十八年载："晋侯召王，以诸侯见，且使王狩。"君应臣召，屈尊前往，无疑是违背周礼的，但王室要仰仗齐桓公、晋文公等霸主的庇护，并求得他们在日常生活品方面的供应，也只好这样做。可见，在这个时期，礼制是屈从于势力的，谁的势力大，谁就可以按照自己的愿望改变礼。而任何人的势力又都是以经济做后盾的，因此也可以说，谁拥有雄厚的经济基础，谁就可以拥有违反传统礼制的特权。

当然，这种"违反"，也可以解释成对传统的突破。从史实看，它也的确是一种突破。但这种突破，只能理解为权力和财富的再分配。因为它并没有从根本上动摇封建的宗法等级制度本身，只是在这种形式内部的人与人之间倒了个个而已。因此，它不可能真正导致思维方式的变革。这个时期在礼的认识方面，除了对违礼加以谴责，和对某些具体的情形做些修补外，并没有产生出更多新的礼仪形式。

但是，这种情况也不是绝对的，它至少启发人们对礼的作用及礼仪的形式等问题进行重新的思考。

其三，重新反思礼的作用。如：

夫礼，国之纪也。(《国语·晋语》)

夫礼，所以整民也。(《左传》庄公二十三年)

夫礼，国之干也。(《左传》僖公十一年)

礼，政之舆也。(《左传》襄公二十一年)

夫礼，王之大经也。(《左传》昭公十五年)

礼，经国家、定社稷、序民人、利后嗣者也。(《左传》隐公十一年)

这些都是从政治的角度论礼，把礼看成立国、为政的根据。可以看出，这个时期的礼论，已很少涉及祭鬼敬神的宗教信仰内容，表明人们对礼的认识，已从殷周祭祖祭天的巫术形式中逐渐解放出来，开始用理性的目光去审视现实社会政治问题。由于这种认识的深化，人们对礼的内容和形式问题也开始加以区分，如：

子大叔见赵简子，简子问揖让周旋之礼焉。对曰："是仪也，非礼也。"(《左传》昭公二十五年)

在传统的周礼中，"揖让周旋"是礼的重要组成部分之一。如《仪礼·觐礼》云："使者不答拜，遂执圭，三揖至于阶。使者不让先升，侯氏升听命，降，再拜稽首，遂升受玉。"这是讲诸侯见天子之礼，秋见曰觐。在传统的礼仪规则中，这种觐见形式尽管只是一种形式，但也是违背不得的。

春秋时期，王室与诸侯之间，连这种形式礼也几乎得不到遵守。于是，有头脑的人开始思考礼的实质，是它的形式？还是它的功用？子大叔区分礼和仪，就是对这个问题的深入探讨。他认为，"揖让周旋"只是一种形式，一个空壳子。这种没有内容的空壳子是没有什么价值的。那么，什么是礼呢？子大叔说：

夫礼，天之经也，地之仪也，民之行也。天地之经，而民实则之。则天之明，因地之性，生其六气，用其五行。气为五味，发为五色，章为五声。淫则昏乱，民失其性，是故为礼以奉之，为六畜、五牲、三牺，以奉五味；为九文、六采、五章、以奉五色；为九歌、八风、七音、六律、以奉五声；为君臣上下，以则地义；为夫妇外内，以经二物；为父子、兄弟、姑姊、甥舅、昏媾、姻亚、以象天明；为政事、庸力、行务、以从四时；为刑罚、威狱、使民畏忌，以类其震曜杀戮；为温慈、惠和，以效天之生殖长育。民有好、恶、喜、怒、哀、乐，生于六气。是故审则宜类，以制六志。哀有哭泣、乐有歌舞、喜有施舍、怒有战斗。喜生于好，怒生于恶，是故审行信令，祸福赏罚，以制死生。生，好物也；死，恶物也。好物，乐也；恶物，哀也。哀乐不失，乃能协于天地之性，是以长久。礼，上下之纪，天地之经纬也，民之所以生也。（《左传》昭公二十五年）

在这段议论中，子大叔谈到了作礼的依据和礼的作用等问题。他认为，礼是"则天之明，因地之性"制造出来防止昏乱，防止"民失其性"的一种规范。六畜、五牲、三牺是用来因应五味的；九文、六采、五章是用来因应五色的；九歌、八风、七音、六律是用来因应五声的；君臣上下，依据的是地义；父子、兄弟等社会人伦关系，法象的是天明；政事之类，依据的是四时；刑罚之类，依据的是天地间的震曜杀戮……因此，周旋揖让不是礼，而是一种外在的空洞仪式。真正的礼，是天地的经纬，人民生存的根据。子大叔的这种认识，在当时是相当深刻的，可以说是从哲学的意义上论证了礼的问题。

孔子，是众所周知的春秋末期的礼学大师。三十岁就因对礼的研究而在社会上享有盛名。他曾对礼学发展的历史下过一番苦功夫，并发现了其中的规律。他说：

殷因于夏礼，所损益可知也；周因于殷礼，所损益可知也。其或继周者，虽百世，可知也。（《论语·为政》）

孔子认为，礼学发展的规律就是因损益。礼是因循夏殷之礼并有所损益而来的，综合了二者的长处，因此，他说："周监于二代，郁郁乎文哉，吾从周。"(《论语·八佾》)意思是说，周礼是根据夏殷之礼制作出来的，何等得丰富多彩，我认同周礼。

《论语》中谈礼的话凡 75 条，有不少是与赞扬、提倡和维护周礼有关的。如祭神之礼，过去是天子、诸侯、大夫、士各有祭祀的范围，不允许人们乱祭。春秋时期发生祭祀不按等级的现象，对此，孔子是反对的。他说："非其鬼而祭之，谄也。"(《论语·为政》)不是自己应该祭祀的鬼神，却去祭祀它，这是献媚。又"季氏旅于泰山……子曰：呜呼，曾谓泰山不如林放乎?""旅，祭名。"林放，鲁人。泰山在鲁国境内，古时天子得祭天下名山大川，诸侯祭山川之在其境内者。季氏不过是鲁国的大夫，旅于泰山，不惟僭越于鲁侯，还膺越于周天子，因此孔子讽刺他说：难道泰山神还不如林放么? 意思是说，倘若泰山神能像林放那样聪明，它是不会接受季氏的谄祭的。又如关于告朔之礼，《论语·八佾》中载："子贡欲去告朔之饩羊。子曰：'赐，尔爱其羊，我爱其礼'。""告朔"是古代的一种礼制，指每年秋冬之交，周天子把第二年的历书颁给诸侯。历书的内容包括是年有无闰月，每月的初一（即朔）是哪一天。因之叫"颁告朔"。诸侯接受了这一历书，藏于祖庙，每逢初一，便杀一只活羊祭于庙，然后回到朝廷听政。春秋末期，礼坏乐崩，许多诸侯并不按传统规矩办事，子贡甚至连"告朔"的"饩羊"也要免掉，于是遭到了孔子的嘲讽。又如，三年守丧之礼，也是周礼中的一项规定，孔子的弟子宰我认为："三年之丧，期已久矣。君子三年不为礼，礼必坏；三年不为乐，乐必崩。"因而指出"旧谷既没，新谷既升，钻燧改火，期可已矣"(《论语·阳货》)，孔子因此斥之为"不仁"。

在《论语》中，上述这些嘲讽，还算是较轻的，还有一些现象是孔子所忍无可忍的，孔子谓季氏"八佾舞于庭，是可忍也，孰不可忍也?"(《论语·八佾》)"八佾"是古代天子所特用的一种音乐舞蹈形式。仅有用四佾资格的鲁大夫季氏竟然也在自己的庭院中演奏八佾之舞，孔子认为，这简直不像话到了极点。

以上这些材料，都是孔子维护周礼的证明，足见他是十分尊重传统的。不仅如此，为了克服这种僭越非礼的行为，孔子还提出了一套"正名"的对治方法。《论语·子路》篇载：

　　子路曰："卫君待子而为政，子将奚先？"子曰："必也正名乎！"子
路曰："有是哉，子之迂也！奚其正？"子曰："野哉，由也！君子于其
所不知，盖阙如也。名不正，则言不顺；言不顺，则事不成；事不成，
则礼乐不兴；礼乐不兴，则刑罚不中；刑罚不中，则民无所措手足。故
君子名之必可言也，言之必可行也。君子于其言，无所苟而已矣。"

孔子讲"正名"，是针对卫国的现状说的，但也反映了他的一般看法。当时
卫国发生了一件争夺君位的事。卫国的国君灵公，不喜欢太子蒯聩，蒯聩逃
避在国外。后来卫灵公死了，卫国的君位由蒯聩的儿子姬辄继承。9年以后，
蒯聩借晋国之兵的保护，准备回国，却遭到了姬辄的阻拦。"这是一件很复
杂的事"（冯友兰语），父子二人，一个是受命的君主，一个是君主的父亲。
他二人谁的做法对呢？对此《公羊传》和《谷梁传》的看法就不同。《公羊
传》认为"父有子，子不得有父"，姬辄以子拒父，是违礼。《谷梁传》认为
"其弗受，以尊王父也"，姬辄不接受他的父亲，是为了遵从他祖父的命令。
孔子对这个问题没有作出正面的回答，只是提出了"正名"的主张。"正名"
就是正名分，孔子认为，正名分是很重要的，名分不正，人们就无法用语言
指责它，刑罚也就无法兴起，老百姓就会茫然不知所措。那么，如何正名
呢？《论语·颜渊》篇载齐景公与孔子的对话曰：

　　齐景公问政于孔子，孔子对曰："君君，臣臣，父父，子子。"公
曰："善哉！信如君不君，臣不臣，父不父，子不子，虽有粟，吾得而
食诸？"

君、臣、父、子，这些不同的称谓是名，君君，即君要与自己的地位相称而
像君的样子；臣臣，即臣要与自己的地位相称而像臣的样子；父父、子子类
此，这就叫正名。可见，所谓正名，就是正等级，你在哪个等级上，就应该
有与那个等级相称的名。不然，如季氏本在鲁大夫的级别上，却用天子一级
的乐舞，就是名不正。由此，我们想到了《易传》中"当位""不当位"的
说法，《系辞》云："列贵贱者存乎位，齐小大者存乎卦"。"位"是对贵贱等

级地位的指谓。"当位"指的是阳爻居阳位，阴爻居阴位。"不当位"指的是阳爻居阴位，阴爻居阳位。《易传》认为，当位是好的，不当位是不好的，甚至是凶险的。其实，当位和不当位，就是指的名分正不正。当位即名实相符，名分合理；不当位即名实不符，名分不合理。孔子维护周礼，就是要维护宗法社会中的等级秩序，和与之相应的等级名分。在这一点上，他是毫不让步的。哪怕是遵守一种形式，他也决不马虎。如他因为自己曾做过几天大夫，就按当时的礼制而不肯步行走路。

但是，孔子对周礼并不是一味采取顽固保守的态度。他是钻研过礼学史的人，深知"损益"的道理。对于周礼的某些方面的变革，他还是赞成的。如：

> 子曰："麻冕，礼也。今也纯，俭，吾从众。拜下，礼也。今拜乎上，泰也。虽违众，吾从下。"（《论语·子罕》）

"麻冕"是一种礼帽。按照传统的礼制，这种帽子当用麻布料织成。现在的人都用丝料，这样较为节俭，孔子认为可以接受这种做法。"拜下"，指臣子对君主的行礼方式，是先在堂下磕头，然后升堂再磕头。现在的人免去了堂下的磕头，直接升堂磕头。孔子认为这是不能接受的，即使违反时兴的做法，他也要照老规矩办。可见孔子对周礼的变通是有一定的标准的，这就是，只要不违反等级制度，做些修改也未尝不可，但若违反了等级制度，那就坚决不予服从。说明孔子对待周礼的态度，仍是遵从了"尊尊亲亲"的原则的。当然，孔子在举贤才，以及君臣关系方面，也有不少新的认识。如他认为出身贫贱的学生仲弓"可使南面"（《论语·雍也》），这是与宗法制中的世卿世禄制相矛盾的；又如孔子说："邦有道，谷；邦无道，谷，耻也。"认为国家有道时就做官拿禄，国家无道时，还做官拿禄，就是耻辱。孟子因此称他为"可以仕则仕，可以止则止"的圣之时者。这种观点与传统的礼学也不一致，反映了孔子礼学的时代特色。

孔子礼学的突出特点，是他对礼本质的论述和纳仁于礼。《论语·八佾》中载林放问礼的本质，孔子回答说：

> 大哉问！礼，与其奢也，宁俭；丧，与其易也，宁戚。

这段话的意思是说，就一般的礼而言，与其铺张浪费，宁可朴素俭约；就丧礼说，与其仪文周到，宁可心中悲哀。可见，孔子是不太重视面面俱到的礼仪形式的。这说明，礼的本质，并不是礼的具体操作形式，而是礼所要达到的目的。如果仅仅局限于形式，就不符合礼的本来意义了。所以孔子说："礼云礼云，玉帛云乎哉！乐云乐云，钟鼓云乎哉！"（《论语·阳货》）基于这种认识，孔子提出了"绘事后素"说：

> 子夏问曰："巧笑倩兮，美目盼兮，素以为绚兮，何谓也？"子曰："绘事后素。"曰："礼后乎？"子曰："起予者商也。始可与言《诗》已矣。"

"巧笑倩兮，美目盼兮，素以为绚兮"引自《诗经·卫风·硕人》，本意是说漂亮的脸笑起来多么美，黑白分明的眼睛流转得多么媚，洁白的底子上画着花卉。孔子把这几句诗理解为"绘事后素"。"绘事"指作画，"素"指白色的底子，意指绘画要以白色的底子为基础。子夏由此悟出"礼后"的道理，得到了孔子的肯定。说明礼作为一种仪式（绚），是有它的前提和基础的（素）。对于两者的关系，孔子常常用"质"与"文"这对范畴来诠释。他说：

> 质胜文则野，文胜质则史。文质彬彬，然后君子。（《论语·雍也》）

"质"就是上文所说的"素"，"文"就是上文所说的"绚"。孔子认为，朴实的方面表现得太多，没有礼仪文采修饰，就未免显得粗野；礼仪文采的方面表现得太多，没有朴实的基础，就未免显得虚浮。只有把二者合理地结合起来，才能成为一个君子。孔子提出礼的本质和礼的形式及二者的统一问题，是有其合理性的。沿着这条思路，孔子对传统礼学进行了深刻的加工，这就是纳仁于礼。《论语·颜渊》篇载颜渊问仁，孔子答曰：

　　克己复礼为仁。一日克己复礼，天下归仁焉。为仁由己，而由人
乎哉！请问其目，子曰：非礼勿视，非礼勿听，非礼勿言，非礼勿动。

　　《论语》中八载弟子问仁，孔子的回答均是对症救偏之辞。颜渊在孔门
诸弟子中最为出色，居陋巷，箪食瓢饮，不改其乐。孔子称他"三月不违
仁"，可以说在"质"的方面是没有什么问题的了。但孔子怕他质多文寡，
所以叫他从"非礼勿视，非礼勿听，非礼勿言，非礼勿动"这四个方面下功
夫，以达到质与文的内在统一。在这里，孔子实际上解决了两个问题，即把
什么作为礼的本质，和礼的自觉性问题。孔子认为，礼的本质就是仁。在
前文引林放问礼的本质的对话中，孔子曾说"丧，与其易也，宁戚"。"戚"
者，悲哀之意。丧葬中的悲哀发乎亲亲之情和仁爱之心。在丧礼中，孔子认
为与其仪式周到，不如确实打心眼里很悲痛。说明礼节仪式是不如亲亲之情
和仁爱之心更重要。亲亲之情是宗法血缘的必然产物，但如果人们都一味地
拘泥于亲亲之情，那社会也将不成其为社会。所以必须由礼来调和它、节制
它。礼是用来让人们以合理的方式抒发亲情的一种节文，它的基础是血缘亲
情，它的产生是由于血缘亲情的厚薄远近关系，"亲亲之杀，尊贤之等，礼
所生也。"（《礼记·中庸》）用"绘事后素"和"文质彬彬"的说法，血缘亲
情是素、是质；调和它的礼是绚、是文。孔子说："人而不仁如礼何"，讲的
就是文而无质。文而无质，文也就成了空洞的文；礼而不仁，礼也就成了形
式的礼。所以礼必须牢固地建立在亲亲的基础之上，宁"戚"不"易"。由
于仁是礼的本质，而"为仁由己"，所以礼的自觉性问题也就不言而喻了。
这就是孔子把礼的本质与礼的自觉性二者统一于仁的妙用。既解决了人的行
为（礼）的根据，又解决了人的行为的动力（由己）。只要人们在这两方面
勤下功夫，因于仁而合于礼，就能在社会上站住脚，这是孔子仁学的最终目
的——立人。

　　不学礼，无以立。（《论语·季氏》）
　　兴于诗，立于礼，成于乐。（《论语·泰伯》）
　　不知礼，无以立也。（《论语·尧曰》）

"立"就是在社会上站住脚。这是孔子区别于春秋时期其他思想家如子产之流的一个显著特点。后者讲礼，重点在经国家，序人民；孔子讲礼，重点在做人。当然，孔子的礼学，政治色彩也还不少，但当礼与仁结合在一起后，礼的价值便与人的价值统一起来了。因此，它实际上是指人以正当的名分，在社会上找到合理的位置，而与社会和谐一致。从这个意义上说，仁与礼的统一，就是人与社会的统一。

孔子的人与社会统一的思想，是对周公"尊尊亲亲"思想的重大发展。众所周知，由于周公对天命思想的怀疑，他的致思重点开始由神向人倾斜，"尊尊亲亲"是他倾斜的方向和原则。但在周公那里，"尊尊亲亲"的思维模式，仍然笼罩着神秘的宗教色彩，如他把地上的王说成天子，实际上是用天作"尊尊"的最后根据。在这种宗教氛围中，人与社会的统一是靠神灵来完成的。而在孔子这里，这种宗教色彩就完全消失了。孔子的"尊尊"纯粹是社会等级中的尊尊；孔子的"亲亲"，也纯粹是社会等级中的亲亲。从认识论上讲，我们可以把它叫做理性思维的净化。即在思维图式中剔除了宗教神秘因素，综合了现实社会因素，达成了一种新型的人与社会的关系。

（原载于《孔子研究》1996 年第 4 期）

论孔子仁学的内在逻辑

孔子思想的核心是仁，是没有争议的。仁是什么，却分歧很大。产生分歧的主要原因，是由于人们对孔子仁学的定义看法不一致。有人说仁是"爱人"，有人说仁是"克己复礼"，也有人说仁是"己欲立而立人，己欲达而达人"。孔子是否有意识地为仁下过定义，或下过什么样的定义，这个问题还可以继续研究。本文只想通过《论语》中百余次对仁的论述，揭示仁学的内在逻辑。

一、仁学逻辑的起点

我们认为，这个逻辑的起点就是宗法制。《论语》中记有子的话说：

> 其为人也孝悌，而好犯上者，鲜矣；不好犯上，而好作乱者，未之有也。君子务本，本立而道生。孝悌也者，其为仁之本与！（《论语·学而》）

这段话虽是小孔子十三岁的有子说的，但基本上反映了孔子的思想。意思是说，一个能孝顺父母、敬爱兄长的人，却喜欢触犯上级，这是几乎没有的。不喜欢触犯上级，却喜欢造反，这也是绝对没有的。君子最重视问题的根本，这个根本确立了，道就会产生。孝顺父母、敬爱兄长，就是仁的根本。这里有两点值得注意，其一，为什么为人孝悌就不会犯上作乱；其二，为什么孝悌是仁的根本。要想解决这两个问题，必须从西周宗法制谈起。

宗法制，即嫡长子继承制。这一制度在殷商晚期已见端倪，到西周时已发展得十分完善。按照这种制度，王死后，他的权力由嫡长子继承，庶子则分以"土田附庸"，另立为宗。举例来说，武王死后，嫡长子成王继位，幼子唐叔虞另分邦建国，成为晋国的始祖。诸侯也是这样，郑武公死后，嫡长子寤生（庄公）继位，其弟共叔段被封以京为采邑。在这种宗法关系中，成王与唐叔虞，郑庄公与共叔段，既是君臣关系，又是长幼、嫡庶、大小宗的关系。通过这种干上生枝，枝上又分枝的办法，从天子到同姓诸侯，诸侯到卿大夫，卿大夫到士，士到庶人，统统都用血缘纽带连接起来。经过这样的层层分封，便形成"王及公、侯、伯、子、男、甸、采卫、大夫各居其列"（《左传》襄公十五年）"王臣公，公臣大夫，大夫臣士"（《左传》昭公七年）的等级。在这种由血缘亲疏决定的等级序列中，除了王具有绝对的权力外，其余的每一个等级都是上一个等级的臣仆，同时又是下一个等级的主人。

这种严密的宗法等级制度，在春秋时期依然受到维护。《左传》桓公二年载：

> 师服曰：吾闻国家之立也，本大而末小，是以能固。故天子建国，诸侯立家，卿置侧室，大夫有贰宗，士有隶弟子，庶人工商，各有分亲，皆有等衰。是以民服事其上而下无觊觎。

师服认为，国家的建立，本大末小，这样才能巩固。所以天子建立侯国，诸侯建立采邑，卿设置侧室，大夫有贰宗，士有隶弟子，庶人、工、商各有亲疏，都有不同的等级。这样，百姓才心甘情愿地侍奉上面，而没有什么非分的想法。不难想象，在这样一个以血缘纽带为基础的等级严密的社会中，"孝悌"的作用将会是那么得大。君臣既可能是父子关系，又可能是长幼关系，还可能是大小宗的关系。一个人如果在"孝悌"方面做得很出色，那他是绝不会犯上作乱的。难怪从周公开始就十分注重孝的问题。

> 元恶大憝，矧惟不孝不友。（《尚书·康诰》）
> 为人子者，患不孝，不患无所。（《左传》襄公二十三年）

> 且子惧不孝，无惧弗得位。（《左传》闵公二年）
> 违命不孝，弃事不忠。（《左传》闵公二年）
> 见有礼于其君者事之，如孝子之养父母也。（《左传》文公十八年）
> 君义臣行，父慈子孝，兄爱弟敬，所谓六顺也。（《左传》隐公三年）
> 弟子入则孝，出则弟。（《论语·学而》）

第一段引文是周公说给康叔的话，在他看来，不孝于父母，不友于兄弟是诸种罪恶中最大的罪恶，是"刑兹无赦"即没有宽赦余地的罪恶。后面几段引文是春秋时人的话，反映了这个时期人们对"孝悌"的认识。"无所"就是没有地位，"弗得位"就是得不到君王的位置。大意是说没有地位或者不能被立为嗣君，这些都不是可怕的，可怕的是不能成为一个孝子。"违命"指违背做君王的父亲的命令，这当然是不孝。"见有礼于其君者事之，如孝子之养父母"及"君义臣行、父慈子孝……"等都是拿父子关系比喻君臣关系，道出了等级宗法的秘密。如《礼记》所云："忠臣以事其君，孝子以事其亲，其本一也。上则顺于鬼神，外则顺于君长，内则以孝于亲，如此之谓备。"有子说："其为人也孝弟而好犯上者鲜矣，不好犯上而好做乱者未之有也"，可算是得着了宗法制的精神。孔子大力倡导仁，就是从这里推论出来的。《论语·泰伯》载：

> 子曰："……君子笃于亲，则民兴于仁。"

"笃于亲"就是用深厚的情感对待亲族。这是指宗法等级关系中的血缘亲情。孔子认为，君子只要能把这种血缘亲情发挥好，老百姓就会兴起仁德。这一思想得到了战国时期的思想家孟子（约公元前 372—前 289）的积极发扬。

> 亲亲而仁民，仁民而爱物。（《孟子·尽心上》）
> 亲亲，仁也。（《孟子·告子下》《孟子·尽心上》）
> 仁之实，事亲是也。（《孟子·离娄上》）
> 未有仁而遗其亲者也。（《孟子·梁惠王上》）

孟子把仁与事亲密切结合起来，把它作为仁的本质，是为了彰显宗法等级制中的血缘情感，使本来等级森严的宗法制，披上亲情的迷彩服。在宗法等级中，人们没有自我，没有独立人格，他们只有通过宗法等级界定自己的存在。仁的提倡，虽然没有改变这种等级制度，却使它充满了人情味，起到了维护这种制度的作用，所以说"孝弟也者，其为仁之本与"！

二、仁学逻辑的展开

孝悌除了是仁学的逻辑出发点，还是仁学逻辑展开的依据。孔子仁学的主要内容"爱人"就是由孝悌推演出来的。

> 樊迟问仁，子曰："爱人"……（《论语·颜渊》）

这是《论语》中一段很著名的记载，不少人据此认为"爱人"是孔子给仁下的定义。这种看法颇有局限性。我们认为"爱人"是孔子仁学逻辑的必然结论，是"仁之本"的推演与泛化。具体地说它是从血缘亲情中外化出来的一种认识，用孟子的话说就是"老吾老以及人之老，幼吾幼以及人之幼"（《孟子·梁惠王上》）。因此，这种爱是"差等之爱""亲亲之杀"，它的具体运作方法是"推己及人"，用某些学者的话说就是"将心比心"。

> 子曰："……夫仁者，己欲立而立人，己欲达而达人。能近取譬，可谓仁之方也已。"（《论语·雍也》）

"能近取譬"是指人能近就己身来相譬。孔子认为，能从自己的身上取譬相喻，就是行仁的方法；自己想要有所立，也帮助别人能立，自己想要通达，也帮助别人能够通达，就是仁。在这里，立人和达人的前提是己立己达。从这个前提推衍开去，就是立人达人——爱人。"己"的提出，十分重要。它表明这种爱人的行为与"父慈子孝，兄友弟恭"的必然性行为是不一样的。后者出于对血缘亲情的认同，必须如此。前者则基于一种人类亲情的泛化，即同情心而自觉自愿，即"己欲"。

> 仲弓问仁，子曰：……己所不欲，勿施于人。（《论语·颜渊》）

在孔子看来，自己想要什么同时也想到别人，是仁；自己不想要什么也不强加于别人，同样是仁。这是说，"己欲"也好，"己所不欲"也好，只要是由己推出的，就是对人的爱。很显然，这种爱与对父母兄弟的爱是不同的。我们没有见孔子说过对父母想孝就孝，不想孝就不孝，对兄长想悌就悌，不想悌就不悌的话，在这方面是不存在"己欲"和"己所不欲"的，只有一条途径，没有选择的余地。那就是"弟子入则孝，出则弟"。对于不存在这种关系的人则不然，在"己欲"和"己所不欲"的两极之间存在着多条途径供人选择，你可以积极主动地凭着良好的意愿帮助别人，也可以本本分分地不伤害任何人。

孔子的"爱人"是随着血缘关系的变化而有所区别的，其中，父母的爱高于一切。

> 叶公语孔子曰："吾党有直躬者，其父攘羊，而子证之。"孔子曰："吾党之直者异于是，父为子隐，子为父隐，直在其中矣。"（《论语·子路》）

叶公一党的人，其坦白直率表现为父亲偷了羊，儿子可以告发。孔子一党的人，其坦白直率的表现是父亲替儿子隐瞒，儿子替父亲隐瞒。父子互相隐瞒，无疑是基于"父慈子孝"的血缘之爱。孔子认为，在这样的爱中，隐瞒过错是完全可以理解的。这正如孟子所说，"不得乎亲，不可以为人；不顺乎亲，不可以为子"。（《孟子·离娄上》）

对于"爱人"中的差等性，我们还可以从孟子对墨子（约前468—前376）"兼爱"思想的批判中发现。墨子也是一个极力提倡仁者爱人的思想家，但他所说的爱人与孔子所说的爱人有很大的差异。他把自己的爱人称作"兼相爱"。

> 若使天下兼相爱，爱人若爱其身……国与国不相攻，家与家不相乱，盗贼无有，君臣父子皆能孝慈，若此则天下治。故圣人以治天下为事者，恶得不禁恶而劝爱。故天下兼相爱则治，交相恶则乱。(《墨子·兼爱上》)

墨子认为，"兼相爱"是天下太平的首要条件。相反，如果"子自爱，不爱父；故亏父而自利；弟自爱，不爱兄，故亏兄而自利；臣自爱，不爱君，故亏君而自利，此所谓乱也。虽父之不慈子，兄之不慈弟，君之不慈臣，此亦天下之所谓乱也"(《墨子·兼爱上》)。因此，他提倡"天下之人皆相爱，强不执弱，众不劫寡，富不侮贫，贵不傲贱，诈不欺愚"(《墨子·兼爱中》)。

对于墨子的"兼爱"说，孟子给予了相当激烈的批判，认为这是"无父"的禽兽行为。《孟子》中载有墨者夷之同孟轲的辩论。夷之的观点是"爱无差等，施由亲始"。孟子则主张"爱有差等"，他说："君子之于物也，爱之而弗仁；于民也，仁之而弗亲；亲亲而仁民，仁民而爱物。"(《孟子·尽心上》) 意思是说君子对于万物，爱惜它，却不用仁德对待它；对于百姓，用仁德对待他，却不亲爱他。君子爱亲人，因而仁爱百姓；仁爱百姓，因而爱惜万物。孟子反问夷之说："夫夷之信以为人之亲其兄之子，为若亲其邻之赤子乎？"在孟子看来，人不可能爱邻居的儿子超过爱他哥哥的儿子，自然也不会爱别人的父母超过爱自己的父母。

儒家与墨家都不反对爱人"施由于亲"，但却得出不同的结论。应该说，孔孟的思想较为切近现实，毫无狂热情绪。若依墨家的观点，整个宗法等级制便会受到威胁，这是统治阶级所不能接受的，也是当时的社会条件所不允许的。孔子虽然提倡"差等之爱"，但照他的仁学逻辑推下去，这种爱也会施及于一般的老百姓，只不过是推得越远，爱的程度越轻罢了。

> 道千乘之国，敬事而信，节用而爱人，使民以时。(《论语·学而》)
> 弟子入则孝，出则弟，谨而信，泛爱众，而亲仁。(《论语·学而》)

这里所说的"爱人""泛爱众"是包括一般老百姓的。孔子提倡省刑罚，薄税敛，也反映了对一般人的爱。

> 季氏富于周公，而求也为之聚敛而附益之。子曰："非吾徒也，小
> 子鸣鼓而攻之可也。"（《论语·先进》）
> 子曰："道之以政，齐之以刑，民免而无耻；道之以德，齐之以礼，
> 有耻且格。"（《论语·为政》）

孔子不能容忍他的学生帮助季氏聚敛财富，也反对统治者用重刑高压老百
姓，这是对老百姓有利的。虽然孔子的目的也许是为了缓和统治者与被统治
者之间的矛盾，但客观上却使被统治者得到了一定的尊重。又如在马厩失火
时，孔子首先想到的是伤了人没有，而不问马。在受到隐者讥讽时，他十分
感慨地说，鸟兽不可与同群，我不跟人在一起，跟什么在一起呀！他甚至连
那些作俑者都不能容忍，咒骂他们断子绝孙。这些都反映了他的爱人思想，
即对人所保有的一种纯然的积极的充满激情的族类认同意识。

　　总之，孔子由父子之爱、兄弟之爱等血缘之爱推演开去，提倡"泛爱
众"，在当时是一个不小的进步，虽然这种爱被严密的宗法等级关系束缚着，
但毕竟是对老百姓尊严的重视。有人因此称孔子仁学是人道主义的人学，是
有部分道理的。

三、仁学逻辑的准则

　　孔子的爱人是有差等的，差等的标准就是礼。礼是孔子仁学逻辑所遵
循的准则。通观《论语》，孔子对仁的论述十分宽泛，有的学者因此称仁是
诸德的总称。

> 里仁为美，择不处仁，焉得知！（《论语·里仁》）
> 君子以文会友，以友辅仁。（《论语·颜渊》）

这是讲寻找住处和交往朋友的标准。孔子说过，"性相近也，习相远也"。人

的成长及行为的变化与环境的关系很大，有什么样的环境，就有可能造就什么样的人，交什么样的朋友，就有可能受到什么样的影响。因此，择必有方，友必以仁。

> 人之过也，各于其党，观过，斯知仁矣。（《论语·里仁》）

孔子认为，人的过错往往与他所依附的势力有关，什么样的人，犯什么样的错误。能够仔细考察某人所犯的错误，就可以避免同样的过错发生在自己身上，也就可以体认到仁的意义。所以，"三人行必有我师焉，择其善者而从之，其不善者而改之"（《论语·述而》）。这是通过别人的经验教训来考察、造就自己。

> 巧言令色，鲜矣仁。（《论语·学而》）
> 刚毅木讷近仁。（《论语·子路》）
> 仁者其言也讱。（《论语·颜渊》）

"巧言令色"就是花言巧语，孔子认为，这种人是很少会有仁德的。相反，刚强、果决、质朴而言语不轻易出口的人，往往近于仁德。关于仁，孔子还有各种各样的论述，这些论述虽然各有侧重，但都遵循着一个原则，那就是礼。

> 颜渊问仁，子曰："克己复礼为仁。"（《论语·颜渊》）

这句话又见《左传》昭公十二年："仲尼曰：古也有志，克己复礼，仁也。"颜氏是孔门高徒，南宋著名理学家朱熹（1130—1200）曾把师徒的这一问答看作"乃传授心法切要之言"。事实也许未必如朱熹说的那么神秘，但这的确是一个意味深长的回答。"克己"，后人常常理解为克制私欲，这当然不错，但太笼统了。我们认为"克己"指的是一种修养功夫，既包括克制自己的私欲，又包括提高自己的理性思维能力。在以血缘情感为基础的宗法等级制中，人与人兼相爱是不可能的，但过分自私，也无法维护这种制度的存在。因此，必须既要亲其亲，又不要独亲其亲。在情感与等级之间达到一种和谐与平衡。在宗法制中，礼就是法，但对于情感世界，法只起到一种外在的制约作用。要想从主观上也能产生一种与外在制约相统一的力量，那就必须采取"克己"的修养方法，使人们对自己的私情能从理性的角度予以反思和规范，进而把它引导到一个合理的方向（如推己及人）上去。所以说，仁既是从血缘情感中彰显出来的一种爱力，又是防止这种爱力无边际地扩散而违背宗法体制的主体自觉的力量（为仁由己）。因此，孔子论仁要以礼为标准，以复礼为目的。这既是孔子仁学的一大特色，又是孔子对礼学的重大发展。孔子指出："知及之，仁不能守之，虽得之，必失之；仁能守之，不庄以莅之，则民不敬；知及之，仁能守之，庄以莅之，动之不以礼，未善也。"（《论语·卫灵公》）意思是说，聪明才智足以得到它，仁德不能保持它，就是暂时得到了，也还会失掉；聪明才智足以得到它，仁德也能保持住它，但不以庄严的态度对待它，也不会得到老百姓的认可、尊敬；聪明才智足以得到它，仁德也能保持它，也能以庄严的态度对待它，但却不怎么合乎礼仪，也是不完美的。可见，仁是离不开礼的。关于这个问题，《韩非子》中载有一则故事，很能说明问题：

季孙相鲁，子路为郈令。鲁以五月起众为长沟。当此之时，子路以其秩粟为浆饭，要作沟者于五父之衢而餐之。孔子闻之，使子贡往覆其饭，击毁其器，曰："鲁君有民，子奚为乃餐之?"子路怫然怒，攘肱而入，请曰："夫子疾由之为仁义乎? 所学于夫子者，仁义也。仁义者，与天下共其所有，而同其利者也。今以由之秩粟而餐民，其不可，何也?"孔子曰："由之野也……汝故如是之不知礼也! ……夫礼，天子爱天下，诸侯爱境内，大夫爱官职，士爱其家，过其所爱曰侵。今鲁君有民，而子擅爱之，是子侵也，不亦诬乎?"（《外储说右上》）

子路是孔子的弟子，追随孔子多年，自以为对老师的思想很了解，当他按着这种理解去实践时，却遭到了孔子的坚决否定。他拿出自己的秩粟为挖沟的民工们做饭吃，以为这就是在践行老师教给的仁义学说。孔子却认为，子路的行为是"过其所爱"的"侵"，是超越了自己的本分，不但无功，反而有过，大大违背了等级制中的礼仪。所以，派子贡去把子路开设的食堂给砸了个稀巴烂。可见，在孔子仁学的内在逻辑中，这个由宗法血缘情感推演出来的爱人之"仁"，其向外"立""达"的时候，必须时时回应宗法血缘中的等级存在，不能有所超越。"过犹不及"，爱得太多与爱得不够同样地糟糕。所以，在《论语》中，孔子是从不让小人与仁贴上边的。他说："君子而不仁者有矣夫，未有小人而仁者也。"

当然，把礼作为仁的准则，只是孔子仁学的一个方面，孔子还把仁作为行礼的内在动力，这一点我们将在其他文章中讨论。

四、仁学与人生境界

孔子在世时，以学问闻名于世，被弟子尊为圣人。子贡说："学不厌，智也；教不倦，仁也。仁且智，夫子即圣矣。"（《孟子·公孙丑上》）但孔子却从来不认为自己做到了仁。他说："若圣与仁，则吾岂敢。抑为人不厌，诲人不倦，则可谓云尔已矣。"（《论语·述而》）这一方面表明孔子十分谦虚；另一方面也说明他对仁的体认较之他在答弟子问中的说法还有更深层的意义。《论语·宪问》中有句话：

> 子曰："古之学者为己，今之学者为人。"

荀子说："古之学者为己，今之学者为人。君子之学也，以美其身；小人之学也，以为禽犊。""禽犊"，杨倞注曰："馈献之物。"荀子以"以美其身"释"为己"，是很有意味的。这说明"为己"主要是指关于个人道德和知识修养的学问。孔子说："为仁由己，而由人乎哉！"意思是说，人的道德和知识的修养主要是靠自己来完成的。但它的完成不是一件轻松的事情。以孔子的聪明，十五岁就致力于学，三十岁便在社会上有所建树，尚且需要四十不惑、五十知天命、六十耳顺的艰苦历程，才达到七十的随心所欲而不逾矩。一般的人就可想而知了。《论语》中有几段孔子论仁的记载，不常被人注意，其实更能说明孔子仁学的深层内涵。

> 子曰："不仁者不可以久处约，不可以长处乐。仁者安仁，知者利仁。"（《论语·里仁》）
> 子曰："知者乐水，仁者乐山；知者动，仁者静。知者乐，仁者寿。"（《论语·雍也》）

"仁者安仁""仁者乐山""仁者静""仁者寿"，这些仁字表现了同一层次的意义。人为什么能静、能乐、能安呢？孔子说："仁者不忧"（《论语·子罕》），只有没有忧虑，才可以长处乐，才可以安仁而静。那么，孔子有忧吗？

> 子曰："天生德于予，桓魋其如予何？"（《论语·述而》）
> 子畏于匡，曰："文王既没，文不在兹乎？天之将丧斯文也，后死者不得与于斯文也；天之未丧斯文也，匡人其如予何？"（《论语·子罕》）

孔子在困于蔡、畏于匡、生命受到威胁的时候，以禀天命、继周德者自居，满怀信念，临危不乱，没有忧惧，足见他的自信。

然而，孔子真的就一点忧虑也没有吗？

> 子曰："民之于仁也，甚于水火，水火吾见蹈而死者矣，未见蹈仁而死者也。"（《论语·卫灵公》）
> 子曰："甚矣，吾衰也。久矣吾不复梦见周公。"（《论语·述而》）

看到百姓不能行仁，他便十分着急。有好长一段时间睡觉梦不见周公，他便发出悲叹。这说明孔子也是有所忧的。孔子既忧，又不忧，这岂不是矛盾么？是的，孔子本身就是一个矛盾体。但这一矛盾恰恰体现了孔子的精神。他所不忧的是他对信念的执着，对传统文化的认同，对自我价值（天生之德）的肯定。所以在生命受到威胁的时刻，他能表现出"唯仁者能勇"，"杀身成仁""匹夫不可夺志"的超人气概。他所忧的是他所信仰的东西在现实社会中得不到实施，即"道之不行"。所以在被当时的政客召请时，每次他都想出马，并向人们许下诺言："苟有用我者，期月而已可也，三年有成。"（《论语·子路》）他把自己比作待贾的美玉，子贡曰："有美玉于斯，韫椟而藏诸？求善贾而沽诸？"子曰："沽之哉，沽之哉！我待贾者也。"（《论语·子罕》）表现出一种急切的用世情怀。

孔子是一个极易投入的人，他在齐国听到韶乐，竟然美得使他"三月不知肉味"，慨叹"不图为乐之至于斯也"。其实，这又何尝不是孔子对人生境界的一种联想体认呢！

> 子曰："饭疏食饮水，曲肱而枕之，乐亦在其中矣。"（《论语·述而》）
>
> 子曰："贤哉，回也！一箪食，一瓢饮，在陋巷，人不堪其忧，回也不改其乐。"（《论语·雍也》）

如果说"三月不知肉味"是孔子对纯粹艺术美的身心投入，那么后者则是他对美与善的合一在人身上所体现出的富贵不淫、贫贱不移、威武不屈的高尚品质的赞扬。据后来《吕氏春秋》载：

> 孔子穷于陈、蔡之间，七日不尝食，藜羹不糁。宰予备矣，孔子弦歌于室，颜回择菜于外。子路与子贡相与而言曰："夫子逐于鲁，削迹于卫，伐树于宋，穷于陈、蔡，杀夫子者无罪，藉夫子者不禁，夫子弦歌鼓舞，未尝绝音，盖君子之无所丑也若此乎？"颜回无以对，入以告孔子。孔子慨然推琴，喟然而叹曰："由与赐，小人也。召，吾语之。"子路与子贡入。子贡曰："如此者可谓穷矣。"孔子曰："是何言也？君子达于道之谓达，穷于道之谓穷。今丘也拘仁义之道，以遭乱世之患，其所也，何穷之谓？故内省而不疚于道，临难而不失其德。大寒既至，霜雪既降，吾是以知松柏之茂也。昔桓公得之莒，文公得之曹，越王得之会稽。陈蔡之厄，于丘其幸乎？"孔子烈然返瑟而弦，子路抗然执干而舞。子贡曰："吾不知天之高也，不知地之下也。"（《吕氏春秋·慎人》）

这段记载未必十分真实，但却形象地道出了孔子的精神和境界。"孔子弦歌于室"，"颜回择菜于外"，以及后来的"子路抗然执干而舞"，大概就是"仁者之乐"吧。因此可以说，孔子所谓的乐是一种境界，一种美的境界、善的境界，美与善之合一的境界。这种境界是靠自己高尚、完美的人格体现出来的。"为己之学""为仁由己"中的"己"大概就是指的这种自我的完善与完美吧。

由此，我们想到了在中国思想史上宗教何以没有发达起来这样一个问题。这很可能与"为己""由己"有关。它使一切宗教的戒律和外在的强制都从根本上被否定了。换句话说，知识的修养、美的修养、善的修养，都要靠己——主体自身——来完成，并由内向外（推己及人）发显，去维护和建立合理的秩序。周公提出一个德字，把修养的责任大部分落实到了人的头上，冲淡了宗教神学的意味。孔子提出一个仁字，把全部的责任以理性的方式落实到了主体自身，就基本上没有给他律性的宗教留下任何地盘。如果说，周公之落实德，还基于某种宗教式的恐惧（如怕遭天罚），那么孔子之落实仁，则完全是基于一种理性的自觉。后儒发挥孔子的思想，也基本上是围绕着这一精神展开的。如孟子把仁与心性联系起来，在人之异于禽兽的地方做文章，论证人之为人的原因。汉儒把仁称为天心，强调"仁之为言人也"和"我不自正，虽能正人，弗予为义"（《春秋繁露》）的主体自觉。魏晋玄学大炽，但他们仍认为"仁义自是人之情性"，即并不离开人的根本谈仁。宋、明时期，仁更被从本体的意义上作为生命的本质，如朱熹曰："天地以生物为心者也，而人物之生，又各得夫天地之心以为心者也。故语心之德，虽其总摄贯通，无所不备，然一言以蔽之，则曰仁而已矣。"（《仁说》）

总之，孔子的仁学，体系庞大，既简易为一种具体行为的德目，又高远为人格完美的境界。它有一个内在的逻辑，逻辑的起点是宗法等级中的血缘情爱，逻辑的展开是"爱人"，逻辑的准则是礼，逻辑的最终结果是对自我人格的体知与修炼，以达到知天命、耳顺、随心所欲不逾矩的完美境地。

（原载于《齐鲁学刊》1997 年第 1 期）

知命与知己——孔子天命论探微

"知命"或"知天命"说，是孔子思想的重要组成部分之一，"命"或"天命"的概念，源于西周以来的传统天命论，不过孔子对它进行了改造；"知"则源于孔子对主体自觉的独特认识。把"知"与"命"或"天命"有机地联系起来，构成了孔子天命观的主要特色。本文即对此略抒己见，以就教于方家。

一

"命"字，殷商甲骨文已有，主要指上帝的命令，周人尚天，命又指天的命令。如《诗经》云："上帝既命，侯于周服"（《大雅·文王》）、"有命自天，命此文王"（《大雅·大明》）等。春秋时期，随着天命神学的式微，天的观念发生分化：一方面，随着自然科学，尤其是天文学的发展，一部分史官开始用"天道"一词指不断从宗教神学中摆脱出来的那个自然之天；另一方面，受自然科学的发展和疑天思想及人文思潮的影响，一部分思想家开始试图淡化天的人格神意义，或者把它的至上命令改造成外在于人却又支配人的一种必然性，即命运之天。或者把它的道德至善性内化于人，成为人性论的根据；这前一方面的努力，从孔子便已开始了。

> 子贡曰："夫子之文章，可得而闻也；夫子之言性与天道，不可得而闻也。"（《论语·公冶长》）
> 子罕言利，与命与仁。（《论语·子罕》）

以前，由于人们对春秋时期"天"观念的分化问题重视不够，常常混淆天道与天命两个概念，因而对《论语》中的这两条记载产生误解。"天道"，反映的是淡化了人格神意义的自然观，虽然偶尔相关吉凶祸福的人事，如"天道赏善而罚淫"（《国语·周语中》）等，但相对而言，比较侧重于用来描述按一定法则变化着的自然之天。如曰：

> 天道皇皇，日月以为常，……阳至而阴，阴至而阳。日困而还，月盈而匡。（《国语·越语》）
>
> 盈而荡，天之道也。（《左传》襄公二十六年）
>
> 盈必毁，天之道也。（《左传》定公四年）

与此不同，春秋时期的"天命"一词，在很大程度上反映的是淡化了人格神意义的天与社会人事变化之间的关系。如曰：

> 善之代不善，天命也。（《左传》昭公二十年）
>
> 哀死事生，以待天命。（《左传》昭公二十七年）
>
> 国之存亡，天命也。（《国语·晋语》）

这些都是讲天命与社会人事的关系。

孔子一生致力于社会人事的研究，早年习礼，中年以后研究仁学，晚年则热衷于天人之学①，对于天道自然观方面的具体问题虽然也可能曾经下过工夫②，但终究没有与弟子们共同深入讨论。加之当时讨论天道的一些学

---

① 据帛书《周易》载："夫子老而好《易》，居则在席，行则在囊。"（廖名春：《帛书〈易传〉初探》，台湾文史哲出版社1998年版，第279页）

② 据《庄子·天运篇》记载：孔子行年五十有一而不闻道，乃南之沛见老子。老子曰："子来乎？吾闻子，北方之贤者也！子亦得道乎？"孔子曰："未得也。"老子曰："子恶乎求之哉？"曰："吾求之于度数，五年而未得也。"老子曰："子又恶乎求之哉？"曰："吾求之于阴阳，十有二年而未得也。"杨按："度数"与天文有关，"阴阳"与天道有关。此则记载虽未必十分可信，但也未必没有一点根据，如帛书《易传》中就有孔子运用阴阳、刚柔、五行等概念解释《周易》经文的记载，很值得注意。

者（以史官为主），虽然在不断地摆脱西周以来宗教天命神学观念的羁绊，但又往往与星占巫卜之类的准宗教的神秘主义的东西牵连在一起，如《左传》载："晋人闻有楚师。师旷曰：'不害，吾骤歌北风，……楚必无功。'董叔曰：'天道多在西北，南师不时，必无功。"（《左传》昭公十六年），等等。所以，孔子对天道问题持审慎的态度，很少论及，以至于孔门弟子子贡不得而闻，完全是有可能的。但孔子对命与天命却谈的很多，所谓"子罕言利，与命与仁"（《论语·子罕》）中的"与命"就是很好的证明。

二

孔子论"天命"，有别于西周时期那种能发号施令，人们可以用德取悦（以德配天）于它的有人格的至上神的命令，而主要是指不能说话（"天何言哉"），人又无法改变它的命运①。例如：

> 伯牛有疾，子问之，自牖执其手，曰："亡之，命矣夫。斯人也而有斯疾也，斯人也而有斯疾也。"（《论语·雍也》）
> 子夏曰："商闻之矣，死生有命，富贵在天。"（《论语·颜渊》）

《四书集注》："伯牛，孔子弟子，姓冉，名耕。有疾，先儒以为癞也。"② 孔子很为他感叹，又无可奈何。他无法理解这样有德行的人，竟会得了这样的不治之症。于是，他把这一切归结为命。这与颜渊死后，孔子悲痛地慨叹道："天丧予，天丧予！"（《论语·先进》）一样，是对不公的命运发出的一种抱怨。

---

① 需要指出的是，孔子对待传统天命论的态度，不是彻底否定它，而是在同情理解的基础上有所改造，如孔子说："获罪于天，无所祷也。"（《论语·八佾》）"天生德于予，桓魋其如予何？"（《论语·述而》）"文王既没，文不在兹乎？天之将丧斯文也，后死者不得与于斯文也；天之未丧斯文也，匡人其如予何？"（《论语·子罕》）这些材料表明，孔子对于传统天命观念是有所保留的。
② 转引自程德树：《论语集释》，中华书局1990年版，第385页。

在这里，孔子触及到了西周天命神学观的一个致命弱点，即德与福的关系问题。传统天命论宣扬"以德配天"，但在现实社会中，有德的人未必尽皆受到天的庇佑，不仅如此，往往还有不少相反的情形。如贤而如冉耕者竟得癞疾；仁而如颜渊者竟遭夭折，天岂不是太不公平了么？孔子慨叹伯牛"斯人也而有斯疾"，充分反映了一种矛盾心态，即好人为什么会得恶病。这是孔子怀疑西周天命神学的原因之一①。

但是，虽然那个有人格、可以赏善罚恶的天已不足为信，但那种人们把握不了、无法左右，又能对人产生影响的超验力量却依然存在，孔子所谓的"命"，就是这个东西。所以他说："死生有命，富贵在天。"可见，孔子所说的"命"，与西周天命神学中的"命"是不大相同的。相反，它倒与天道观念比较一致，即都是对必然性的一种描述。只不过前者言说的对象是自然，后者言说的对象是人事罢了。这说明关心社会人事的孔子与关心天道自然的学者们在思维发展的水平上是基本一致的。而孔子讳言天道，"与命与仁"，很可能是他看到了社会人事和自然界之间存在着不同的发展规律的缘故。

孔子说"命"，不限于人的生死寿夭，有时还论及社会政治。

> 公伯寮诉子路于季孙。子服景伯以告，曰："夫子固有惑志于公伯寮，吾力犹能肆诸市朝。"子曰："道之将行也与，命也；道之将废也与，命也。公伯寮其如命何！"（《论语·宪问》）

"诉"，进谗言。意思是说，公伯寮向季孙进谗言，说子路（孔子弟子）的坏话。子服景伯把这事告诉了孔子，并说："季孙氏听信了公伯寮的话，已对子路产生了怀疑。不过，我的力量还能把公伯寮杀掉，陈尸街头。"孔子则认为，自己的主张若能实现，那是由于命运；自己的主张若不能实现，那也是由于命运。公伯寮能如何掌握得了命运吗！可见，在孔子那里，命与人是两分的，人只能受它的左右，而无力干涉它，自然也没有办法取悦于它。这

---

① 这也是西周末期以来传统天命观开始走向衰落的主要原因之一。

是对西周时期神人合一（以德配天）思想的改造①。

三

当然，如果孔子关于"命"的思想仅仅停留在这里，那显然是大大落后于周人的。周人的天虽然是人格至上神，但周人的"以德配天"的天命观至少还给人的主观努力、理性自觉留下了地盘。而如果孔子把一切都归之于宿命，人就无能动性可言了。事实并非如此，众所周知，孔子是十分强调"己"的，例如：

> 颜渊问仁。子曰："克己复礼为仁。一日克己复礼，天下归仁焉。为仁由己，而由人乎哉？"（《论语·颜渊》）

"克己复礼"，《论语集解》："克己，约身也。"《皇疏》："言若能自约俭其身，返反于礼中，则为仁也。"可见，"己"指主体自身，"克己"就是约束自身，孔子把它看作"复礼"的根本条件。又如：

> 子路问君子。子曰："修己以敬。"曰："如斯而已乎？"曰："修己以安人。"曰："如斯而已乎？"曰："修己以安百姓。修己以安百姓，尧、舜其犹病诸。"（《论语·宪问》）

"修"，即《论语·述而》"德之不修"之"修"。《论语·述而》云："子曰：'德之不修，学之不讲，闻义不能徙，不善不能改，是吾忧也。'""修己"即修养自己的德行。孔子认为这是成就君子人格及事业的根本途径。又如：

> 子曰："君子求诸己，小人求诸人。"（《论语·卫灵公》）

---

① 在周初的"以德配天"思想中，虽"命令"来自于天，但主动权却掌握在人的手中，即只要有德，就能取悦于天，从而获得天命。

"求诸己"，即求之于自身。《论语集解》引杨氏："君子无不反求诸己，小人反是，此君子小人之所以分也。"可见，是在自己身上下工夫，还是在别人身上找借口，是孔子区分君子与小人的标准之一。

通观孔子言论，可以说，对"己"的强调是其礼学、仁学的理论出发点之一，而对于天命，其呼吁人们在"知"上下工夫，也恰恰体现了对"己"的重视。

四

孔子重视"己"，强调"克己""修己""反求诸己"，所以他才没有停留在对命运的哀叹上，而是提出"知命""知天命"的命题，并把这种"知"作为人生修养和人生自觉的一个重要步骤，而统一了主体自觉与命运支配的关系。

> 子曰："吾十有五而志于学，三十而立，四十而不惑，五十而知天命，六十而耳顺，七十而从心所欲不逾矩。"（《论语·为政》）
>
> 子曰："君子有三畏：畏天命，畏大人，畏圣人之言。小人不知天命而不畏也。狎大人，侮圣人之言。"（《论语·季氏》）
>
> 子曰："不知命，无以为君子。"（《论语·尧曰》）

《论语集解》注"五十而知天命"曰："孔曰，知天命之终始。"《皇疏》："天命，谓穷通之分也。谓天为命者，言人禀天气而生，得此穷通，皆由天所命也。天本无言而云有所命者，假之言也。人年未五十，则犹有横企无涯。及至五十始衰，则自审已分之可否也。"①《论语集解》注"不知命无以为君子"曰："孔曰，命谓穷达之分。"皇侃曰："命谓穷通寿夭也。人生而有命，受之于天，故不可不知也。若知而强求，则不成为君子之德。"② 以上二家均释

---

① 转引自程德树：《论语集释》，中华书局1990年版，第73页。
② 转引自程德树：《论语集释》，中华书局1990年版，第1377页。

"知"为体知，释"命"或"天命"为运命。"知命"或"知天命"就是知道天所赋予自己的"穷通寿夭"和"穷通之分"，也就是自己的命运。

汉代，也有学者以人性释"知命"。如：

> 子曰："不知命无以为君子。"言天之所生，皆有仁义礼智顺善之心。无仁义礼智顺善之心，谓之小人。……《大雅》曰："天生烝民，有物有则，民之秉彝，好是懿德。"言民之秉德以顺天也。不知所以则天，又焉得为君。（《韩诗外传》卷六）

> 天令之谓命，……人受命于天，固超然异于群生，贵于物也。故孔子曰，"天地之性人为贵"。明于天性，知自贵于物，然后知仁义；知仁义，然后重礼节；重礼节，然后安处善，乐循理，然后谓之君子。故孔子曰："不知命无以为君子。"（《汉书·董仲舒传》）

这些解释显然是受了孟子性善论的影响。人之所禀受，天之所赋予，后儒称之为"德命"。清人刘宝楠释"五十而知天命"曰："《说文》云：'命，使也。'言天使已如此也。《书·召诰》云：'今天其命哲、命吉凶，命历年。'哲与愚对，是生质之异，而皆可以为善，则德命也。吉凶历年，则禄命也。君子修其德命，自能安处禄命。"① （在"不知命无以为君子"条目下刘氏注曰："盖言德命可兼言禄命也。"②）分天命为"德命"与"禄命"，并不始于刘宝楠，清代经学家阮元的《性命古训》中已有此种分法。所谓"禄命"，指吉凶祸福，死生穷达，就是前面所说的命运；所谓"德命"，指天赋人禀，善恶贤愚，实际上是指内在于人的道德使命。

清人的这种分"命"为"德命"与"禄命"的诠释理念，目的在于揭示孔子命运观的内在意涵，有其深刻意义。孔子之后，儒学内部关于"命"的讨论也确实表现出了"德命"与"禄命"的两种向度。但在孔子那里，这种分野并不明显，或者也可以说，这两个方面都混总在命运的论说之中了。

---

① 转引自《论语汇校集释》，上海古籍出版社 2008 年版，第 116 页。
② 转引自《论语汇校集释》，上海古籍出版社 2008 年版，第 1750 页。

所以，在孔子那里，"命"主要还是指命运而言的，"知命"就是知道自己的命运。虽然人们左右不了它，但却可以认知它，并在认知的基础上化消极为积极，变被动为主动。在此，"知"是主体的功夫，"命"是外在的必然。"知天命"或"知命"，则是透过"知"，把传统天命论中的"德"与"天"的关系，转化为了"知"与"命"的关系。这样，孔子一方面避免了传统天命论中的德命一致论，另一方面也避免了宿命论。同时由于强调对天命的体知，所以还避免了天人两分现象的出现。孔子所谓的"下学而上达"（《论语·宪问》），大概就是这样的"知天命"的思路吧！

五

正是基于这样一种命运体知观，在现实生活中，孔子对于生死、对于自己的生命理想等一切才表现出非常理性的态度。如孔子曾说："死生由命"，可当有人同他讨论死的问题的时候，他却说："不知生，焉知死。"在他看来，人活着就要尽自己的本分，为父则慈，为子则孝，为弟则悌，把这生的时光完完整整地充实起来。从这个意义上也可以说，孔子所谓的知天命，实际上是要知自己。《论语》中有一则记载，很能说明问题。其曰：

> 樊迟请学稼。子曰："吾不如老农。"请学为圃。子曰："吾不如老圃。"樊迟出。子曰："小人哉，樊须也！上好礼，则民莫敢不敬；上好义，则民莫敢不服；上好信，则民莫敢不用情。夫如是，则四方之民襁负其子而至矣，焉用稼！"（《论语·子路》）

在这段对话中，孔子明确地告诉樊迟，在种地和园艺方面，他不如老农和老圃。孔子丝毫也不因此而认为自己缺少什么，反而斥责想在这方面获得知识的樊迟为小人。因为在孔子看来，"天生德于予"（《论语·述而》），不是叫他学种地，学园艺的。他的任务是在社会上提倡礼教，宣传仁学。所以，当有人问孔子为什么不从政时，孔子理直气壮地说："书云：孝乎惟孝，友于兄弟，施于有政。是亦为政，奚其为为政？"（《论语·为政》）他课徒授业，正是要达到这个目的。樊迟向孔子问种地、园艺的事，显然是不知道孔子的这层天命自觉。子曰："不知命，无以为君子。"《皇疏》："此章第三，明若不知命，无以为君子，所以更明孔子知命，故不为政也。……命谓穷通寿夭也。人生而有命，受之由天，故不可不知也。若不知而强求，则不成为君子之德，故云'无以为君子'也。"① 准此，孔子在这里斥责樊迟为"小人"，不是在否定他的人格，而是在抱怨他"不知命"，即不知道作为"士"的自己应该做什么。

又如《说苑·善说》中载：子路问于孔子曰："管仲何如人也？"子曰："大人也。"子路曰："昔者管子说襄公，襄公不说，是不辩也；欲立公子纠而不能，是无能也；家残于齐而无忧色，是不慈也；桎梏而居槛车中无惭色，是无愧也；事所射之君，是不贞也；召忽死之，管仲不死，是无仁也。夫子何以大之？"子曰："管仲说襄公，襄公不说，管仲非不辩也，襄公不知说也；欲立公子纠而不能，非无能也，不遇时也；家残于齐而无忧色，非不慈也，知命也；桎梏居槛车而无惭色，非无愧也，自裁也；事所射之君，非不贞也，知权也；召忽死之，管仲不死，非无仁也。召忽者，人臣之材也，不死则三军之虏也；死之则名闻天下，夫何为不死哉？管仲者，天子之佐，诸侯之相也，死之则不免为沟中之瘠；不死则功复用于天下，夫何为死之哉？由！汝不知也。"② 在这里，孔子的弟子子路按照世俗的眼光，斥管仲为"不辩""无能""不慈""无愧""不贞""无仁"。而孔子则有所不同，视管仲为"知命""知权"的"大人"。正是基于这样的"知命"说，当孔子本人遇到挫折、困难时，常常表现出常人不能理解的执着和勇气。《吕氏春秋》载："孔子穷于陈、蔡之间，七日不尝食，藜羹不糁。宰予备矣，孔子弦歌于室。颜回择菜于外。子路与子贡相与而言曰：'夫子逐于鲁，削迹于卫，伐树于宋，穷于陈、蔡，杀夫子者无罪，藉夫子者不禁，夫子弦歌鼓舞，未尝绝音，盖君子之无所丑也若此乎？'颜回无以对，入以告孔子。孔子愀然推琴，喟然而叹曰：'由与赐，小人也。召，吾语之。'子路与子贡入。子贡曰：'如

① 转引自程德树：《论语集释》，中华书局 1990 年版，第 1377 页。
② 卢元骏：《说苑今注今译》，天津古籍出版社 1988 年版，第 384—385 页。

此者可谓穷矣。'孔子曰:'是何言也? 君子达于道之谓达,穷于道之谓穷。今丘也拘仁义之道,以遭乱世之患,其所也,何穷之谓? 故内省而不疚于道,临难而不失其德。大寒既至,霜雪既降,吾是以知松柏之茂也。昔桓公得之莒,文公得之曹,越王得之会稽。陈蔡之厄,于丘其幸乎?'孔子烈然返瑟而弦,子路抗然执干而舞。子贡曰:'吾不知天之高也,不知地之下也。'"① 这段记载是否十分真实,不得而知,但却能形象地表现知命者孔子的自信、豁达与大无畏。而其所以能"知其不可而为之"(《论语·宪问》),大概也源于此吧。

总之,孔子所谓的知命,是认知自己的一种特殊方式。就我的能力由天赋予("天生德于予")、由天决定("生死由命")而言,谓之天命;就自觉天所赋予我的能力界限而言,谓之知。如果说"十有五而志于学"是孔子自觉地要做什么的话,"五十而知天命"则是孔子已经自觉到自己能做什么。因此,"知天命"是一种积极地对待命运的态度,是一种清醒的理性自觉,它与古希腊哲学家苏格拉底提倡的"认识你自己"没有什么区别,只不过讨论的角度不同罢了。

(原载于《齐鲁学刊》2010 年第 4 期)

---

① 转引自《论语汇校集释》,上海古籍出版社 2008 年版,第 803—804 页。

论孔子"中庸"思想的内在逻辑

"中庸"思想，起源甚古。相传早在氏族社会，帝喾便"溉执中而遍天下"。（《史记·五帝本纪》）尧舜时代，又有所谓"允执其中"的说法。（《论语·尧曰》）成书于殷周之际的《周易》一书，更是鲜明地体现了"尚中"的倾向，如在《易经》六十四卦中，被《易传》及后来的易学称为"中爻"的二、五两爻吉辞最多，合计占 47.06%，差不多占到了总数的一半；其凶辞最少，合计仅占 13.94%。[①] 足见其对"中"的重视。春秋末期的著名哲学家孔子，十分重视对三代文化的传承和弘扬，在他的思想中，也包含了丰富的"尚中"观念。以此为出发点，孔子建构了自己的"中庸"思想体系。本文即对此予以简要的剖析。

一、尚中：中庸的逻辑起点

孔子的"中庸"思想，其逻辑起点，是传统的"尚中"观念。从《论语》及相关典籍中不难看出，"中"是孔子品评人物、选才交友的标准之一，也是其自我修养的行为准则。如"子贡问：'师与商也孰贤？'子曰：'师也过，商也不及。'曰：'然则师愈与？'子曰：'过犹不及。'"（《论语·先进》）师，颛孙师，即子张。商，卜商，即子夏。二人均为孔子弟子。子贡问孔子，子张和子夏谁更强一些，孔子评价说："子张有些过分，子夏有些赶不上。"子贡以为，子张"有些过分"，自然要比"有些赶不上"的子夏强些，

---

① 黄沛荣：《易学乾坤》，台湾大安出版社 1998 年版，第 146 页。

孰料孔子的回答则是:"过分和赶不上同样不好。"在这里,孔子衡量弟子孰优孰劣的标准是"中",即"无过无不及"。

又如,"子曰:'不得中行而与之,必也狂狷乎!狂者进取,狷者有所不为也。'"(《论语·子路》)"中行",即中道之人。孔子认为,得不到合乎中道之人和他交往,不得已而求其次,也一定要交到激进的人或狷介的人。因为激进的人一意向前,狷介的人也不肯做坏事。可见,孔子选才或交友的理想标准也是"中",不得已才求其次。

"中"也是成就"君子"品格的指导思想和行为准则。"子曰:'质胜文则野,文胜质则史,文质彬彬,然后君子。'"(《论语·雍也》)"文质彬彬"也就是前文所谓的"中行",关于此点,《论语·颜渊》篇的一段话正好可作注脚:"棘子成曰:'君子质而已矣,何以文为?'子贡曰:'惜乎,夫子之说君子也,驷不及舌。文犹质也,质犹文也。虎豹之鞟犹犬羊之鞟。'"棘子成,卫国大夫。"鞟"即皮革。子贡的意思是说,礼仪形式和朴实的基础这两个方面,对君子来说同等重要,假如把两张兽皮的毛全部拔去,就分不出哪张是虎豹的皮,哪张是犬羊的皮了。因此,对一个人而言,美好的素质和合理的行为都是不可偏废的。

以"中"为标准,孔子常常告诫人们思想行为要合乎中道,如曰:"好勇疾贫,乱也。人而不仁,疾之已甚,乱也。"(《论语·泰伯》)朱熹解释说:"好勇而不安分,则必作乱。恶不仁之人而使之无所容,则必致乱。二者之心,善恶虽殊,然其生乱则一也。"[①]"好勇而不安分"就是孔子所谓的"勇而无礼";"恶不仁之人而使之无所容",则有类于孔子所谓的"直而无礼"。(《论语·泰伯》)二者的行为方式虽或不同,但思想根源却是一个:即"一意孤行",而不能中道行之。有鉴于此,孔子十分推崇"中庸"之德:"子曰:'中庸之为德也,其至矣乎,民鲜久矣。'"(《论语·雍也》)从孔子的赞扬("其至矣乎")和惋惜("民鲜久矣")中不难看出,在孔子的心目中,中庸之德是何其完美。

事实上,孔子本人也正是以"中"为自己的思想方法和行为准则的,

---

① 朱熹:《四书章句集注》,中华书局1983年版,第105页。

其曰："吾知乎哉？无知也。有鄙夫问于我，空空如也，我叩其两端而竭焉。"（《论语·子罕》）"两端"，或谓指"不及和过头两个极端"；[1] 或谓指"事情的两个方面"。[2] 总之"叩其两端"是孔子在认识事物、获取知识、解疑释惑的过程中体会到的一种思想方法，此种方法，其核心即为"用其中"。就道德修养和行为修养的层面说，孔子"用其中"的具体体现则是："子绝四：毋意，毋必，毋固，毋我。"（《论语·子罕》）"毋意"，不悬空揣测；"毋必"，不绝对肯定；"毋固"，不拘泥固执；"毋我"，不唯我独是。"子绝四"，则是指孔子没有"意""必""固""我"四种毛病。[3] 在这里，"四毋"的核心仍是"中"。这种思维观念、行为原则，或许可以谓之"允执其中"。这说明，对于传统文化持"因、损、益"态度的理性主义大师孔子，对传统"尚中"观念是持完全赞成的态度的。

二、时中：中庸的内在本质

如果说"尚中"是传统观念，为孔子所继承，并成为其"中庸"思想的逻辑起点；那么"时中"则是孔子对传统"尚中"观念的丰富和发展，是其"中庸"思想的逻辑展开。

与"中"一样，"时"也是一种起源甚古的观念。早在尧帝时期，就曾"乃命羲和，钦若昊天，历象日月星辰，敬授民时……"（《尚书·尧典》）孔子一向重视"时"，其曰："导千乘之国，敬事而信，节用而爱人，使民以时。"（《论语·学而》）强调"时"对于治理国家的重要性。不但治国，就连说话，孔子也是"时然后言"（《论语·宪问》），并主张"言不当其时，则闭慎而观"[4]（易之义）。不但说话，就连看到飞鸟，孔子也不免"时哉时哉"之叹："色斯举矣，翔而后集。曰：'山梁雌雉，时哉时哉！'……"（《论

① 北京大学哲学系中国哲学教研室主编：《中国哲学史》，北京大学出版社 2001 年版，第 26 页。
② 冯友兰：《中国哲学史新编》（上），人民出版社 1998 年版，第 160 页。
③ 朱熹：《四书章句集注》，中华书局 1983 年版，第 87—88 页。
④ 廖名春：《帛书〈易传〉初探》，台湾文史哲出版社 1998 年版，第 10 页。

语·乡党》) 因此,孔子特别强调:"君子务时。"① (易之义)

孔子的贡献在于,将"时"与"中"联系起来,形成了"时中"的观念:"仲尼曰:'君子中庸,小人反中庸。君子之中庸也,君子而时中;小人之中庸也,小人而无忌惮。'"(《中庸》)"时中",即"随时以处中",用《论语》所记的孔子的话说,就是"无可无不可":"逸民:伯夷、叔齐、虞仲、夷逸、朱张、柳下惠、少连。子曰:'不降其志,不辱其身,伯夷、叔齐与!'谓'柳下惠、少连,降志辱身矣,言中伦,行中虑,其斯而已矣。'谓'虞仲、夷逸,隐居放言,身中清,废中权。我则异于是,无可无不可。'"(《论语·微子》) 这段话,记载了孔子对那个时代公认的几位贤人的评论和比较。透过这种评论和比较,孔子说明了自己与他们的不同之处。孔子说,不动摇自己意志,不辱没自己身份,这是伯夷、叔齐的特点。柳下惠、少连降低自己意志,屈辱了自己的身份,可是言语合乎法度,行为经过思虑,那也不过如此罢了。虞仲、夷逸逃世隐居,放肆直言,行为廉洁,被废弃了也是他的权术。② 而孔子认为自己与他们不同,乃是"无可无不可"。

如何理解孔子的"无可无不可",《孟子·公孙丑上》的一段评论正好可以做其注脚:"(公孙丑)曰:'伯夷、伊尹何如?'(孟子)曰:'不同道。非其君不事,非其民不使;治则进,乱则退,伯夷也。何事非君,何使非民;治亦进,乱亦进,伊尹也。可以仕则仕,可以止则止,可以久则久,可以速则速,孔子也。'"又《孟子·万章下》载:"孟子曰:'孔子之去齐,接淅而行;去鲁,曰:"迟迟吾行也,去父母国之道也。"可以速而速,可以久而久,可以处而处,可以仕而仕,孔子也。'"由孟子的评论可知,孔子的"无可无不可"就是"可以仕则仕,可以止则止,可以久则久,可以速则速",或"可以速而速,可以久而久,可以处而处,可以仕而仕"。不难看出,孔子与其他诸人的区别在于,其他诸人固守一节,而孔子则"无可无不可"。所以孟子说:"伯夷,圣之清者也;伊尹,圣之任者也;柳下惠,圣之和者也;孔子,圣之时者也。孔子之谓集大成。"(《孟子·万章下》)"圣之时者"即"随

---

① 廖名春:《帛书〈易传〉初探》,台湾文史哲出版社 1998 年版,第 261 页。

② 杨伯峻:《论语译注》,中华书局 1980 年版,第 197 页。

时而处中"。

孔子的"无可无不可"或"时中"观念，还可以从下面的几则材料中体现出来：

> 子谓南容："邦有道，不废；邦无道，免于刑戮。"以其兄之子妻之。（《论语·公冶长》）
>
> 子曰："宁武子，邦有道，则知；邦无道，则愚。其知可及也，其愚不可及也。"（《论语·公冶长》）
>
> 子曰："……君子哉蘧伯玉！邦有道，则仕；邦无道，则可卷而怀之。"（《论语·卫灵公》）

孔子在这三则材料中谈到的三位人物，其具体境况虽或不同，但却有一个共同点，就是他们都能"识时务"：南容的识时务在于，政治清明、国家太平时总有官做，政治昏暗、国家混乱时也不致被刑罚。孔子看中了他这一点，把自己的侄女嫁给了他。宁武子的识时务在于，政治清明、国家太平时便显示聪明，政治昏暗、国家混乱时便装傻。孔子很佩服他"装傻"的本领，慨叹其中有一般人学不到的奥妙。蘧伯玉的识时务在于，政治清明、国家太平时就出来做官，政治昏暗、国家混乱时就把自己的本领藏起来。孔子因此誉之为"君子"。三位人物的"识时务"，虽然主要表现在政治方面，但从某种意义上说，也可以算是"随时而处中"吧。由此不难看出，在孔子那里，因应时变，或见或隐，或贫或富，其准则在"时"；所以孔子强调"君子而时中"。

孔子晚年，对《周易》情有独钟，在其研究《周易》的过程中，对"时中"问题有了更深刻的体会。在相传为孔子所作的《易传》中，"时中"的观念更为突出。如《周易·艮·彖传》曰："艮，止也。时止则止，时行则行；动静不失其时，其道光明。"《传》文特别申明了"时止""时行"之意。强调或止或行，或动或静，都要因其时。"时止时行"，就是"与时偕行"，"动静不失其时"，也就是"时中"。"时中"，即"中"而因其"时"，"时"而得其"中"。得其"中"，所谓经也；因其"时"，所谓权也。有经有权，故能变通。此所谓"变通者，趣时者也"。变通趣时，即变化日新。能趣时变通，即是"识时务"。而识时务，能日新，就可以常保通泰。此所谓"日新之谓盛德"。(《周易·系辞传》)

三、中正：中庸的规范原则

前面说，"时中"就是变通趋时，这种"变"，并非没有标准，其标准就是"礼"，"礼"是孔子中庸思想的规范原则。孔子说："君子之于天下也，无适也，无莫也，义之与比。"(《论语·里仁》)朱熹《四书章句集注》引谢氏曰："适，可也。莫，不可也。"①"无适""无莫"正是"无可无不可"。然而，"无可无不可"必须服从一个标准，这个标准就是礼义。这也正是孔子所说的："礼乎礼，所以制中也。"(《礼记·仲尼燕居》)

在《论语》中，有不少材料反映了"中庸"与"礼"的关系，如孔子说："恭而无礼则劳，慎而无礼则葸，勇而无礼则乱，直而无礼则绞。"(《论语·泰伯》)过分恭敬，而不约之以礼，就未免劳倦；过分谨慎，而不约之以礼，就难免流于胆怯懦弱；过分敢作敢为，而不约之以礼，就难免盲动闯祸；过分直率，而不约之以礼，就难免尖酸刻薄。恭敬、谨慎、勇敢、直率，本来都属于人的好品德，但孔子认为，如果发挥不当，或不用礼来约束，其结果往往适得其反。很明显，在这里，"礼"是成就人之恭、慎、勇、直四德而使之适中的规范原则。又如："君子博学于文，约之以礼，亦可以弗畔矣夫。"(《论语·雍也》)"博学"是孔子所提倡的一种学习态度，如其曰："君子不器。"(《论语·为政》)即君子不应当像器皿一样只有一种用处。而如果想有多种用处，无疑需要博学。但孔子同时又强调，"博学"不能走极端，必需"约之以礼"，认为只有这样，才能保证不离经叛道。

孔子特别重视"礼"在"中庸"中的意义和作用，要求"君子之行也，度于礼"。(《左传》哀公十一年)"度于礼"，即是"就有道而正焉"。(《论语·学而》)从这个意义上说，合于礼就是"正"。孔子很强调"正"，如说：

---

① 朱熹：《四书章句集注》，中华书局 1983 年版，第 71 页。

"其身正，不令而行；其身不正，虽令不从"；"苟正其身矣，于从政乎何有？不能正其身，如正人何？"（《论语·子路》）"身正"就是行为合于礼。由"正身"，孔子进一步提出了"正名"的主张，即"君君，臣臣，父父，子子"（《论语·颜渊》），也就是要以礼为规范，衡量人们的等级名分，以使人们的等级与其名分相当。名分相当，就合乎礼，也就是"正"。

其实，"正身"也好，"正名"也好，实质都是"以礼制中"。"以礼制中"就是把礼作为中的规范准则，可以说，孔子讲中，其尺度就是礼①。而其讲礼，目的也是为了达到"中"。前引"恭而无礼则劳，慎而无礼则葸，勇而无礼则乱，直而无礼则绞"，就是以礼"制中"的很好例证。《礼记》说："富贵而知好礼，则不骄不淫；贫贱而知好礼，则志不慑"（《礼记·曲礼上》），"故君子有礼，则外谐而内无怨"（《礼记·礼器》），也说明礼具有致中的作用。这诚如荀子所说："先王之道，仁之隆也。比中而行之。曷谓中？曰：礼义是也。"（《荀子·儒效》）

四、中和：中庸的理想目标

从"中"的层面理解"礼"，则"礼"的实质可以谓之"和"。"和"也是先民十分重视的观念之一。孔子很注意体会"和"的价值和意义。其曰："君子和而不同，小人同而不和。"（《论语·子路》）"和而不同"，就是求同存异，恰到好处。这一点，春秋时期齐国著名政治家晏婴的有关论述，或可作其注脚。晏婴说"和"，如果用烹饪形容即是："和如羹焉，水、火、醯、醢、盐、梅，以烹鱼肉，燀执以薪，宰夫和之以味，济其不及，以泄其过。"（《左传》昭公二十年）用现代术语说，"和"就是多样性的统一。"同"，如同"以水济水"，"若以水济水，谁能食之？若琴瑟之专一，谁能听之？同之不可也如是。"（《左传》昭公二十年）用现代术语说，"同"就是没有差别的绝对的同一。

---

① 冯友兰先生指出："孔丘是以'礼'作为'中'的具体的规定。"《中国哲学史新编》（上），人民出版社 1998 年版，第 162 页。

"济其不及，以泄其过"，实际上也就是"中"。从这个意义上说，"中"与"和"在本质上是相通的。虽然我们没有充分的材料证明孔子已经形成了相当成熟的"中和"观念，但在相关文献中也不难发现，孔子的中庸思想是包含着"中和"观念的，孔子说："政宽则民慢，慢则纠之以猛。猛则民残，残则施之以宽。宽以济猛，猛以济宽，政是以和。"（《左传》昭公二十年）这是孔子评论郑国著名政治家子产的"临终遗言"时所说的一段话。据《左传》记载，子产临死前，曾告诉他的接班人子大叔说，为政的关键，在于针对不同的对象，或宽或猛，宽猛适中。孔子称这种宽猛相济所达到的适中状态为"和"，并引《诗经·长发》"不竞不绿，不刚不柔，敷政优优，百禄是遒"的诗句，称赞子产的为政之道是"和之至也"。孔子所引诗句，出自《商颂·长发》。大意是说，不相争也不急躁，不强硬也不柔软，施政行令很宽和，百样福禄集如山。① 孔子以此形容子产的"宽猛"之论，认为这是达到了"和"的极点。子产死后，孔子"出涕曰：'古之遗爱也。'"（《左传》昭公二十年）孔子用"和"概括子产的"宽猛"之论及《商颂·长发》中所表现出来的"适中"思想，表明孔子已经意识到了"中"与"和"的内在关系。

关于"为政"，孔子还说道："为政以德，譬若北辰，居其所而众星共之。"（《论语·为政》）"北辰"，即与地球自转轴正相对应的天球北极，在地球自转和公转所反映出来的恒星周日和周年运动中，天球北极是不动的，其他恒星则绕之旋转。故古人称北辰为"天枢"。孔子认为，统治者以德治国，就会使自己像北极星一样，在一定的位置上，别的星球都围绕着它。可见，"德政"所体现出来的和谐，犹如天体运行之和谐，自然而然。也许正是基于这层体认，孔子曾对其弟子子贡说："我不想说话了。"孔子不想说话的原因是："天何言哉，四时行焉，百物生焉，天何言哉！"（《论语·阳货》）不难想象，当孔子说这段话时，其对天人和谐的感受是何等地强烈。

孔子是一位音乐大师，其音乐欣赏水平之高，常人难以企及。他在齐国听到《韶》乐，竟很长时间尝不出肉味。（《论语·述而》）这种境界的获

---

① 程俊英：《诗经译注》，上海古籍出版社 1985 年版，第 681 页。

得，恐怕与他对天人中和之美的独特体认不无关系。而孔子对音乐作品的评价，也常常以中和之美为原则。如其评价《关雎》说："关雎，乐而不淫，哀而不伤。"（《论语·八佾》）而当孔子听到鲁国太师师挚演奏该乐时，感觉满耳朵都是音乐。

生活中的孔子，"温而厉，威而不猛，恭而安"（《论语·述而》），即温和而严厉，有威仪而不凶猛，庄严而安详。"子之燕居，申申如也，夭夭如也"（《论语·述而》），孔子在家闲居，很整齐，很和乐而舒展。这大概就是圣人的中和之象吧。这种气象，看似平常，却体现了"天下之大本""天下之大道"，所以"仰之弥高，钻之弥坚。瞻之在前，忽焉在后"（《论语·子罕》），其境界深不可测。《易传》所谓"与天地合其德，与日月合其明，与四时合其序，与鬼神合其吉凶。先天而天弗违，后天而奉天时"（《周易·系辞传》），或许就是这种"中和"境界的写照吧。

综上所述，不难发现，孔子的中庸思想有一个内在的逻辑，传统的"尚中"观念为其逻辑起点，以此为基础，孔子结合"时"与"中"，使传统"尚中"思想由静态单一的结构（"无过无不及"），发展成为一种动态变易的系统（"无可无不可"）。同时，孔子又发挥自己精研礼学的优势，以礼制"中"（"礼乎礼，所以制中也"），使"无可无不可"的动态变易系统始终遵循着"经天纬地"之礼而展开，并由此直契天人秩序之美，使中庸上升为一种对天人和谐之美的体认与追求。

孔子的中庸，既是一种思想方法，也是一种行为准则，更是一种理想目标。作为一种思想方法，它能使人适其"度"；作为一种行为准则，它能使人合于"礼"；作为一种理想目标，它则帮助人们体认并受用宇宙自然的和谐之美。"中庸之为德，其至矣乎！"

（原载于《齐鲁学刊》2004 年第 1 期）

论孔子诠《易》的向度

　　《易传》是目前所见最早的一部解释《周易》古经的传世文献，传统易学一直认为该《传》系出于孔子之手，但宋代以后，怀疑的声音也不绝如缕。到了 20 世纪初叶，此种怀疑走到了极点，受疑古思潮的影响，多数学者基本上不太承认孔子作《易传》的传统旧说。直到 20 世纪 70 年代以后，随着不少与该论题相关的出土文献的解读和研究，才使传统旧说重新又受到人们的重视。现在看来，说孔子作《易传》，理由仍然并不充分；说孔子与《易传》没有关系，也有悖于史实。因为就现有的史料看，孔子在其晚年确曾与他的弟子讨论过《周易》，不但讨论过，还进行了颇为详细的讲解①。本文即根据相关史料，对孔子诠《易》的向度作一分析，以就教于方家。

一、孔子对《易》之态度的转变

　　种种迹象表明，对于《周易》这部书，孔子早期的认识和晚年的认识并不一样，因而，在对《周易》的态度方面曾经有过一次明显的转向。②请看帛书《易传》中的话：

　　　　夫子老而好《易》，居则在席，行则在橐。子赣曰："夫子他日教此弟子曰：'德行亡者，神灵之趋；智谋远者，卜筮之繁。'赐以此为然

① 参见杨庆中：《周易经传研究》第八章，商务印书馆 2005 年版。
② 相关的研究请参见廖名春：《"六经"次序探源》，《中国学术史新证》，四川大学出版社 2005 年版。

矣。以此言取之，赐缗行之为也。夫子何以老而好之乎？"夫子曰："君子言以矩方也。前（剪）羊（祥）而至者，弗羊（祥）而巧也。察其要者，不诡其福。《尚书》多阏矣，《周易》未失也，且有古之遗言焉。予非安其用也。"子赣曰："赐闻于夫子曰：……'孙（逊）正而行义，则人不惑矣。'夫子今不安其用而乐其辞，则是用奇于人也，而可乎？"子曰："谬哉，赐！吾告汝，《易》之道……夫《易》刚者使知惧，柔者使知刚，愚人为而不妄，渐人为而去诈。文王仁，不得其智以成其虑，纣乃无道，文王作，讳而避咎，然后《易》始兴也。予乐其知……"子赣曰："夫子亦信其筮乎？"子曰："吾百占而七十当，唯周梁山之占也，亦必从其多者而已矣。"子曰："《易》，我后其卜祝矣，我观其德义耳也。幽赞而达乎数，明数而达乎德，又仁守者而义行之耳。赞而不达于数，则其为之巫；数而不达于德，则其为之史。史巫之筮，乡之而未也，好之而非也。后世之疑丘者，或以《易》乎？吾求其德而已，吾与史巫同途而殊归者也。君子德行焉求福，故祭祀而寡也；仁义焉求吉，故卜筮而希也。祝巫卜筮而后乎？"（帛书《易传·要》）①

这是1973年在长沙马王堆出土的帛书《易传》中记载的一段材料。这段珍贵的记载，内涵十分丰富，有几点值得注意：第一，孔子早年视《周易》为卜筮之书，并对巫史之流的卜筮颇有微词：所谓"夫子他日教此弟子曰：'德行亡者，神灵之趋；智谋远者，卜筮之繁。'"第二，孔子老而好《易》，弟子怀疑老师相信卜筮：所谓"夫子亦信其筮乎？"第三，孔子也曾多次利用《周易》进行筮占：所谓"吾百占而七十当，唯周梁山之占也，亦必从其多者而已矣。"②第四，孔子好《易》的原因与史巫不同，乃在"观其德义"：所谓"《周易》未失也，且有古之遗言焉。予非安其用也"；"《易》，我后其卜

---

① 引文参见廖名春：《帛书〈易传〉初探》，台湾文史哲出版社1998年版，第279页（杨按：本文有关帛书《易传》的引文均居此此，以下不再一一注出）。

② 需要说明的是，孔子晚年改变了对《周易》的态度，但并没有改变对卜筮的看法，所以他对子赣说："后世之疑丘者，或以《易》乎？……君子德行焉求福，故祭祀而寡也；仁义焉求吉，故卜筮而希也。祝巫卜筮而后乎？"

祝矣，我观其德义耳也。……后世之疑丘者，或以《易》乎？吾求其德而已，吾与史巫同途而殊归者也。君子德行焉求福，故祭祀而寡也；仁义焉求吉，故卜筮而希也。祝巫卜筮而后乎？"

　　前文第一点所谓"德行亡者，神灵之趋；智谋远者，卜筮之繁。"被子赣视为"夫子"的"他日之教"，可以代表孔子早期的《周易》观。大意是说，丧失德行的人才祈求神灵，缺乏智谋的人才频繁卜筮。孔子早期对《周易》的这种看法对子赣影响很大：所谓"赐以此为然矣。以此言取之，赐缗行之为也。"即不但完全认同，且一直在努力实行。但晚年的孔子却对《周易》产生了浓厚的兴趣，出门则带在身上，一有空就看，所谓"居则在席，行则在橐"，子赣很不理解，于是乃有"夫子何以老而好之乎"之叹。这段师徒对话，反映出一个信息，即晚年的孔子对《周易》的看法及态度发生了不小的转变。对于子赣的怀疑，孔子的解释是："与同样古老的《尚书》相比，《周易》保存得基本完好，并且那里面有不少先王的遗教，我老而好之，好的不是它的卜筮的功用。"不是卜筮的功用，那是什么呢？孔子的回答是："我观其德义耳也"，"吾求其德而已"。因此可以说，"观其德义""求其德而已"，是孔子老而好《易》的真正原因，也是他对《周易》的态度发生转变的主要根据。

二、孔子对《易》之性质的重新认定

　　孔子晚年热衷于对《周易》的研读，并努力"求其德义"，因而，与单纯视《周易》为卜筮之书的"他日之教"不同，这时对于《周易》的性质也有了新的认识[①]，言其大者，约有三个方面：

---

① 孔子对《易》之性质的新认识可能有史料方面的根据，廖名春认为，孔子晚年的思想变化，可能与其归鲁后见到《易象》有关。而"《易象》是与周公有关的解说《周易》的书。一方面，周公是孔子最服膺的圣贤；另一方面，孔子当此之时，已经经历诸多坎坷，对于天道变化已有很深的体会，因此他对《易象》产生兴趣，进而探讨阴阳变异之理，亦属自然之事"（廖名春：《中国学术史新证》，四川大学出版社2005年版，第551页）。由《左传》《国语》可知，春秋时期即已出现了具有人文主义色彩的解《易》新倾向，这也应成为孔子诠《易》的思想资源。

1.《易》有"古之遗言"

如前所引，夫子曰："君子言以矩方也。前（剪）羊（祥）而至者，弗羊（祥）而巧也。察其要者，不诡其福。《尚书》多阙矣，《周易》未失也，且有古之遗言焉。予非安其用也。"对于这里的"古之遗言"，著名学者李学勤先生曾经指出："'古之遗言'也不是泛指古代的话，因为《周易》对于孔子来说本来是古代的作品，用不着特别强调。'遗言'的'言'应训为教或道，系指前世圣人的遗教。"① 由此可见，晚年的孔子，认为《周易》卦爻辞中包含了大量的"古之遗言"，他是把钩沈《周易》中的"古之遗言"——前世圣王的遗教，作为其研究《易》的目的之一。今通行本《系辞传》记有孔子对《易》之十九条爻辞的解释，可能就是孔子所谓的"古之遗言"。从中可以看出，有的像是歌谣，有的像是颇有警示意义的故事，有的像是箴言。总之，如果超越筮辞形式的局限单看这些卦爻辞，其中确实包含有一定的人道教训。今人胡自逢研究认为，孔子解《易》十九则，其内容涉及慎言行、同心之利、慎、谦、戒亢、缜密、咎由自招、履信思顺、感应、凶、藏器待时、小惩大诫、善可益、而恶不可积、居安思危、度德量力、知几、不远而复、阴阳和合而生物、求益之极必凶等多个方面②。孔子据此卦爻辞以揭示迁善改过之理，所谓"五十以学《易》，可以无大过矣"，殆此之谓欤！

2.《易》出于文王，乃忧患之作

孔子看重《周易》中的"古之遗言"，有一个十分重要的原因，即在孔子看来，《周易》系出于文王之手：

> 子曰："易之用也，段（殷）之无道，周之盛德也。恐以守功，敬以承事，知以辟患，……文王之危，知史记之数书，孰能辩焉？"（《易之义》）
> 文王仁，不得其志以成其虑，纣乃无道，文王作，讳而避咎，然后《易》始兴也。予乐其知……（《要》)③

---

① 李学勤：《周易经传溯源》，长春出版社 1992 年版，第 226 页。
② 胡自逢：《孔子研〈易〉十九则述要》，载《周易研究》1999 年第 3 期。
③ 转引自廖名春：《"六经"次序探源》，《中国学术史新证》，四川大学出版社 2005 年版，第 23 页。

这两段话是说，《周易》这本书反映了"殷之无道，周之圣德"。这一思想在传世本《易传》中也有反映，且与帛书中所记孔子的话颇为相似："易之兴也，其当殷之末世，周之盛德邪？当文王与纣之事邪？是故其辞危。危者使平，易者使倾，其道甚大，百物不废。惧以终始，其要无咎，此之谓易之道也。"（《系辞下传》）大意是说，《周易》这部书，其兴起大概是在殷朝末年，周国德业隆盛的时期，所以卦爻辞多有忧危之义。警惕自危可以使人平安，掉以轻心可能导致倾覆败亡。这个道理十分宏大，任何事物都不例外。始终保持警惕，其要旨在善于补过，这就是《周易》给人们指出的"道"。由《论语》等典籍可知，孔子对于文王、周公一向崇敬，所谓："文王既没，文不在兹乎"！所谓："周监于二代，郁郁乎文哉，吾从周。"既然《周易》系出自文王的时代，且可能与文王有关①，则其受到孔子的重视，就不难理解了。而孔子从人道教训、崇德广业的层面诠解《周易》，也就顺理成章，毋庸置疑了。

3.《易》为崇德广业之书

《易》有"古之遗言"，系出于圣王之手，其内涵自然也就包含了"崇德广业""开物成务"等多方面内容。

> 子曰："……夫易，刚者使知瞿，柔者使知刚，愚人为而不忘，（惭）人为而去诈。"（《要》）
>
> 子曰："易其至矣乎！夫易，圣人所以崇德而广业也。知崇礼卑，崇效天，卑法地，天地设位，而易行乎其中矣。成性存存，道义之门。"（《系辞上传》）
>
> 子曰："夫易何为者也？夫易开物成务，冒天下之道，如斯而已者也。"（《系辞上传》）
>
> ……

---

① 研究表明，《周易》系成书于殷周之际，其思想与周公的思想十分接近（参见杨庆中：《周易经传研究》第五章，商务印书馆 2005 年版）。

在孔子看来，《周易》这部书，刚强的人学了它之后，就会"知惧"；柔弱的人学了它之后，就会"知刚"；愚钝的人学了它之后，就会"不忘"（聪明），奸佞的人学了它之后，就会去掉狡诈之心。这段话，核心是强调《周易》是一部教人无过无不及的宝典。这一点与孔子一向提倡的中庸思想是十分一致的①。中庸是孔子哲学方法论的主要内容之一，这种思想方法，其目的在于"成己""成物"，而"成己""成物"之途径，则在于"崇德广业"。所以，孔子强调指出，"《周易》是圣人用来高扬道德而开拓事业的。智慧在于高明，礼节在于谦卑。高明效法于天，谦卑效法于地。天地确定了位置，易的变化便运行于其中了。对已成的本性保持再保持，便是步入道义的门户。"可见，在孔子看来，《周易》这部书，由于其出于圣人之手，由于"古之遗言"之"冒天下之道"，即彰显了宇宙人生的本质规律，所以才具有"开物成务"的大功效。由此，我们便不难想象，孔子何以"晚而喜易"，"居则在席，行则在橐"了。

需要指出的是，孔子重新认定《周易》古经的性质，也并没有否认其本有的占筮功能，这一点，在后来的《易传》中，也仍有明显的表现，所谓："易有圣人之道者四焉：以言者尚其辞，以动者尚其变，以制器者尚其象，以卜筮者尚其占。"即并不把"占"摒除于圣人之道之外。因此，应该说，孔子之对《周易》性质的重新认定，乃是对原本作为筮占之书的《周易》进行人文主义的诠释和改造。而这种诠释和改造无疑改变了《周易》的命运，使之成为一部贯通天人的哲学圣典。

三、孔子诠《易》的原则

孔子视《周易》为"崇德广业""开物成务"之书，并自谓"非安其用""好其德义"，所以其对《周易》的解释也就遵循着一个基本的原则："幽赞而达于数，明数而达乎德，又仁守者而义行之。"换句话说，就是迁善改过，进德修业。孔子说：

---

① 参见杨庆中：《论孔子中庸思想的内在逻辑》，《齐鲁学刊》2004 年第 1 期。

> 《易》，我后其卜祝矣，我观其德义耳也。幽赞而达乎数，明数而达乎德，有仁守者而义行之耳。赞而不达于数，则其为之巫；数而不达于德，则其为之史。史巫之筮，乡之而未也，好之而非也。后世之疑丘者，或以《易》乎？吾求其德而已，吾与史巫同途而殊归者也。君子德行焉求福，故祭祀而寡也；仁义焉求吉，故卜筮而希也。祝巫卜筮而后乎？（《要》）

在这段话中，孔子介绍了三种理解《周易》的方式，它同时也可以看作是孔子对《周易》理解史的一个概括说明。这三种形式是：其一，"赞而不达于数"，即幽赞于神明而不能通达于筮数，孔子称之为"巫"；其二，"数而不达于德"，即表明了筮策而不能通达于德义，孔子谓之为"史"；其三，"求其德而已"。这是孔子的理解方式，遵循着这一原则，孔子对《周易》的诸多卦爻辞进行了人文主义的解释。如《文言传》所引孔子解释《乾》卦的话：

> 初九曰："潜龙勿用。"何谓也？子曰："龙德而隐者也。不易乎世，不成乎名；遁世而无闷，不见是而无闷；乐则行之，忧则违之；确乎其不可拔，乾龙也。"九二曰："见龙在田，利见大人。"何谓也？子曰："龙德而正中者也。庸言之信，庸行之谨，闲邪存其诚，善世而不伐，德博而化。易曰：'见龙在田，利见大人。'君德也。"九三曰："君子终日乾乾，夕惕若，厉无咎。"何谓也？子曰："君子进德修业，忠信，所以进德也。修辞立其诚，所以居业也。知至至之，可与几也。知终终之，可与存义也。是故，居上位而不骄，在下位而不忧。故乾乾，因其时而惕，虽危而无咎矣。"九四："或跃在渊，无咎。"何谓也？子曰："上下无常，非为邪也。进退无恒，非离群也。君子进德修业，欲及时也，故无咎。"……

在孔子看来，《乾》卦初九讲"潜隐"之德，九二讲"正中"之德，九三讲"因时而惕"之德，九四讲"进退及时"之德……总之，卦爻象辞之间，处处着意于"德"的修养。可以说，这段解释淋漓尽致地体现了孔子视《周易》为"崇德广业"之书的思想。

又如：

> "鸣鹤在阴，其子和之，我有好爵，吾与尔靡之。"子曰："君子居
> 其室，出其言善，则千里之外应之，况其迩者乎? 居其室，出其言不
> 善，则千里之外违之，况其迩者乎? 言出乎身，加乎民；行发乎迩，见
> 乎远；言行君子之枢机，枢机之发，荣辱之主也。言行，君子之所以动
> 天地也，可不慎乎?"(《系辞上传》)

此处，孔子用"出言善"与"出言不善"来解释《中孚》九二爻辞。

又如：

> "劳谦君子，有终吉。"子曰："劳而不伐，有功而不德，厚之至也，
> 语以其功下人者也。德言盛，礼言恭，谦也者，致恭以存其位者也。"
> (《系辞上传》)

此处，孔子用"致恭以存其位"解释《谦》九三爻辞。类似的例子还很多，不
胜枚举。总之，孔子之诠释《周易》古经，其尺度，其原则，就是"德"，就
是"进德修业""迁善改过"，而这也正体现了孔子"下学上达"的成人之教。

四、孔子诠《易》的体例

遵循着"幽赞而达于数，明数而达乎德，又仁守者而义行之"的原则，
孔子解释《周易》，也表现出了一定的规律，我们称之为孔子解《易》的
体例。

其一，训释文字。

如其释《大有》上九"自天祐之，吉无不利"曰："祐者助也。天之所
助者，顺也；人之所助者，信也。履信思乎顺，又以尚贤也。是以自天祐
之，吉无不利也。"(《系辞上传》)孔子以"助"释"祐"。《说文》："祐，助

也。从示。"朱骏声《说文通训定声》："据许书，凡助为右，神助为祐，其实即右之变体，加示耳。"杨按：许书所谓"祐，助也。"实本于《易传》。孔子以"助"释"祐"，匠心独具，耐人寻味。又如其释《中孚》九二"鸣鹤在阴，其子和之，我有好爵，吾与尔靡之"曰："君子居其室，出其言善，则千里之外应之，况其迩者乎？居其室，出其言不善，则千里之外违之，况其迩者乎？……"(《系辞上传》)"和"音贺，《广韵·过韵》："和，声相应。"孔子以"应"释"和"，就是对《中孚》九二爻辞所作的文字训释。

孔子之训释爻辞，还很重视对名物器用及主要概念的解释，如其释《解》上六"公用射隼于高墉之上，获之无不利"曰："隼者禽也，弓矢者器也，射之者人也。……"(《系辞下传》)"隼者禽也，弓矢者器也"即属此类。又如其释《谦》九三"劳谦君子，有终吉"曰："劳而不伐，有功而不德，厚之至也，语以其功下人者也。德言盛，礼言恭，谦也者，致恭以存其位者也。"(《系辞上传》)其中"谦也者，致恭以存其位者也"亦属此类。

其二，先解释爻辞，后引申义理。

如其释《大过》初六"藉用白茅，无咎"曰："苟错诸地而可矣；籍用白茅，何咎之有？慎之至也。夫茅之为物薄，而用可重也。慎斯术也以往，其无所失矣。"(《系辞上传》)"苟错诸地而可矣；籍用白茅，何咎之有"，是用问话形式加强语气，同时解释爻辞之义。"夫茅之为物薄，而用可重也。慎斯术也以往，其无所失矣"，是强调这则爻辞所包含的义理，即"慎之至也"。又如其释《解》上六"公用射隼于高墉之上，获之无不利"曰："隼者禽也，弓矢者器也，射之者人也。君子藏器于身，待时而动，何不利之有？动而不括，是以出而不获，语成器而动者也。"(《系辞下传》)"隼者禽也，弓矢者器也，射之者人也"，是在训释词义的基础上解释爻辞。"君子藏器于身，待时而动，何不利之有？动而不括，是以出而不获，语成器而动者也"，则是引申义理，强调此则爻辞盖在说明"待时而动""成器而动"。

其三，先阐发义理，后引述爻辞。

如其释《噬嗑》初九"履校灭耳，凶"曰："善不积，不足以成名；恶不积，不足以灭身。小人以小善为无益，而弗为也，故恶积而不可掩，罪大而不可解。易曰：'履校灭耳，凶。'"(《系辞下传》)"善不积，不足以成名；

恶不积，不足以灭身。小人以小善为无益，而弗为也，故恶积而不可掩，罪大而不可解"，是阐发义理。之后引《噬嗑》初九"履校灭耳，凶"以为证明。《易》之经典化当与孔子的这种解释方式不无关系。又如其释《否》九五"其亡其亡，系于包桑"曰："危者，安其位者也；亡者，保其存者也；乱者，有其治者也。是故，君子安而不忘危，存而不忘亡，治而不忘乱；是以，身安而国家可保也。易曰：'其亡其亡，系于包桑。'"（《系辞下传》）也是先说出一番道理，再引述《易》爻辞以强化所论。这样的解经体例还见于《系辞传》所载孔子解释《复》初九、《益》上九等。

其四，先解释爻辞，再引申义理，后引爻辞。

如其释《解》九三"负且乘，致寇至"曰："作易者其知盗乎？易曰：'负且乘，致寇至。'负也者，小人之事也；小人而乘君子之器，盗思夺之矣！上慢下暴，盗思伐之矣！慢藏诲盗，冶容诲淫，易曰：'负且乘，致寇至。'盗之招也。"（《系辞上传》）"作易者其知盗乎？易曰：'负且乘，致寇至。'负也者，小人之事也；小人而乘君子之器，盗思夺之矣"，是解释爻辞。"上慢下暴，盗思伐之矣！慢藏诲盗，冶容诲淫"，是归纳、引申义理。最后是印证爻辞。又其释《大有》上九"自天佑之，吉无不利"曰："佑者助也。天之所助者，顺也；人之所助者，信也。履信思乎顺，又以尚贤也。是以'自天佑之，吉无不利'也。"（《系辞上传》）"祐者助也。天之所助者，顺也；人之所助者，信也"是解释爻辞。"履信思乎顺，又以尚贤也"是发挥义理。而后则是印证爻辞。

其五，先阐发义理，后引述爻辞，再加以评价。

如其释《鼎》九四"鼎折足，覆公餗，其形渥，凶"曰："德薄而位尊，知小而谋大，力小而任重，鲜不及矣。《易》曰：'鼎折足，覆公餗，其形渥，凶。'言不胜其任也。"（《系辞下传》）"德薄而位尊，知小而谋大，力小而任重，鲜不及矣"是阐发义理，而后引述爻辞。"言不胜其任也"，则是评价。属于此种体例者，还有《系辞传》所载孔子论《豫》六二及《损》六三等。

其六，不解释爻辞，直接引申发挥义理。

如其释《中孚》九二"鸣鹤在阴，其子和之，我有好爵，吾与尔靡之"曰："君子居其室，出其言善，则千里之外应之，况其迩者乎？居其室，出其言不善，则千里之外违之，况其迩者乎？言出乎身，加乎民；行发乎迩，见乎远；言行，君子之枢机，枢机之发，荣辱之主也。言行，君子之所以动天地也，可不慎乎？"（《系辞上传》）这里孔子没有直接解释爻辞，但在引申发挥义理的过程中，却把爻辞的意思彰显出来了。又如其释《同人》九五"同人，先号啕而后笑"曰："君子之道，或出或处，或默或语，二人同心，其利断金；同心之言，其臭如兰。"（《系辞上传》）在此，孔子也没有对爻辞进行直白的训释，而是透过发挥义理彰显其内涵的思想。属于这种体例的还有《系辞传》所载孔子论《节》初九、《咸》九四等。

其七，在解释爻辞的同时彰显义理。

如其释《困》六三"困于石，据于蒺藜，入于其宫，不见其妻，凶"曰："非所困而困焉，名必辱。非所据而据焉，身必危。既辱且危，死期将至，妻其可得见邪？"（《系辞下传》）这段解释，孔子将爻辞的字面意思与其所包含的义理糅合在一起予以阐发，很有启发意义。

其八，爻位说与趋时说。

孔子解《易》，也注意运用爻位说、趋时说等，如：

《乾》上九："亢龙有悔。"子曰："贵而无位，高而无民，贤人在下位而无辅，是以动而有悔也。"（《系辞上传》）

《易》曰："亢龙有悔。"孔子曰：此言为上而骄下。骄下而不殆者，未之有也。圣人之立正也，若遁木，俞高俞畏下。故曰"亢龙有悔"。（《二三子》）

《易》曰："飞龙在天，利见大人。"孔子曰：此言……君子在上，则民被其利，贤者不蔽，故曰"飞龙在天，利见大人"。（《二三子》）

夫龙，下居而上达者……而成章。在下为"潜"，在上为"亢"。（《易之义》）

卦曰："君子终日乾乾，夕惕若，厉，无咎。"孔子曰：此言君子务时，时至而动，……君子之务时，犹驰驱也，故曰"君子终日乾乾"。时尽而止之以置身，置身而静，故曰"夕沂〈泥〉若，厉，无咎。"（《二三子》）

"贵而无位""在下位"中的"位","为上而骄下。骄下而不殆""俞高俞畏下""君子在上""下居而上达"中的"上""下""高""上""下",都是指爻位而言。上引最后一段话，则是谈"趋时"。

此外还有一个值得注意的现象是，孔子之解经，还运用了阴阳、刚柔、五行等概念。阴阳五行在春秋时期本属天道观的范畴，《论语》说孔子之言性与天道不可得而闻，所以向来的研究都比较忽视孔子的天道观，实则孔子对于这一时代课题也是很有认识的。当然，这一方面的问题还有待于作出进一步的讨论。总之，孔子之诠《易》，内容和形式都相当丰富，而透过这些丰富的形式和内容，我们似乎也可以对孔子的思想有一个更为全面的认识。20世纪以来，人们习惯于靠一部《论语》来理解孔子，现在看来，这不仅于史料方面失于狭隘，于孔圣的高大形象也很有损失。

五、孔子诠《易》的特点

上篇所论，主要综述了孔子诠《易》的几种基本体例，由于史料的限制，我们不敢说，孔子的诠《易》，就这几种体例。而就仅有的这些资料，也不难看出，孔子之诠《易》，思路是相当开阔的，表达形式也是相当丰富的，充分反映了孔子之驾驭语言，灵活"说法"的能力，因此，读来一点都不觉得乏味。据《论语·述而》："子曰：'加我数年，五十以学《易》，可以无大过矣！'"今人黄沛荣评论道：

> "大过"乃卦名之一，与"学《易》"二字前后呼应，故"大过"二字为双关语，此乃孔子擅长之语言艺术。《论语·为政》载孔子论《诗经》之言曰："《诗》三百，一言以蔽之曰：'思无邪！'""思无邪"见于《诗·鲁颂·駉》，此与孔子以"可以无大过"一句评论学《易》之效果，可谓同出一辙。[1]

———————

[1] 黄沛荣：《易学乾坤》，台湾大安出版社 1998 年版，第 174 页。

由此可见，孔子真语言大师也。而同时，孔子诠《易》之生命力，也就蕴含在这种汪洋恣肆，而又不叛离原则的诠经方式之中了。这是孔子诠《易》的特点其一。

其二，训释文字，注意思想表述的准确性。前举诸例，于训诂的层面，约有两种形式：即解释文字和串讲大意。就解释文字来说，如前所述，在诠《易》的过程中，孔子不但注意对相关文字的训释，还注意对相关名物器用，以及相关概念的解释，这对于保证文字理解的准确性至关重要。因此，它也成为后来经典诠释的重要方法之一。就串讲大意说，孔子既重视字面意思的直接诠解，又善于在阐发爻义的过程中显明爻辞的宗旨。而在孔子那里，大意的串讲是为义理的引申服务的，可以说，训释文字与阐发义理是孔子诠经的两极，前者以文字的本意为极限；后者以文字所能承载的意涵为极限。孔子的诠经便游刃于两者之间了。

其三，引申辞义，彰显义理内涵。游刃于两极之间，其直接效果是超越文字的局限而直探义理内涵。而这又恰恰是孔子诠《易》的目的所在。从相关的材料看，孔子之"直探义理内涵"，主要体现在对爻辞之哲学、伦理乃至政治思想的彰显方面。例如：

《咸》九四："憧憧往来，朋从尔思。"子曰："天下何思何虑？天下同归而殊途，一致而百虑，天下何思何虑？日往则月来，月往则日来，日月相推而明生焉。寒往则暑来，暑往则寒来，寒暑相推而岁成焉。往者屈也，来者信也，屈信相感而利生焉。尺蠖之屈，以求信也。龙蛇之蛰，以存身也。精义入神，以致用也。利用安身，以崇德也。过此以往，未之或知。穷神知化，德之盛也。"（《系辞下传》）

《豫》六二："介于石，不终日，贞吉。"子曰："知几其神乎，君子上交不谄，下交不渎，其知几乎？几者，动之微，吉之先见者也。君子见几而作，不俟终日。《易》曰：'介于石，不终日，贞吉。'介如石焉，宁用终日，断可识矣。君子知微知章，知柔知刚，万夫之望。"（《系辞下传》）

这两则材料就是孔子对爻辞所含哲学思想的一种钩沈。第一段，孔子透过对《咸》九四的分析，彰显了"穷神知化"之理。孔子认为，只有"德之盛"者，才能做到"穷神知化"。这也可以说是孔子透过《咸》九四爻辞观察到的"德义"。第二段，透过对《豫》六二的分析，彰显了"知几其神"之理。孔子认为，"知几"之所以"神"，乃是因为"几者，动之微，吉之先见者也"。所以只有"知微知章，知柔知刚"的君子才有这种能力。这也可以说是孔子透过《豫》六二爻辞观察到的"德义"。又如：

> 《噬嗑》初九："履校灭耳，凶。"子曰："小人不耻不仁，不畏不义，不见利不劝，不威不惩；小惩而大诫，此小人之福也。易曰：'履校灭趾，无咎。'此之谓也。善不积，不足以成名；恶不积，不足以灭身。小人以小善为无益，而弗为也，故恶积而不可掩，罪大而不可解。易曰：'履校灭耳，凶。'"（《系辞下传》）
>
> 《复》初九："不远复，无祗悔，元吉。"子曰："颜氏之子，其殆庶几乎？有不善，未尝不知，知之未尝复行也。《易》曰：'不远复，无祗悔，元吉。'"（《系辞下传》）

这两则材料是孔子对爻辞所含德性修养思想的一种钩沈。第一段，孔子透过《噬嗑》初九"履校灭耳，凶"的警戒，强调"善不积，不足以成名；恶不积，不足以灭身"，所以，要时时警醒，修养自己，不可以善小而不为，不可以恶小而为之。第二段，孔子结合其弟子颜渊的德性境界，强调一个道德修养过硬的人，"有不善，未尝不知，知之未尝复行也"，其结果乃是"元吉"。又如：

> 《解》九三："负且乘，致寇至。"子曰："作易者其知盗乎？易曰：'负且乘，致寇至。'负也者，小人之事也；乘也者，君子之器也，小人而乘君子之器，盗思夺之矣！上慢下暴，盗思伐之矣！慢藏诲盗，冶容诲淫，易曰：'负且乘，致寇至。'盗之招也。"（《系辞上传》）

这则材料是孔子对爻辞所含政治思想的一种钩沈。孔子认为，"上慢下暴"，必将导致"小人而乘君子之器"，这就好比引狼入室，其结果可想而知。与此相关的，孔子在诠《易》时，还特别注意阐发"礼"学的思想。如，"子云：'礼之先币帛也，欲民之先事而后禄也。先财而后礼，则民利；无辞而行情，则民争。故君子于有馈者，弗能见则不视其馈。《易》曰："不耕获，不菑畬凶。"以此坊民，民犹贵禄而贱行。'"（《礼记·坊记》）例子当然还有很多。总之，孔子之诠《易》，最善于在训释文字与阐发义理的两极之间纵横捭阖，于注经之同时，发现、印证自己的人生体验，这一点对于传统经典诠释的影响是十分大的。

其四，吸收巫史解《易》传统，并对其进行人文主义的改造。如上节所述，孔子诠《易》，注意运用爻位等说，这些体例，当源于史巫解《易》的传统①。但孔子用它不是为了判断吉凶，而是为了体现"德义"。如其释"亢龙有悔"曰："此言为上而骄下。骄下而不殆者，未之有也。圣人之立正，若遁木，俞高俞畏下。"（《二三子》）文中"上""下"都是就爻位而言的。但孔子却把它与"骄""正"联系起来，指出此则爻辞的"德义"是"为上而骄下"。而圣人的做法则是"立正"，即"若遁木，俞高俞畏下"。经过这样的改造，《周易》自然也就成为体现生命之道的哲学宝典了。

总之，孔子之诠《易》，以"求其德义"为原则，以"迁善改过"（"无大过"）为目的，把《周易》从史巫之手中挽救出来，开启人文主义的解《易》传统，为《周易》哲理化打下了基础。后来的易学史，其解《易》虽有象数义理之别，但人文关怀的底蕴从未消失，盖因于孔子之发明也。

（原载于《中国儒学》第三辑，中国社会科学出版社 2008 年版）

---

① 参见杨庆中：《周易经传研究》第十章第一节，商务印书馆 2005 年版。20 世纪注《易》四大家：高亨、李镜池、金景芳、黄寿祺，对《周易》卦爻辞的解释，彼此的分歧十分之大，而对于《谦》卦中的"谦"字，则均训为"谦虚"。训"谦"为谦虚，与《易传》的认识比较一致。这表明，对谦德的认识，经传可以互相发现。因此，本文在讨论过程中不分经传，而是采用了传统易学"以传解经"的诠释思路。

先秦儒学的开展与中国文化的历史命运

先秦儒学，是一种十分成熟的思想形态，要想深入准确地认知它的内涵，就必须从发生学的意义上追根溯源，对其形成的历史进行认真地探讨。本文拟从"有典有册"的殷商文化入手，通过祖与帝、德与天、仁与礼、性与命等四对先秦重要哲学范畴之联系、发展之研究揭示先秦儒家哲学演进的逻辑及其对中国文化发展所造成的影响。

一

孔子说："郁郁乎文哉，吾从周"，又说："周因于殷礼"。那么"殷礼"（礼即文化）的主要内容是什么呢？就是祖先崇拜和上帝崇拜。

祖先崇拜，是一种较为原始的文化现象。以前，不少学者企图通过解释甲骨文中的"且"（祖）字，揭开这一崇拜文化的内在秘密，但据唐兰先生考证，且字本指切肉的木墩子，因声假借，才做了祖先的祖字①。因此就这个字本身而言，是看不出任何神秘意向的。但这并不等于说在殷商时期没有存在过对祖先的种种神秘认识。祖先崇拜脱胎于图腾崇拜，图腾崇拜至少有两个功能，即生殖功能和始祖神功能，祖先崇拜也基本如此，殷人十分重视对生育神的祭祀，他们的"高媒神"（司掌生育的神灵）就是女始祖简狄（参见《月令》注疏）。这种生殖崇拜现象反映了殷人对"人的生产"的

---

① 唐兰：《殷墟文字二记》，载《古文字研究》第一辑，中国古文字研究会、吉林大学古文字研究室编，1979年。

自觉，对族类存在的认识，它是由图腾崇拜向祖神认同过程中必不可少的环节。

祖先崇拜有两个思想来源：一是对传说中的先祖功绩的神化；二是从图腾神观念中分化出来的始祖神观念。前者提供的是历史的根据，后者提供的是思维的根据。用后者加工前者，即把图腾信仰中充当自然、氏族、个人之生命关联的中介物——图腾神变成祖先，便形成了具有原始宗教意义的祖神崇拜。祖神崇拜作为一种纯文化现象，摆脱了人们认同于某个神化自然物（图腾）的思维模式，而直接认同于先祖。只有这时人们才真正意识到了人与自然的差别，他们信靠先祖，事无巨细，都向祖神祈祷，希望从它们那里得到帮助，获取丰年，这实际上是企图通过祖神来实现人对自然的支配。因此，在祖先崇拜的宗教形式中，祖神只不过是一个价值转换体，人们通过与超验世界中祖神的关系，便可以寻找到自身存在的价值、自身存在的依据和自身存在的方式。祖神作为人间的代表，实乃人类本质的体现，它曲折地反映了人类自我认识的深化过程。

在殷人的观念世界中，帝神的作用十分巨大。帝观念的形成，与祭祀活动的内化有关。甲文帝字通谛，谛本为祭祀形式之一种，它与燎祭等其他祭法在多数情况下可以通用，如被文字学家释为祭祀道具——燎柱的"示"字，在殷人的祭祀占卜中，既可以指天神，又可以指地祇，还可以指先公先王，是这些神灵的"通称"。[1] 这表明殷人在不断的宗教实践活动中，逐渐发现了不同诸神所具有的同一性，把这种"通称"的祭祀形式内化为人的观念（一种关于诸神的共相），就为帝神观念的形成提供了思维的依据。然后，再借助于地上王权的摹本，和方国联盟政体的需要，便创造出了不同于祖神的，诸方国都能接受的统一至上神。它是一种"共相"，因而可以被赋予极大的权能；但由于它的非具体性（象祖先、山河等神祇那样），它几乎得不到人们的享祭。而且，由于殷人根深蒂固的祖神崇拜观念，帝神没有规矩的作用往往只被限制在自然领域，成为自然诸神的首领。然而它的产生却丰富了人们对宇宙空间的认识，是人们企图把握客体世界之统一性的初步尝试。

[1]　参见徐中舒主编：《甲骨文字典》，四川辞书出版社 2006 年版。

祖神与帝神的关系十分复杂，二者既有区别又有联系。它们之间的矛盾以超验的形式反映了主体与客体，即人与自然的关系。

二

殷周之际，思想界发生了大变革，周公根据当时的政治需要和本民族文化传统，损益"殷礼"，建构了周初统治阶级的精神理念，其特点是"以德为本，以天为宗"。

"德"字见于甲骨文，为依上帝之命循行察视之意。周公从三个方面对此进行了重塑：（1）损殷人对祖神的盲目依赖，益之以对祖神的效法，使祖神由权威型守护神变为有道德榜样作用的守护神；（2）损殷统治者之"诞淫厥泆"，益之以"明德慎罚"，使祖神的榜样作用与统治者的政治行为统一起来；（3）损殷人帝神观念中的非理性因素，益之以"天若元德"，使天成为人的道德行为的终极标准。

通过这三方面的损益，大致可以概括出"德"的四个方面内涵：对天的态度，以德配天；对祖的态度，效法祖先；对民的态度，敬德慎罚；对自己的态度，疾敬德，无逸、孝友。这种新的观念的重心不是在神的权威方面，而是在人的行为自觉方面，反映了人对自我认识的深化。虽然人们的每一种行为都还有来自神界的证据，但证据不等于支配力，它不过是以曲折的宗教形式肯定了人们的道德行为的合理性，这就把人生命运的主动权部分地转移到了人的手中，为春秋时期理性的觉醒准备了条件。后来孔子对德的论述，摆脱了狭隘的政治观念，使它逐渐发展成为一个与任何人的行为均有关系的指称善良品行、高尚品格的伦理概念。

"天"是周人对至上神的称谓。天与帝既相通又有差别，周人以天代帝基于两个传统：一是重视以天文、星占、数学为基础的筮占（殷人重龟卜）的传统；二是重视农业生产（周先人是搞农业的专家）的传统。这两个传统共同培养了周人对天之观察、认识和崇拜的传统，它同时又培养了周人浓厚的理性精神。周人重塑至上神，主要表现在：（1）削弱殷人至上神观念中上神作用的自然特征，把天的权威重点局限在"命哲、命吉凶、命历年"（《尚书·召诰》）三个方面，突出了它对社会人事的意义；（2）抛弃殷人至上神观念中的非理性因素，纳德于天，以作为"命哲、命吉凶、命历年"的基本依据；（3）改变殷人观念中的祖帝二元性在周先祖与天帝之间建立血缘关系（《诗经·生民》），密切天与时王的关系（把时王称为"天子"）；（4）抛弃殷人对上帝的盲从行为，以理性的态度提出"天不可信""惟人"（《周书·君奭》）的命题。

周人的这种改造使"德"成了天人共同遵循的原则，天作为有理性的人格神，由殷人猜度的对象变成了可认识可理解的对象，人作为天命的执行者，也从盲从中解脱出来，靠着自己的德行和主观能动性，参与了天命的运行。孔子讲"为仁由己"，其根子就在这里。春秋时期，随着周天子的式微，天的观念发生了分化：一方面，传统天命观仍有影响，另一方面，随着科学的进步，天道观念开始形成。至后来，传统天命观再一次发生分化，其具有道德意义的部分，被孟子内化到人性中去，作了人性善的根据；其具有支配意义的部分，被淡化了神学色彩，而成为带有必然性的命运之天。

三

春秋时期，社会又一次出现大动荡，孔子着眼于社会结构的基本情况，通过诠释仁与礼这对范畴，积极地回应了当时的现实问题。

"仁"的观念起源于春秋初期，它是从德观念中分化出来的，但却摆脱了德观念中祭天敬祖的神学成分，是一个纯粹的只说政治行为、个人品行的道德德目。孔子在研究礼学的过程中，抓住"仁"的观念大加发扬，并把它作为自己思想的核心。孔子仁学的逻辑起点是宗法制中的孝悌观念，他由宗法中的父子、兄弟等血缘情爱推演开去，提出"爱人""泛爱众"的命题，这是对普通百姓尊严的重视。但孔子的"爱人"是差等之爱，差等的标准是礼，礼的作用是使由血缘情感推演出来的爱人之"仁"，在向外立人达人的时候，还必须时时回应宗法血缘中的等级存在，不能有所超越。孔子从不轻易许人以仁，也不自许做到了仁，这倒不仅是因为孔子谦虚，乃是由于他对于仁还有着更高一级的体认。

孔子提倡"为仁由己"，对中国思想史的影响很大，它使一切外在的戒律在很大程度上被否定了，换句话说，知识的修养、美的修养、善的修养等都要靠"己"——主体自身——来完成，并由内向外发显（推己及人），去维护和建立合理的社会秩序。周公提出一个德字，把修养的责任大部分地落实到了人的头上，冲淡了宗教神学的意味。孔子提出一个仁字，把修养的责任以理性的方式全部落实到了主体自身，就基本上没有给他律性的宗教留下任何地盘。如果说周公之落实德，还基于某种宗教式的恐惧（如怕遭天罚），那么，孔子之落实仁，则完全是基于一种理性的自觉。后儒发挥孔子的思想，也基本上是围绕着这一精神展开的，如孟子把仁与心性联系起来，在人之异于禽兽的地方做文章，论证人之为人的原因。汉儒把仁称为"天心"，强调"人之为言人也""我不自正，虽能正人，沸予为义"（《春秋繁露》）的主体自觉。魏晋玄学大炽，但他们仍认为"仁义自是人之情性"，即并不离开人的根本谈仁。宋明时期，仁更被从本体的意义上作为生命的本质，如朱熹曰："天地以生物为心者也，而人物之生，又各得夫天地之心以为心者也。故语心之德，虽其总摄贯通，无所不备，然一言一蔽之，则曰仁而已矣。"（《仁说》）总之，孔子的仁学，体系庞大，既简易为一种具体的德目，又高远为一种人生的境界。所以，颜子叹曰："仰之弥高，钻之弥坚，瞻之在前，忽焉在后。"（《论语·子罕》）

"礼"的起源是一个十分复杂的问题，与原初人的宗教信仰、生活方式、风俗习惯均有关系。由于文献不足论证，夏殷之礼已无法考其全貌。史载周公制礼作乐，其实是继承和损益夏殷之礼，损益的准则是"尊尊亲亲"（《淮南子·齐俗训》）。他对礼的主要贡献是纳德于礼和对礼之重要组成部分——乐的新认识。春秋时期，礼坏乐崩，在礼制方面基本上存在三种情形：一是旧的传统礼制还有相当大的市场，被不少政治家、思想家当作判断是非的标准；二是新的社会关系不断形成，与传统礼制发生冲突，造成了思想混乱；三是一些思想家开始重新思考礼的作用、礼义的关系等问题。孔子是春秋末期的礼学大师，通过研究礼学史，他发现礼学发展的规律是因损益。孔子基本赞扬、提倡和维护周礼，为了救治礼坏乐崩的时局，他提出正名说。但他并不顽固保守地对待周礼，而是体现了较多的变通精神。他在礼学方面的突出成就是对礼的本质的认识和纳仁于礼（"克己复礼为仁"）。孔子之后，孟子、荀子对礼的认识都有深入，而荀子较为全面。

孔子结合仁与礼，使人与社会的关系在主体的自我修养中（"克己"）达到了统一。孟子又进一步，把这种统一的根据从人身上具体地落实到人的良知良能——心中，把孔子"为仁由己"的主体自觉地给唯心主义彻底化了。而荀子通过对礼的起源、礼的作用、礼与法的关系以及宗教活动中对礼的新认识，把孔子礼学中的理性主义贯彻到底，把人与社会的统一植根于社会之中。

四

战国，是春秋时期各种复杂社会派别间斗争的继续，与此相适应，这个时期的哲学也沿着春秋时期展开的思路，走到了它的时代顶峰，最能表现这个顶峰的哲学观念是"性"与"命"这对范畴。

"性"字不见于甲骨文、金文，但与生字同源，本指生而具有的材质。孔子曰："性相近"（《论语·阳货》），就是说人们刚刚生下来时，彼此禀受的天赋材质是没有什么差别的。这种观点，看到了人们所共同具有的同一性，但这个同一性是什么，孔子没有说明，乃至于他的大弟子子贡"不得而闻"（《论语·公冶长》）。

孔子之后，分化了的儒家内部出现了一批著名的专家，他们从善恶入手讨论了人性问题。宓子贱等人认为，有人生而善，有人生而恶，善恶与生俱来。这种观点看到了人与人之间的差别性，但把人之为善为恶之依据交给"天赋"，走向了极端。世硕否认善恶与生俱来论，指出人之善恶的主要根据是社会政治环境和统治者的榜样教化，可以说是对宓子贱的观点的纠正。以善恶论人性，是对孔子思想的深化，孔子提出"为仁由己"，但"己"是什么，有无为仁的可能性，孔子没有说，关于人性的研究可以说是对这个问题的探讨。

除上述观点外，告子的人性学说也颇有影响，他的思想集中表现在"生之谓性""性无善恶"和"仁内义外"这几个方面。战国中期的人性论大家孟子对此进行了激烈的批判，并在总结前人思想的基础上提出了自己的性善说。他的性善论的思维秘密，一是在继承孔子仁学思想的基础上内化春秋时期衰落了的道德之天，把它当作人性善的根据；二是夸大理性思维器官"心"的作用，把心所具有的认识能力等同于心的认识活动，即把人们分辨善恶、体知是非的能力，等同于善恶是非本身，从而陷入了道德先验论的泥潭。

把天内化于人，作为人性的根据，是先秦讨论人性诸家的共同特点，只是由于对天的理解不同，人们关于人性的学说才产生了很大的分歧。荀子与庄子认为天就是自然，因而认为人性就是人的自然本性。但在修养方法上，二者又有区别，荀子主张"化性起伪"，庄子主张"以天合天"。孟子的修养论与荀子、庄子亦不相同，但目的与荀子一致，即都致力于人的道德化。不过，孟子、荀子、庄子三家也还有一个相同点，那就是他们都提倡寡欲，都以对物俗的克禁来彰显人之为人的主体本质。

"命"字，甲骨文、金文已有，指至上神的命令。春秋时期，随着传统天命神学的式微和分化，一部分思想家开始淡化天的人格神意义，把它的至上命令改造成一种外在于人却又支配人的必然性，这就是命运之天。孔子"与命与仁"，既相信命运的存在和对人的支配作用；又强调人的主观努力，提倡"知天命"。所谓"知天命"包含两层意思：就我的能力由天赋予（"天生德于予"）言，谓之天命；就天所赋予我的能力界限言，谓之知。孔子十有五志于学，是对使命的自觉，五十知天命是对自己的能力的自觉。"知天命"实际上就是古希腊哲学家苏格拉底所提倡的"认识你自己"。

孔子之后，其后学在命运观上一度陷入宿命论，遭到了墨子的批判，但墨子的批判只对了一半，他从经验论出发，正视了人的能力，但却忽视了客体对主体的制约作用，换句话说，他只看到人能够做的一面，却没有像命运论者那样，看到人之理性的局限性，即人不能够做的一面，结果，走向了比命运论更落后的鬼神论。

孟子继承孔子"天生德于予"和"为仁由己"的思想，及"与命与仁"的思路，提倡修己以俟命。他认为，凡是属于人之内的事，人都该努力做好；凡属于人之外的命，人都该积极地顺应。他还把孔子"知天命"的思想具体化，提出通过命运发展的内在规律——天数循环来认知命运的新方法。

他推断说，五百年必有王者兴，舍我其谁！与孟子同时代的庄子，在命运观方面与孟子有极大的相似性，也极力提倡信命和顺命，但他反对在"知"上下工夫，主张用"钻空子"的办法对待人生。他的后学更进一步，让人用麻木不仁的态度对待天命。荀子是先秦儒家中的一位理性主义大师，对于命运，他提出"修身端行、以俟其时"的命题，认为"命运"与事物发展的时间性是相关的。他还从唯物主义天道观出发，提倡以人力制服自然，做命运的主人，这是十分深刻的观点。

先秦思想家对命运问题的探讨，是对主体与客体、自由与必然之间的关系的深刻思考。

五

在先秦，儒家只是"百家"中的一家。但自汉武帝"独尊儒术"之后，儒家思想便成为中国封建社会占统治地位的思想意识，对中国封建文化的形成与发展产生了巨大的影响。因此之故，近百年来，中西文化发生冲突时，人们反思传统，目光往往首先投在儒家哲学上。西化论者总是拿儒学开刀，否定传统；保守论者亦以儒家伦理为"中体"，而过分肯定它的价值。这是一个大的时代课题，本文无力全面回应，但在前面的讨论中，我们也涉及了一个与此不无密切内在联系的问题，即中国封建社会为什么没有产生成熟的神教和自然科学理论为什么不发达？从表面来看，这两个问题似乎有些风马牛不相及，其实二者却有一个共同的前提，即如何认识和如何处理人与自然的关系。

中国的原始先民很早就意识到了这个问题，1978年，在河南省临汝阎村的仰韶文化遗址，出土了一件陶缸，其腹部有一幅高37厘米，宽44厘米的画面。画面的左边画有一只肥润丰满的鹳鸟，身体呈椭圆形，长嘴圆眸，昂首挺立，并微微向后倾斜，嘴衔一尾大鱼。画面的右边以棕色勾画出一柄直立石斧，笔法古拙苍劲，显示出石斧及木柄的质感和量感。① 这是一幅极

---

① 参见晁福林：《天玄地黄》，巴蜀书社1989年版，第60页。

富意味的原始绘画。如果我们把左边的鹳鸟衔鱼视为纯粹自然力的表现，那么右边的那柄直立石斧显然是人类力量的象征。它以一种最朴素的方式反映了人与自然的关系。

从殷商时期的祖神崇拜和帝神崇拜的文化现象看，这个时期，人与自然的关系仍然是文化关注的焦点。透过曲折复杂的宗教形式，我们可以窥视到殷人对自然的极大兴趣。他们对自然诸现象的卜问，无疑为人的认识活动提供了丰富的材料。但是周灭殷后，人们的这一兴趣并未能被很好地保持下去。周公出于政治的需要，靠把祖先道德化和纳德于天的方式，以天命赏善罚恶，天命德延的思维路线，将至上神发布命令和自然界发生风雨晦明的根据，大部分地转嫁到了人的身上，行为的好坏成了人之命运好坏的基础。因此，人们便渐渐地把自己的兴趣从广泛的世界中收敛回来，集中到社会人事，特别是自己身上，以用自我的德行上配天德，形成了人与道德之天的合一。先秦儒家虽然并不十分赞成西周天命神学中的赏善罚恶论，但他们无一例外地强调修己，强调通过人的道德行为，与社会达成和谐一致，如孔子纳仁于礼、孟子纳天于性等，这就更加从哲学的高度强化和发展了周公思想的基本精神。

然而，由于周人是靠德与祖先的中介建立起来的、先秦儒家加以发展和完善的人与天的合一，并不是在殷人帝与祖先这对矛盾充分发展之后得以完成的，于是便造成了三种客观事实：

（1）靠"德"的重塑，以夸张的形式喻示了人的道德行为（注意：是人的道德行为）对自然（和至上神）的巨大影响作用（赏善罚恶的依据）。

（2）正是由于对人类行为的评价——自然（和至上神）的赏善罚恶——是根据人之行为的好坏进行的，因此，"评价"的主体（自然、天神）便作为人们为规范自己的行为，而设立的缺乏创造性的"超级"法官，仅仅成了虚悬一格的空洞形式，其本来固有的自然秩序被政治的和伦理的秩序代替了。于是自然由人们认识、改造的对象，变成了伦理意义上顺从的对象。但由于人们所顺从的对象，恰恰是被拟人化（即道德化）了的东西，所谓人顺从于自然，实际上是自然统一于人。

（3）于是，在主客体的双重建构中，作为客体之主要组成部分的自然，由于被社会伦理化染之故，而失去了与主体互动的功能，因此，主体的建构也就成了"画地为牢"式的道德之我与现实之我的互动（克己）。而由于在封建时代，社会理想和伦理目标是固定不变的（天不变道亦不变），所以，这种"互动"并不能提供什么新鲜的刺激（自然则不同），人们终其一生，所追求的无非是那个固定不变的目标罢了。于是，人的修养代替了人的认识；而宗教意义上的至上神和科学意义上的自然，便在人们的道德理性的极端膨胀中被从认识的层面给排挤掉了。

当然，我们这样说，并不是认为按着殷人祖帝二元的思维方式发展下去，就可以产生西方意义上的宗教和科学理论。考古学家通过对比中国文明和作为西方文明之主要源泉的苏美尔（Sumerian）文明，发现至迟在公元前四世纪后期，二者就已表现出了不同的发展思路和势头。① 因此，我们说，殷周之际的思想变革及儒家对西周思想的发展和完善，只不过是加剧了二者的差异罢了。

（原载于《中国哲学史》1996 年第 3 期）

---

① 张光直：《考古学专题六讲》，文物出版社 1980 年版，第 23 页。

儒学的时代化历程

　　自孔子于春秋末期创立儒家学派以来，它于中国历史发展的每一重大时期，都曾进行过自我调整、适应时代、丰富内涵、提高发展的过程。我们把儒学的这种自我发展称为儒学的时代化。

　　纵观中国思想史，儒学大体经历了三次大的时代化变革：第一次发生在西汉汉武帝时期，这是儒学为适应由在野向在朝的转变而进行的一次变革。第二次发生在唐宋时期，这是儒学为对付外来文化（印度佛教）和本土异端思想（道教）的挑战而进行的一次变革。第三次发生在近代，是儒学为对付西方文明所导致的封建体制的转变而进行的一次变革。这三次变革，前两次都比较成功，第三次情况比较复杂，或者可以说至今仍在进行之中。先秦时期，儒学只是"百家"中的一家，虽经孔子、孟子、荀子三位思想巨人的不断努力，儒学的社会影响变得十分巨大，但由于它不合乎当时时代的需要，所以在先秦社会中始终没有改变其在野的地位。直到秦汉完成大一统，至汉武帝时期，政治稳定，经济发达，军事强盛，思想上需要统一，才为儒学提供了问鼎正统地位的机会。然而，利用这一机会登上正统宝座的儒学与先秦时期的儒学相比，已发生了很大的变化，这时的儒学吸纳了阴阳五行理论，并对其固有的伦理精神进行了政治化、宗教化和经学化的改造。这种自我完善、自我调整后的儒学在哲学上的主要表现形式是"天人感应"论。自此之后，直到清朝灭亡前，儒学始终稳居中国文化正统地位。

　　儒学的第二次时代化变革发生在唐宋时期，但根源却在汉代。汉代经学，由于与谶纬神学联系密切，变得极为繁琐和神秘。到东汉末年，终于走入穷途末路，导致反对经学的玄学兴起。玄学的发展，为两汉之际传入中国的印度佛教提供了理论土壤，而使佛教后来居上，迅速在中国传播开来。到隋唐时期，已发展成为宗派林立的繁荣局面，上至君王，下至百姓，鲜有不信佛者。这期间，儒学以其在现实社会中的伦理调节功能，仍被统治者自觉不自觉地视为不易之道。但佛教的发达和道教的兴盛对于儒学显然具有相当的威胁。儒学要想收拢人心，与之抗衡，就必须对自己的体系结构作出新的反思和调整。这一反思和调整的工作是从唐代的韩愈开始的，至南宋朱熹才最后完成。思想史上称之为儒、释、道三教合流，即将佛教的认识论和道教的宇宙观与儒家的伦理学有机地结合起来，形成新儒学即道学（包括理学和心学）。在中国封建社会的后期，道学始终处于思想统治的地位。

　　儒学的第三次时代化变革始于鸦片战争之后，与中国近代化的历史进程相一致。中国近代化的大门是被西方列强的洋枪洋炮敲开的，因而从一开始就显得十分地被动和不情愿。面对西方先进的技术，强大的经济和军事实力，以及迥然不同于中国的政治经济制度和文化，中国人大有无所适从、无处着手之感。儒学更是除了对自身面临的危机感到十分害怕之外毫无对策。虽然随着国人的深刻反思，终于悟出学习西方先进的技术不如学习西方的社会制度，学习西方的社会制度不如学习西方的思想文化的道理，但儒学仍然没有显示出应有的气度和胆量来适应这种时代的需要，反而斤斤计较于自身的得失而一味地设置层层保护，乃至于使其在理论上毫无建树，只是提出了一个霸道的口号而已。这个口号就是"中学为体，西学为用"。

　　比较儒学这三次大的时代变革，彼此之间既有相同点，又有不同点。第一次主要面对的是本土内部的文化，经学的产生和发展，可以说是以儒家的立场结束了先秦百家争鸣的局面。第二次则除了需要对付本土的异端思想之外，更主要的是对付外来的佛教、道学的产生和发展，可以说是以儒家的立场结束了中外之间的争鸣。第三次需要对付的是西方资本主义文明，儒学没有成功，因而也没有产生近代意义上的儒学。儒学的三次变革，第一次和第二次虽然有所不同，但由于二者所处时代的封建经济体制，即儒学赖以存在的社会基础尚未发生变化，所以二者之间的共同性也还是比较明显的。首先是儒学在当时尚未过时，还有极强的生命力，对异己的或外来文化的吸纳和融合可以采取同化中有适应的策略，而重点则在同化方面。其结果是儒学既能保持其在中国文化中的主干地位，又能丰富自身的内涵，可谓一举多得。

从表面上看，第二次和第三次都涉及中外文化之间的冲突与融合问题，但在前者，中国的政治体制和生产力水平均较印度先进和发达，较少存在主体文化被吞食的危机意识，所以儒家学者尽可以深入佛教、道教之中，从从容容地体知其精神，并援之以入儒。与此不同，在后者，中国已不仅仅是不发达的问题，更是落后一个时代的问题，因此，在与西学的冲突中，儒学所感受到的压力和危机是空前的。而封建体制的局限性又不能使儒学适应西学，所以儒学不得不以保守为策略，继续沿用同化中已适应的老模式来消化西学。结果只能在"用"的层面搞变通，而终不能在儒学与西学之间达成统一。

"中体西用"论，是一种于儒学的发展极为不利的理论。本来，思想和文化的发展总是有"因"、有"损"、有"益"的，没有"因"就没有继承，没有"损"就没有变革，没有"益"就没有发展。孔子早在两千多年以前就明确指出了这一点。而"中体西用"论把儒家的伦理纲常僵化为铁板一块，又企图在这块铁板的周围织出种种西方科技的花环，实在是异想天开。不但使科技之花迅速凋落，也使内在于儒学的"维新"之命失去了活力而成为"死儒学"。五四运动之所以伟大，就在于它打破了"中体西用"中的"体"，激活了"死儒学"中的生命基因。现在有些人对伟大的五四运动颇有非议，认为五四运动打倒孔家店，对传统文化的否定太过，以至于造成了传统文化的断裂和儒学的衰落。这种认识是十分错误的。恰恰相反，五四运动以它特有的强劲势头（势头稍有不足，便会被死儒学之鬼吃掉）为传统文化和儒学注入了一剂大补之药。这个药方由两个字组成，就是"损益"。换句话说它所补济于传统文化与儒学的，一是批判武器，二是可供吸纳的新材料。可以毫不夸张地说，如果没有这剂大补之药，现代新儒家是绝对不会被催生出来的。

今天，儒学的时代化问题已变成"儒学的现代化"问题。但由于在中国近代化的历程中，儒学固守其"体"而失去了一次自我调适的机会，使得它的现代化历程显得十分艰难。虽然现代新儒家也曾作出了一定的努力，但由于受知识结构及生活背景的限制，他们仍然没有能够把五四时期中国先进的知识分子给传统和儒学注入的生命活力内化于儒学之体中；相反，倒是自觉不自觉地向"中体西用"回归。所以他们始终不能从自我中心主义的禁锢中走出来，实现儒学与现代化需要的真正融合。进入80年代以来，以张岱年先生为首的一批学者经过深刻的文化反思和对历史经验教训的总结，提出了"批判继承，综合创新"的方针。这一方针既重视对传统文化的继承，又强调对传统文化的批判，更强调对新思想新成果的综合，反映了文化发展的内在逻辑。在这一方针的指导下，我们一定会在建设有中国特色的社会主义新文化的过程中，为儒学的现代化问题找到一条出路的。

（原载于《湖湘论坛》1998年第1期）

儒学复兴与西学的充分中国化

近些年来，"儒学复兴"的话题广受关注，影响很大。究竟应该怎样认识这一现象，或者换句话说，儒学复兴是否已经到来？儒学复兴还面临着什么样的问题？在什么样的情况下儒学才能真正复兴？等等，这些疑问很值得梳理。本文拟就此谈些浅见，以就教于方家。

一、如何理解近代儒学的衰落

为什么近些年来会出现"儒学复兴"的话题？原因固然很多，但最主要的原因，是由于儒学在近代的衰落。因此，我们有必要首先对儒学的这次衰落作一考察。

近代儒学的衰落，表现在方方面面，本文无意一一赘述，概括为一句话就是：近代以来，在与以近代科技文明为主导的西方文化发生关系时，儒学屡处下风，几乎每一次交手都以失败而告终，可谓"一败涂地，史无前例"。

说它"史无前例"，是相对于儒学发展的历史而言的。在中国历史上，儒学也曾经遭遇过冷遇，但还很难用"衰落"两个字来形容。比如从魏晋时期到隋唐时期，儒学虽然一直居于正统地位，但门庭冷落，收拾不住，一流的学者很少有儒学家。魏晋时期，玄学是思想界的主流，一流的学者多为玄学家。隋唐时期，佛学独居显学的位置，一流的学者多是和尚（外国宗教哲学专家）。韩愈虽被后人誉为有"道济天下之溺"（苏轼语）之功，但就其哲学思想的深度而言，与这一时期的高僧大德相去甚远。尽管如此，儒学也还没有衰落，其所遭逢的不过是冷遇而已。近代则不然，儒学值此"千年未有之大变局"（李鸿章语），遇到前所未有的挑战，捉襟见肘，无所适从，可谓每况愈下。

这里需要注意的是，一谈到儒学，人们或许马上会想到孔子，想到先秦。其实，近代儒学的衰落，乃是就儒学发展到宋代形成的一种理论形态——理学而言的。换句话说，我们今天谈到的儒学的衰落，是理学的衰落。五四新文化运动，虽然高擎"打倒孔家店"的旗帜，但具体批判的内容则是"吃人的礼教""假道学"等，这些都是针对理学而言的。所以今天所谓的近代儒学的衰落，是理学的衰落，是因为理学这种理论形态在近代与西方交手时处于下风。

那么，为什么以理学为代表的儒学，在近代会有这样的命运呢？原因也是方方面面的，例如，儒学赖以存在的基础——整体社会结构——在近代开始发生了根本的变化，正所谓"皮之不存，毛将焉附"。但这还只是外因，就理学内部而言，可以说其衰落是由于理学的理论思维到清代已经开始走下坡路了。已故著名易学家、哲学家朱伯崑先生在其四卷本《易学哲学史》中，在谈到清代易学时指出："一般说来，他们的易说，缺乏探讨哲学问题的兴趣，在理论思维方面很少建树。"[1]"因此，清代的易学及其哲学，就其理论思维发展的总的趋势说，可以说是由高峰走向低坡。"[2]朱伯崑先生的这一结论，可以让我们明白为什么清代儒学没有出现新的理论形态，而只有汉学的复兴和汉学、宋学之争。

二、历史上儒学复兴的条件

汉武帝立"罢黜百家，独尊儒术"（《汉书·武帝纪赞》），儒学被定为一尊，一直到清代，儒学在传统学术的发展中始终居于核心的地位。但如前所述，在中国历史上，儒学虽长期居于正统地位，但也曾在很长一段时间里

[1] 朱伯崑：《易学哲学史》第四卷，华夏出版社 1994 年版，第 4 页。
[2] 朱伯崑：《易学哲学史》第四卷，华夏出版社 1994 年版，第 2 页。

萎靡不振。不过，由于儒学赖以存在的社会结构没有发生根本变化，加之以《周易》为核心的儒家原典所具有的开放性，所以条件一旦成熟，以儒学的价值取向为灵魂的新的理论形态便会应运而生。

所谓"条件"，也是一个十分复杂的问题，但从学理上说，最重要的条件之一，则是新的文化资源。如汉代儒学的复兴。汉代儒学是不同于先秦儒学的一种儒学新形态。其仍是儒学，是由于它彰显的是儒家的核心价值理念；其所以新，是由于支持这一核心价值理念的是一套不同于或为先秦儒学所无的宇宙观，这套宇宙观来自黄老、阴阳五行家等。当然还吸收了其他诸如法家、墨家等的思想。像董仲舒，特别喜欢讲五行相克，甚至把仁、义、礼、智、信和五行对应起来，用阴阳五行讲宇宙人生。被立为官学的孟喜、京房等人的易学，还大量吸收了当时自然科学如天文学的研究成果，建立以阴阳五行为间架的哲学体系。这些都不是先秦儒学的旧面目，而是汉代儒学的新面孔。这种新面孔，无疑是以先秦各家思想为文化资源，为我所用，打造出来的。

又如宋明理学。谈到宋明理学，大家都很清楚它是儒、释、道三教合流的产物，这本身就意味着理学与三家的文化资源都有密切的关系。儒学自汉代之后长期处于疲软的状态，宋代三教合流，为儒学提供了前所未有的新文化资源，儒学借助这些资源丰富自己，形成了复兴的一个很好的条件。如宋代儒者，多有"泛滥出入"的经历①，像张载："访诸释老诸书，累年尽究其说，知无所得，反求之六经。"②像程颢、程颐在所作《明道先生行状》中指出："泛滥于诸家，出入于老释者，几十年。返求诸六经，而后得之。"③近现代以来，有哪位学者早年留过洋，回国后研究国学，人们便习惯于冠以美名："学贯中西。"二程兄弟"泛滥于诸家，出入于老释者几十年"，大半生都在儒学之外探寻摸索，也算是"学贯儒释道"吧！这表明理学的复兴是以老释为代表的诸家思想为文化资源的。

---

① 陈来：《宋明理学》，华东师范大学出版社 2004 年版，第 59 页。
② 吕大临：《横渠先生行状》，《张载集》，中华书局 1978 年版，第 381 页。
③ 《二程集》，中华书局 1981 年版，第 638 页。

在程颐的哲学中有一个著名的命题："体用一源，显微无间"①，这是他在注释《周易》的过程中提出来的。但这个观点又与佛教《华严经》有关。唐代僧人澄观说过这样一段话："体外无用，用即是体，用外无体，体即是用。"（《华严经疏》卷二十三）程颐的命题基本上就是这一命题的转化。佛教华严宗特别重视理事关系，"理"之所以成为理学的核心话语，应该是与华严宗的影响分不开的。而理学中关于心性问题的讨论，与佛教的思想也难脱干系。他们是把这些作为资源，来丰富、建构自己的学说的。

三、历史上儒学复兴的途径

资源固然重要，但仅有资源尚不能产生出新的理论体系。考诸儒学发展的历史，儒学的复兴有一个值得注意的途径，就是回归和开发原典，换句话说，就是经典诠释。

众所周知，儒家在汉武帝时被定于一尊。而定于一尊实际上是与经典诠释联系在一起的。经过战国及秦汉之际的思想发展，汉武帝独尊五经，回归原典；经学家们透过原典的解释，融会百家思想，回应现实问题，形成汉代儒学的新面貌，是经典诠释。

宋代儒学的复兴也是如此。而尤其值得注意的是，宋儒不但回归原典，还开发了新的经典——"四书"。每一部经书本身都有自己的特点，但并不是每一部经书在任何时候都能回答任何问题，所以宋儒在回归原典的过程中，又重新开发新的经典，"四书"的光辉于此显发。像周敦颐，其《太极图说》是在诠释《周易》的过程中建立其宇宙论体系的；而其《通书》则是在"四书"尤其是《中庸》与《易传》互诠的过程中阐发其哲学、伦理思想。像朱熹，其注"四书"，有对文本本义的钩沉，更有对文本新意的阐发。这些"新"的东西便来自于历史和现实的交汇，而最经典的诠释就是在历史和现实的交汇点上做文章。所以说理学的产生也是以回归原典为途径的。

其实，如果再展开一点说，魏晋玄学理论的形成及发展也与回归原典

---

① 《二程集》，中华书局 1981 年版，第 582 页。

分不开。《周易》《老子》《庄子》"三玄"便是玄学家诠释的文本，同时也是玄学融会新知的理论依据。

在此，有必要澄清一个问题。唐朝初期李世民命孔颖达等人撰《五经正义》，是不是回归原典？我认为《五经正义》虽然对于保存文献、总结经学研究成果不无贡献，但作为一部"部颁教材"①，其与回归经典还不可同日而语。甚至可以说，国家部颁形式本身，一定程度上拒斥了多元诠释的可能性，不但不能"回归"，反而还影响了其他人的"回归"。任何理论，一旦成为标准，便终结了其诠释的空间。所以说，唐代开国之初颁的《五经正义》，还缺乏回归原典的气魄，也不具备这样一种魅力，因而也没有开出唐代儒学的新面孔。但不容否认，《周易正义》对于宋代儒学的复兴确实起到了一个桥梁的作用。我们研究宋代的易学，绝对绕不开《五经正义》，研究宋代的理学，也离不开《五经正义》。虽然它本身并没有开新，但为后来的开新提供了资源。

总之，儒学复兴的条件是新的思想文化资源，途径是回归、开发原典。

四、儒学复兴与西学的充分中国化

回过头来再看当代儒学复兴的问题。

当代儒学的复兴，面临的问题非常之多。但如果"以人为本"来考虑这些问题，也仍有法则可循。马克思指出："人的本质不是单个人所固有的抽象物，在现实性上，它是一切社会关系的总和。"②虽然人的本质究竟是什么还可以再研究，但"一切社会关系的总和"这句话却可以帮助我们看清楚儒学复兴所面临的根本问题。那就是：在近代中国，人之存在于其中的诸多社会关系，即构成人之一切社会关系的总和正在发生着变化，儒学必须适应这个变化。

而在这个变化中，有两样东西最值得关注，那就是"五四"学人提出

---

① 按：《五经正义》系唐代颁布的一部官书，唐太宗贞观十六年编成，唐高宗永徽四年颁行。士人诵习，全据《正义》，否则被视为异端邪说。

② 《马克思恩格斯选集》第1卷，人民出版社1972年版，第56页。

的"德先生"和"赛先生",即民主与科学。前者指向社会政治层面,后者指向知识层面。就前者说,虽然对"民主"的理解仍有分歧,但今天的中国在社会的政治层面,是把"民主"作为政治文明建设的方向之一的;就后者说,"科学"在当今中国已是被全盘接受了。这两点对于中国的影响是史无前例的,现代新儒家一直希望从传统儒学中开出科学与民主①,也是因为他们意识到了这两个问题的绝对不可回避性。

儒学要复兴,首先不能与以科学与民主为诉求的近现代价值理念发生矛盾。我们没必要像许多好心的保守主义者那样,挖空心思要从儒学中开出科学与民主,那也是不可能的。只要保证儒学与科学、民主的价值理念不背道而驰,儒学的复兴就有希望。

众所周知,科学与民主的理念来自于西方,这就意味着儒学必须勇敢地面对西方文化。如何面对?有三条路,其中两条路是走不通的:完全拒斥,则会失去自身的合理性;完全接收,自身存在的合理性也将面临挑战。第三条路是综合创新。如何综合创新,是一个复杂的问题,从综合创新需要新的文化资源的意义上说,有必要提出"西学的充分中国化"这一命题,他不同于全盘西化,也不同于民族文化本位,却可以为儒学的复兴提供丰富的资源。

其实,在中国历史上,曾经有过一次非常成功的"西学的充分中国化",那就是佛教。佛教自汉代传入中国,到隋唐时期达到鼎盛,形成了许多中国化的宗派,像华严宗、天台宗、净土宗、禅宗等。佛教对中国文化的影响之大是不可估量的,仅以日常语言里一划与二划中的部分成语为例:一心不乱、一报还一报、一丝不挂、一厢情愿、一刹那、一段清香、十八罗汉、十八层地狱、十恶不赦、八字没一撇,等等,都来自于佛教。但是中国并没有因此变成佛教国家,而是佛教彻底被中国化了,并为宋儒复兴儒学提供了丰富的资源。

佛教中国化,是西学充分中国化的经典实例。有鉴于此,儒学的当代复兴与"西学的充分中国化"的关系很值得思考。

① 如牟宗三的"良知坎陷"说,即主要因此而发。

近代以来，由于"救亡压倒启蒙"（李泽厚语），"西学的充分中国化"始终未能充分展开，对西学的学习始终没有深入进去（今天随着中国的崛起，西学又有遭到拒斥之嫌，令儒学复兴的前景蒙上阴影）。因此，学习西方，并在此基础上探索"西学充分中国化"的途径，将是儒学复兴的根本任务之一。

五、儒学复兴的可能面向

儒学复兴需要资源——充分中国化的西学。但仅有资源还不能复兴。根据历史的经验，儒学复兴的途径还应该是"回归原典"。"原典"之所以为"原典"，乃由于它是一个民族之最基本存在形式的最经典的诠释文本。每个民族都有本民族的原典，每一个民族的原典都是对那个民族最基本存在形式的最经典的说明与理解。正因为原典的这样一些特性，所以它才具有经典的意义。"回归"就是透过对这些原典的新诠释，重新理解历史与现实之交会的当下存在的状态。

首先，"回归"意味着已有的理解方式已经不能完全表达人们对当下存在形式的理解，需要通过原典的诠释空间作出新的理解。如前所述，"人的本质不是单个人所固有的抽象物，在现实性上它是一切社会关系的总和。"但这个"总和"具有极强的历史性，随历史的发展而变化。因此，反映、理解这一"总和"的原典也必须适应时代的变化而不断实现自身的超越。

其次，"回归"是以对当下存在形式的反思为出发点的，但"回归"又是在对已有"社会关系的总和"之反思、体验的基础上进行的，两者的结合就是"历史与现实的统一"。

再次，"回归"以关照当下存在形式为目的。"回归原典"是为了解释、关照当下的存在形式。当下的存在形式是原典里所没有的，是需要通过对"原典"的新解释来包容的。换句话说，这种新解释是指向当下存在形式的合理性问题的。所以，"回归"即创新，回归本身具有创造性。

最后，"回归"落实民族性，关照现实性，回归即诠释。所谓关照现实性，面向之一就是"西学的充分中国化"。儒学的复兴不只表现在儒学之受到重视，关键是它能解释现实，同时又能彰显固有的价值取向。儒学只有满足时代的需要，才能成为时代的需要。而它满足时代的途径就是诠释。

本文的开始曾指出近年来"儒学复兴"的话题广受关注，这是否意味着儒学已经开始复兴？答案是否定的。儒学的复兴不是喊几句口号、树几尊孔子像就能实现的。目前儒学复兴的条件还远未成熟——西学的资源未受到重视；当下存在形式的建构还在探索阶段。所以，儒学复兴并没有开始。

但是，儒学复兴的曙光已经出现，表现之一是西学解释不了我们当下的存在形式；表现之二是固有的中学（儒学）也解释不了我们当下的存在形式。儒学应努力在实现这种解释的过程中综和创新，挺立自己。可以说机会已摆在面前，只要抓住它，与此偕行，而不是画地为牢，夜郎自大，儒学的复兴就有希望。

（《徐州工程学院学报》（社会科学版）2012 年第 6 期）

国学视阈中的"现代经学"研究

"国学"是一个内含十分丰富，界定起来又非常复杂的概念。本文所谓的"国学视阈"特指传统经学的立场。这是因为，儒学是中国传统文化的主干，而经学又是儒学的核心。[①] 本文这样理解的目的，是要以传统经学为参照、为坐标，反思、透视"现代经学"研究。之所以对"现代经学"加以引号，是因为传统意义上的、完整的经学形态在现代已经发生了很大的甚至是本质性的变化。如何看待这一变化：是经学的破产，还是学术的进步？是思想发展中的曲折，还是经学的终结？这些问题都值得认真地思考，本文即围绕此类问题略陈己见，以就教于方家。

一

传统经学，是一个庞大的学术体系，但细绎之，不外乎三个层面：即文字、文献学的层面，诠释方法（诠经体例）的层面和价值信仰（道）的层面。三个层面之中，文字、文献学和诠释方法又可以大致统称为知识的层面。因而传统经学庞大的学术体系，似可化约为知识的系统和价值信仰的系统两个层面。在"现代经学"研究中，这两个层面都受到了巨大的冲击：前

---

① 李学勤先生指出："经学是中国传统文化最重要的一部分。最近看钱穆先生《新亚遗铎》里的演讲，他强调'儒学为中国文化主要骨干'，我们还要说经学是儒学的核心。这样说，并不是想渲染经学有什么好。不管现在对经学怎样评价，经学在历史上所具有的既深远又普遍的影响作用是客观存在的。"（李学勤：《谈经学与文献学的关系》，《河南师范大学学报》2005 年第 2 期）

者被割裂，变成了纯粹的知识；后者被打破，成为"封建落后"的代名词。

所谓知识系统被割裂，主要表现在知识的外在化和研究对象的孤立化两个方面。知识的外在化，主要是指原本服务于经学研究的知识系统，在现代学术体系建构中，逐渐摆脱经学的语境，成为独立的知识门类。以语言文字为例，语言文字旧称小学，在古代，虽然此学与启蒙认字不无关系，但在经学的视域里，它是"国故之本，王教之端"①。所以，历史上许多巨著，无不与经学有着千丝万缕的联系。如东汉著名经学家，被时人誉为"五经无双"的许慎，其编著《说文解字》，本来的目的是在于驳斥今文学家解经的说法②。而其中保存的古文经学家的观点，更是学者研究汉代经学的重要史料。难怪清代学者段玉裁在其晚年一直试图把《说文解字》拉入经的行列里去。而小学巨著《尔雅》，不仅服务于经学研究，而且本身就被列入经的范围。该书出自谁手，目前尚无定论，但《汉书·艺文志》已把它附于《孝经》之后，《隋书·经籍志》把它列入经部《论语》之后，实际上已经视为经典。三国时期的经学家张揖称之为"真七经之检度，学问之阶路，儒林之楷素"（《上广雅表》）。《隋书·经籍志》谓之"解古今之意，并五经总义"，唐代陆德明曰："《尔雅》者所以训释五经，辩章同异，实九流之通路，百事之指南。"清人钱大昕亦云："夫六经皆以明道，未有不通训诂而能知道者。欲穷六经之旨，必自《尔雅》始。"③可见该书之于经学，关系何等密切！经学史上，也还有不少经学家的小学著作直接源于经学，如唐代学者陆德明的《经典释文》、清代学者王引之的《经传释词》等。

总之，在传统经学的视阈内，小学作为经学家们必须具备的基本功，对于经学研究是至关重要的。然而，随着西方近代学科体制的引入和建立，小学是以"语言文字学"为标准，由从事经学研究的人都必须具备的基本功，变成了少数学者所从事的一门专业。于是，经学与支持经学研究的知识系统分道扬镳。半壁已去，完整的经学自然是不复存在了。其他如版本、目录、校勘等也都独立为专门的学科，整个学术界似乎变成了一个分工合作的

---

① 章太炎：《国故论衡·小学概说》，上海古籍出版社 2003 年版，第 72 页。

② 刘叶秋：《中国字典史略》，中华书局 2003 年版，第 17 页。

③ 以上材料均转引自刘叶秋：《中国字典史略》，中华书局 2004 年版，第 39—40 页。

大工厂，在这个工厂中，主体的角色变得越来越渺小，但另一方面却也留下了无条件膨胀的契机，因为治经典者未必都了解文字、文献，所以其诠释难免出现蹈空踏虚，望文生义的现象。

所谓研究对象的孤立化，是指对经学进行肢解后，各门学科如文、史、哲等相对孤立的研究和发展情况。传统经学虽然内含文、史、哲，但作为一个学术门类，彼此之间互通、互立、互有，这也就是人们常说的文、史、哲不分家。然而正如蔡元培先生在 20 世纪初叶所设计的："为大学国文系的学生讲一点《诗经》，为史学系的学生讲一点《书经》与《春秋》，为哲学系的学生讲一点《论语》《孟子》《易传》与《礼记》，是可以赞成的。"① 这是 20 世纪的主流观点，20 世纪中国传统学术的研究也的确走了这样一条路。这样做不仅肢解了传统经学，也使得研究对象各自走向孤立。

小学、文献学等原本附属于经学的各种知识的独立化和研究对象的孤立化，我们可以称之为学术研究的纯粹知识化。纯粹知识化的结果是经典的纯粹史料化。钱玄同先生曾经指出："'经'是什么？它是古代史料的一部分，有的是思想史料，有的是文学史料，有的是政治史料，有的是其他国故的史料。"② 经典固然有史料的价值，但归结为史料，则其价值的内涵，诠释的意义自然也就无足道也。所以，与这种纯粹知识化紧密联系在一起的是价值系统的被打破。如钱玄同先生又说："《诗》、《书》、《礼》、《易》、《春秋》，本是各不相干的五部书"，它们是"古代留下来的几篇文学作品，几本档案粘存，几张礼节单子，几首迷信谶诗，几条断烂朝报而已"，而"六经配在一起当在战国之末"③。顾颉刚先生也说，现在治经学的任务不是要延长经学的寿命，而正是要促成经学的死亡，使得我们以后没有经学，而把经学的材料，全数变成古代史和古代思想史的材料。所以董仲舒和京房等是系统的经学的开创者，而我们乃是经学的结束者。我们要结三千年来经学的账，结清了就此关店。④

---

① 《蔡元培全集》第二卷，浙江教育出版社 1997 年版，第 16 页。

② 《钱玄同文集》第四卷，中国人民大学出版社 1999 年版，第 139 页。

③ 《钱玄同文集》第四卷，中国人民大学出版社 1999 年版，第 278 页。

④ 顾颉刚：《玉渊潭忆往》，《苏州史志资料选集》第 2 辑，江苏古籍出版社 1984 年版。

三千年来经学的账是不是结清了，不得而知，但传统经学的知识体系和价值体系的确是在这种清算中给打破了。

二

然而，任何事物都有两面性，以上讨论虽然是在陈述"现代经学"研究的事实，但颇具消极性。其实，从积极的意义上说，这种割裂和打破也意味着一种超越和发展。

首先，研究理念得到了更新。近代以来，经学研究领域里出现的知识系统的独立化和去价值化的倾向，与研究理念的更新不无关系。钱玄同曾说："研究经书，应该以'实事求是'为鹄的，而绝对破除'师说'、'家法'这些分门别户、是丹非素、出主入奴的陋见！"① 胡适也曾指出："整治国故，必须以汉还汉，以魏晋还魏晋，以唐还唐，以宋还宋，以明还明，以清还清；以古文还古文家，以今文还今文家；以程朱还程朱，以陆王还陆王，……各还他一个本来面目，然后评判各代各家各人的义理的是非。不还他们的本来面目，则多误古人。不评判他们的是非，则多误今人。但不先弄明白了他们的本来面目，我们决不配评判他们的是非。"② 这种要求破除门户之见、还经书本来面目的主张贯穿着一个核心理念，就是透过实证而求真，这也就是把经书从封建时代知识分子信仰的对象拉回到客观研究的对象。又如胡适在谈及《诗经》这部书时说，从前的人把这部《诗经》都看得非常神圣，说它是一部经典，我们现在要打破这个观念；假如这个观念不能打破，《诗经》简直可以不用研究了。因为《诗经》并不是一部圣经，确实是一部古代歌谣的总集，可以做社会史的材料，可以做政治史的材料，可以做文化史的材料。万不可说它是一部神圣经典。③ 应该说，近代学者秉持的这种求真、实证、实事求是的治学精神是值得予以充分肯定的。

其次，引进了新的知识体系。近代以来经学研究领域里出现的知识系

① 顾颉刚：《玉渊潭忆往》，《苏州史志资料选集》第2辑，江苏古籍出版社1984年版。
② 《胡适文集》(3)，北京大学出版社1998年版，第5页。
③ 《胡适文集》(3)，北京大学出版社1998年版，第12页。

统的独立化和去价值化的倾向，与西方学科体制的引入关系也十分密切。这种引入，对于中国学术，尤其是对于传统经学的研究虽或难免有削足适履之弊，但也不可否认，它对于丰富中国传统学术的学科门类起到了十分重大的影响；对于丰富中国传统经学的诠释方法和诠释面向也起到了无与伦比的作用。近代学科体制的引入，使中国固有的一些成熟的学术领域更加规范，如史学；使一些不成熟或者薄弱，或者是隐而未现的学术领域得到了加强，如经济、考古等。而且，尤其值得注意的是，近代学科体制的引入，不单单是引进了一个学科门类划分的方法，还引进了一套与该学科相关的理论体系，如文学理论、史学理论、哲学理论、考古学理论，等等。这对于丰富传统学术的诠释方法极有帮助，对于深刻理解研究对象的内涵也开拓了新的视野。拿哲学来说，许多西方哲学术语的引入，如宇宙论、本体、存在、知识、思维等，对于促进中国传统哲学的研究和发展无疑是非常有帮助作用的：中国传统哲学中有的，可以透过这些概念加以系统化；中国传统哲学中没有的，可以透过这些概念来丰富，进而造成中国哲学的发展。就史学的研究而言，陈寅恪应该是一个最恰当的例子，陈寅恪先生在《陈垣元西域人华化考序》中指出："近二十年来，国人内感民族文化之衰颓，外受世界思潮之激荡，其论史之作，渐能脱除清代经师之旧染，有以合于今日史学之真谛……"①这是在表彰陈垣先生的学术贡献，但又何尝不是在表明自己的学术方法及努力方向呢。"合于今日史学之真谛"是以"脱除清代经师之旧染"为前提的。王国维被学界公认为中国近代学术的开山，陈寅恪先生在为《王静安先生遗书》所撰序言中，把王国维的学术研究进行了三方面的概括：一曰取地下之实物与纸上之异文互相释证，二曰取异族之故书与吾国之旧籍互相补正，三曰取外来之观念与固有之材料互相参证。并说："吾国他日文史考据之学，范围纵广，途径众多，恐亦无以远出三类之外。"②这三个方面，对于陈寅恪而言，又何尝不是夫子自道！陈寅恪先生广博的中外语言知识，和比证、考据的工夫，皆非中国传统知识所能规范。我想陈寅恪之所以能够取得如此之

① 陈寅恪：《金明馆丛稿二编》，生活·读书·新知三联书店 2001 年版，第 270 页。
② 陈寅恪：《金明馆丛稿二编》，生活·读书·新知三联书店 2001 年版，第 247—248 页。

大的成果，不能不说与新的知识体系的引入有关。

再次，传统经学中的问题在相对孤立的对象化研究中得到了深化。这方面的例子很多，如现代学者对《诗经》从文学的角度进行的研究，便很能说明问题。

最后，由于扩大了知识的范围，为经学、经典研究建立了一个更高的起点。新的知识体系是相对于中国传统经学系统的知识体系而言的。有新有旧，有中有西，自然可以在两者之间进行比较，并在比较的过程中整合发展。这种相互诠释，既需要了解中国哲学，又需要了解西方哲学，较之传统经学是一个更高的起点。

总之，站在历史发展的视角，对传统经学知识系统的割裂与对传统经学价值体系的打破，也是一种超越与发展，它为传统经学的现代转换创造了生机，也提供了契机。

三

前面的讨论表明，站在传统经学的立场看近现代经学研究，发现的是割裂、是去价值化等；站在近代学术的立场看现代经学研究，发现的则是发展、是超越。这说明它们都有合理性，也都有局限性。问题在于，一个民族的文化要发展，不吸收融合新知识是不可能的；一个民族的文化要保有其本色，不传承其核心价值也是不可能的。所以，关键是割裂之后如何整合？超越之后如何回归？换句话说，如何整合传统经学与近代学术，使之成为一个有机生命体，是我们当下必须面对的问题。有以下几个方面值得思考：

其一，传统经学的知识系统所具有的诠释能力还能否在传统经典中揭示出新的价值？这个问题的本质在于，我们是否有必要回归传统经学的知识系统，或者在多大程度上回归传统经学的知识系统？

其二，传统经学知识所揭示的价值能否满足今天的需要？这个问题的本质是传统经学曾经彰显出的价值取向在今天还有没有意义？有什么意义？

其三，今天的新知识能否成功诠释传统经典中的价值？这个问题包含两个层面：新知识——西方的理解方法如何中国化？新知识能否还原过去与生成未来？归根结底西方的知识论与中国的本体论能否融合在一起？

李学勤先生指出："从文献学的角度看，历代汗牛充栋的经的注疏论说，都是对经的诠释。今天我们由现代的学术知识出发，可以对经书作出新的研究，新的诠释。这些研究和诠释，只要不以经具有神圣权威为前提，便不会落入传统经学的窠臼。相反地，现代文献学的研究诠释，会为评价历史上的经学诠释的得失，提供比较客观的尺度。这样，用文献学的方法，不仅能有新的'经学'，也能建立与思想史角度不同的经学史。"① 看来，李学勤先生对此是充满信心的。

其四，在当今中国乃至人类文明的发展进程中，究竟需要什么样的知识系统？其价值诠释的面向是什么？这个问题的本质是人类需要什么样的未来？中国的经典能为人类提供什么样的"活泼的盼望"？

其五，在讨论上述问题的过程中，我们有没有必要同时思考经典书目的更新问题？众所周知，今日所谓的十三经，是一个历史的范畴，是由五经发展而来。不同的时代因应不同的需要，经典的数目总会有一些变化。即使变化不大，重点也会不断转移。那么在今天，我们有没有必要超越儒家经学的范围，从经典的意义上重新思考现代经学的研究，比如说，《老子》《庄子》《坛经》等在思想史上影响甚大的著作，是否也有"经学化"的空间？

顺便提出的思考是，经学研究与国学学科建设究竟是一个什么关系？这个问题看似唐突，但颇值得思考。目前我国有几家大学创办了国学院，虽然彼此建院的初衷未必完全相同，但有一点，就是都试图打通文、史、哲，审慎回归中国过去文、史、哲不分家的传统，以培养更能体现中华文化精神的学子。但就现在的课程设置而言，还很难说起到了打通文、史、哲的作用。其实，如果回到经典本身，就无所谓文、史、哲的问题了，虽然人们在具体诠释的过程中可能会表现出一些不同的倾向，但经典诠释的训练可能是综合性的、文献的、文字的、方法的、思想的等。那有没有这样一种可能：把经学的，进而是经典诠释学的研究与国学的学科建设联系在一起来思考？这样既可以弥补当前学科体制下文、史、哲过于分裂的不足，同时又不会挑

---

① 李学勤：《谈经学与文献学的关系》，《河南师范大学学报》2005 年第 2 期。

战当前的学科体制。

中国思想发展的历史证明，经学不会破产，因而也不会终结。但传统经学只有适应了时代的需要，才能成为时代的需要。所以传统经学在 20 世纪遇到的各种问题，也可以看作是这个时代为经学的新生提供的契机。这里必须再次申明的是，传统经学没有现代转换，将没有生机；新知识不与传统经学整合为一个新体系也将很难立足。这诚如陈寅恪先生在为冯友兰著《中国哲学史》所写审查报告中所指出的："窃疑中国自今日以后，即使能忠实输入北美或东欧之思想，其结局当亦等于玄奘唯识之学，在吾国思想史上，既不能居最高之地位，且亦终归于歇绝者。其真能于思想上自成系统，有所创获者，必须一方面吸收输入外来之学说，一方面不忘本民族之地位。"并且认定："此二种相反而适相成之态度，乃道教之真精神，新儒家之旧途径，而二千年吾民族与他民族思想接触史之所昭示者也。"① 陈寅恪先生所说，实为至论。现代经学的研究怕是应该要重视陈寅恪先生的教诲的！

（原载于《华南师范大学学报》2012 年第 2 期）

---

① 刘桂生、张步洲编：《陈寅恪学术文化随笔》，中国青年出版社 1996 年版，第 17 页。

道家哲学研究

老子道论与中国轴心时代之哲学的突破

新中国成立以来，老子学研究取得了长足的进展，特别是 20 世纪 70 年代后，随着马王堆帛书《老子》和郭店竹简《老子》的面世，老子是谁，《老子》是如何成书的，老子道论的形上特征和辩证思维特征是什么等，都得到了较为深入的研究。但还有一些很基本的问题，如老子为什么提出"道"？老子为什么用"无"来形容"道"？老子论"道"的目的究竟是什么？等等，仍需要我们结合轴心时代的"哲学突破"，从实证的层面作出进一步的探讨。

一、老子为什么提出"道"

老子为什么提出"道"？要回答这一问题，《老子》书中有两句话最值得注意：一句是"象帝之先"；一句是"可以为天地母"。前者出自《老子》第四章，后者出自第二十五章：

> 道冲而用之，或不盈；渊兮，似万物之宗。湛兮，似或存。吾不知谁之子，象帝之先。（《老子》第四章）
>
> 有物混成，先天地生。寂兮寥兮，独立而不改，周行而不殆，可以为天地母。吾不知其名，字之曰道，强为之名曰大。（《老子》第二十五章）

这两章，前者是说，道体虚空，但其作用却永不穷竭；深远绵长，好像是万物的祖宗。没有形象，又似乎存在。不知它从何而生，似乎比上帝更在前。

后者是说，道体混沌，在天地之先。无声音、无形象、无对待、无改变，循环往复，可以为天地的母亲。这两章的内容，意在描述"道"的本源性特征。老子于此特别拈出"象帝之先"和"可以为天地母"两大命题，显然是有所指的，前者所指乃是传统天命论中的上帝主宰论；后者所指乃是春秋时期的天道自然观。

众所周知，老子生活的春秋时代，是社会思想的大变革时代，变革的特点，表现为"中国思想经历的一个不断的'去神秘化'的理性化过程"。[①]"去神秘化"，是相对于西周天命论等传统宗教信仰而言的。孔子曰："周因于殷礼，所损益可知也。"西周天命论，是因袭损益殷商宗教观念而成。殷人的信仰，有一个特点——至上神不享祭祀，[②] 即时王与天神不直接对话，他们的沟通，须通过祖神这个中介。这意味着在天人之间，没有一个共同遵循的原则。天神的降福降祸，与时王的行为没有必然的联系。所以，在殷人的观念中，天神好像一种强大而意向又不可捉摸的神灵。这表明，在殷人的信仰系统中，天神与人之间是存在着某种紧张关系的，这种紧张关系在一定意义上反映了人与自然的矛盾。殷周之际，周公损益殷商宗教，提出"以德配天"，在天人之间建立了统一的基础，使天神的降福降祸变得有据可依。这就改变了殷人信仰系统所折射出来的人与自然的对立关系，使之发生转向，变成了具有道德至善性的天帝与有德的时王之间"德性"统一的关系。神人关系的反思，也因之变成了对现实政治存在之合理性的探讨。但周公透过"以德配天"，找到了神（天命）人（统治者）统一的基础，却同时也为神人分裂埋下了种子。由于把天命是否眷顾与人自身的德行联系了起来，人们便越来越注意人自己的努力，注意力在人自己的身上，而不是在神的意志方面寻找祸福的根源[③]。到了西周末年，由于统治者的腐败和连年灾荒，人们有时会通过批评上帝来讽刺时王，[④] 这虽然并不表明至上神的信仰已经受到怀疑，但批评和抱怨意味着反思的开端，它至少预示着天帝的威信

①　陈来：《古代思想文化的世界》，生活·读书·新知三联书店 2002 年版，第 74 页。
②　陈梦家：《殷墟卜辞综述》，中华书局 1988 年版，第 361 页。
③　陈来：《古代思想文化的世界》，生活·读书·新知三联书店 2002 年版，第 212 页。
④　高亨：《诗经今注》，上海古籍出版社 1980 年版，第 426 页。

开始打折扣了。到了春秋时期，随着社会转型的外缘助力，传统天命观的内在矛盾进一步突出出来，遂逐渐发生分化：以天道自然为特征的自然主义思潮和以民本主义为特征的人文主义思潮由此产生。构成传统宗教天命论的各种要素，特别是其中的天、人诸要素，也因着此种分化而得到相对独立的发展。老子正是为了反思传统天命神学和春秋时期的两大思潮，才提出"道"这一哲学概念。

老子作为"柱下之史"，既通晓历代典籍，又谙熟星历卜筮之术，"历记成败存亡祸福古今之道"（《汉书·艺文志》）的经历，锻造了其深沉的历史理性。西周末期以来的疑天、怨天思想，和春秋时期人文、自然两大思潮所留下的丰富文化资源，让老子看到，随着时代的变化，人的理性的觉醒，以及传统天命论内在矛盾的日益尖锐，帝神的人格性特征正在逐渐断送着其作为世界本源及根据的合理性。所以，老子要超越传统天命论中的上帝主宰论，找到一个比上帝资格还要老（象帝之先）的、非宗教的世界本源。老子选中了"道"。

老子选中"道"，与他对春秋天道自然观的继承和发展有关。老子用"自然"（"道法自然"）理解"道"，用阴阳、气等范畴解释"道"的生成作用（"负阴而抱阳，冲气以为和"）。但老子作为中国思想史上的第一位哲学家，他的高明之处在于，同时也注意到了天道自然观的局限性。

在春秋时期的天道自然观中，有一种普遍流行的观点，即认为天地生万物[①]。如：

天生五材，民并用之。（《左传》襄公二十七年）

则天之明，因地之性，生其六气，用其五行。（《左传》昭公二十五年）

夫和实生物，同则不继，……故先王以土与金木水火杂，以成百物。（《国语·郑语》）

[①]　朱伯崑：《朱伯崑论著》，沈阳出版社 1998 年版，第 542 页。

这些材料，有一个共同特点，即都突出了天地的生殖功能。老子也并不否认天地生万物的观念，但他不满足于这样的认识，他要找到一个比天地更根本的东西，来作为天地万物生成的本源。可以说，为了超越天道自然观的这种局限，老子又把"道"界定为生天生地的总根源。如说："谷神不死，是为玄牝。玄牝之门，是为天地根。绵绵若存，用之不勤。""谷神"，司马光说："中虚故曰谷，不测故曰神，天地有穷而道无穷，故曰不死。"① 此处的"谷神""玄牝"均指道体，意即"道"是天地生成的根源。这诚如张岱年先生所指出的，春秋时代所谓天道是天之道，道是从属于天的。老子则以为道比天更根本，天出于道。②

可见，老子提出"道"，是为了超越传统天命论中的上帝主宰论；超越春秋时期天道自然观的局限，进而找到一个比上帝还在先，比天地更为根本的本源。可以说，透过这两种"超越"，老子把传统宗教问题和蕴含一定科学思维的自然天道问题转化为哲学问题。《老子》说："昔之得一者：天得一以清，地得一以宁，神得一以灵，谷得一以盈，万物得一以生，侯王得一以为天下贞，其致之一也。""一"即道。"得"，《管子·心术上》曰："得也者，谓其所得以然也。"在老子看来，天之清、地之宁、神之灵、谷之盈、万物之生、侯王之贞（正），都是因着"道"而实现的，道比"帝"根本，是天地万物乃至鬼神的"所得以然"——即天地万物乃至鬼神存在的最后根据。

二、老子为什么用"无"来形容"道"

老子提出"道"的问题明了之后，老子为什么用"无"（无形、无名、无为、无欲等）来形容"道"的问题也就不难理解了：即无非是要凸显"道"的非人格性特征（相对于上帝主宰论而言）和普遍性特征（相对于天道自然观而言）而已。

老子对"道"的描述，内容颇为丰富，但归结起来，不外乎两个方面：

① 转引自卢育三：《老子释义》，天津古籍出版社1987年版，第60页。
② 张岱年：《中国古典哲学概念范畴要论》，中国社会科学出版社2000年版，第24页。

自然无为和普遍必然。老子说：

> 大道泛兮，其可左右，万物恃之以生而不辞。功成不名有，衣被
> 万物而不为主。常无欲，可名于小；万物归焉而不知主，可名于大。以
> 其终不自为大，故能成其大。（《老子》第三十四章）

大意是说，大道广泛流行，无所不在，万物皆赖之以生，而它从不推辞，也
不自以为有功；它覆育万物，但不是为了主宰万物。它没有私欲、没有目
的，以至于万物皆赖之而生，却不知道这是"道"的作用。可见，在老子
的观念中，"道"是没有欲望，没有私心，没有目的，没有意志的。这就是
"自然"。老子又说：

> 道生之，德畜之，物形之，势成之，是以万物莫不尊道而贵德。
> 道之尊，德之贵，夫莫之命而常自然。故道生之，德畜之，长之育之，
> 亭之毒之，养之覆之。生而不有，为而不恃，长而不宰，是谓玄德。
> （《老子》第五十一章）

这仍然是讲万物的生长发育都离不开"道"，所以"道"十分"尊贵"（至高
无上）。但"夫莫之命而常自然"，即它的尊贵并非因为谁的册封，乃是出于
自然而然，即"生而不有，为而不恃，长而不宰"。"道"的这种"无心生而
生之，无心成而成之"① 的自然造化之功，老子称之为"无为"，即"道常无
为"。正因为"道"的"无为"是自然而然，所以又"无不为"，即"长之育
之，亭之毒之，养之覆之"。

可见，老子所理解的"道"，因"自然"而"无为"，又因"自然"而
"无不为"。"无为"也好，"无不为"也好，总之它没有意志、没有目的、没
有人格，与传统天命论中具有主宰意义的帝神完全不同。而老子刻意彰显
"道"之自然无为的特征，正是出于超越传统天命神学信仰的目的。所以老

---

① 卢育三：《老子释义》，天津古籍出版社 1987 年版，第 214 页。

子说："吾不知谁之子，象帝之先。"

老子的"道"，其第二个特征是普遍必然。老子说："道可道，非常道；名可名，非常名。"老子所理解的"象帝之先""可以为天下母"的"道"，是不可道的"常道"，这种"常道"的特点是：

> 视之不见，名曰夷；听之不闻，名曰希；搏之不得，名曰微。此三者不可致诘，故混而为一。其上不皦，其下不昧，绳绳不可名，复归于无物。是谓无状之状，无物之象，是谓惚恍。迎之不见其首，随之不见其后。（《老子》第十四章）

"视之不见"，表明"道"无象；"听之不闻"，表明"道"无声；"搏之不得"，表明"道"无形；"迎之不见其首，随之不见其后"，表明"道"无始无终。无形无象，无始无终，说明"道"是一个超越了具体的一般，具有普遍性特征。但这个"一般"，又不是观念意义上的"一般"，因为"道之为物，惟恍惟惚。惚兮恍兮，其中有象；恍兮惚兮，其中有物。窈兮冥兮，其中有精，其精甚真，其中有信"①。所以，这个"一般"是实体意义上的"一般"，这种"一般"，就是老子所谓的"无名"。如说："道常无名，朴虽小，天下莫能臣也"，如说："道隐无名，夫唯道善始且善成"等。"无名"就是"不可名"。因为"任何一种名言，都是一种规定，包含着肯定和否定，……这就是说，任何一种具体事物和道理，都是可以用名言规定的。但是对于常道，却是不可以用名言规定的，一旦有所规定，它就不是常道了"。② 所以我们说老子用"无"来形容"道"，是为了凸显其普遍性特征，而只有当它具有了普遍性，才能超越春秋时期天道自然观的局限性，而"可以为天地母"。

长期以来，学术界流行一种观点，认为老子的"道"既讲"视之不见"，"听之不闻"，"搏之不得"；又讲"其中有象"，"其中有物"，"其中有精"，因而是"有"和"无"的统一。如上所述，老子的确曾用"无"（无

---

① 此章所谓"其中有象"是指"无状之状，无物之象"（《老子》第十四章），与"道"之"视之不见"的超形象特征并不矛盾。

② 卢育三：《老子释义》，天津古籍出版社1987年版，第4页。

形、无名、无为、无欲等）来形容"道"，但这是否意味着"道"就是"无"？似乎还值得进一步探讨。有学者指出，在《老子》一书中，"无"字虽然出现一百余次，但很少用作名词，因而没有明确的"无"的哲学概念。① 这种看法值得引起重视。至于"有"，据朱伯崑先生的研究，"老庄哲学中的'有'就古代汉语说，是有这个、有哪个的简称，相当于英文中的'There is'，德文中的'Dasein'，都是就个别存在物及其特征。所以魏晋时期的人，又称为'群有'、'万有'，提出'有不能以有为有'、'济有者皆有'的命题。在中国传统哲学中，没有形成'有'为一般及存在自身这样的抽象的观念……"② 的确，如果"有"在老子那里已经被解释为一种具有一般意义的抽象概念，以魏晋玄学家的理论水平之高，就没有必要再提出"群有""万有"的概念，和"有不能以有为有""济有者皆有"的命题。相反，他们提出了这样的概念和命题，说明在此之前"有"并没有成为具有一般意义的抽象概念。所以视"道"为有无统一的观点，是值得引起重新思考的③。

其实，就前面的讨论不难看出，老子提出"道"，无非是要从哲学的视角反思春秋时期面临的时代课题。可以说，为了超越传统天命论中的上帝主宰论，老子把"道"解释成了没有意志、没有目的、没有人格、自然无为的"实体"；为了克服春秋时期天道自然观的局限性，老子把"道"解释成了超感觉、超形象、无始无终的观念"实体"。

——克服了神性，超越了具体性，这便是老子在轴心时代完成的"哲学的突破"。

三、老子论道的目的究竟何在

如上所述，为了超越西周天命论中的上帝主宰论，克服春秋时期天道

---

① 刘笑敢：《经典诠释于体系建构》，见《中国哲学史》2002 年第 2 期。
② 朱伯崑：《朱伯崑论著》，沈阳出版社 1998 年版，第 554 页。
③ 笔者认为，从诠释的层面引申老子的"道"，挖掘出有无统一的观念，是可行且可理解的。但从实证的层面说，老子的"道"似乎并没有明确的有无统一的含义。

自然观的局限性，老子描述了一个无名、无形、无为、无欲的"道"，作为"象帝之先""可以为天地母"的本原。但这是否就是老子道论的最终目的呢？

老子研究，向来都比较重视揭示道论的生成论及本体论等形上性特征。老子的道论中的确表现出了鲜明的宇宙生成论特征，也反映出了一定的本体论思想。如：

> 无名，天地之始，有名，万物之母。（《老子》第一章）
>
> 道冲而用之，或不盈；渊兮，似万物之宗。（《老子》第四章）
>
> 天下万物生于有，有生于无。（《老子》第四十章，依通行本）
>
> 道生一，一生二，二生三，三生万物。万物负阴而抱阳，冲气以为和。（《老子》第四十二章）
>
> 道者，万物之奥。（《老子》第六十二章）
>
> ……

这些言论，表明老子对于本原的问题，是有所自觉的。本原问题，是古希腊哲学的核心问题，古希腊哲学就是由于泰勒斯提出了"水是万物本原"这一命题，而开始了他的求知历程。老子道论也讨论了"本原"问题，而且他提出的"道"比泰勒斯提出的"水"抽象程度更高。但两种本原论又有本质的不同，泰勒斯的本原论同时就是其哲学的全部内容，且其提出本原问题，恰如亚里士多德所说："不是为了任何别的利益，而只是因为人是自由的。"[①]然而，老子则不然，通读其书不难发现，本原问题不过是他为完成上述两种超越而建构的哲学基础而已，其真正的目的乃在于谋求人和社会的根本利益：即以"道"为根据，寻找人和社会存在的合理样式。老子说："人法地，地法天，天法道，道法自然。"（《老子》第二十五章）"道法自然"即道以自然为法，是说道作为宇宙的最高原则，本质特征是自然而然。由于"天地之根"的本质属性是自然而然，所以天地的本质属性也是自然而然。老子

---

① 转引自杨适：《哲学的童年》，中国社会科学出版社 1987 年版，第 56 页。

又说："道大，天大，地大，人亦大。域中有四大，而人居其一焉"（《老子》第二十五章），所以在老子看来，人道也应该体现自然而然的特征。

以"道"或"天道"为根据，推出社会、人事的基本法则，有学者称此种思维路向为"推天道以明人事"。① 例如，"道"的特性之一是"无为"，因之：

> 是以圣人处无为之事，行不言之教。（《老子》第二章）
> 为无为则无不治。（《老子》第三章）
> 上德无为而无以为。（《老子》第三十八章）
> 我无为而民自化。（《老子》第三十八章）。

"道"的特性之一是"自然"，因之：

> 圣人不仁，以百姓为刍狗。（《老子》第五章）
> 是以圣人欲不欲……以辅万物之自然而不敢为。（《老子》第六十四章）。

"道"的特性之一是"无欲"，因之：

> 常使民无知无欲。（《老子》第三章）
> 我无欲而民自朴。（《老子》第五十七章）

"道"的特性之一是"无名"，因之：

> 吾将镇之以无名之朴。（《老子》第三十七章）

又如老子说："反者道之动，弱者道之用。"（《老子》第四十一章）因

---

① 朱伯崑：《朱伯崑论著》，沈阳出版社 1998 年版，第 671 页。

之，老子强调"知其雄，守其慈""知其白，守其黑""知其荣，守其辱"（《老子》第二十八章），强调"大巧若拙，大辩若讷"（《老子》第四十五章），等等。

可见，"道"有什么样的特性，人就应该有什么样的行为，社会就应该有什么样的存在样式。可以说，在老子那里，人的一切智慧，社会存在的一切根据都源于"道"。而老子提出"道"，也正是为了给人的行为，给社会存在的理想样式找到一个可靠的根据。因此我们说，老子虽然探讨了形上问题，但那并不是其哲学的最终目的。所以，其本原论，起点虽不低于古希腊的泰勒斯，但并没有为中国哲学开辟出一条探求本原及宇宙秩序的知识论进路。

以"道"为根据，推出社会人事的基本法则，就其理论意义说，是从天人合一的立场，解决天人关系问题。天人关系问题，是"轴心时代"的中国哲人们面临的最基本问题。前面已经指出，殷周之际的宗教改革，转变了殷人信仰系统所折射出来的人与自然的对立关系，使之发生转向：变成了具有道德至善性的天帝与有德的时王之间"德性"统一的关系。神人关系的反思，也因之变成了对现实政治存在之合理性的探讨。春秋时期，由于社会转型的外缘助力，西周天命论的内在矛盾愈益突出，构成天命论的诸多要素，特别是天、人等要素逐渐发生分化，并得到了相对独立的发展。这固然表现了人之理性的觉醒和认识水平的提高，但同时也引发了一个更为本质的问题：传统天命论的信仰系统被打破之后，现实政治存在的合理性根据究竟应该是什么？老子用他对"道"的独特诠释，超越了传统天命论的神学信仰，超越了春秋天道自然观的局限。然而，仅仅如此还不足以补救因天神权威的衰落所造成的"现实存在之合理性根据"的丧失，所以老子又殚精竭虑，以"道"为根据，界定人在宇宙中的位置（域中有四大），推导人及社会存在的本质特征及合理样式。这种思路，超越了西周天命论的宗教色彩，扬弃了其"天人德合"说中天人合一的思维模式，我们可以把它称作"因大道以明人事"。由此可见，老子的"哲学的突破"，不是与传统文化资源发生断裂，不是彻底否定传统观念；而是超越宗教性，克服局限性，钩沈合理性，在转换中综合创新。这也可能是轴心时代中国思想发展的普遍特征。

　　总之，站在轴心时代中国思想发展的大背景下，从"实证"的立场考察老子的道论，可以看出，老子提出"道"，是为了超越西周天命论中的上帝主宰论，克服春秋时期天道自然观的局限；老子用"无"来形容"道"，是为了凸显"道"的无知、无欲的自然性特征（相对于上帝的人格性特征而言），和超感觉、超形象、无始无终的普遍性特征（相对于天道自然观的局限性而言）；而其道论的究竟目的，则在于"因大道以明人事"，整合春秋时期出现裂痕的天人关系，为人在宇宙中的位置，以及现实社会的存在样式及存在的合理性等找到一个可靠的根据。可以说，老子的道论，其所论述的每一问题，都是针对当时的时代问题而发出的，是对三代宗教的反思，是对春秋时期现实问题的回应。老子之所以成为中国哲学史上第一人，端赖于此。

（原载于《东岳论丛》2005 年第 6 期）

读《太一生水》与《恒先》

在近年来发表的出土文献中，有两篇道家的作品很值得重视，一篇是《太一生水》，一篇是《恒先》。前者来自于郭店楚墓竹简，因与《老子》甲、乙、丙中的丙组竹简抄在一起，加之其独特的宇宙生成模式的论述，颇引起学者们的遐想；后者来自于上博简，因其完整性和思想的独特性，也很受研究者的重视。

一、读郭店简《太一生水》

《太一生水》篇竹简已有残缺，但其有关宇宙生成论的部分相对系统完整：

> 太一生水，水反辅太一，是以成天。天反辅太一，是以成地。天（地复相辅）也，是以成神明。神明复相辅也，是以成阴阳。阴阳复相辅也，是以成四时。四时复（相）辅也，是以成沧热。沧热复相辅也，是以成湿燥。湿燥复相辅也，成岁而止。故岁者，湿燥之所生也。湿燥者，沧热之所生也。沧热者，（四时之所生也）。四时者，阴阳之所生也。阴阳者，神明之所生也。神明者，天地之所生也。天地者，太一之所生也。是故太一藏于水，行于时，周而或（始，以己为）万物母。一缺一盈，以纪（己）为万物经。此天之所不能杀，地之所不能釐，阴阳之所不能成。①

---

① 参见《郭店楚墓竹简》，文物出版社 1998 年版，第 125 页。

这段话涉及的概念，人们并不陌生。但把这些概念以这样的逻辑关系串通起来描述宇宙生成的过程，却是比较新颖的。"太一"是道家的哲学范畴，而且是楚文化色彩较浓的道家的哲学范畴。《太一生水》把它作为本源，但并没有对这个本源自身的特性及功用进行说明。表明在作者那里，"太一"已经是一个不言自明的、流派内公认的概念了。"水"虽然在后来的哲学发展中并没有受到重视，只是五行之一，但在先秦，尤其是道家，的确是很受重视的一个名词。老子曾经说"上善若水""故几于道"。稷下的《管子》更曾说过："水者何也，万物之本原也，诸生之宗室也，美恶贤不肖愚俊之所产也……圣人之治于世也，不人告也，不户说也，其枢在水。"（《水地》）至于天地、阴阳、湿燥、四时等，也都是经常在文献中出现的概念。这里比较不好理解的是"神明"二字。虽然先秦典籍中，这一概念的出现频率也颇高，但在《太一生水》这一生成论的环节中，它究竟指的是什么，确实不太容易说明白。本文比较倾向于"神明"指日月的说法①。

这段材料，从生成论的角度分析，大致有四层意思：首先，"太一生水，水反辅太一，是以成天。天反辅太一，是以成地"是第一层。这一层的每个生成环节都有一个特点，就是离不开"太一"。被生成者都是透过"反辅"太一而完成下一个生成环节的。

"天（地复相辅）也，是以成神明。神明复相辅也，是以成阴阳。阴阳复相辅也，是以成四时。四时复（相）辅也，是以成沧热。沧热复相辅也，是以成湿燥。湿燥复相辅也，成岁而止"是第二层。这一层的生成环节已经不需要"反辅太一"了，而是前者"相辅"而成后者。

"故岁者，湿燥之所生也。湿燥者，沧热之所生也。沧热者，四时之所生也。四时者，阴阳之所生也。阴阳者，神明之所生也。神明者，天地之所生也。天地者，太一之所生也"是第三层。这一层是要表明前面的"反辅"和"相辅"都是"生"，整个的生成过程表现为太一→天地→神明→阴阳→四时→沧热→湿燥→岁。

---

① 王博：《美国达慕思大学郭店〈老子〉国际学术讨论会纪要》，载《道家文化研究》第17辑。

"是故太一藏于水，行于时，周而或（始，以己为）万物母。一缺一盈，以纪（己）为万物经。此天之所不能杀，地之所不能釐，阴阳之所不能成"是第四层。这一层意思不太好理解，"太一"和"水"的关系比较复杂，但"太一""行于时，周而或始，以己为万物母"即本源的意义还是十分明确的。

上面的四个层次，从"太一"到"天地"，显然是从本源的层面言说的。虽然"太一"更加根本，但没有"天地"两股势力的出现，是很难成就第二层次的"相辅而成"的。这表明《太一生水》的作者是完全认同春秋以来"天地生万物"的观念，只是像老子一样，认为"天地"不太根本，"天地"之上还应该有一个更根本的本源罢了。这也从另外一个方面说明了这样一个现象，即先秦的哲学家们在探讨宇宙生成的问题的时候，虽然在究极的本源上倾向于一元，但在成就万物生成的环节上是必须有二元参与的。这也是"阴阳"观念在春秋以来十分受到重视的根本原因。

其实，从"太一"到"天地"，也很难说没有二元生成的色彩，除了"太一"生"水"外（"太一"和"水"究竟是什么关系，还很难说清楚），天地的形成，都经历了"反辅"的过程。"反辅"说明单纯的一种力量并不能完成下一个环节的生成。"辅"，即辅佐。古代天文学有"辅星"，为北斗七星第六颗星（古籍称"开阳"）的伴星。《晋书·天文志》："辅星傅乎开阳，所以佐斗成功，丞相之象也。七政星明，其国昌，辅星明，则臣强。"可见"辅"乃臣职。"水反辅太一"，表明"水"和"太一"不在一个层次上，"太一"为君，"水"为臣。"天反辅太一"也是这个意思。这说明，与"水"和"天地"相比，"太一"的地位更特殊、更根本。不过，虽然特殊、根本，但如果没有后者的辅佐，也完成不了下面的环节。这里虽然相互作用的双方地位是不平等的，但相互作用是绝对不可少的。这一点很值得深思。这让我们想到了《易传》对《乾》《坤》两卦的理解，《易传·说卦》指出，乾为天，为君；坤为地，为臣。但生成宇宙万物，离了乾和离了坤都不成。

与"反辅"不同，"相辅"的双方地位是平等的，"相辅"就是相互作用，实际上就是阴阳交感。天地→神明→阴阳→四时→沧热→湿燥，除了"四时"外，都是两两相对，其实"四时"也是两两相对：春秋、冬夏。两两相对，相交相感，相辅相成，这在春秋战国时期应该算是一种"大众哲学"了。可见《太一生水》，其主体的生成思想并没有脱离春秋战国时期思想发展的格局。只是可能是一些今天无法知道的术数的背景①，使它这套生成论蒙上了神秘的面纱。

二、读上博简《恒先》

《恒先》是上博简中的一篇，保存较为完整，没有缺简、没有残断，字迹也十分清晰，文本的可信度较高。这篇文献保存了许多独特的思想，为早期道家思想的研究提供了极为珍贵的材料。

1. 宇宙论

先秦道家都比较重视宇宙本源的探讨，《恒先》也不例外。在《恒先》篇中，"恒先"二字就是用来描述宇宙的究极本源的。与《太一生水》不同，《恒先》先对"恒先"的存在状态进行了描述：

> 恒先无有，朴、静、虚。朴，大朴。静，大静。虚，大虚。自厌不自忍，或（域）作。

这是说，"恒先"没有"有"，它是一种朴、静、虚的状态。"朴""静""虚"都是早期道家的哲学术语，"朴"指"道"的本然的未分别，"静"指"道"的本然的无做作，"虚"指"道"的本然的无自我。《恒先》借用这三个范畴来形容"恒先"，显然把"恒先"看成了与"道"的存在状态相类似的东西。所以他又特别解释说："朴，大朴。静，大静。虚，大虚。"老子曾感叹"道"的无法界定，认为不得已给他一个字号的话，可称之为"大"。这里讲"大朴""大静""大虚"，目的是要进一步明确，"恒先"的"朴""静""虚"不是一般的"朴""静""虚"。但为什么称之为"恒先"而不称之为"道"，或者甚至有意避免用"道"这个概念，的确颇令人费解。或许作者认为

---

① 参见李学勤：《太一生水的术数解释》，载《道家文化研究》第 17 辑。

"道"不可言说，所以用了这样一个"本源"色彩更浓的"恒先"范畴？

《恒先》认为，"恒先"自然而然（"自厌不自忍"），是一种似无而有、似有而无的"虚霩"：

> 有或（域）焉又有气，有气焉有有，有有焉有始，有始焉有往者。未有天地，未有作、行、出、生。虚静为一，若寂寂梦梦，静同而未或明，未或滋生。

这是说，"恒先"自然而然而有虚霩，有了虚霩就有了气；有了气，就有了"有"（从后面"未有天地"一语看，此"有"当指"天地"）；有了"有"就有了开始；有了开始，就有了发展的方向。没有"有"也就是没有天地，也就没有"始"和"往"，当然也没有萌发和生命。这个时候是既"虚"且"静"，混混沌沌，静寂暗昧，没有什么东西"被"滋生。这是《恒先》对"朴""虚""静"状态的具体描述。在这里，"未或滋生"，并不是说没有东西生成，而是说没有什么东西是在被主使之下生成的。所以《恒先》紧接着特别谈到"气是自生"的话题：

> 气是自生，恒莫生气。气是自生、自作。

"自生"，没有外在的力量使之生，自然而然地生。《恒先》认为，在虚霩之中，"气"是自然而然地出现的，不是"恒"或"恒先"使之出现的。"气"是自然而生、自然开始的。这样，其中"浊气生地，清气生天"，展开了天地万物奇妙的生化历程。《恒先》感叹道："气信神哉，云云相生，信盈天地。"意思是说，气的确是很奇妙啊，万千世界由此产生，充满了天地。

不难看出，《恒先》在宇宙生成论上的基本思路仍是来自《老子》，但对于从"无"到"有"的变化环节，《恒先》给予了较老子更为详细的描述，并进一步强调了这个变化过程的自然性，应该算是在老子思想基础上的一种发展。

2. 自为论

先秦哲学有个共同点，无论是讨论道还是讨论天，或是讨论宇宙，目的都是为了给人和社会的合理性存在找到一个根据。这就是所谓的"天人"问题。《恒先》基于气的"自生"论，在人事方面提出了"自为"说：

> 祥义、利巧、采物、出于作。作焉有事，不作无事。举天之事，自作为事，庸以不可更也。

"祥义"，《左传·成公十六年》："详以事神，义以建利。"可知二者均与统治者有关。烦琐的礼俗、贪婪诡诈和尊卑高下的等级，都是出于人为。所谓"乱出于人"。所以《恒先》主张"自为"：

> 举天下之为也，无舍也，无与也，而能自为也。

这是说，就天下的行为而言，最好是按着老百姓自己的特点自然而为，而不要按照统治者自己的意志，或反对或支持。这两者都有违自然之道。所以，所谓"自为"就是顺着自然而为：

> 天下之作也，无许（忤）恒，无非其所。

"无许恒"，就是不违反常道；"无非其所"，就是要各得其所。这也是强调不要过分彰显自我的意志，而应更多地顺应自然的法则。可见，《恒先》的"自为"说，是老子"无为"说的一种深化，"无为"强调无意志，"自为"强调不干扰。侧重点不同，目的则是一样的。

（笔者参撰张立文、罗安宪主编：《中国哲学史教程》，
中国人民大学出版社 2021 年版）

出土文献与
中国哲学史

近年来的出土文献与中国哲学史研究

　　中国哲学史的研究，既是一种哲学的研究，又是一种史学的研究。作为史学的研究，史料的占有无疑是十分重要的。中国古代典籍浩如烟海，这为中国哲学史的研究提供了丰富的资料。但由于史阙有间，对于某些历史时期，或某些历史时期的某些流派，人们仍然因为史料的匮乏而无法描述其面目。例如提到先秦儒家，人们大概只对孔子、孟子、荀子比较熟悉，而孔孟之间的百余年和孟荀之间的百余年间的思想发展脉络，便不十分清楚。又如研究中国易学史，《易传》之后，由于文献阙如，不得不转入汉代中期的象数易学的描述，显得十分突兀。虽然《史记》《汉书》对孔子传《易》的事系言之凿凿，但并没有足够的资料帮助人们了解这一时期的情形。因此，中国哲学史的研究往往不得不面对这样尴尬的局面：一方面，传世典籍浩如烟海，令人目不暇接；另一方面，对于一些关键时期的关键人物，文献所及又少得可怜，甚至连蛛丝马迹都难以寻到。

　　20 世纪 70 年代以来，上述情况开始发生了改变，这主要归功于考古发掘出土的一批又一批弥足珍贵的简帛文献。这些出土文献，多为失传了的、对于认识某一历史时期的学术思想十分重要的文献资料，对于人们完整地认识中国学术史和中国哲学史具有无与伦比的意义。诚如李学勤先生所说："简帛书籍的发现研究作为学术前沿，带动了不少学科的进步，影响是多方面的，但关系最直接、影响最大的，显然是学术思想史"；"大量简帛'惊人秘籍'的出现，迫使学者们对学术思想史的若干根本问题作出重新审查和思考"，"由于简帛的出现，古代学术思想史必须重写"，"因为新发现涉及中国传统文化的核心典籍，对古代学术思想看法的改变，同时也必然波及后世，一直到近代若干学术思想问题的认识……"① 这种"波及",其范围当然也包含中国哲学史的研究②。本节拟围绕近年来的出土文献与中国哲学史研究,对此予以申论。

一、近年来的出土文献与中国哲学史料

中国哲学史学科,诞生于 20 世纪初叶,因而深受活跃于当时史学界的疑古思潮的影响,这使得中国哲学史的研究在史料的甄别、取舍方面受到了很大的限制。例如,关于孔子,在经学时代的观念中,与之相关的史料是相当丰富的,六经自不必说,此外举凡汉代以前典籍中涉及孔子的言论、事迹,多被信以为真。但清代以来,尤其是 20 世纪初叶以来,学者怀疑古人造假,像法官一样,辨别古书的真伪,这个无可厚非,但因疑古过勇,致使许多典籍要么被打入伪书的行列;要么把其著作的年代推得过于靠后。其结果是,研究孔子,除了一部《论语》勉强可信之外,基本上再没有什么可依赖的史料了。类似的情况在其他历史人物身上或重要典籍中也经常发生。可以说,从中国哲学史学科诞生之日起,中国哲学史料学便面临着巨大的危机。

然而,20 世纪 70 年代以来,随着一批批简帛书籍的出土,人们越来越发现,事实并非如疑古学者所担心的那样,而是相反,先秦及秦汉时期的许多与中国哲学相关的史料大部分都有值得信赖的成分,至少不是空穴来风,与其"疑"而"拒"之,不如"释"而"证"之③,这就为中国哲学史史料学研究带来了一片新天地。正所谓"自地佑之,吉无不利"!

综合 20 世纪 70 年代以来的考古发现,与中国哲学有关的简帛典籍,比较著名的约有:

---

① 李学勤:《新出简帛研究丛书总序》,湖北教育出版社 2003 年版。

② 张显成先生指出:"简帛在哲学史上的研究价值是十分巨大的,特别是随着上海博物馆楚简的陆续刊布,相信中国哲学史的研究必将还会有重大发展。"(张显成:《简帛文献学通论》,中华书局 2004 年版,第 341 页)

③ 廖名春:《试论冯友兰的"释古"》,《中国学术史新证》,四川大学出版社 2005 年版。

1972 年 4 月，在山东临沂发掘出土的《孙子兵法》《孙膑兵法》《六韬》《尉缭子》《管子》《晏子春秋》①。

1973 年 5—12 月，在河北定县八角廊村西汉中山怀王刘修墓中出土的《论语》《儒家者言》《哀公问五义》《保傅传》《太公》《文子》等②。

1973 年 12 月，在湖南长沙马王堆 3 号墓出土的大批帛书与竹木简，与中国哲学有关的有《周易》（包括《易经》和帛书《易传》）《春秋事语》《战国策》《老子》《黄帝四书》《式法》等③。

1977 年在安徽阜阳双古堆出土的《诗经》《周易》《万物》等④。

1983 年 12 月，在湖北江陵张家山出土的《盖庐》⑤。

1988 年初在湖北江陵张家山 136 号墓出土的《庄子·盗跖》。⑥

1993 年 3 月，在湖北江陵荆州镇郢北村王家台出土的秦简"易占"（有学者认为系《归藏》）⑦。

1993 年冬在湖北荆门郭店出土的竹简，内容包括《老子》甲、乙、丙三本、《太一生水》《缁衣》《五行》《鲁穆公问子思》《穷达以时》《性自命出》《成之闻之》《尊德义》《六德》《语丛》等⑧。

1994 年，上海博物馆从香港购回 1200 多支战国竹简，竹简的内容包括书籍 80 多种，内容涉及儒家、道家、兵家、杂家等，其中多数古籍为佚书，个别见于今本，主要有《易经》《诗论》《缁衣》《子羔》《孔子闲居》《彭祖》《乐礼》《曾子》《武王践阼》《赋》《子路》《恒

---

① 山东省博物馆、临沂文物组：《山东临沂汉墓发现〈孙子兵法〉和〈孙膑兵法〉等竹简简报》，载《文物》1974 年第 2 期。

② 国家文物局古文献研究室、河北省博物馆、河北省文物研究所定县汉墓竹简整理小组：《鼎县 40 号汉墓出土竹简简介》，载《文物》1985 年第 1 期。

③ 马王堆汉墓帛书整理小组：《又王堆汉墓帛书》，文物出版社 1974 年版。

④ 国家文物局古文献研究室、安徽省阜阳地区博物馆阜阳汉简整理组：《阜阳汉简简介》，载《文物》1983 年第 2 期。

⑤ 张家山汉墓竹简整理小组：《江陵张家山汉简概述》，载《文物》1985 年第 1 期。

⑥ 荆门地区博物馆：《江陵张家山两座汉墓出土大批竹简》，载《文物》1992 年第 9 期。

⑦ 荆州市博物馆：《王家台 15 号秦墓》，载《文物》1995 年第 1 期。

⑧ 荆门市博物馆：《郭店楚墓竹简》，文物出版社 1998 年版。

先》《曹沫之陈》《夫子答史蒥问》《四帝二王》《曾子立孝》《颜渊》《乐
书》①，等等。

上述这些简帛文献，有些有今传本，可证古书之不伪；有些是前所未见的佚
书，可补史料之不足。以定州简为例：定州简《论语》是目前发现最早的
《论语》抄本，简数有 620 多枚，共 7000 余字，虽不足今本《论语》的一半，
但文字差异多达 700 余处，分章上也有独特的特点。这对于了解《论语》的
成书，校勘传本《论语》具有非常重要的意义②。定州简《儒家者言》，"上述
商汤和周文的仁德，下记乐正子春的言行，其中以孔子及其门弟子的言行为
最多。所记多为对忠、孝、礼、信等道德的阐发，这部书的大部分内容，散
见于先秦和西汉时期的一些著作中，特别在《说苑》和《孔子家语》之内，
但它比这些书保存了更多的较为古老的原始资料"③。有学者还怀疑这部分材
料当是《孔子家语》的原型④。而定州《文子》简 277 枚，共 2790 字。其中
属今本《道德篇》的简有 87 枚，共计 1000 余字，另少量竹简文字与《道原》
《精诚》《微明》《自然》等篇内容相似，余者皆是于今本《文子》中找不到
的佚文。《汉书·艺文志》诸子略道家下著录《文子》9 篇，自注曰："老子
弟子，与孔子并时，而称周平王问，似依托者也。"简文内容与《汉书·艺
文志》所说颇同，（只是"平王"前未见"周"字）主要是平王与文子的问
答。长期以来，传本《文子》被认为是伪书，定州本《文子》的出现，"会
对《文子》的研究和正名提供宝贵的依据"。⑤

　　又如马王堆帛书《易传》，大量记载了孔子与弟子讨论《周易》卦爻辞
的言论，不仅证明今本《易传》确与孔子有关，而且还让人们对于孔子的思

---

①　朱渊清：《再现的文明——中国出土文献与传统学术》，华东师范大学出版社 2001 年版。

②　河北省文物研究所定州汉墓竹简整理小组：《定州汉墓竹简论语》，文物出版社 1997 年版，
　　第 1—2 页。

③　国家文物局古文献研究室、河北省博物馆、河北省文物研究所定县汉墓竹简整理小组：
　　《鼎县 40 号汉墓出土竹简简介》，载《文物》1985 年第 1 期。

④　李学勤：《简帛佚籍与学术史》，江西教育出版社 2001 年版，第 394—395 页。

⑤　河北省文物研究所定州汉简整理小组：《定州西汉中山怀王墓竹简〈文子〉的整理和意
　　义》，载《文物》1995 年第 12 期。

想有了进一步的认识①。又如《孙子兵法》一书，不少人怀疑其作者不是春秋时代的孙武，而是战国时期的孙膑。但在山东临沂银雀山汉墓"《孙子兵法》和《孙膑兵法》的竹简同时被发现，对于解决长期以来存在着的关于这两部书的一些悬而未决的问题，有十分重要的帮助。"② 阜阳双古堆《诗经》简共 170 余支残简，有今本中近 65 篇（有的仅有篇名）《风》诗和《小雅》中的《鹿鸣》等篇③，虽都不完整，但因"绝非《毛诗》系统"，也不是鲁、齐、韩三家《诗》中的某一家④，所以对于早期诗学的研究很有价值。……至于郭店简、上博简等，其足以令世人刮目相看的文献资料更是所在多有，因后面还将涉及，此处不再一一枚举。

　　总之，上述简帛文献的出土，为我们打开了诸多尘封百余世纪的思想历史的原貌，不仅如此，也纠正了我们多年来对于古人的诸多误解。中国学术思想研究的方法、观念都在因着这些史料的被发现而发生着变化。难怪有不少学者都不约而同地惊叹：中国学术史将可能因此而重写！⑤ 而国学大师饶宗颐先生则预测道，近二十年的考古新发现，特别是大批楚简的出土和研究，有可能给 21 世纪的中国带来一场"自家的文艺复兴运动以代替上一世纪由西方冲击而起的新文化运动"！⑥

---

① 廖名春：《试论孔子易学观的转变》，载《孔子研究》1995 年第 4 期。

② 《山东临沂西汉墓发现〈孙子兵法〉和〈孙膑兵法〉等竹简的简报》，载《文物》1974 年第 2 期。

③ 阜阳汉简整理组：《阜阳汉简与〈诗经〉》，胡平生、韩自强：《阜阳汉简〈诗经〉简论》等论文，载《文物》1984 年第 8 期。

④ 胡平生、韩自强：《阜阳汉简〈诗经〉简论》，载《文物》1984 年第 8 期。

⑤ 杜维明指出："郭店楚墓竹简出土以后，整个中国哲学史、中国学术史都要重写。"（杜维明：《郭店楚简与先秦儒道思想的重新定位》，载《中国哲学》第二十辑，辽宁教育出版社 2000 年版）萧萐父指出："楚简及上博楚简的全面研究，……有可能重新改写中国学术史、经学史以及楚国文化史等。"（萧萐父：《郭店楚简的价值和意义》，《郭店楚简国际学术研讨会论文集》，湖北人民出版社 2000 年版，第 16 页）

⑥ 转引自萧萐父：《郭店楚简的价值和意义》，《郭店楚简国际学术研讨会论文集》，湖北人民出版社 2000 年版，第 13 页。

二、近年来的出土文献与《周易》经传研究

　　《周易》是中国古代最有历史、最具代表意义的重要经典之一，经学时代，它简直就是中国传统知识分子的哲学教科书。由于卜筮的外衣，使其免遭秦火，得以完整流传。但其本来面目究竟如何？伏羲画卦，文王（周公）重卦，孔子作传；"人更三圣，世历三古"的传统史说究竟可靠不可靠？一直受到人们的质疑。特别是孔子与《易传》的关系，更是被炒得沸沸扬扬，20 世纪，甚至有人认为孔子根本就没有与《周易》经传发生过关系[①]。

　　1973 年 12 月，在湖南长沙马王堆 3 号墓中出土的帛书《周易》卷后佚书（本节称之为帛书《易传》）中，大量记载了孔子论《易》的言论。弥足珍贵的是，还记载了孔子自述其学《易》的目的：

　　　　夫子老而好易，居则在席，行则在囊。子赣曰：夫子它日教此弟子曰："德行亡者，神灵之趋；智谋远者，卜筮之繁。"赐以此为然矣。以此言取之，赐缗行之为也。夫子何以老而好之乎？夫子曰："君子言以榘方也。剪祥而至者，弗祥而巧也。察其要者，不诡其德。《尚书》多阙矣，《周易》末失也，且有古之遗言焉。予非安其用也。"……"赐闻诸夫子曰：'逊正而行义，则人不惑矣。'夫子今不安其用而乐其辞，则是用奇于人也，而可乎？"子曰："谬哉，赐！吾告汝，《易》之道……故《易》刚者使知惧，柔者使知刚，愚人为而不妄，渐人为而去诈。文王仁，不得其志以成其虑，纣乃无道，文王作，讳而避咎，然后《易》始兴也。予乐其知……"子赣曰："夫子亦信其筮乎？"子曰："吾百占而七十当，唯周梁山之占也，亦必从其多者而已矣。"子曰："《易》，我后其祝卜矣，我观其德义耳也。幽赞而达乎数，明数而达乎德，又仁〔守〕者而义行之耳。赞而不达于数，则其为之巫；数而不达于德，则其为之史。史巫之筮，乡之而末也，好之而非也。后

---

①　参见杨庆中：《二十世纪中国易学史》第二章，人民出版社 2000 年版。

世之士疑丘者，或以易乎？吾求其德而已，吾与史巫同涂而殊归者也。
君子德行焉求福，故祭祀而寡也；仁义焉求吉，故卜筮而希也。祝巫卜
筮其后乎？①

这是有关孔子和《周易》关系极重要的材料，是孔子讲《周易》的一个有
力的旁证。我们虽然不能据此遽认孔子是《易传》的作者，但所谓孔子与
《易》没有发生过关系的说法无疑是不攻自破了。

　　不仅如此，透过帛书《易传》的记载，还可以大大丰富研究孔子的直
接材料。据专家统计，传世本《易传》与帛书《易传》共有"子曰""夫子
曰""孔子曰"135次②。这等于在《论语》之外，又多出了100多条研究孔
子的材料。其实，揆诸近年来出土的简帛书籍，多出的又何止这100多条！
上博简中还多得很呢！我们甚至可以说，不言简帛，不足以言孔子。由此对
比传世文献，则以前被疑作伪造假的许多前汉典籍的相关记载，都有重新认
识的必要。

　　除了孔子传《易》之外，帛书《周易》还让人们对汉初易学的面貌有了进
一步的认识③。《史记》和《汉书》都曾记载了先秦至汉代的易学传承，但秦末
汉初的易学究竟是个什么样子，由于史料缺乏，一直不得而知。帛书的出土，
在很大程度上为解决这个困惑提供了帮助。此外，汉代象数易学中的诸多问
题，如卦气问题、卦序问题等，在这批帛书材料中也能找到一些踪迹④，这

---

① 引自廖名春：《帛书〈易传〉初探》，台湾文史哲出版社1998年版，第165—166页。
② 黄沛荣：《易学乾坤》，台湾大安出版社1998年版，第207页。杨按："135次"包括了帛
　书《昭力》《缪和》篇的内容。二篇中是否有孔子的言论，学者尚有争议，笔者同意李零
　先生的观点，肯定二篇中有孔子的言论（李零：《简帛古书与学术源流》，生活·读书·新
　知三联书店2004年版，第244页注［1］）。
③ 朱伯崑：《帛书易传研究中的几个问题》，《国际易学研究》第一辑，华夏出版社1995年版。
④ 廖名春：《帛书〈易传〉象数学说考释》（《象数易学研究》（一），齐鲁书社1996年版）；
　邢文：《帛书周易研究》，第183页（人民出版社1997年版），邢文：《卦序与易学的起
　源——易类简帛的卦序意义》（《中国哲学》第二十三辑，辽宁教育出版社2001年版）；刘
　大钧：《卦气溯源》（《中国社会科学》2000年第5期）、《关于"图""书"及今本与帛本
　卦序之探索》（《象数易学研究》一，齐鲁书社1996年版）、《今帛本卦序与先天方图及"卦
　气"说的再探索》（《象数易学研究》二，齐鲁书社1997年版）。

是很有意义的。

帛书《周易》之外，上博简《周易》，阜阳汉简《周易》也都颇有特色，对于校勘传世本《周易》具有一定的意义，对于了解《周易》的成书、版本的流传也不无重要价值①。

近年来，在与《易》有关的考古发掘中，还有一项重大的发现值得一提，这就是20世纪80年代以来学界争论颇火的数字卦。这项研究，不仅让人们看到了早期筮占的部分真面目，而且还证明重卦并不始于文王。这对于理解传统所谓"伏羲画卦、文王重卦"之说很有价值。更有趣的是，2001年在陕西长安县西仁村发掘的有字陶拍中，有两件上面刻有数字卦，其中陶拍二上的数字卦从右至左依次为：

八八六八一八
八一六六六六
一一六一一一
一一一六一一

依照奇阳偶阴的原则转化为《易经》的符号卦则为《师》《比》《小畜》《履》四卦。陶拍一上的数字卦从右至左依次为"六一六一六一""一六一六一六"，转化为符号卦则为《既济》《未济》二卦。《师》《比》《小畜》《履》四卦是《易经》第七、八、九、十卦，《既济》《未济》二卦是《易经》第六十三、六十四卦。李学勤先生认为，"这样的顺序排列，很难说出于偶然"。②青年学者廖名春先生也指出："从这六卦的排列同于《周易》卦序类推，其他58卦的排列也当与《周易》相同。因此，这种数字卦也应是由64卦组成的。能确认这一点，就意味着它也是由三画卦'八八相重'而来，不然就不可能

---

① 参见陈仁仁：《上海博物馆藏战国楚竹书〈周易〉研究综述》（见《周易研究》2005年第2期）；胡绳平：《阜阳双古堆汉简数术数间论》（见《出土文献研究》第四辑，中华书局1998年版）；韩自强：《阜阳汉简〈周易〉研究》（上海古籍出版社2004年版）。

② 李学勤：《新发现西周筮数的研究》，载《周易研究》2003年第5期。

刚好不多不少正是 64 卦。"①

或许有一天，人们真能从地下发掘出全本的周初面貌的《易经》呢!

三、近年来的出土文献与"七十子"及其后学研究

在先秦，儒学号称显学，但研究儒学的人都知道，20 世纪，一说到先秦儒学，可资利用的材料大概只有《论语》《孟子》和《荀子》了。正如李零先生所说："现在出版的哲学史，总是习惯以'孔—孟—荀'三段论讲儒家，中间跳过的恰恰是孔子最直接的学生。"② 这种现象的确颇为尴尬。其实，关于孔子的学生，也就是所谓的"七十子"，并不是没有史料，《礼记》中就有不少的记载，只是人们不敢相信，总害怕它们是伪书。现在看来，这层忧虑似乎是可以部分地解除了。

长沙马王堆出土帛书中有一篇东西，被整理者命名为《五行》。整整20 年后，1993 年冬，出土于湖北荆门郭店村的众多竹书中，有一篇自名为《五行》篇。"二十年前的研究已经指明，这个《五行》篇，正是荀子在《非十二子》中作为子思孟轲学派代表作来批判的那个'五行'说;二十年后它与《缁衣》等相传为子思的著作相伴再次出土，并自名曰《五行》，于是多了一层内证，而使此前的断案铁证如山，永毋庸议。"③ 这是一个非常了不起的发现，它使一度模糊不清的思孟学派开始重新被人们认识。不仅如此，据李学勤先生研究，郭店竹简中有一部分，如《缁衣》《五行》《鲁穆公》就属于史书所记《子思子》的内容④。另外，如《成之闻之》《性自命出》《尊德义》等，李先生认定也与《子思子》有关，并指出："这些儒书的发现，不仅证实了《中庸》出于子思，而且可以推论《大学》确实可能与曾子有关。《大学》中提出的许多范畴，如修身、慎独、新民等，在竹简里都有反复的

① 廖名春:《长安西仁村陶拍数字卦解读》，载《周易研究》2003 年第 5 期。
② 李零:《简帛古书与学术源流》，三联书店 2004 年版，第 296 页。
③ 庞朴:《竹帛〈五行篇〉与思孟五行说》，《哲学与文化》1999 年第 26 卷第 5 期。
④ 李学勤:《荆门郭店楚简中的〈子思子〉》，《文物天地》1998 年第 2 期;又见《中国哲学》第 20 辑《郭店楚简研究》，辽宁教育出版社 1999 年版，第 75—80 页。

论述引申。……由此可见，宋以来学者推崇《大学》《中庸》，认为《大学》《中庸》体现了孔门的理论理想，不是没有根据的。"①

当然，郭店竹简中的儒家著作，哪些是子思一系的作品，哪些不是，学者间还有争论②，但总而言之，"它们反映的主要是'七十子'的东西，或'七十子'时期的东西，其中也包含了子思一派的东西"③，应该是没有问题的。况且，在数量更大的正在陆续公布的上博简中，还发现很多《孔子世家》和《仲尼弟子列传》中的人物，如颜回、仲弓、子路、子贡、子游、子夏、曾子、子羔、子思等人，有些甚至就是以他们的名字题篇。它们是'七十子'的东西，这点更明显"④。看来，不言简帛，简直是不能言先秦儒家了。

这种说法一点也不为过！方兴未艾的相关研究越来越证明着这一点。如先秦儒家关于心性问题的看法，尤其是孔孟之间、"七十子"及其后学的看法，传世文献反映的非常之少。过去透过《孟子》一书，人们多少能知道一点信息。《告子上》引公都子的话说：

> 或曰：性可以为善，可以为不善，是故文武兴则民好善，幽历兴则民好暴。或曰：有性善有性不善，是故以尧为君而有象，以瞽叟为父而有舜，以纣为兄之子且以为君，而有微子启、王子比干。⑤

公都子话中的"或曰"指的是谁，《孟子》书中没有说明，东汉人王充所著《论衡·本性篇》中的一段记载弥补了这一不足。其曰：

---

① 李学勤：《先秦儒家著作的重大发现》，《人民政协报》1998年6月8日；又见《中国哲学》第20辑《郭店楚简研究》，辽宁教育出版社1999年版，第13—17页。

② 陈来指出："墓中所随葬的竹简文献，合理地推测，应是墓主用以教授太子及国子的教本。而教本中的儒家文献，必然是从流行的诸多的子书、记、说中选编而成的，或者就是当时流行的一种选编本。"（陈来：《荆门竹简之〈性自命出〉篇初探》，载《孔子研究》1998年第3期）杨按：该墓墓主身份迄今尚无定论，不过，陈先生视随葬竹简文献为"选编本"，颇为朴实可信。

③ 李零：《郭店楚简校读记·前言》，北京大学出版社2002年版，第4页。

④ 李零：《郭店楚简校读记·前言》，北京大学出版社2002年版，第4页。

⑤ 杨伯峻：《孟子译注》下册，中华书局1984年版，第258—259页。

周人世硕以为人性有善有恶，举人之善性，养而致之则善长；恶性，养而致之则恶长。如此，则情性各有阴阳，善恶在所养焉。故世子作《养性书》一篇。宓子贱、漆雕开、公孙尼子之徒，亦论性情，与世子相出入，皆言性有善有恶。①

按照王充的说法，公都子话中的第一个"或曰"，当是指世硕，第二个"或曰"，当是指宓子贱、漆雕开等人。据《汉书·艺文志》记载，世硕，"世子二十一篇"，自注："名项，陈人也，七十子之弟子。"宓子贱："宓子十六篇"，自注："名不齐，字子贱，孔子弟子。"漆雕开："漆雕子十三篇"，自注："孔子弟子漆雕启后。"公孙尼子："公孙尼子二十八篇"，自注："七十子之弟子。"②《论衡》与《汉书》的记载，可信程度有多大，以前的研究并不是十分清楚。郭店楚简有《性自命出》（又出现在上博简中）一篇，从一个侧面反映了当时的儒家学者关于人性问题的看法③，虽然目前学者之间在关于该篇的作者问题上尚未形成统一的认识，但它确实说明了孔子之后，在七十子及其后学之间曾经流行过反思人性的思潮，而这恰恰是孟子性善说和荀子性恶说的思想根源④。可以说，郭店简与上博简中有关人性问题的材料，为人们系统梳理、认识先秦儒家的人性论、心性论、性情论、性命论提供了最可靠、最权威的史料，因而也使相关的研究成为可能。

又如先秦儒家的天人观，在郭店简中得到了出人意料的表现。如《穷达以时》中说：

有天有人，天人有分。察天人之分，而知所行矣。有其人，无其世，虽贤弗行矣。苟有其世，何难之有哉？⑤

① 北京大学历史系《论衡》注释小组：《论衡注释》第一册，中华书局1979年版，第190页。
② 班固：《汉书》，中华书局1962年版，第1724—1725页。
③ 参见陈来：《荆门竹简之〈性自命出〉篇初探》，《孔子研究》1998年第3期。
④ 参见庞朴：《孔孟之间——郭店楚简中的儒家心性说》（《中国哲学》第二十辑）；郭齐勇：《郭店儒家简与孟子心性论》；东方朔：《〈性自命出〉篇的心性观念初探》（均见《郭店楚简国际学术研讨会论文集》）。
⑤ 李零：《郭店楚简校读记》（增订本），北京大学出版社2002年版，第86页。

这是一段非常值得研究的文字，它的意义不仅仅限于能够照应上荀子"天人相分"的观念，对于理解孔子、孟子的天人观，也至关重要①。以前人们囿于《论语·公冶长》中子贡的一句"夫子之言性与天道，不可得而闻也"②的话，对孔子的天道观鲜有讨论。实际上，如果结合郭店简、上博简及马王堆帛书《易传》的材料，则这一问题是很值得重新引起人们的重视的。

总之，出土简帛材料中有关先秦儒家的部分，像一个富矿，正等待着人们去开发！谁不去开发，谁大概就没有资格谈先秦儒家了。绕不过，避不开，引人入胜！

四、近年来的出土文献与老子及黄老道家研究

在近年来的出土简帛中，有关道家的材料也十分丰富。1973 年在长沙马王堆出土的帛书《老子》甲、乙本，曾经引起学术界的轰动，1993 年在郭店出土的楚简《老子》甲、乙、丙本，更使老学成为学术热点之一，问题则主要集中在老子其人其书的研究，简、帛、今本的关系等。

关于老子其人其书，20 世纪曾经有过"早出说"和"晚出说"的争论③，但由于史料不足，双方都未提出有力的证据说服对方。简帛文献的出土，虽然没有终结上述争论，但为这种争论提供了新材料和新视野。如李学勤先生就结合出土简帛中的有关文献，综合研究，得出结论：

> 郭店简里的《老子》三组，只是《老子》一书的摘抄本。这有其内证，《老子》丙组附有《太一生水》，而《太一生水》乃道家后学所作，其文字所本的《老子》篇章，有的不见于郭店简，充分说明当时《老子》绝不限于简本的那么多。摘抄本自然要晚于内容更多的原本。
> 简中还有一些作品，是引申推演《老子》的，例如《恒先》。《恒

---

① 梁涛：《先秦儒家天人观辩证——从郭店竹简谈起》，Confucius 2000 网，2002 年 10 月 25 日。

② 杨伯峻：《论语译注》，中华书局 1980 年版，第 46 页。

③ 商聚德等：《中国哲学史史料学论稿》，河北教育出版社 2004 年版，第 243 页。

先》不仅袭用《老子》，而且在思想上有相当大的跨进。这表示《老子》比简早，而且要早相当大的时段。

我们还可以把马王堆帛书中的《黄帝书》放在一起考察。《黄帝书》作于先秦，不少学者都认为应属战国中期（参见唐兰：《马王堆出土〈老子〉乙本卷前古佚书的研究》，《考古学报》1975 年第 1 期；龙晦：《马王堆出土〈老子〉乙本前古佚书探原》，《考古学报》1975 年第 2 期），其内容多本《老子》，看来《老子》成书应更早些。我曾从各方面材料考虑，认为《老子》其书"不晚于战国早期"（李学勤：《古文献丛论》，上海远东出版社 1996 年版，第 140 页）①。

李先生的这个考证，同时也在一定意义上回答了帛本、简本与传世本三者之间的关系。当然，学者之间关于这个问题的看法并不一致，还有待于进一步研究。

此外，关于儒道关系问题，也是楚简出土以来学术界所讨论的一个热点问题。例如，通行本第 18、19 章对于"仁义""孝慈"颇持否定的态度，将二者与"大伪"放在"相类的地位上"。而郭店简本"并未以仁义、孝慈与大伪相提并论"②，"早期的道儒关系远没有达到冲突尖锐化和激化的程度"③。这很发人深思，对于人们理解早期儒道关系也十分有价值。又如有无问题，简文有一句话："天下万物生于有，生于无。"与传世本"天下之物生于有，有生于无"相比，"之"与"万"有别，又少一"有"字。对此，有学者认为简本优于传世本，并指出这表明在《老子》哲学中，"有""无"共同作为万物存在的始源，"天下之物生于有，同时天下之物也生于无"，"无"并不比"有"根本④。这种认识究竟是否正确，值得认真研究⑤。从哲学的层

---

① 李学勤：《孔孟之间与老庄之间》，《中国思想史研究通讯》第六辑。相关的研究还可参看刘笑敢：《从竹简本与帛书本刊〈老子〉的演变》（见《郭店楚简国际学术研讨会论文集》）。

② 裘锡圭：《郭店〈老子〉简初探》，《道家文化研究》第十七辑，生活·读书·新知三联书店 1999 年版。

③ 李存山：《从郭店楚简看早期道儒关系》，《中国哲学》第二十辑。

④ 丁原植：《郭店楚简老子试析与研究》，台湾万卷楼 1998 年版，第 213 页。

⑤ 沈清松：《郭店楚简〈老子〉的道论与宇宙论——相关文本的解读与比较》，《中国哲学》第二十一辑，辽宁教育出版社 2000 年版。

面讲，"天下万物生于有，生于无"，与"天下万物生于有，有生于无"，虽然只是一字之差，但其哲学意向却有着本质的不同。有学者指出，在《老子》一书中，"无"字虽然出现一百余次，但很少用作名词，因而没有明确"无"的哲学概念。① 这种看法值得引起重视。至于"有"，据朱伯崑先生的研究，"老庄哲学中的'有'就古代汉语说，是有这个、有那个的简称，相当于英文中的'There is'，德文中的'Dasein'，都是就个别存在物及其特征说的。所以魏晋时期的人，又称为'群有'、'万有'，提出'有不能以有为有'、'济有者皆有'的命题。在中国传统哲学中，没有形成'有'为一般及存在自身这样的抽象的观念……"② 的确，如果"有"在老子那里已经被解释为一种具有一般意义的抽象概念，以魏晋玄学家的理论水平之高，就没有必要再提出"群有""万有"的概念，和"有不能以有为有"，"济有者皆有"的命题。相反，他们提出了这样的概念和命题，说明在此之前"有"并没有成为具有一般意义的抽象概念。所以，研究老子哲学中的有无问题，似乎还应该考虑到整个中国哲学发展史的背景③。

在郭店楚简中，有一篇《太一生水》，抄在《老子》丙本之后，原文不长，却很有特色：

太一生水，水反辅太一，是以成天。天反辅太一，是以成地。天[地复相辅]也，是以成神明。神明复相辅也，是以成阴阳。阴阳复相辅也，是以成四时。四时复[相]辅也，是以成寒热。寒热复相辅也，是以成湿燥。湿燥复相辅也，成岁而止。故岁者，湿燥之所生也。湿燥者，寒热之所生也。寒热者，[四时之所生也]。四时者，阴阳之所生也。阴阳者，神明之所生也。神明者，天地之所生也。天地者，太一之所生也。是故太一藏于水，行于时，周而又[始，以己为]万物母；一缺一盈，以己为万物经。此天之所不能杀，地之所不能埋，阴阳之

① 刘笑敢：《经典诠释与体系建构》，载《中国哲学史》2002年第2期。
② 朱伯崑：《朱伯崑论著》，沈阳出版社1998年版，第554页。
③ 笔者认为，从诠释的层面引申老子的"道"，挖掘出有无统一的观念，是可行且可理解的。但从实证的层面说，老子的"道"似乎并没有明确的有无统一的含义。

所不能成。君子知此之谓□，不知者谓□。天道贵弱，削成者以益生者，伐于强，责于□；□于弱，□于□。下，土也，而谓之地。上，气也，而谓之天。道亦其字也，青昏（清浑）其名。以道从事者必讬其名，故事成而身长。圣人之从事也，亦讬其名，故功成而身不伤。天地名字并立，故讹其方，不思相当，天不足于西北，其下高以强。地不足于东南，其上□以□。不足于上者，有余于下。不足于下者，有余于上。①

如果从哲学的角度去诠释，可以说它是一篇讲宇宙论的文字②。这篇文字的思想归属，学者意见不一，还在继续争论③。笔者认为，与这种争论同样重要的，乃是它的"古代数术思想"的背景。这个背景知识不清楚，则理解这篇文字的本来意义可能是相当困难的④。近年来出土的大量简帛文献中，与古代数术相关的《日书》的出土相当可观。也许在那里面可以找到一些线索，包括汉代象数易学的线索。

在出土的道家著作中，"最新也最重要的发现是上博简《恒先》。此篇是属于古代的道论，即在中国真正够得上称为哲学著作的东西"⑤，这对于研究先秦道家无疑是很有帮助的。其他如《庄子》《文子》的有关文献，也是弥足珍贵的材料。而1973年长沙马王堆出土的四篇古佚书：《经法》《十六经》《称》和《道原》，被学者断定为《黄帝四经》⑥，对于研究汉初黄老之学也极具价值。

---

① 李零：《郭店楚简校读记》（增订本），中国人民大学出版社2007年版，第41—42页。

② 庞朴：《"太一生水"说》，载《中国哲学》第二十一辑。

③ 李学勤认为，《太一生水》当为关尹的学说（李学勤：《荆门郭店楚简所见关尹遗说》，载《中国哲学》第二十辑）。叶海烟则认为，《太一生水》于庄子的宇宙观比较接近（李学勤：《太一生水与庄子的宇宙观》，载《中国哲学》第二十一辑）。

④ 邢文在所著《〈太一生水〉与〈淮南子〉：〈乾凿度〉再认识》中对此做了颇富启发意义的梳理（载《中国哲学》第二十一辑），这一思路值得进一步开拓。另，李泽厚先生认为，应将《太一生水》与先民的原始巫术仪典联系起来考察，也颇具启发意义（邢文：《初读郭店竹简印象记要》，《世纪新梦》，安徽文艺出版社1998年版）。

⑤ 李零：《简帛古书与学术源流》，生活·读书·新知三联书店2004年版，第305页。

⑥ 唐兰：《马王堆出土〈老子〉乙本卷前古佚书的研究》，《考古学报》1975年第1期。

五、近年来的出土文献与早期经典诠释问题

春秋战国时期，是诸子百家尤其是其中的儒家诠释经典——诗、书、礼、乐、易、春秋，努力实现"哲学的突破"的思想文化空前繁荣的时期。这一点，传世文献虽然语焉不详，但也透露了非常丰富的信息。然而，由于受疑古思想的影响，这样一个对于中国文化来说十分重要的事情，长期以来却一直被忽视，乃至于早期经学的研究几乎是一片空白。近年来的简帛文献的出土也为扭转这一局面提供了非常丰富的材料。

众所周知，在传世文献中，"六经"的最早出处是《庄子·天运篇》："孔子谓老聃曰：'丘治《诗》、《书》、《礼》、《乐》、《易》、《春秋》六经。'"①但向来的研究，对于该篇的记载，敢于相信的人并不多。幸运的是，郭店楚简中的资料，似乎能够帮助人们解除这层疑惑。《语丛一》说：

> 礼，交之行述也；乐，或生或教者也；书，□□□□者也；诗，所以会古今之诗者也；易，所以会天道、人道者也；春秋，所以会古今之事也。②

郭店简下葬的年代被学者厘定为公元前300年左右③，墓中楚竹书，其成书、抄写当然更应靠前，因此可以证明，战国时期"六经"的地位已经是相当地突出了。又如《六位》（原《六德》）篇亦云："夫夫，妇妇，父父，子子，君君，臣臣，六者各行其职，而馋谄无由作也。观诸诗、书则亦在矣，观诸礼、乐则亦在矣，观诸易、春秋则亦在矣。"④又，马王堆出土的帛书《要》篇也将易、诗、书、礼、乐并称，说："故易之为书也，一类不足以亟之，变以备亓请者也。故胃之易又君道焉，五官六府不足尽称之，五正之事不足

---

①　陈鼓应：《庄子今注今译》，中华书局1983年版，第389页。

②　李零：《郭店楚简校读记》（增订本），中国人民大学出版社2007年版，第209页。

③　荆门市博物馆：《荆门郭店一号楚墓》，载《文物》1997年第7期。

④　李零：《郭店楚简校读记》（增订本），中国人民大学出版社2007年版，第171页。

以至之，而诗书礼乐不□百扁，难以致之。"① 又说："尚书多仒矣，周易未失也。"② 这些都证明在中国思想史上，"六经"地位的凸显是相当早的，而且很可能与孔子有关。

传统经学有孔子编订六经之说，此说是否全然可信，还可以进一步讨论。从近年出土的简帛材料来看，孔子对它们进行过独具特色的诠释，这种诠释在儒家内部产生了重大的影响，进而使"六经"受到了人们更多的重视，应该是不成问题的。以《周易》为例，孔子的诠释就是沿着由"巫"进乎"史"，又由"史"进乎"德"的进路完成的。根据帛书《易传》提供的材料，我们已完全可以钩沈出孔子诠《易》的准则、体例及方法了。——这是一种人文主义的诠释路线，准宗教的《周易》正是因着这样的诠释，而实现了其"哲学的改造"的。又据上博简可知，孔子对《诗经》的诠释也是很下工夫的。由此不免想到《礼记·经解》篇的如下记载：

> 孔子曰："入其国，其教可知也。其为人也，温柔厚敦，《诗》教也；疏通知远，《书》教也；广博易良，《乐》教也；絜静精微，《易》教也；恭俭庄敬，《礼》教也；属辞比事，《春秋》教也。故《诗》之失愚，《书》之失诬，《乐》之失奢，《易》之失贼，《礼》之失烦，《春秋》之失乱。其为人也，温柔厚敦而不愚，则深於《诗》者也；疏通知远而不诬，则深於《书》者也；广博易良而不奢，则深於《乐》者也；絜静精微而不贼，则深於《易》者也；恭俭庄敬而不烦，则深於《礼》者也；属辞比事而不乱，则深於《春秋》者也。"③

如果不是对"六经"下过一番解释的工夫，怎么可能得出这样精辟的结论呢！因此，利用简帛材料及传世材料，重新梳理孔子及先秦儒家经典诠释的思路，已是可行之事，也将成为中国哲学研究的重点之一。近年来，有学者

---

① 廖名春：《帛书〈易传〉初探》，台湾文史哲出版社1998年版，第280页。
② 廖名春：《帛书〈易传〉初探》，台湾文史哲出版社1998年版，第279页。
③ 阮元编：《十三经注疏》，中华书局1984年版，第1609页。

呼吁建立中国的诠释学①，这的确是一个有意义的学术问题，相信简帛文献的研究，尤其是简帛文献及早期儒家经典诠释的研究，一定会对中国诠释学的建立起到十分积极的推动作用。

以上，我们提纲挈领，从五个方面对近年来的出土文献对中国哲学史研究的影响进行了粗线条的描述。事实上，细节的问题还多得很呢！近代中国著名学者王国维先生指出："古来新学问起，大都由于新发现。"② 这句话，在近年来简帛学研究者的文章中出现频率极高，这一方面反映了这些"新发现"的确令人振奋；另一方面也说明人们在这些"新发现"的面前表现出了极大的信心。确实是这样，与这些"新发现"相关的问题，没有一个不是前沿性问题；而对这些"新发现"的相关解释，没有一个不丰富乃至更新着人们对中国学术思想史的认识，诚如李学勤先生所说："新出土简帛书籍与学术史研究的关系尤为密切。学术史的研究在最近几年趋于兴盛，已逐渐成为问世领域内的热门学科，而简帛书籍的大量涌现，正在改写着古代学术史的面貌，影响甚为深远。"③ 面对新史料、新问题，中国哲学史的研究能做些什么？又应该做些什么呢？"合世界学者之全力研究之，其所阐发尚未及其半，况后此之发见亦正自无穷，此不能不有待少年之努力也！"④

（原载于《哲学家》第 2007 期）

---

① 汤一介：《能否创建中国的解释学?》，载《学人》1998 年第 13 期。

② 王国维：《最近二三十年中中国新发见之学问》，《王国维文集》第四卷，中国文史出版社 1997 年版，第 33 页。

③ 李学勤：《简帛佚籍与学术史》，江西教育出版社 2001 年版，第 7 页。

④ 王国维：《最近二三十年中中国新发见之学问》，《王国维文集》第四卷，中国文史出版社 1997 年版，第 38 页。

出土文献、《易》与中国哲学史料

中国哲学史作为"史",其研究需要有史料的依据。所以,向来中国哲学史的研究专家,都特别重视中国哲学史史料的建设,胡适先生的《中国哲学史大纲》,前面的"导言"中有一部分就是谈史料问题的①。冯友兰、张岱年、石峻、萧萐父等先生,都撰有中国哲学史史料学的专著或讲义②。可见中国哲学史料之于中国哲学史研究是何等的重要。然而,由于中国哲学史学科从诞生至今不过百年,许多问题尚在探索之中,而新的问题也还在不断出现,所以中国哲学史料建设问题仍然是一个十分值得重视的问题。本文拟就此略陈己见,以就教于专家学者。

一

站在今天的立场,回顾 20 世纪中国哲学史学科诞生与发展的历程,会发现在史料建设方面存在着两个很大的问题:其一是过分依赖西方哲学史的架构模式,剪裁中国哲学史史料;其二是中国哲学史学科建设之初,正值中国学术界疑古辨伪的思潮特别兴盛,中国哲学史史料的选取与鉴定受此影响

---

① 如其"导言"中讨论了"哲学史的史料""史料的审定""审定史料之法""整理史料之法""史料结论"等问题(参见姜义华主编:《胡适学术文集·中国哲学史》上,中华书局 1991 年版)。

② 如冯友兰的《中国哲学史史料学》,张岱年的《中国哲学史史料学》,石峻的《中国哲学史史料学》(《石峻文存》,华夏出版社 2006 年版),萧萐父的《中国哲学史史料源流举要》等。

非常之大，中国哲学史的系统完整性也因此受到了影响。

先说第一个问题。

在 20 世纪中国哲学史研究界最具实际影响力的冯友兰先生，在其所著两卷本《中国哲学史》[①]中指出：

> 哲学一名词，中国本来无有，一般人对于哲学之范围及内容，无明确的观念，几以为凡言有近于旧所谓"经""子"者，皆可为哲学史之材料，但以以上所说，吾人对于哲学之内容，既已有明确的观念，则吾人作哲学史于选取史料，当亦有一定的标准[②]。

这就是说，在当时的学术界，人们对于中国本无的"哲学"一词究竟何所指比较模糊，因而在选择哲学史史料时常常与传统学术分类中的经学与子学发生混淆。冯先生认为，哲学史史料的审查当以"哲学"概念的内容为根据，而"哲学本一西洋名词"，所以"今欲讲中国哲学史，其主要工作之一，即就中国历史上各种学问中，将其可以西洋所谓哲学名之者，选出而叙述之"。[③]冯先生根据自己对西方哲学的理解，对哲学的内容进行了界定[④]，并据此罗列了五条史料选择的标准（文繁不引）。冯先生非常自信地说，依他设计的标准"搜集中国哲学史之史料，则'虽不中，不远矣'。"[⑤]

应该说，冯先生的上述观点有合理的成分，也有很大的局限。其所谓根据哲学概念的内容来选取哲学史料，这是合理的；冯先生关于哲学的定义以及相关的展开论述也没有什么问题，甚至于他据此罗列的五条史料选择的标准，从一般方法论的意义上来说，也没有什么特别可以指摘之处。但其指导思想："将其可以西洋所谓哲学名之者，选出而叙述之"则显然有失偏颇。

---

① 虽然胡适是中国哲学史的开山，但其《中国哲学大纲》的影响远不及冯友兰两卷本《中国哲学史》，直到现在，中国哲学史方面的教材，修修补补，一直都没有脱离冯友兰的窠臼。

② 冯友兰：《中国哲学史》，中华书局 1961 年版，第 25 页。

③ 冯友兰：《中国哲学史》，中华书局 1961 年版，第 1 页。

④ 冯友兰：《中国哲学史》，中华书局 1961 年版，第 2 页。

⑤ 冯友兰：《中国哲学史》，中华书局 1961 年版，第 25—26 页。

而由于冯先生过分依赖"西洋"的框架模式，使中国哲学及中国哲学史的特点受到遮蔽，所以通观冯哲，即使是按照冯先生本人陈述的哲学定义，以及他本人罗列的选材标准来衡量其所著《中国哲学史》，也没有很好地实现资料的审查工作。

问题出在哪里？就是对中国传统哲学立足于经学讲哲学这一特点的重视不够①。其结果是，对于传统经学中最具有哲学特色，也一直被古人视为哲学著作的《周易》系统的材料严重忽视。例如讲先秦，不重视挖掘《周易》经传中的资源；讲两汉，忽视宇宙论和知识论色彩十分浓厚的象数易学；讲宋明理学，也不重视易学在三教合流、理学建构中的理论意义，等等。20 世纪冯哲之后的中国哲学史方面的研究专著或教材，基本沿袭了冯哲的模式。所以，一部中国哲学史，常常让人有一种"主角不在场"之感。

再说第二个问题。

如前所说，20 世纪初叶，中国哲学史学科建设之始，恰逢疑古思潮弥漫学术界，疑古思潮，以打破经学，辨伪典籍，辨伪古史为职志，在当时对于解放思想，引进新观念和新的研究方法，特别是系统地考辨古书真伪，梳理可信的材料等，起到了十分积极的作用。但由于时代条件的限制，也有不少本来比较可信的典籍或史实受到了怀疑。例如关于孔子，在经学时代的观念中，与之相关的史料是相当丰富的，六经自不必说，此外举凡汉代以前典籍中涉及孔子的言论、事迹，多被信以为真。这固然不可取，但经古史辨家一辨，好像除了一部《论语》勉强可信之外②，研究孔子，基本上就再没有多少可依赖的史料了。还有孔子与《周易》的关系也是如此，《史记》所谓孔子晚而喜易，《论语》中也记载了孔子研《易》的一些材料。但古史辨家认为不可信③，受其影响，有的学者甚至认为孔子终其一生都没碰过、没见

---

① 张岱年先生注意到了这一点，但所著《中国哲学大纲》真正在学术界产生影响是 20 世纪 80 年代的事情。

② 如钱玄同先生说："我们要考孔丘的学说和事迹，我以为只有《论语》比较地最可信据。"（钱玄同：《答顾颉刚先生书》，载《古史辨》第一册，上海古籍出版社 1981 年版）

③ 如钱玄同先生针对《论语》中的三条材料说："关于《易》虽有三则，但这三则不足以证明孔丘曾经赞《易》，而且反足以证明孔丘与《易》无关。"（钱玄同：《答顾颉刚先生书》，载《古史辨》第一册，上海古籍出版社 1981 年版）

到过《周易》，这对于研究孔子的思想无疑影响很大。又如讲先秦儒学，基本上都是孔孟荀三段论，孔孟之间的一百来年，也就是孔子的弟子及再传弟子基本上都缺席了，不是没有材料，像《礼记》中就有不少，但是不敢信，所以包括《大学》《中庸》《易传》这样重要的典籍，基本上都是放在汉代来处理。

类似的情况在其他历史人物身上或重要典籍中也经常发生，兹不一一赘述。总之，中国哲学史作为一门学科，在其成立之初遇到了很多重要的问题，就史料的建设而言，有不少漏洞。当然，我们丝毫没有怪罪先哲之意，只是站在发展的立场反思这些问题，以求更新的发展而已。

二

这两方面的问题，后一方面，自 20 世纪 70 年代以来已经逐渐有所改观。

大家知道，20 世纪 70 年代中后期以来，我国出土了大量的与中国哲学思想发展有关的文献史料，随着对这些文献史料研究的不断深入，人们发现 20 世纪初叶的疑古辨伪，虽然在史料的整理方面有其贡献，但疑古过勇，也牺牲了不少本来可信的材料。

综合 20 世纪 70 年代以来的考古发现，与中国哲学有关的简帛典籍，比较著名的如 1972 年 4 月，在山东临沂发掘出土的《孙子兵法》《孙膑兵法》《六韬》《尉缭子》《管子》《晏子春秋》；1973 年 5—12 月，在河北定县八角廊村西汉中山怀王刘修墓中出土的《论语》《儒家者言》《哀公问五义》《保傅传》《太公》《文子》；1973 年 12 月，在湖南长沙马王堆 3 号墓出土的大批帛书与竹木简，与中国哲学有关的有《周易》（包括《易经》和帛书《易传》）、《五行》《春秋事语》《战国策》《老子》《黄帝四书》《式法》等；1977 年在安徽阜阳双古堆出土的《诗经》《周易》；1993 年 3 月，在湖北江陵荆州镇郢北村王家台出土的秦简"易占"（有学者认为系《归藏》）；1993 年冬在湖北荆门郭店出土的竹简，内容包括《老子》甲、乙、丙三本、《太一生水》《缁衣》《五行》《鲁穆公问子思》《穷达以时》《性自命出》《成之闻之》《尊德义》《六德》《语丛》等；1994 年，上海博物馆从香港购回 1200 多支战国竹简，竹简的内容包括书籍 80 多种，内容涉及儒家、道家、兵家、杂家等，其中多数古籍为佚书，个别见于今本，主要有《易经》《诗论》《缁衣》《子羔》《孔子闲居》《彭祖》《乐礼》《曾子》《武王践阼》《赋》《子路》《恒先》《曹沫之陈》《夫子答史蒥问》《四帝二王》《曾子立孝》《颜渊》《乐书》等。

上述这些简帛文献，有些有今传本，可证古书之不伪；有些是前所未见的佚书，可补史料之不足。就孔子而言，以定州简为例：定州简《论语》是目前发现最早的《论语》抄本，简数有 620 多枚，共 7000 余字，虽不足今本《论语》的一半，但文字差异多达 700 余处，分章上也有独特的特点。这对于了解《论语》的成书，校勘传本《论语》具有非常重要的意义①。定州简《儒家者言》："上述商汤和周文的仁德，下记乐正子春的言行，其中以孔子及其门弟子的言行为最多。所记多为对忠、孝、礼、信等道德的阐发，这部书的绝大部分内容，散见于先秦和西汉时期的一些著作中，特别在《说苑》和《孔子家语》之内，但它比这些书保存了更多的较为古老的原始资料。"② 有学者还怀疑这部分材料当是《孔子家语》的原型③。又如马王堆帛书《易传》，大量记载了孔子与弟子讨论《周易》卦爻辞的言论，证明今本《易传》确与孔子有关④。不仅如此，透过帛书《易传》的记载，还可以大大丰富研究孔子的直接材料。据专家统计，传世本《易传》与帛书《易传》共有"子曰""夫子曰""孔子曰"135 次⑤。这等于在《论语》之外，又多出了 100 多条研究孔子的材料。其实，揆诸近年来出土的简帛书籍，多出的又何

① 河北省文物研究所定州汉墓竹简整理小组：《定州汉墓竹简论语》，文物出版社 1997 年版，第 1—2 页。
② 国家文物局古文献研究室、河北省博物馆、河北省文物研究所定县汉墓竹简整理组：《定县 40 号汉墓出土竹简简介》，载《文物》1985 年第 8 期。
③ 李学勤：《简帛佚籍与学术史》，江西教育出版社 2001 年版，第 394—395 页。
④ 廖名春：《试论孔子易学观的转变》，载《孔子研究》1995 年第 4 期。
⑤ 黄沛荣：《易学乾坤》，台湾大安出版社 1998 年版，第 207 页。杨按："135 次"包括了帛书《昭力》《缪和》篇的内容。二篇中是否有孔子的言论，学者尚有争议，笔者同意李零先生的观点，肯定二篇中有孔子的言论（李零：《简帛古书与学术源流》，生活·读书·新知三联书店 2004 年版，第 244 页注释）。

止这 100 多条!

就孔门"七十子"或再传弟子言,长沙马王堆帛书《五行》和郭店竹简《五行》被学者认为"正是荀子在《非十二子》中作为子思孟轲学派代表作来批判的那个'五行'说"①。这是一个非常了不起的发现,它使一度模糊不清的思孟学派问题重新受到重视。不仅如此,李学勤先生研究认为,郭店竹简中有一部分,如《缁衣》《五行》《鲁穆公》就属于史书所记《子思子》的内容②。另外,如《成之闻之》《性自命出》《尊德义》等,也与《子思子》有关,并指出"这些儒书的发现,不仅证实了《中庸》出于子思,而且可以推论《大学》确实可能与曾子有关。《大学》中提出的许多范畴,如修身、慎独、新民等,在竹简里都有反复的论述引申。……由此可见,宋代以来学者推崇《大学》、《中庸》,认为《大学》《中庸》体现了孔门的理论思想,不是没有根据的。"③当然,郭店竹简中的儒家著作,哪些是子思一系的作品,哪些不是,学者间还有争论④,但总而言之,"它们反映的主要是'七十子'的东西,或'七十子'时期的东西,其中也包含了子思一派的东西"⑤,应该是没有问题的。况且,在数量更大的上博简中,还发现很多"《孔子世家》和《仲尼弟子列传》中的人物,如颜回、仲弓、子路、子贡、子游、子夏、曾子、子羔、子思等人,有些甚至就是以他们的名字题篇。它们是'七十子'的东西,这点更明显"⑥。看来,不言简帛,简直是不能言先秦儒家了。

其他与道家、兵家等相关的出土材料也很多,不再一一评论。

---

① 庞朴:《竹帛〈五行篇〉与思孟五行说》,载《哲学与文化》1999 年第 26 卷第 5 期。
② 李学勤:《荆门郭店楚简中的〈子思子〉》,载《文物天地》1998 年第 2 期,第 28—30 页;又见《中国哲学》第 20 辑《郭店楚简研究》,辽宁教育出版社 1999 年版,第 75—80 页。
③ 李学勤:《先秦儒家著作的重大发现》,《人民政协报》1998 年 6 月 8 日;又见《中国哲学》第 20 辑《郭店楚简研究》,辽宁教育出版社 1999 年版,第 13—17 页。
④ 陈来指出:"墓中所随葬的竹简文献,合理地推测,应是墓主用以教授太子及国子的教本。而教本中的儒家文献,必然是从流行的诸多的子书、记、说中选编而成的,或者就是当时流行的一种选编本。"(陈来:《荆门竹简之〈性自命出〉篇初探》,载《孔子研究》1998 年第 3 期)杨按:该墓墓主身份迄今尚无定论,不过,陈先生视随葬竹简文献为"选编本",颇为朴实可信。
⑤ 李零:《郭店楚简校读记·前言》,北京大学出版社 2002 年版,第 4 页。
⑥ 李零:《郭店楚简校读记·前言》,北京大学出版社 2002 年版,第 4 页。

总之，20 世纪 70 年代以来的简帛文献的出土，为我们揭开了很多扑朔迷离的面纱，纠正了许多年来人们对于古人古书的误解。中国学术思想研究的方法、观念都在因着这些史料的被发现而发生着变化。难怪有不少学者都不约而同地惊叹：中国学术史将可能因此而重写！[①] 同样，拜出土文献之赐，前此中国哲学史史料的选取与鉴定过程中存在的某些不足也得到了改观，现在中国哲学界有不少专家学者正在积极地消化这些出土的文献史料，发表了大量的学术论文，出版了一些有影响的专著[②]，这是可喜的现象。

三

再谈前一方面的问题，即过分依赖西方哲学史的架构模式，剪裁中国哲学史史料的问题。

中国哲学有一个特点，就是立足于经学讲哲学，历代哲学家基本上都是透过经典的诠释来阐发建构自己的理论体系。已故著名哲学家朱伯崑先生指出，中国传统哲学，特别是儒家系统的哲学，同儒家经学发展的历史密切相关。但近代以来，由于哲学与经学的分离，人们忽视了二者原有的特殊关系，乃至于对在传统经学中与哲学密切相关的易学问题也很少作出探讨。结果，对历代哲学思想的研究，便往往只局限于孤立地分析其哲学概念、范畴和命题，见枝叶不见本根，不能揭示出其形成和发展的理论渊源及理论特征。因而也就难以真正了解中国哲学的民族特点[③]。而在儒家经学中，《周易》的地位十分突出，被奉为众经之首。这也无足可怪，因为在古代学者的心目

---

① 如杜维明指出："郭店楚墓竹简出土以后，整个中国哲学史、中国学术史都要重写。"（杜维明：《郭店楚简与先秦儒道思想的重新定位》，载《中国哲学》第 20 辑，辽宁教育出版社 2000 年版）萧萐父指出："楚简及上博楚简的全面研究，……有可能重新改写中国学术史、经学史以及楚国文化史等。"（杜维明：《郭店楚简的价值和意义》，《郭店楚简国际学术研讨会论文集》，湖北人民出版社 2000 年版，第 16 页）

② 如陈来的《竹帛〈五行〉与简帛研究》（三联书店 2009 年版），梁涛的《郭店竹简与思孟学派》（中国人民大学出版社 2008 年版），王中江的《与古代思想史界》（北京大学出版社 2011 年版）等。

③ 朱伯崑：《易学哲学史》（一），昆仑出版社 2009 年版，第 53 页。

中,《周易》是一部公认的哲学著作。例如,《庄子·天下篇》谓:"《易》以道阴阳。"《礼记·经解篇》谓:"洁净精微,《易》之教也。"郭店楚简《语丝》曰:"《易》所以天道人道也。"董仲舒《春秋繁露·玉杯》曰:"《易》本天地,故长于数。"……《四库全书总目提要》经部易类曰:"《易》之为书,推天道以明人事者也。"直到近代,传统经学终结之时,人们在近代学科体制下为《周易》找"座位"时,也都是把它视为哲学书而划到哲学系去研究。如蔡元培先生就曾指出"为大学国文系的学生讲一点《诗经》,为史学系的学生讲一点《书经》与《春秋》,为哲学系的学生讲一点《论语》、《孟子》、《易传》与《礼记》,是可以赞成的。"① 可见视《易》为哲学著作乃是古人及近人的共识。

正是基于以上事实,早在 20 世纪 80 年代,朱伯崑先生耗时 8 年,撰写了 4 卷本的《易学哲学史》,对易学哲学,以及易学哲学与中国传统哲学的关系等问题进行了系统深入的探讨,开拓了中国哲学研究的视野,丰富了中国哲学研究的内容。例如,过去由于没有把易学系统的材料丰富到中国哲学史的教材中去,所以相关研究著作或教材中所反映的中国哲学史上的某些环节相当贫乏。如讲汉代哲学,讲完西汉的董仲舒接下来就是讲东汉的王充,中间最多再加一个扬雄,西汉中期真正讲宇宙论的象数易学则很少涉及。朱伯崑先生在其《易学哲学史》中指出:

> 从哲学史上看,孟京易学,特别是京房易学,通过其卦气说,建立起一个以阴阳五行为世界间架的哲学体系。这个体系是汉代阴阳五行说的发展。京房将八卦和六十四卦看成是世界的模式,认为《周易》既是自然界又是人类社会的缩影,作为世界变易的基本法则即阴阳二气的运行和五行之气的生克,即表现在八卦和六十四卦及三百八十四爻之中。这样便将西汉以来的自然哲学更加系统化了。尽管他将《周易》中的筮法,引向占候之术,宣扬了天人感应的迷信,但他提出的世界图式对后来的哲学家们探讨世界的普遍联系,很有启发的意义。

---

① 《蔡元培全集》第二卷,浙江教育出版社 1997 年版,第 16 页。

特别是他以阴阳二气解释《周易》的原理，借助于当时天文学的知识和理论，阐述《周易》经传中关于事物变化的学说，这是对先秦易学的一大发展。这种学风，对汉代哲学、思想文化的发展都起了很大的影响。①

由此可见，汉代象数易学，其哲学内涵是何等的丰富，过去由于对易学的忽视，在中国哲学史教科书中很少涉及这些内容，这对于系统了解两汉哲学理论的发展，不能不说是很大的缺陷！

又如，谈到宋明理学，向来的观点大都认为，儒学重于伦理实践而疏于哲学论证，佛、道精于哲学思辨而流于寂灭空虚。宋代的儒学家以儒家的纲常伦理为核心内容，以佛、道精巧的哲学思辨为理论基础，合流儒、释、道三教，形成了宋代的理学。但宋代的儒学家何以能够以儒家的纲常伦理为核心，吸取佛、道的精巧的哲学？换句话说，儒学自身有没有吸取佛、道哲学的理论基础？如果有，它是什么？这个问题人们似乎很少考虑到。朱伯崑先生在其《易学哲学史》第二卷中非常精彩地回答了这个问题。朱先生说："宋明哲学中的五大流派即理学派、数学派、气学派、心学派和功利学派都同易学哲学有密切的关系。前三个流派都是以易学哲学为中心形成了自己的哲学体系。"②因此可以说，在儒、释、道三教合流而形成的理学中，会通三教的理论基础乃是儒家的经典《周易》。也正由于此，理学才不被称为新道家或新佛教，而被称为新儒学。此可见不了解或不重视易学，对于深入认识宋明理学也很不利。

又如以前讲中国古代哲学，由于不关注易学，涉及知识论时，常常把一些修养论的材料曲解之后纳入到认识论的板块里面来，造成了很多误解。其实象数易学里面有大量知识论的内容，而且与西方的知识论很不相同，很有特色。朱伯崑先生在论述易学理论思维方式时，就曾特别谈到易学的逻辑思维、辩证思维，其中的逻辑思维包括分类、类推和形式化三个方面；其

---

① 朱伯崑：《易学哲学史》（一），昆仑出版社 2009 年版，第 170 页。
② 朱伯崑：《易学哲学史》（二），昆仑出版社 2009 年版，第 9—10 页。

中的辩证思维则包括变易思维、相成思维和整体思维三条原则。不单如此，朱伯崑先生还曾就易学与中国传统科技思维问题作出探讨，朱伯崑先生说："我认为，中国有自己的科技传统，……但不尽同于西方的传统。我们不能因为缺乏西方的传统，便得出中国没有科学的结论。""在中华传统文化或中国元典中，唯有《周易》系统的典籍，与中国传统科技的发展有密切的联系。研究中国科技史，不能脱离周易文化。易学中有两大流派：义理学派和象数学派。义理学派对周易卦爻象和卦爻辞的解释，主取义说，……注重其共性或本质，对中国哲学，特别是形上学的发展，影响深远；象数派主取象说，……注重对个体事物的观察，对科技思维的发展，影响深远。"① 朱伯崑先生还进一步揭示了易学科技思维的六条基本原则：观象论、功能论、对待论、流转论、整体论、辅相论。由此可见在传统易学中还包含了很丰富的古代科技哲学的内容。

然而，尽管朱伯崑先生的4卷本《易学哲学史》揭示了中国哲学上很多本质的问题，但这些成果似乎还没有引起中国哲学界的重视，易学系统的史料至今似乎也还没有进入中国哲学史研究者的视野。其实，中国哲学史的创始人之一，前面所谓的在20世纪中国哲学界最具实际影响力的冯友兰先生临终前曾呼吁"要重视《周易》哲学"②，我想这可能是冯友兰先生思考中国哲学史研究的又一进境。但很可惜，这一点并未见到学术界的反应。

站在中国哲学史研究的立场，笔者认为这一现状必须改变，从史料建设的角度说，至少有这样一些易学史料值得进一步挖掘：历代著名易学家的哲学史料；历代易学名著里面的哲学史料；传统文化各层面中的易学史料等。后者其实意义更大，散见在传统文化各层面的易学史料，更容易让我们理解《易》为什么是众经之首，为什么它能够成为中国传统文化的哲学基础。这些东西对于我们理解中国传统文化的思维基础至关重要。

总之，立足于发展的眼光审视中国哲学史研究的百年发展，其在史料建设方面还存在着很大的缺陷，还需要学者们作出进一步的反思。所谓"进

① 《易学与中国传统科技思维》，《哲学杂志》1996年第16期；又见《朱伯崑论著》，沈阳出版社1998年版，第779—780页。
② 蔡仲德：《冯友兰先生年谱初编》，河南人民出版社1994年版，第784页。

一步的反思"，是因为这种反思从来就没有停止过，20 世纪末和 21 世纪初，相关的反思还曾形成一个热点，如关于中国哲学合法性的讨论等。但或因囿于成见，或因对问题的本质认识不足，这种反思始终没有深入到问题的本质。比如中国哲学合法性的讨论本来有望深入下去，并且有望在中西哲学比较的视域里面深入下去，但非常吊诡的是，不少学者看到"合法性"这样比较刺激的字眼，兴起"保国保种"的激情，结果把中国哲学的反思转向为中国哲学合法性的保卫战，"救亡"再一次压倒"启蒙"，中国哲学的反思也就在这种"救亡"中烟消云散了。这是很可惜的！所以，为今之计，应当继续深入反思中国哲学史的研究，而在这种反思中，史料建设的反思可能更为基础，因而更应该引起人们的重视。

（原载于《国学学刊》2012 年第 3 期）

石峻先生与
中国哲学

石峻先生的中国哲学研究

石峻（1916—1999），中国哲学史专家、佛学家、教育家，1916 年生于湖南省零陵（今永州市）。1934 年考入北京大学哲学系，1938 年毕业后在北京大学哲学系、西南联合大学哲学系任教。1948 年由北京大学调武汉大学哲学系任副教授，兼任图书馆主任。1952 年回北京大学哲学系任副教授、研究生导师。1955 年调入中国人民大学，参加筹建哲学系工作，1963 年升为教授。1981 年被国务院学位委员会批准为我国首批中国哲学史专业博士生导师。生前曾任中国人民大学校务委员会委员，中国哲学史学会第一、二、三届理事会常务理事和副会长，《中国哲学史研究》主编，中国哲学史学会顾问等职。

自 1938 年以来的 60 余年间，石峻先生一直在高校从事中国哲学史的研究和教学工作，先后开设过哲学概论、印度哲学、中国佛学、伦理学、逻辑学、史料学、中国近现代哲学、中国哲学史原著选读等十余门课程。在中国哲学的各个领域均颇有建树，有些领域的研究还具有开拓性。但由于石峻先生慎言行，重实践，述而不作。所以，他的许多观点都未形成文字，公诸世人，这是十分遗憾的。但石峻先生出身北京大学，成名于西南联合大学，新中国成立后的大半生又是在中国人民大学度过，这使他有机会综合各家之长，不断形成了自己的研究风格。方立天等先生把石峻先生中国哲学研究的特点概括为四个方面[①]，笔者非常同意。在此仅就个人的理解，再作较为详细地讨论，也可以说是为方先生等人的文章作一点儿注脚。

---

① 参见方立天等：《石峻与中国哲学研究》，《光明日报》1999 年 6 月 18 日。

一

坚持马克思主义，突出中国人民大学特色。早在 20 世纪 30 年代，石先生就注意搜集中外马克思列宁著作以及辩证唯物主义和历史唯物主义读本，多年浸润其间。新中国成立后，石先生又系统地学习和研究马克思主义哲学，成为坚定的马克思主义者。1955 年，调入中国人民大学，参加筹建哲学系，并长期主持哲学史、中国哲学史教研室工作，石峻先生又结合中国人民大学的风格，努力坚持用马克思主义的基本原理指导哲学史、特别是中国哲学史的教学与科研，并把它视为哲学史研究的重要内容之一。

50 年代，石先生曾发表《论有关中国哲学史的对象和范围的讨论及其目前存在的一些问题》的长文；80 年代，又先后发表《有关中国哲学史研究方法的几个问题》《中国哲学史研究要进一步科学化》《哲学史研究随想录》《开展中国近代哲学思想史研究的重要意义》等文章，系统地探讨了马克思主义与中国哲学史研究的关系。石峻先生常说，具体问题总是比一般原理要丰富多彩，把马克思主义基本原理运用到具体学科的研究中去，比学习一般的马克思主义原理需要更高的马克思主义水平。因此，石峻先生特别强调要正确对待马克思主义的指导作用，反对教条主义和"应时主义"[1]。并特别指出既要注意以马克思主义基本原理为依据，探讨哲学史研究中的方法论问题；更要注意通过哲学史的研究，丰富对马克思主义基本原理的认识，充分体现了其坚深的马克思主义哲学素养。

二

注重实证精神，继承北大传统。石峻先生出身北京大学，师从汤用彤等哲学大家，并在北京大学哲学系（包括西南联合大学）工作多年，所以在

---

① 　参见杨庆中：《石峻先生学述》，《中国哲学的继承与创新》，中国人民大学出版社 1999 年版，第 10—12 页。

他的学术研究中，自觉继承和发扬了近代以来北京大学重视实证的优良传统。石峻先生常说，从事哲学史研究，必须注意用史料说话，也必须重视史料学的建设，它是中国哲学史研究的基础学科之一。

石峻先生在中国人民大学多次讲授中国哲学史史料学，认为中国古代哲学史料散见于实物史料、文字史料和口传史料之中，加之中国古代典籍常常是经学、史学，乃至于文学与哲学融为一体的特点，所以需要研究者本着实事求是的精神，博览群书，加以发掘、辑佚、鉴别、校勘、训诂等。石峻先生指出："实事求是是从事中国哲学史史料学研究的基本指导思想。在博览群书和深入研究的过程中，坚持严谨的态度和历史主义的观点至关重要。一个证据可证的范围有一定限度，不随意扩大，也不随意缩小；信则传信，疑则传疑；证据不足时不轻下判断，这是从事史料学研究的基本方法和态度。中国古代典籍都具有自身的特点，坚持实事求是的思想方法，就需要尊重历史的本来面目，用历史发展的观点对待史料，不用其他时代的思想和观点去涂改史料，不把后人的思想观点灌注于前人留下的史料中。"[①] 相反，如果不坚持历史主义的观点，有十分之六七的根据，就忙下结论，妄称"十分之见"，就容易流于"华而不实"，导致用其他时代的思想观点涂改史料，或用后人的思想观点曲解史料，混淆历史本来面目的可悲后果。石峻先生的这些观点对于中国哲学史史料学的学科建设，是有重要意义的。

三

重视中国佛教思想史的研究，打通中国哲学史。石峻先生是国际知名的佛学专家，早在 30 年代就师从汤用彤等哲学大家，研究中印佛学，先后发表了《读慧达〈肇论疏〉述所见》《玄奘思想的检讨》《〈肇论〉思想研究》《论玄奘留学印度与有关中国佛教史上的一些问题》《佛教与中国文化》《宋代正统儒家反佛理论的评析》，以及《论隋唐佛教宗派的形成》《论魏晋时代

① 石峻：《中国哲学史史料学》，《中国大百科全书·哲学卷》，中国大百科全书出版社 1987年版，第 1222—1223 页。

佛学和玄学的异同》（与他人合著）等一系列具有重要影响的研究论文，并参与编纂了《中国佛教思想资料选编》，对于推动中国佛学的研究起到了一定的积极作用。

石峻先生认为，佛教既不是某种孤立的社会现象，也不是某位圣人的凭空创造，而是历史发展的产物。从哲学的立场说，它重视研究宇宙人生中的"常"与"变"的关系；一般和特殊的关系；各种对立的思想概念和范畴之间相互依存，不可分割的关系，包含了丰富的辩证法因素，也确实反映了剥削制度下存在的大量的各种社会人生问题。因此，它的内容不是纯粹用"迷信"二字就可以一概抹杀的。正确的态度应该是本着实事求是的原则，研究它的发展规律、思维教训、历史价值①。

佛教原产于印度，传入中国后，与中国社会历史的特点相结合，不断得以发展和创新，形成了若干不同于印度佛教的、为中国佛教所独有的新的精神面貌和特点。因此，石峻先生强调研究中国佛教，除注意其中的一般问题外，还要注意中国佛教与印度佛教的异同；佛教对中国文化的影响；佛教在中国如何适应，如何发展，并最终变化成中国传统文化的一部分；中国人在佛教或佛学的发展方面有哪些特点和贡献；中国的思想文化如何影响改造了印度佛教等。石峻先生认为，佛教的传入和发展，对于中国哲学的发展有很大影响，对于帮助维护中国传统封建道德、维护封建宗法经济等产生了很大影响。对于保存我国古代历史文物，也形成了某些有利的条件。佛教的传入，外来用语、新概念、新范畴的运用，使我国思想史的内容和表达思想的方式也变得丰富。除以上几点外，佛教对中国的文学艺术等一些专门学科的影响，也是十分巨大的。如文学中的夸张艺术，文献学中的音韵学，以及佛教寺院的雕塑、壁画、佛教宝塔等。佛教影响了中国文化，中国文化同样也影响了佛教。中国佛教有着不同于印度佛教的特点，这种不同反映了中国思想对印度佛教思想的改造。这种改造一方面与人们对佛教的理解有关，另一方面也与中国人的反佛有关。石峻先生十分重视对反佛教学者的观点与信佛学者的观点进行比较研究。认为这种比较更能反映出两种文化之间斗争、融

---

① 方立天等：《石峻与中国哲学研究》，《光明日报》1999 年 6 月 18 日。

合、创新的内在规律。

除了对于中印佛教的一般讨论外，石峻先生对于中国历史上各个时期佛教的传播、发展和创新也都有颇为深入的探讨，如他对《肇论》的考证和研究，曾经得到汤用彤先生的高度称赞，并誉之为"素好肇公之学"；如他对以六祖慧能为真正创始人的禅宗南派的研究，对宋代正统派儒学家援佛又反佛的研究等，都很有独到之处，颇受学界同仁的关注①。

四

探索中国古代哲学的现代发展，重视中国近现代哲学研究。石峻先生十分重视中国近现代哲学的研究，是新中国学术界讲授中国近代哲学的第一人。20 世纪 50 年代初执教北京大学期间，石峻先生曾负责组织编写了《中国近代思想史讲授提纲》、主编了《中国近代思想史参考资料简编》，为中国近代哲学史和思想史的研究奠定了基础。此后又陆续发表了《近代中国知识分子的道路》《论李大钊和陈独秀的思想》《纪念爱国知识分子章太炎逝世二十周年》《郑观应的〈盛世危言〉》《洪秀全的最重要的著作》《有关中国哲学史研究方法的几个问题》《开展中国近现代哲学思想史研究的重要意义》《胡适评传》等一系列论文，并在晚年发起成立中国现代哲学史研究会，主编大型丛书《现代中国思想论著选粹》，有力地推动了中国近现代哲学研究的开展。

石峻先生认为，过去讲中国哲学，只讲到近代以前，甚至有人只讲到王阳明，这是割断历史，应该重视对中国近现代哲学的研究。石峻先生说，研究中国近现代哲学，就是研究从鸦片战争到新中国成立这段历史时期的哲学发展历程。具体地说，就是对于中国在近现代如何变成半封建半殖民地社会，如何不断失败，又如何最终走向胜利等进行理论的概括。中国的近现代是一个大动荡、大变革的时代，社会各阶级几乎作了充分的表现，不同的阶级以至同一阶级的不同派别，其表现也前后相异。因而形成了各种哲学思潮

---

① 　方立天等：《石峻与中国哲学研究》，《光明日报》1999 年 6 月 18 日。

兴起交替、急速变化的情况。最后，马克思主义传入中国，战胜了各种哲学思潮，把中国社会引向了社会主义。

石峻先生对于中国近现代哲学研究具有开拓之功。其之所以倡导并率先进行这方面的研究，乃是由于在他看来，中国的新社会是从旧社会发展而来的，我们从事社会主义建设的现实基础，是从近现代的历史中演变过来的。脱离了这个基础，就容易割断历史，忽视中国国情，就容易走向历史虚无主义。现代是古代的继续，是历史与现实的交汇点，也是未来发展的起点。所以，只有深入地研究近现代中国哲学的发展历程，才能明确古代的哪些东西需要批判，哪些东西需要继承，才能全面理解中国哲学。石峻先生常说："最好有人注意研究我国古代哲学家的思想在近现代的反应，它们是如何被改造来加以应用的，这对于进一步阐明我国哲学思想史的发展规律，肯定是会大有帮助的。"石峻先生的这一建议是很富有启发意义的，对于推动中国近现代哲学的研究必将产生重大影响。

五

探索中国哲学的世界化问题，重视中、西、印哲学的比较研究。石峻先生的导师汤用彤先生是学贯中、西、印的哲学大师，受其影响，石峻先生也十分注意研究中、西、印哲学的会通问题。石峻先生学习过英、德、俄、梵四种文字，西方哲学与印度哲学的造诣极深，直到晚年还能用英文大段背诵法国著名哲学家笛卡尔（1596—1650）的《形而上学的沉思》中的主要篇章。

石峻先生认为，会通中、西、印哲学，不仅在于丰富和发展中国哲学，还在于向世界介绍中国哲学。早在40年代之初，他就撰有《读近译〈道德经〉三种》，关心用外国文字介绍中国哲学的事业。50、60年代，他应邀为《人民中国》《中国建设》及《今日中国》等刊物用英文撰写多篇介绍中国哲学的论文。还为《苏联大百科全书》用俄文撰写有关中国近代思想史的条目。晚年又主编出版了目前国内唯一的一部《汉英对照中国哲学名著选读》（上下卷）。石峻先生孜孜不倦地向世界介绍中国哲学，出于两个目的：一是为了抵制哲学史研究中的"欧洲中心论";二是为了把中国哲学史的成就放在世界哲学范围内来加以总结。应该说,石峻先生的这种努力,对于外国学者正确认识中国哲学的本来面目,对于中国哲学的世界化具有重要的意义。

石峻先生一生执教于高校,弟子满天下,继承石峻先生的治学精神,总结其中国哲学史的研究成就,对于推动中国哲学史研究的进一步发展必将产生积极的影响。

(原载于《湖湘论坛》1999 年第 5 期)

石峻先生的中国哲学史史料学研究

中国哲学史史料学，是中国哲学史研究的基础学科之一，目的在于为中国哲学史的研究提供可靠的史料依据。20世纪以来，中国哲学史研究的大家，都很重视史料及史料学方面的研究工作，如冯友兰、张岱年、朱谦之等著名学者，都曾撰写过中国哲学史史料学方面的专著。著名教育家、中国哲学史家、佛学专家石峻先生生前亦十分重视对中国哲学史史料学的研究，曾于1983年、1984年、1986年、1988年等，先后数次为中国人民大学哲学系研究生讲授《中国哲学史史料学》，也曾应邀在其他院校讲授相关课程，影响很大。石峻先生生前虽未出版相关的著作，但其讲授提纲体系完整，内容丰富，特色鲜明，计由八讲构成，分别是：

第一讲　中国哲学史史料学的性质和范围

第二讲　论有关工具书的使用

第三讲（上）目录与版本

第三讲（下）版本学略论

第四讲　校勘与训诂

第五讲　辨伪与辑佚

第六讲　分期与分类

第七讲　哲学理论与思想史料

第八讲　论史料的引证

从这个简单的目录可以看出，与冯友兰、张岱年、朱谦之等先生的相关著作所讲内容有所不同，石峻先生的史料学研究是很有特色的，本文即据此讲授提纲（以下简称《讲义》）①，对石峻先生的中国哲学史史料学研究作一评价，以期引起关注。

一、实证精神

石峻先生的中国哲学研究，始于 20 世纪 30 年代就读于北京大学哲学系时期，据任继愈先生回忆，当时的北京大学注重中西哲学史及佛教哲学的研究②，这一传统，与胡适、汤用彤等大师积极倡导实证精神不无关系。应该说，石峻先生的中国哲学史史料学研究正是这种实证精神的继承和体现。从石峻先生的《讲义》中不难发现，其史料学研究，基本的思想脉络系源于胡适先生的《中国哲学大纲》，胡先生在其《中国哲学大纲》的"导言"部分，曾花大量篇幅讨论"哲学史的史料""史料的审定""整理史料的方法"等问题，而在"整理史料的方法"专题中，又特别介绍了校勘、训诂、贯通三方面内容。石峻先生的中国哲学史史料学研究颇受其影响，可以说是对胡适《中国哲学大纲》中相关思想的继承和发展。石先生于 20 世纪 70 年代末 80 年代初撰写的《胡适评传》中，对于胡适的史料功夫，曾经作过这样一个评价："在我国学术界中，有一些人看到封建资产阶级学者，经常歪曲历史，于是便以为在他们所有书上的每句话都是错的。这是不妥当的。我们应当承认封建资产阶级学者，并非在任何问题上都在撒谎。他们有可能并且确实在一些历史资料问题研究方面，提供了若干基本可信的情况或论据。不承认这一点，便会走上历史虚无主义。"在当时复杂的历史背景下，石先生虽然用语委婉，但敢于正面肯定胡适的学术贡献，无疑是对其实证精神的认同。

当然，石峻先生之重视实证精神，较之胡适先生更有进境，这得益于石峻先生对胡适实用主义方法论的超越，对马克思主义唯物史观的深刻体

① 参见《石峻文存》，华夏出版社 2006 年版。
② 任继愈：《〈石峻文存〉序》，华夏出版社 2006 年版，第 1 页。

会，和对实事求是的精神实质的准确把握。石峻先生之研究中国哲学，首先特别强调的一点是破除迷信，不盲从。石峻先生说：

> （研究中国哲学史要）彻底摆脱一切盲从和迷信。不仅要从封建的、资产阶级的各种教条中解放出来，就是对无产阶级革命领袖的言论，也敢于持科学分析的态度，力求做到一切以客观真理为依归。至于社会上的名流、专家，更不能把他们的每一句话当做格言。①

石峻先生进而认为，要认识到马克思、恩格斯、列宁、斯大林并没有仔细地研究过东方各国的哲学，对于中国哲学史的一系列问题，乃至一些历史上著名的哲学家，很少作过什么理论上的分析和科学的评价（当然像孙中山这样个别的人是例外）。就是毛泽东论到过的中国历史人物和思想，虽然很富有启发性，可供参考，但是除近代部分以外，也非常有限。② 所以，石峻先生认为研究中国哲学，不盲从、不迷信是十分关键的。而要做到不盲从，就需要自己亲自动手，"从前人积累的思想资料出发，或从今人研究古人的思想的不同见解出发，从过去和当前研究中存在的问题出发"③，大量掌握经过批判审查的思想资料，并对之进行全面的分析。所以，石峻先生之研究中国哲学特别强调的又一点是靠史料说话，有一分证据说一分话。石峻先生说：

> 实事求是是从事中国哲学史史料学研究的基本指导思想。在博览群书和深入研究的过程中，坚持严谨的态度和历史的观点至关重要。一个证据可证的范围有一定限度，不随意扩大，也不随意缩小；信则传信，疑则传疑；证据不足时不轻下判断，这是从事史料学研究的基本方法和科学态度。中国古代典籍都具有自身的时代特点，坚持实事求是的思想方法，就需要尊重历史的本来面目；用历史发展的观点对待史料，不用其他时代的思想和观点去涂改史料，不把后人的思想观点灌

---

① 《石峻文存》，华夏出版社 2006 年版，第 301 页。
② 《石峻文存》，华夏出版社 2006 年版，第 281 页。
③ 《石峻文存》，华夏出版社 2006 年版，第 342 页。

注于前人留下的史料中。①

靠史料说话，有一分证据说一分话，其"证据"本身也是需要证明的，所以石峻先生又强调运用史料要注意旁证和反证，避免主观臆断。判断一词的意义，除了主要证据之外，还须有旁证，避免以孤证下判断。同时要注意是否有反证，一个确凿的反证就足以推翻某一结论。对于似是而非的反证也须加以分析和说明。力求以证定论，避免想当然。②

石峻先生博览群书，其读书之广，在中国哲学界鲜有人能及。其一生最忌讳，也最讨厌望文生义、想当然地曲解、乱用史料。例如《庄子·逍遥游》："北溟有鱼，其名为鲲，鲲之大，不知其几千里也，化而为鸟，其名为鹏，鹏之背，不知其几千里也。怒而飞，其翼若垂天之云……"分明是一个喻言，而有人偏要去考证这个北溟（海）在哪里，是否就是现在那个贝加尔湖，又说这个鱼就是现在所谓的鲸，那个鸟，是否就是凤凰。石峻先生把这种研究讥讽为浪费精力，不会读书③。这些都体现了石峻先生不仅强调实证，还强调科学的实证。在其讲授提纲的第八讲中，石峻先生还特就史料引证的体例加以论述，也表明了其对史料之认真考察、规范引用的重视。

总之，石峻先生的史料学研究及中国哲学研究，处处体现一个"实"字，这一点对于今天的年轻学者来说，应该是有启发意义的。

二、国学传统

石峻先生指出："就哲学史工作者来说，我认为第一步须学会批判审查思想史料的方法，这些方面的内容很广泛，史料学中所涉及的目录、版本、校勘、训诂乃至思想的历史的阶级局限性的研究，都与此有关。"④ 这里所谓的目录、版本、校勘、训诂，是传统经学研究的基本功夫，独盛于清代乾嘉

① 《石峻文存》，华夏出版社 2006 年版，第 355 页。
② 《石峻文存》，华夏出版社 2006 年版，第 355 页。
③ 《石峻文存》，华夏出版社 2006 年版，第 469 页。
④ 《石峻文存》，华夏出版社 2006 年版，第 180—181 页。

时期。由于现代学科分类的限制，大学哲学系一般不再讲授这些内容，但出于中国哲学史研究的需要，石峻先生对这种国学基本功夫的训练非常重视。

例如关于目录学，石峻先生认为，中国历史悠久，地广人多，图书浩如烟海，如何选择资料，如何在选择资料的同时既照顾到"全"，又照顾到"精"；例如同一部书，先后为之作注的人甚多，版本之间也有出入，如何审查鉴别其优劣，了解其注释、研究其源流，乃至于书籍存亡的情况，都需要懂得一点有关目录学的知识，以便于利用相关的工具书，如检阅历代正史中的《艺文志》或《经籍志》，以及其他历代私人所著或公家所修的目录书，解决相关的问题。不仅如此，甚至于大图书馆的分类卡，一般学术著作后面附列的参考书目也都值得认真阅读。虽然它看上去只是一个书单子，但也非常有用。不但可以丰富我们关于书籍的知识，还可以帮助我们确定所查资料的范围。如果是比较详细的目录书，还可以让我们从中初步了解各种书籍的时代、著者、性质、内容、历代学人的评价等。乃至于一个时代的学术情况，在目录中也是有所反映的。因此，研究中国哲学史，如果不懂一点目录学，那就好比瞎子摸象，不知道从哪里下手。

又如关于版本学，石峻先生认为，整理、研读古书，审别版本好坏，对于读者选读古书大有关系，所以版本学的知识也是研究中国哲学史的基本功之一。版本学所涉及的范围相当广泛，举凡原写本（稿本）、历代刊本、历代传录本（名家）、批校本、稿本（初、定），以及每一书的雕版（先后）源流、传抄源流，孰为善本，孰为劣本，孰为原刻，孰为翻刻、再翻刻，以至印刷用纸、墨色、字体刀法等（历代不同，楷书、仿宋、颜色、字体），藏书家印记、哪一家的刻本、版式行款、装潢式样（卷子本、蝴蝶装、本装等）等，都在版本学的研究范围之内，内容可谓丰富之至。对于中国哲学史的研究者来说，特别专业的知识也许没有必要了解得特别清楚，但与中国哲学有关的书籍，其版本流传的情况还是应该熟悉的，因为这关系到资料的可靠性。传说过去有考官因此出错了题目的，弄得考生不知如何下手；有大夫因此出错了方子，威胁到人的生命。研究中国哲学史，若不了解相关书籍的版本流传，也难免张冠李戴，以讹传讹。

又如关于校勘、训诂，石峻先生认为，中国木版刻印术发明较早，许多典籍自宋代以来一刻再刻，同一部书的不同版本或同一版本的不同卷次之间往往存在着文字误差，需要相互对照，对误差之处进行说明，如果不懂一点校勘方面的知识，将很难判断其中的是非及其致误的缘由。训诂也是一样，研究中国哲学史史料，需要精确了解古籍的原意，倘若不懂文字训诂，就难免曲解文义字义，过去有学者为此闹过笑话，即与相关知识缺乏有关。石峻先生指出，寻求先秦古典字义，可用甲骨文、金文方面的字典，以及《尔雅》《说文解字》等，同时还要注意考查比较重要的古代注解。唐宋以后的文章典故增多，可查清人编纂的《佩文韵府》和今人编纂的《辞源》《辞海》。总之，准确理解史料的原意对于中国哲学史研究是相当重要的。为此石峻先生甚至认为有必要懂一点印度等国的历史情况和哲学流派，因为汉代以后佛教及佛学的资料已经成为中国哲学史料的一个重要组成部分。例如，汉魏时期读佛教书有合本的方法，即把几种详本对照来斟酌它的意义。但是由于不懂原文，难免凭主观综合，无法辨别是非。后来又有所谓格义的方法，即以比较接近佛教思想的中国书籍和它结合比附来讲（即以老庄解佛书），如以本无译"真如"，以"无"译空……如果不了解这些情况，对于相关时期的观念范畴就无法作出准确的训释。即使到了现在，语言的研究也仍然需要放宽眼界，马克思主义传入中国，有人以"四海之内皆兄弟也"来翻译"全世界无产者联合起来"，即是一例[①]。因此，对于一个哲学史研究者来说，文字的工夫是相当重要的。有人写文章，对重要概念范畴的解释似是而非，模棱两可，就是缺乏文字学训练的表现。

总之，石峻先生的史料学研究，特别重视对传统文献学的基本知识的了解，也特别重视这些方面的训练。这表明，在石峻先生的学术研究中，国学的传统是得到了肯定和继承的。这一点，尤其值得今天的青年学者学习。

三、现代眼光

不但重视继承和弘扬国学传统，石峻先生的史料学及中国哲学研究还

---

① 《石峻文存》，华夏出版社 2006 年版，第 254 页。

特别提倡要有现代眼光，具体而言就是不厚古，重视今人的研究成果，和放眼世界。

石峻先生指出，研究过去是为了将来，是为了向前看，而不是复古，不是拜倒在古人的脚下。因此，需要站在时代的高度来总结过去，不断前进。前人的成就，都只可能是研究的出发点，而不是最后的归宿点。因此，石峻先生十分强调要注意掌握现代学者的研究成果，并认为熟悉本领域的研究现状，也是一种史料工夫。不但如此，石峻先生还特别强调在史料的运用方面不要过于尊信古人，鄙蔑今本，应该根据客观情况，具体问题具体分析。石峻先生说："研究过去是为了将来，是为向前看，是为思想的革命。符合中国社会主义现代化的要求，不是复古保守。是为建设具有中国特色的社会主义精神文明。技术方面特别是语言也要力求现代化、准确化。要站在今天更高的观点来总结过去，而且不断前进。而不是拜倒在古人和洋人的脚下。"① 也许正是基于这样的认识，石峻先生才非常重视对中国近现代哲学的研究，成为这一领域的拓荒者。

与这种现代眼光相关，石峻先生还特别强调研究中国哲学史史料和中国哲学要放眼世界，注意吸收外国先进的研究成果。石峻先生指出，由于现代科学研究的国际化，索引的范围已经不能只限于中国过去人们的研究成果了，还应该放眼世界，包括国外人的研究成果。日本人的索引工作做得很细，如白居易、李白的诗，都编有索引。佛教方面，有《大正新修大藏经目录部》，各种《高僧传》都有统一的索引。美国国会图书馆有统一的图书目录卡片。"要搞科学研究，做到可能赶超世界先进水平，绝不能采取闭关自守、闭门造车的办法。因为所谓贡献，就是能在前人成就的基础上继续有所前进。这当然也要求研究者，同时也不能忽略同时代人的研究成果。"② 处在今天这样一个全球化和信息高度发达的时代，吸收国外学者的研究成果，意味着我们的学术研究与国际接轨、与国际同步。在这方面，石峻先生不仅说到了前面，也是走在了时代的前列的。其学贯中、西、印哲学，非常关注

---

① 《石峻文存》，华夏出版社 2006 年版，第 297 页。
② 《石峻文存》，华夏出版社 2006 年版，第 311 页。

外国汉学界的研究动向，并亲自主编《汉英对照中国哲学名著选读》，就是证明。

不仅如此，石峻先生的放眼世界，其更大雄心是，将中国哲学作为世界哲学的一部分，并努力使之推向全世界。石峻先生慨叹，中国是世界上最早的文明古国之一，对人类文化的发展，作出不可磨灭的贡献，但在过去很长一段时期内，由于自然地理条件等的限制，特别是语言文字的隔阂，因此在国外，除了极少数的所谓"汉学"（Sinology）专家之外，对于产生在中国，尤其是作为一种"时代精神的精华"的哲学，人们知之甚少，也很难有正确的理解。[1] 因此石峻先生呼吁：

> 今后要将中国哲学史作为世界哲学史的一部分来研究。要面向世界，搞中哲史的要懂外哲史，不能孤立。既反对过去欧洲文化中心论，说中国没有哲学，一切外来。也要反对中国文化中心论，一切都是中国的好，东方精神文明高于西方物质文明。
>
> 学习别人是为了超过别人。要创造性地研究，要能独立思考。不能人云亦云，结合我们的历史和现状，开创学术的新局面。要把中国学问贡献于世界。翻译中国的东西给外国也是重要的。现在外国有人看不起中国，如说汉学发生在中国，但研究中心却在日本东京。中国哲学史研究的中心理应在中国，最高水平应在中国。大家要努力，力求将来作出更多的贡献。[2]

这何尝不是老一代知识分子的心声呢？何尝不是老一代知识分子爱国情怀的流露呢？何尝不是老一代知识分子对人类文明走向的关心呢？何尝不是老一辈哲人对晚学后辈提出的殷切期望呢？假以时日，石峻先生的宏愿将一定会变为现实的！

---

[1] 《石峻文存》，华夏出版社 2006 年版，第 484—485 页。
[2] 《石峻文存》，华夏出版社 2006 年版，第 296、297 页。

四、贯通意识

石峻先生的史料学研究还有一个突出的特点，就是注重贯通。"贯"是从纵的方面来说的，就是要注意总结中国哲学史学史；"通"是从横的方面来说的，就是要注意与哲学史相关的各个领域的研究成果。

石峻先生在其《讲义》第七讲《哲学理论与思想史料》中指出，研究哲学问题，须从前人积累的思想资料出发，尤其是古代学者对于其之前及同时代学者的评论，更值得引起重视。石峻先生梳理了中国哲学史学史的资料，举例指出，《庄子》的《天下篇》和《荀子》的《正名篇》和《非十二子篇》就是最有代表性的古代哲学史著作。他们批评别家，就是间接说明了自己。汉代司马谈的《论六家要旨》，就是汉代初期黄老学派的哲学史著作。《史记·孔子世家》和《汉书·儒林传》是站在当时正统儒家的立场上撰写的哲学史著作。南朝梁刘勰的《文心雕龙·论说篇》则是一篇关于魏晋玄学史的论文。僧肇的《不真空论》是魏晋佛教般若学的总结性的论文。僧佑的《弘明集后序》和《广弘明集》（道宣作）反映了魏晋时代佛教与反佛教斗争的历史。《魏书·释老志》则是一般佛教史的著作。隋唐时期，佛教各宗的判教学说是以自家为主的佛教史研究，《高僧传》《续高僧传》《宋高僧传》《大藏经》的《史传部》都属于佛教史的著作；《景德传灯录》《五灯会元》反映的是禅宗的历史；《宋史》有《道学传》和《儒林传》，虽然分作两传，也均属于宋代儒学史；南宋朱熹的《伊洛渊源录》更是一部具有代表性的理学史著作，濂、洛、关、闽成为正统，就是从这里开始的。《道学传》也是根据这部书的思路编撰而成的。虽然就宋代而言，当时的司马光、范仲淹、王安石的影响更大，但由于思想路数不同，所以未能居于正统的地位。朱熹的《近思录》是一部理学一派的思想资料选，与《伊洛渊源录》是互相配合的。《朱子语录》中关于这些人的议论，也可以看作是理学史的材料。清张伯行编有《续近思录》《广近思录》，均属于理学史的著作。明末清初学者孙奇逢编《理学宗传》，也未能免去这种影响。只有到黄宗羲编的《明儒学案》，此种局面才有所改观，可称中国第一部哲学思想史。后来的《宋元学

案》100 卷，经黄宗羲、黄百家、全祖望三人之手完成。全祖望的思想不全
同于黄宗羲，所以观点已不完全与《明儒学案》一致了。《宋元学案》还是
以理学为中心，材料有点多而杂，如象数之学的东西（即康节、司马光等）
很多，王荆公的地位很不重要（《荆公新学略》）。前有《序录》说明宗旨，
仿《太史公史记自序》。清代理学家唐鉴（曾国藩的老师）作《国朝学案小
课》（即《清学案小识》），在清以考据学为中心，有反理学的思潮，但此书
仍以道统的观点作为线索，所以不如《明儒学案》，并且不如江藩的《汉学
师承记》（附《宋学渊源记》）来得踏实。北洋军阀徐世昌有《清儒学案》，
编成于众手，杂而不成体系，仅有资料价值。近代学者梁启超和章太炎是最
早用资产阶级观点研究中国哲学史（学术思想史）的人，系统的著作反在胡
适之后。特别是章太炎的《国故论衡》和《检论》里的一些文章颇有发明。
皮锡瑞的《经学通论》《经学历史》和四世传经的刘师培（申叔）的中国经
学史方面的著作也有一定的参考价值。蔡元培先生的《中国论理学史》是
较早出版的系统著作，但多参考日本人的研究成果，也有个别见解是自己
的。一般来说，日本人用资产阶级观点研究中国哲学史，早在明治维新时期
就发展起来了，专业人员反比我国要多。实际上影响了早期的中国哲学史研
究者。

　　石峻先生认为，今天研究中国哲学史，前人的这些研究成果必须熟悉，
这不仅对于掌握中国哲学史的史料有帮助，对于理解中国哲学的发展历程也
很有启发。这是石峻先生所谓的"贯"。所谓"通"，主要是就横的方面而
言，即是指对同时代各学科的研究情况要有必要的了解。石峻先生指出：

　　　　中国哲学史是一门边缘科学，要借助中国通史、中国社会史、经
　　济史、政治史、科技史、宗教史……的帮助。为了增加感性认识，我
　　还主张看小说，如《水浒传》、《封神榜》、《红楼梦》……要注意精与博
　　的关系，没有适当的博便不能做到精。还要借助近代最新科学的成就，
　　如研究先秦名家和墨家的逻辑学，就要借助现代外国逻辑科学的理解
　　（当然不能牵强附会）等。以《墨辨》为例，圆，一中同长也。不懂得
　　力学、光学等，很难看懂墨经。研究中国近现代哲学史，要懂一点西

方哲学，那是他的思想来源之一。①

石峻先生本人学识渊博，对印度哲学、欧美哲学（特别是大陆理性主义、近代哲学）有着深入的研究，直到晚年，还能用英语大段背诵笛卡尔的《哲学沉思录》（在美探亲期间，曾将美国各大学关于中国哲学研究的情况搜索一遍）。另外，对于与哲学相关的领域，石峻先生也非常关注，以中外文学史为例，在读大学期间，石峻先生就曾根据鲁迅先生《中国小说史略》中所论及的中国古代小说资料，一一加以研读。不仅如此，石峻先生还嗜书如命，直到晚年行动不便时，仍请保姆用轮椅推着自己到书店买书，据任继愈先生说，石峻先生"每次买回新书，必先亲手用牛皮纸包书皮，其技术整齐方正，无人能及。我们老朋友去他的书房提出书名，请他把包着书皮的书取出，他能信手取下，百试不爽。我们都说他有'特异功能'。"② 这也难怪在学术圈内，石峻先生向有"活字典"之美誉了。而事实上，石峻先生不仅仅是一部"活字典"，他对问题的研究之深、体悟之透，绝非一般徒有虚名之辈可比。这一点，大凡聆听过先生教诲，或有幸与先生交流过思想、请教过问题的人大概都会深有感触的，惜乎先生不立文字，一般人难从字面上见到先生的博大精深了。不过，从最近出版的对石峻先生的"造诣和学术来说，不过百分之一"③（任继愈先生语）的《石峻文存》来看，也足见其对于中国哲学的各领域涉猎之广，研究之深了。

石峻先生之研究中国哲学史，特别重视史料学的研究和史料的梳理，其史料学既重实证精神，又重国学传统；既强调现代眼光，又强调贯通意识，表现了一个大学者的深厚功底和宽博视野。石峻先生一生没有离开过教育战线，除新中国成立前后一度在武汉大学担任图书馆馆长外，主要是在北京大学和中国人民大学从事教学和科研工作，他是北京大学精神的传承者，人大精神的开拓者，马克思主义中国哲学史学科的奠基人之一，其中国哲学史史料学的基本思路，必将会对中国哲学史学科的发展及中国哲学研究者的

---

① 《石峻文存》，华夏出版社 2006 年版，第 308 页。

② 《〈石峻文存〉序》，华夏出版社 2006 年版，第 3 页。

③ 《〈石峻文存〉序》，华夏出版社 2006 年版，第 3 页。

知识结构的培养起到非常积极的作用。任继愈先生说:"环顾当前我国学术界,学风浮躁,自己没有读过的书也敢乱发议论,甚至以讹传讹,抄袭剽窃,不以为耻,反以著作等身自诩,欺世盗名,泛滥成灾。对照石公为人治学,岂能无愧疚?"① 任公之言,值得深思!

(原载于《中国哲学史》2007 年第 1 期)

---

① 任继愈:《〈石峻文存〉序》,华夏出版社 2006 年版,第 3 页。

策划编辑:方国根

责任编辑:方国根　戚万迁

图书在版编目(CIP)数据

易学与儒道哲学/杨庆中 著. —北京:人民出版社,2022.7
(孔子研究院文库,第一辑)
ISBN 978－7－01－023083－2

Ⅰ.①易…　Ⅱ.①杨…　Ⅲ.①先秦哲学-文集　Ⅳ.①B220.5－53

中国版本图书馆 CIP 数据核字(2021)第 016769 号

易学与儒道哲学

YIXUE YU RUDAO ZHEXUE

杨庆中　著

人民出版社 出版发行
(100706　北京市东城区隆福寺街 99 号)

中煤(北京)印务有限公司印刷　新华书店经销

2022 年 7 月第 1 版　2022 年 7 月北京第 1 次印刷
开本:710 毫米×1000 毫米 1/16　印张:27
字数:410 千字

ISBN 978－7－01－023083－2　定价:98.00 元

邮购地址 100706　北京市东城区隆福寺街 99 号
人民东方图书销售中心　电话 (010)65250042　65289539